뿌리 깊은

한국사

샘이 깊은

이야기

6
근대

일러두기

- 본문은 큰 주제별로 모아 장으로 묶었으며 각 장은 꼭지마다 해설을 하고 이어서 원사료를 밝힌 '자료샘'과 '출전', '찾아읽기'를 배치했다.
- 본문에 나오는 인명과 지명 등은 원칙적으로 한글 맞춤법 표기법에 따랐다. 필요한 경우, 독자의 이해를 돕기 위해 익숙하지 않은 인명, 지명, 단체명, 정기간행물 등은 원어를 병기했다. 주요 개념이나 한글만으로는 뜻을 짐작하기 힘든 용어의 경우에도 한자나 원어를 병기했다.
- 단행본이나 전집은 『 』, 신문이나 잡지, 논문, 기관지, 문학작품명, 영화 제목 등은 「 」로 표기했고, 강의명이나 기사 제목 등은 〈 〉로 표기했다.
- 한자와 외래어는 병기를 원칙으로 하되, 음과 뜻이 다를 경우에는 [ ]로 묶었다.
- 1895년 11월 17일 태양력 채택 이후에는 일자를 양력으로 표기하였다.

개정 신판

뿌리 깊은

쟁점과 사료로 풀어쓴
새로운 한국사

한국사

샘이 깊은

6 근대

김태웅 지음

이야기

가람
기획

개정 신판 간행사

『뿌리깊은 한국사 샘이 깊은 이야기』(이하 『뿌샘』) 초판이 나온 지 어느덧 11년이 흘렀다. 그동안 많은 독자들로부터 '뿌샘'이라는 애칭으로 많은 사랑을 받았으니 그저 고마울 따름이다. 그러나 저자들이 이 책들을 활용하고 검토하는 과정에서 더러는 서술상의 오류가 없지 않으며 보완할 여지가 적지 않음을 발견하였다. 특히 일부 항목에서는 새로운 연구 성과들이 나와 많은 이들의 관심을 끌었다. 이에 저자들 사이에서 개정·증보의 필요성이 제기되었으며 곧이어 작업 구상에 들어갔다.

한편, 2007 개정 교육과정 이래 전면적인 역사과 교육과정의 개편이 2009년, 2010년, 2011년 세 차례에 걸쳐 이루어진 사실도 『뿌샘』 개정·증보의 필요성을 더욱 느끼게 하였다. 올바로 된 국사의 이해체계를 『뿌샘』이 견지해주어야 하지 않겠는가 하는 의무감에서다.

기실 빈번한 역사과 교육 과정의 개정은 그만큼 우리의 국사 이해 체계가 흔들리고 있음을 말해주는 단면이었다. 개정은 몇몇 단원과 내용을 부분 조정하는 데 그치지 않고 역사 과목 수를 줄임은 물론 과목명을 바꾸고 그 내용의 체제를 전면 개정하는 형태로 진행되었다. 그리고 이는 교사와 학생은 말할 나위도 없고 학부형과 일반

국민들의 우려를 자아내면서 가뜩이나 위축된 역사 교육의 위상을 더욱 추락시켜 존립의 근거마저 상실케 하였다. 이러한 현실에서 『뿌샘』의 저자들은, 학생과 교사는 물론 일반인들에게도 체계적이고 과학적인 국사 이해 체계를 반듯하게 보여줄 필요가 있음을 절감하였던 것이다.

사람이 제 구실을 하며 올바로 살아가기 위해 꼭 필요한 요소를 하나만 지적해보라고 한다면 그것은 그가 지금까지 살아온 내력來歷을 거짓이나 꾸밈없이 제대로 기억하는 일이라 할 것이다. 기억상실증에 걸려 부모와 형제, 스승과 친구를 알지 못하고 자기가 누군지 어떤 일을 하던 사람인지도 알지 못한 채 살고 있다면 설령 그 삶이 유복하더라도 그것을 그의 정당한 삶이라고는 말할 수 없는 노릇이다.

지금까지 살아온 내력을 잘 기억하는 것은 곧 나를 나일 수 있게 하는 필수불가결한 요소다. 그리고 그 기억은 거짓 없는 사실에 기초한 것이어야만 한다. 지금까지 잘 살아왔다고 해도 진짜라고 믿었던 집안의 족보가 조작되었다면 자기의 뿌리를 의심하고 방황하게 될 것은 당연한 일일 터이다.

지금까지 살아온 내력을 우리는 '역사歷史'라고 부른다. 그러므로 우리는 우리 역사를 자신의 존망을 걸고 똑바로 알아야만 한다. 역사란 그저 단순한 호기심에서 알아도 그만, 몰라도 그만인 것이 아니다. 자기 역사를 모르고서는 사람이 제 구실을 할 수가 없고 자기 역사를 잘못 알아서는 남의 삶을 사는 것이 되기에, 정신을 차리고 온갖 힘을 다하여 이를 알아야 하는 것이다. 같은 이치로, 우리가 한국 사람으로서 이 시대를 올바로 살아가려면 우리 역사 곧 국사를 바르게 알지 않으면 안 된다. 국사는 우리 민족이 지금까지 살아온 내력에 대한 기억이기 때문이다.

따라서 이번 개정 신판에서는 원시에서 현대에 이르는 우리 역사의 전개를 일관하는 안목에서 체계적으로 알고 이해하는 데 무엇보다 주력하였다. 그러다 보니 그에 관한 연구 성과가 미약하여 이해 체계를 세우는 데 적잖이 애를 먹고, 결국 국사 전반에 대한 큰 이해 체계 위에서 맥락을 잡아 과감하게 서술한 부분도 없지 않다. 국사학계에 어떤 부분의 연구가 소략한지 제시함으로써 연구를 촉발하겠다는 뜻도 있었으니 널리 이해 바란다.

개정 신판에서는 초판의 문제점을 보완하는 한편 그 동안에 축적된 연구 성과를 가능한 한 충실하게 반영하도록 애썼다. 10여 년 사이에 새로운 견해가 많이 제출되어 국사의 이해가 더욱 풍부해졌고, 그러다보니 학계의 연구 경향에 큰 변화가 초래된 분야도 없지 않았다. 이를 가급적 고루고루 두루두루 소개하려 노력하였으니 역사 교육 현장에서 중등학생을 가르치는 교사는 물론 국사를 배우고 연구하는 학생들과 국사학의 동향에 관심을 가진 일반 시민에게도 도움이 되리라 생각한다.

또한 독자의 이해를 돕기 위해서 인용 자료의 원문을 첨부 소개하였다. 국사에 대한 독자의 지적 욕구와 이해력이 높아져 원문을 직접 해득하고 스스로 새로운 견해를 제시하는 수준에 이른 현실을 반영하기 위해서다. 다만 근 · 현대사의 경우, 한문 이외에 여러 외국어 원문이 소개되어야 하므로 여기서는 원문을 제시하지 않았다. 아울러 이번 시리즈에서는 일부 책의 저자가 바뀌고 체제가 개편되었음을 알려둔다. 모쪼록 『뿌샘』 시리즈를 통해 국사에 대한 관심과 연구의 열의가 더 높아지고 뜨거워지길 기대한다.

끝으로 『뿌샘』 시리즈에 변함 없는 관심을 가지고 개정 신판 편집 작업에 노고를 아끼지 않은 가람기획 편집진에 감사드린다.

2013년 10월
지은이 일동

초판 간행사

인간 만사에서 사물의 내면을 깊이 알고자 할 때, 자기 처지를 살필 때, 맞닥뜨린 문제나 난국을 풀려고 할 때 인간은 내력·계통·배경을 진지하게 되새긴다. 이것이 바로 역사를 알고자 하는 자세이고 정신이다.

역사는 과거의 실록으로, 현재의 본보기이자 미래의 지표이다. 역사는 인간을 주체로 많은 사건·제도·문물·산업·사상·연대들이 얽히고설키어 시간 전개와 공간 변화에 따라 단계성과 계기성, 필연성이 일관된 맥락에서 자리 잡고 거대한 체계를 갖춘다. 선행·인덕·의리·지조·풍류·호연·징악 등의 보편적 가치도 이 가운데서 구체적으로 나타난다. 그러므로 역사는 늘 새로운 생명력을 갖는다. 개인·가족·집단·국가나 민족·세계는 이를 통해 자기 주체를 발견하고 처지를 인식하고 존재가 나아갈 길을 가늠할 수 있다. 역사의 의미와 가치가 이러하여 인간 문명의 시원부터 역사를 늘 중시하고, 끊임없이 새롭게 서술하며 후세에 가르쳐왔다.

그러나 역사는 특정 공식이나 방법이 있어 손쉽게 설명하고 이해할 수 있는 분야가 아니다. 중등학생을 비롯하여 대학생과 일반인들이 역사를 공부하자면, 정신 능력이나 교육 정도에 따라 저마다 양의 많고 적음과 질의 높고 낮음은 있겠으나, 우선 역사를 구성하는 인물·정치·경제·제도·전쟁·문물·생산·사상·예술·연도 등 기초 사실을 익히 알지 않으면 안 된다. 그러려면 먼저, 이미 정리된 역사서에 나오는 사실들을 학습할 수밖에 없다. 이는 역사서를 거듭 반복해 읽으면서 사실들에 친숙해지고 마침내 역사 맥락에서 이해하는 숙지 훈련을 꾸준히 하는 일이다. 사실이 없으면 역사는 없다. 역사 학습에서 사실에 대한 기억과 숙지 과정이 없다면 소양 있는 역사 이해는 힘들다.

역사와 역사 학습의 속성이 이와 같아서 중등학생이나 일반인들은 역사에 커다란 의미를 부여하고 이야기는 즐겨 하지만, 정작 자신이 노력을 기울여야 할라치면 외면하거나 귀찮아하기 십상이다. 심한 경우 중등학교 역사 교사의 교육 방식에 흠이 있다고 탓하거나 역사 교육 자체가 필요 없다고 주장하기까지 한다. 이러한 경향은 우리나라 근·현대화가 우리 전통과 역사를 무시하거나 그 가치를 부인하는 방향으로 펼쳐진 추세와 맞물려, 갈수록 서양 역사만이 역사다운 듯한 인상을 갖도록 하고, 서양 제도나 문물을 배우는 것이 제 자신을 아는 것보다 급한 일인 양 착각하도록 만든다. 국민을 양성하기 위해 마련한 『국사』 교과가 정상적으로 교육되지 못하는 이유가 여기에 있다.

이런 상황에서 우리 역사를 상식적이고 교육적으로 이해하려는 이들이 겪어야 하는, 어쩔 수 없이 반복하여 연습하고 기계적으로 암기하는 고단한 과정을 누그러뜨리면서 역사 감각과 판단을 훌륭하게 길러 나아가는 방안을 찾을 필요가 있다. 그것은 결국 우리 스스로 국사를 탐구하는 역사가가 되어, 각 사실에 관한 문헌 사료나 기타 관련 자료에서 내용을 익히고, 의미를 궁리하고, 안목과 감성을 계발하는 길일 터이다. 학습자가 직접 자료에 다가가 사실에 대해 한층 생생한 관심과 흥미를 가지며, 스스로 분석하고 해석하여 사유의 폭을 넓힘으로써만 역사 이해를 정당하게 할 수 있는 까닭이다.

『뿌리깊은 한국사 샘이 깊은 이야기』는 이러한 목적과 필요에서 집필한 것이다. 우리나라 역사를 공부하고 이해하는 데 필요한 기초 사실들을 선택하여 사실에 관한 기본 사료를 열거하고, 관련 사실과 연계하여 해설하여 학습에 참고할 수 있는 공구로 만들었다.

『뿌리깊은 한국사 샘이 깊은 이야기』의 큰 짜임새는 이렇다.

첫째, 시기 구분과 항목 선정 기준은 우리 사학계의 일반적인 통설을 바탕으로 하였다.

곧 우리나라 역사를 고조선·삼국·통일신라·발해·고려·조선 전기·조선 후기·근대(대원군 이후)·현대(3·1운동부터 해방 후까지)로 나누었다. 이렇게 시대 구분을 한 뒤 사건·제도·생활·생산·사상 등 큰 주제로 관련 사실을 가려 뽑았다. 각 항목은 국사 이해를 위해 꼭 필요한 기초 사실과 관련 사실들로 엮어 국사 학습을 할 때 늘 새롭게 되뇌고 맛볼 수 있도록 하였다. 다만 우리 역사를 체계적으로 이해하는 데 꼭 필요한 부분은 새로운 견해도 과감하게 펼치고 소개하였다.

둘째, 각 항목 자료는 당대 사료史料를 위주로 하였다.

일반적으로 사료는 대부분 한자로 기록한 것이다. 하여 읽는 이의 편의를 고려하여 번역하였다. 사료 번역은 직역을 원칙으로 하였으나 어쩔 수 없는 곳은 의역했다. 해당 사료마다 출전을 달아 사료를 폭넓게 이해하고자 하는 이들이 확인하고 이용할 수 있도록 배려했다. 아울러 항목마다 도판·회화·지도·도표 등 보조 자료를 시각적으로 곁들인 뒤 간단한 설명을 붙여 항목에 대한 이해를 넓히려 했다. 보조 자료는 모두 저작권을 해결하여 싣는 것을 원칙으로 했다.

셋째, 각 항목 얼개는 해설·자료샘·찾아읽기로 이루어졌다.

각 항목 서술은 해당 항목에 대한 기본 지식을 얻기 위한 해설을 한 다음, 해설과 관련한 기본 사료를 번역하여 제시하고(자료샘), 사료 내용 가운데 설명이 필요한 부분은 자세하게 주를 붙였다. 그런 뒤 해설과 자료샘의 이해를 높이고자 각 항목 관련 연구 논문과 단행본을 발행 연도순으로 정리하였다(찾아읽기). 특히 현대 이후와 해방 후 당대사는 되도록 자료 제시를 넉넉히 하고 해설은 사실 진술에 충실하도록 하였다.

넷째, 부록으로 자료샘 출전, 역대 국왕 계보도, 찾아보기, 연표를 정리하였다. 자료샘에 나온 출전은 가나다순으로 정리하고, 간략한 해제를 덧붙였다.(개정 신판에서는 출전 해제를 해당 꼭지에 배치했다 – 지은이) 또 나라별로 국왕 계보도를 제시하여 한 눈에 잘 알아볼 수 있도록 하였으며, 본문에 나오는 주요 역사 사건, 인물 등 사료를 중심으로 찾아보기를 달았다. 연표는 크게 한국사와 세계사로 나누어 정리하고 각 해마다 일어난 주요 역사를 비교하여 알아볼 수 있게 하였다. 부록은 스스로 공부할 수 있게 길잡이하는 몫을 할 것이다.

『뿌리 깊은 한국사 샘이 깊은 이야기』는 오랜 수고의 산물이다. 1993년부터 자료를 모으고 사료를 번역하는 등 바탕 작업을 하여 이제야 빛을 보았다. 이 원고의 각 항목 서술은 사실 자체는 물론 국사의 맥락과 체계에 대한 이해 능력을 차차 기를 수 있도록 모든 시기와 항목에 걸쳐 단계성과 계기성이라는 잣대로 진행하였다. 선정 항목의 적절성에 논란이나 빠진 항목에 대해 이의를 제기하는 이도 있을 것이다. 또 연구가 미약한 항목은 해설도 미흡할 것이다. 이는 지은이의 몫이며 시간을 두고 차근차근 해결해갈 것이다.

『뿌리깊은 한국사 샘이 깊은 이야기』 지은이

이 책은 10여 년 전에 발간된 『뿌리깊은 한국사 샘이 깊은 이야기—근대』(솔, 2003)를 증보한 책으로 초판본에서 미처 서술하지 못한 부분을 보태고 오류 부분을 수정하였다. 이를 위해 기본 골격은 유지하되 일부 항목을 추가하여 편제를 조정하였으며 새로운 연구 성과를 반영하였다.

'뿌리 깊은 한국사 샘이 깊은 이야기' 시리즈의 한 권으로 간행된 이 책은 발간 이래 한국사 연구와 국사 교육에 열정과 성의로 임하는 교사와 연구자, 학생, 일반 독자들에게 분에 넘치는 사랑과 관심을 받았다. 그러나 이에 못지않게 독자들 사이에서 아쉬운 목소리도 적지 않았다. 무엇보다도 발간 이래 한국 근대사에 대한 연구 성과가 나날이 축적되는 가운데 내용 증보가 뒤따르지 못했기 때문이다.

이에 필자는 그 동안의 연구 성과를 지속적으로 점검하면서 이를 증보판에 반영하고자 구상하였다. 그러나 필자가 개별 연구서를 집필하는 데 많은 시간이 소요되었을 뿐더러 다양한 연구 성과들을 정리하는 작업 역시 적지 않은 시간을 요했다. 무엇보다도 필자의 능력 부족과 게으름 탓이 컸다. 그럼에도 감히 개정 신판을 세상에 내놓게 된 것은 독자들의 요청과 격려 덕분이다.

작업의 주안점은 크게 두 가지였다. 하나는 초판본에서 소략하게 다루었던 문화사 부분을 보완했다는 점이고, 다른 하나는 중국과 일본 등을 비롯한 이웃나라 근대사의 흐름을 염두에 두고 서술하면서 내용의 오류를 바로잡고 국사학계의 최근 성과를 반영했다는 점이다.

우선 초판본에서는 시리즈의 여타 책과 달리 교육, 학문, 언론, 종교, 과학기술 등을 담고 있는 문화사 항목이 매우 취약하였다. 그 결과 초판본에서는 이러한 내용들을 몇 개 항목에 걸쳐 포함시켰지만 정치사, 사회경제사의 흐름에 파묻혀 분량이 매우 소략할 뿐더러 그 의미도 제대로 부각되지 못했다. 물론 애초 초판본의 체제를 구상할 때 근대사에 해당하는 시기가 매우 짧고 연구 성과가 일천하여 이 시기 문화사의 흐름을 드러내기 어렵다고 판단하였다. 그러나 현재로서는 그 동안에 축적된 연구 성과와 중등학교 교육 과정에 비추어 보았을 때, 문화사의 기본 특징과 내용을 개관할 필요가 있었다. 따라서 이 책에서는 분량이 소략하지만 문화사 부분을 대한제국기 마지막 부분에 별도로 배치함으로써 이 시기의 문화사적 위치를 드러내 보였다.

또한 초판본에서는 이웃나라 역사와 한국 근대사의 관계를 염두에 두면서도 우리 시각에서 이를 정리한 연구 성과가 충분치 않은 까닭에 집필 과정에서 고려하지 못하였다. 그러나 이후 10여 년 동안 괄목할 만한 연구 성과가 발표되고 몇몇 동아시아사 개설서가 발간된 데 힘입어서 국사학계의 새로운 성과를 또다른 차원에서 의미를 부여하고자 하였다. 비록 일부 내용에 국한되었지만 그동안 우리나라 근대를 전통과 현대를 연결하는 이행기로 인식하는 차원에서 나아가 내재적 흐름과 외부 세계를 잇는 가교로서 설정한 가운데 역사학계가 늘 염두에 두어야 할 동아시아 및 세계사의 체계 속에서 인식하는 방식을 모색하였다.

끝으로 이 책은 체제의 특징상 역사 연구의 기본이라 할 자료의 소개와 관련 내용의 수록에 중점을 두었기 때문에 해설 내용을 대폭 증보할 수 없었음을 밝혀둔다. 아울러 담론적인 서술 방식보다는 역사 전개의 기본적인 서술에 치우쳐 있는 까닭에 자극을 주거나 흥미를 불러일으키기에는 아쉬움이 남는다. 그러나 이 책은 스스로가 작은 역사가가 되어 우리나라 근대사를 자료에 입각하여 체계적으로 인식하고자 하는 독자들에게는 결코 무미건조한 책으로 다가오지는 않으리라 생각한다. 다만 근대사 자료는 여러 나라의 다양한 문자로 기술되어 있어 이전 시기와 달리 한문 원본 기사를 수록하지 못했다. 모쪼록 우리나라 근대사가 내재적 흐름에 근간을 두되 늘 외부 세계와 소통하고자 하는 독자의 역동적 탐구 대상이 되길 빈다.

2013년 10월

김태웅

신채호와 함께 민족사학의 대표라 할 박은식은 『한국통사韓國痛史』의 결론에서 다음과 같이 적고 있다. "다만 내가 세상에 태어난 이후에 목격한 근시近時는 힘써 노력해 볼 만한 일이다."라고. 그가 여기서 말하는 '근시'는 오늘날 용어로 표현한다면 현대사 또는 당대사에 해당한다. 그러나 오늘날 어느 누구도 박은식이 태어난 1859년을 현대의 기점으로 잡지는 않는다. 오히려 박은식이 살았던 시대를 근대라고 부르고 있다. 그러면 한국사에서 근대는 현대와 어떻게 다르며, 그 기점은 언제이고 종점은 언제인가? 그리고 근대사는 우리 역사에서 어떤 의미를 가지는가? 이 책은 여기서 출발한다.

근대란 중세와 현대의 중간에 있는 시대이다. 따라서 근대 사회는 중세 사회에서 배태되고 성장하며, 현대 사회의 기반이 된다. 이러한 사회는 흔히 시민혁명과 산업혁명을 거쳐 성립한 자본주의 사회를 일컫는다.

그러나 우리나라를 비롯한 대다수 국가의 사정은 구미 자본주의 국가의 경우와 판이하다. 즉 대다수의 나라들은 자본주의 사회로 이행하기 이전에 구미 자본주의 열강에 의해 주권을 상실하거나 제국주의의 원료 기지, 상품 시장 및 자본 수출 시장으로 전락하였다. 우리의 경우만 보더라도 19세기 중반에 들어와 외세의 침략을 받았고 끝내는 일제의 식민지로 전락하는 한편 자본주의 사회로 급격하게 이행하였다. 우리 역사는 사회 내부의 계기에 의해 변화 발전했을 뿐 아니라 외세의 강압에 시달리기 시작한 것이다. 따라서 학계에서는 우리나라 근대사의 범위를 1876년 개항부터 1945년 일제로부터 해방되는 시점까지 설정하고 있다. 물론 이러한 설정의 세부 기준은 학자들마다 다양하다. 그럼에도 일제 강점기의 민족해방운동을 강조하든, 일제의 자본주의 이식 및 공업화의 성과를 부각시키든 간에 외세의 규정력이 매우 컸다는 점을 공히 전제하고 있다. 그만큼 우리나라 근대사는 외세의 침략과 민족의 저항이 주를 이루었던 것이다.

하지만 이 시기의 역사 전개 과정을 자세히 들여다보면 단계마다 그 내용과 성격이 각각 다르다. 즉 우리 내부의 주체적 활동, 외세의 침탈 및 자본의 성격 변화에 의해 경제적 사회 구성이 변화하고, 민족 구성원의 처지에 따라 민족 운동이 분화함으로써 당면 과제와 활동 내용이 다르게 나타나고 있다. 우리나라 근현대사는 사회 모순과 민족 문제를 둘러싸고 복잡다단하게 전개되었다. 따라서 근대의 기점과 종점은 이러한 두 가지 문제를 통일적으로 이해할 때 분명해진다.

우선 근대의 기점을 논할 때, 대원군 정권의 성립을 전후한 시기를 주시할 필요가 있다. 그것은 조선 후기 이래 민인 대중의 성장과 봉건 사회의 해체로 말미암아 체제의 모순이 드러나는 가운데, 밀려오는 외세에 대응하기 위해 여러 사회 개혁안이 실행되고 국가 권력이 재편되기 시작했기 때문이다. 그리하여 외세의 침략 문제가 우리 사회에서 시급히 타개해야 할 당면 과제로 부각되었고 이후 이 문제를 중심으로 각계각층에서 다양한 방략이 제시되고 실천에 옮겨졌다. 한편, 1862년 농민 항쟁으로 폭발된 민인 대중의 반봉건 투쟁은 1894년 동학란을 거치면서 최정점에 이르렀다. 비록 이러한 농민전쟁이 실패로 돌아갔지만 이후 농민과 노동자가 민족운동의 주체로 성장하는 밑거름을 제공하였다.

다음 근대의 종점이자 현대의 기점을 논할 때, 오늘날의 분단 문제를 떼놓고는 설정할 수 없다. 분단 문제는 남북의 주민들이 겪고 있는 고통의 원천이며 사회 문제 및 민족 문제와 함께 오늘날 우리 민족의 삶을 규정하고 있기 때문이다. 따라서 분단 한국의 역사적 기원은 바로 현대의 기점과 밀접하게 맞닿아 있다. 그렇다면 3·1운동과 제1차 세계대전 종전을 전후하여 밖으로는 최초의 사회주의 국가가 등장하고, 일본의 독점자본주의가 조선의 경제를 급격하게 산업화하는 한편, 안으로는 민족운동이 새로운 국가 건설을 둘러싸고 자본주의와 사회주의 노선으로 갈라지며 노동자와 농민이 민족 운동의 주체 세력으로 성장하는 과정을 주시할 필요가 있다. 외부의 영향과 함께 민족 운동의 분화 및 좌우의 대립 갈등이 3·1운동 이후 본격화하여 분단 한국의 원초를 제공한 셈이다. 그리고 이러한 형국은 미·소 냉전에 의해 심화되면서 남한과 북한에 각각 체제를 달리하는 정권의 수립을 초래하였고 급기야 동족상잔의 비극인 한국전쟁으로 치달았다. 오늘날 한국 사회는 여기에 뿌리를 두고 있으며 분단 문제는 21세기에도 여전히 중요한 문제이다.

따라서 이 책에서는 대원군 정권의 성립부터 3·1운동 직전인 일제의 무단통치 시기까지 다루었다. 내용 역시 이런 범위에서 외세의 침략과 수탈, 사회경제 변화 및 근대 개혁 운동의 전개 등을 집중 서술하였다. 특히 반봉건·반침략을 둘러싸고 처지와 이념에 따라 상이한 방략을 제시하는 여러 계열의 노선과 활동에 초점을 맞추었다.

이 책의 구성은 다음과 같다. Ⅰ장은 대원군의 개혁 정치와 1876년 국교 확대를 중심으로 외세의 침략과 사회 문제에 대응하는 방식의 변화를 조명하였다. Ⅱ장은 근대화 추진을 둘러싸고 벌어지는 지배층의 갈등을 초점에 두고 척사위정 계열, 동도서기 계열, 개화주의 계열의 이념과 노선, 활동을 서술하였다. 신사척사운동과 임오군란, 갑신정변은 대표적인 사건이었다. Ⅲ장은 일·청의 경제 침투와 사회 경제 구조의 변동을 다루면서 이후 동학란과 갑오개혁에 끼친 영향을 전망하였다. Ⅳ장은 활동 내용과 개혁안을 중심으로 동학란과 갑오개혁이 각각 지향했던 목표와 개혁 방식을 서술하였다. 특히 농민층의 토지 개혁 방안과 양반·지주층의 부세개혁 방안을 대비하여 아래로부터의 근대화론과 위로부터의 근대화론이 가지는 역사적·사회적 의미를 조명하였다. Ⅴ장은 1880년대 원산학사와 「한성순보」를 시작으로 근대 학교와 언론이 민인 대중을 계몽하고 새로운 인재를 기르거나 민족의식을 고취하는 활동을 다루었다. Ⅵ장은 아관파천으로 말미암아 한반도를 둘러싼 국제 정세가 변동하고 조선 왕조가 대한제국으로 바뀌는 가운데 개혁을 둘러싼 정부와 독립협회의 노선과 활동을 서술하였다. 특히 광무 개혁의 방향과 내용을 집중적으로 다루어서 대한제국의 역사적 위치와 의미를 조명하였다. Ⅶ장은 을사늑약 전후를 계기로 하여 전개된 일제의 불법 침략과 한국인들의 주권 수호 운동을 다루었다. 여기서는 을사늑약을 비롯한 일제의 정치 경제 침략과 함께 계몽 운동과 의병 전쟁으로 대표되는 한국인들의 주권 수호 운동을 세세하게 서술하였다. Ⅷ장은 일제가 1910년 8월 대한제국을 무력으로 강점한 이후 이 땅에서 실시한 무단통치의 실상을 정치, 경제, 사회, 문화 등 여러 방면에 걸쳐 서술하였다.

이 책은 개설서와 달리 생생한 자료의 정확한 전달과 충실한 해설에 비중을 두고 개별 항목 단위로 구성한 나머지 한국 근대사의 전체 흐름이 잘 들어오지 않을 수도 있다. 이 점 독자들의 양해를 구한다. 그럼에도 불구하고 우리나라 근대사를 자료와 함께 찬찬히 체계 있게 정리한다면, 오늘날과 같이 온갖 정보와 여러 부설浮說이 오가는 현실에서도 주체적인 자세를 잃지 않고 우리 역사를 반듯하게 뒤돌아 볼 수 있으며 나아가 현대사의 여러 문제를 역사적인 맥락에서 다가갈 수 있지 않을까 한다. 이 점에서 "뿌리가 깊은 나무는 바람에 흔들리지 아니하므로 꽃이 좋고 열매가 많나니, 샘이 깊은 물은 가물에 그치지 아니하므로 내가 이루어져 바다로 가나니."라는 선현先賢의 말씀은 두고두고 새겨보아야 할 것이다.

2002년 12월

김태웅

차례

외세의 침입과
국교 확대

1 개혁의 칼을 빼들다

대원군 정권

흥선대원군 이하응李昰應은 1863년 12월 초 철종이 사망한 뒤 1873년 그의 둘째 아들 고종이 친정하기까지 10여 년 간을 섭정했다. 이 기간에 그는 호포법과 사창제의 시행, 경복궁의 중건, 서원 정리 및 법전 편찬 등 각종 사업을 추진했다. 이 사업들은 왕권 강화와 민심 수습에 목표를 두었다.

부세 개혁과 왕권 강화

1863년 12월 고종이 즉위할 무렵에는 1862년 삼남민란으로 말미암아 정부 위신이 땅에 떨어졌으며 민심 이반이 더욱 심각했다. 그것은 무엇보다 관리의 녹봉과 진휼곡을 마련하지 못할 정도의 재정 위기에서 비롯되었다.[자료1] 대원군 정권은 이에 세원을 확보하기 위해 숨겨지거나 누락된 토지를 전국에 걸쳐 적발했으며 수령에 대한 평가 기준을 여기에서 구했다.[자료2] 또한 종전에 상민들에게만 물렸던 군포를 양반들에게도 물리는 호포제戶布制를 단행했다.[자료3] 그리고 가장 폐단이 심했던 환곡제를 폐지하고 사창제社倉制를 시행하여 농민 경제를 안정시키려 했다.[자료4] 이제 환곡제는 국가나 관리가 재정을 보충하기 위한 부세 제도로 이용되지 않고 양반, 상민 가리지 않고 향촌민 스스로가 진휼을 목적으로 운영되는 구휼 제도로 바뀌었다.

대원군은 권력 구조를 개편하여 왕권을 강화하려 했다. 우선 외척의 세도로 권세를 누려 온 안동 김씨 일족을 정계에서 밀어내고 당파와 신분을 가리지 않고 인재를 등용했다.[자료5] 그 결과 정권에서 소외되었던 남인과 북인 계열뿐만 아니라 서북 출신 인물도 등용되었다. 그리고 안동 김씨의 반대에도 불구하고 문무고관의 합의체로서 군사와 정무를 총괄해 오던 비변사를 축소, 격하시키는 동시에 의정부의 기능을 부활시키고 종친부의 권한을 강화했다.[자료6] 한편 병인양요를 계기로 삼군부三軍府를 복설하여 군사와 국방, 군제 개편 등 군무 관련 업무를 총괄하도록 했다. 이어서 『대전회통大典會通』을 비롯한 각종 법령집과 관서지官署志를 편찬하여 이러한 정치 기구 개편을 명문화하고 관서의 실무 집행과 관련된 구체적인 준칙을 마련했다.

대원군 정권은 지방 토호의 세력 근거지로서 국가 재정을 좀먹고 당쟁의 원인이 되었던 서원을 대폭 정리했다.[자료7] 우선 고종 원년(1864) 7월부터 양반의 근거지요 당쟁의 소굴인 서원을 파악한 끝에 만동묘萬東廟의 철폐를 시발로 대대적으로 서원들을 정리했다. 정리 기준은 선유先儒 1인에 1개 서원으로, 47개소만 남기고 이에 해당되지 않는 600여 개소는 철폐했다. 이에 지방 토호와 유생들이 거세게 반발했지만 대원군은 "진실로 백성에게 해 되는 것이 있으면 비록 공자가 다시 살아난다 하더라

흥선대원군 이하응의 진영. 흥선대원군(1820~1898)은 정조의 아버지 사도세자의 증손자뻘로 1863년 12월에 아들 고종이 왕위에 오르자 권력을 장악했다. 그는 호포제와 사창제를 실시하고 서원을 철폐하는 등 사회 개혁을 단행하여 민인의 불만을 해소하였으며 특히 세도 정치로 실추된 왕권을 강화하는 데 힘을 기울였다. 그리고 서구 열강의 문호 개방 요구를 과감하게 거부하고 프랑스 군대와 미국 군대의 침략을 막아냈다.

도 나는 용서하지 않겠다."며 단호한 결의를 보이는 가운데 오히려 강경하게 대응하여 위반하는 수령은 엄벌하고 반발하는 유생들은 탄압했다. 양반 유생들은 흥선대원군을 '동방의 진시황'이라고 비난했지만 백성들은 서원 철폐를 적극 환영했다.

대원군 정권은 상공업 분야에서도 괄목할 만한 정책을 펴 나갔다. 상인들의 매점 행위를 금했으며 의주와 동래를 통해 들어오는 청·일 상품에 세금을 부과하여 국내 상공업을 보호하는 한편 상공인들에게 부과되는 무명잡세無名雜稅를 혁파하여 궁방·아문의 중간 수탈을 억제하고자 했다. [자료8]

개혁의 문제점과 대원군의 하야

대원군 정권은 왕실의 위엄을 되찾기 위해 임진왜란 때 불타버린 경복궁을 중건하는 일에 착수했다. [자료9] 우선 왕실의 경비를 비롯하여 민간의 원납전願納錢으로 막대한 공사비를 충당하도록 했다. 그러나 병인양요를 앞두고 외국의 무력 침략에 대비하여 정부가 군비 강화에 힘쓰면서 경복궁 중건에 충당할 재원이 모자라게 되었다. 이에 대원군 정권은 청나라에서도 유통되지 않을 정도로 조악한 청전淸錢을 값싸게 들여와 높은 가치로 유통시켜 경복궁 중건과 군비 확장에 충당했다. 이는 물가 상승과 화폐 유통의 문란을 초래했다. 특히 경복궁 중건 비용을 마련하기 위해 수차례 거두어들인 원납전은 처음과 달리 말 그대로 자진해서 바치는 돈이 아니었고 오히려 빈부 구별 없이 매호마다 강징되는 '원납전怨納錢'이어서 부농층뿐만 아니라 빈민들에게도 큰 고통을 안겨주었다. 그리고 이마저 비용 충당이 어려워지자 명목가치를 100배로 올린 당백전當百錢을 발행하여 중건 비용을 충당하려 했으나 이 역시 물가를 앙등시켜 농민들의 생계를 위협했다. 그 밖에 통행세인 문세門稅, 원납전의 부가세라 할 결두전結頭錢 등을 징수했다. 그 결과 1873년 최익현이 보수 유생들의 반발에 편승하여 당백전의 발행과 청나라 돈의 유통 등을 빌미로 고종의 친정을 요구함으로써 1873년 11월 대원군은 하야하고 말았다. [자료10]

근정전 전경. 조선 시기 경복궁의 정전正殿으로 조회를 비롯하여 각종 국가 의식을 치르던 곳이다. 임진왜란으로 불탔다가 흥선대원군의 지시로 고종 4년(1867)에 중건되었다. 조선 말기 건물 가운데 규모가 가장 크고 대표적이며 앞에는 품계석品階石이 있어 신하들이 각자 자기 관품에 해당하는 자리에 늘어섰다.

대원군의 이러한 왕권 강화 및 부세 정책은 전통적인 통치 체제를 재정비하여 국가 기강을 바로잡고, 백성에 대한 양반 지배층의 부당한 억압과 수탈을 금지시켜 민생을 안정시키는 데 기여했다. 그러나 이는 농민들의 개혁 요구를 적극 반영하기보다는 기존 체제를 유지하면서 폐단을 일부 없애는 차원에 머물렀다. 따라서 1860년대 후반에 들어서자 다시 민란이 일어나기 시작했다.

자료1

대저 임금이 있으면 나라가 있는데 금일의 형세形勢는 나라가 있으나 믿을 것이 없다고 할 만합니다. 나라라는 것은 민이 모인 것이고 민을 모으는 것은 재물입니다. 안으로는 왕실과 정부가 모두 텅 비고 밖으로는 창름倉廩이 모두 고갈되었으니 녹봉을 지급하는 것을 계속하기 어렵고 진휼곡賑恤穀은 내주기도 어려우며 생민生民이 날로 초췌해지고 온 8도가 소요가 일어나니 흰 수건을 둘러쓰고 몽둥이를 든 자가 걸핏하면 1만 명이 넘고 관가를 약탈하고 관원을 살해하고 재변이 사방에서 일어나고 있습니다. 이러한 일들은 지난 역사에 없던 일들로서, 이 지경에 이르렀는데도 전하의 나라에 백성들이 있다고 할 수 있겠습니까.

— 『승정원일기』 고종 1년(1864) 정월 27일

자료2

영의정 조두순이 아뢰기를 … 수령전최守令殿最[주1]는 사기査起[주2]의 많고 적음으로써 징벌과 권면勸勉의 기준으로 삼기를 청합니다. 대왕대비는 여기에 따라 시행하되 회기 내에 실효가 있도록 하라고 하답했다.

— 『일성록』 고종 1년(1864) 11월 20일

주1 수령전최守令殿最 : 고을 수령의 실적을 조사하여 중앙에 보고하는 일.

주2 사기査起 : 경작 토지를 찾아내는 양.

자료3

갑자년(1864) 초에 대원군은 백성들의 원망을 힘껏 떠맡으면서 그 힘으로 양반·천민을 가리지 않고 1정丁[주3]마다 매년 세납전 2냥씩을 고루 바치게 했으니 이를 동포전洞布錢이라 한다.

— 『매천야록梅泉野錄』 권1 상上

주3 정丁 : 전근대 시대에 조세와 국역을 부담하던 양인 남자.

자료4

사창절목社倉節目

2. 본창에는 관장할 사람이 없어서는 안 되니 반드시 본면本面 중 근실勤實 초요稍饒[주4]한 자를 택하고 한 면회面會에서 천거하여 관에 보고한 뒤 뽑는다. 또한 관에서 감히

주4 근실勤實 초요稍饒 : 부지런하고 넉넉함.

강제로 정하지 말고 그를 일러 사수社守라 하고 조적지절糶糴之節주5을 맡아서 검사한다. 또한 각 동洞에서 근검한 사람을 가려 뽑아 동장으로 삼아 일청一廳 사수社首가 지휘하고 본동이 받고 내주어 그로 하여금 바로잡게 하며 창고지기 1명도 사수로 하여금 근착根着 근간根幹주6이 있는 자를 잘 선택하여 그로 하여금 맡아서 지키고, 출납하고, 용량을 재서 일체 해당 환민還民주7에게 부칠 일이다.

3. 환곡을 분급하는 규칙은 해당 면에서 각 동 대소 빈부로써 차등으로 삼으며 양반과 상민을 가리지 않고 동네에 분급된 양을 헤아려 지나치게 많거나 지나치게 적을 우려를 없게 하며 만약 유망하여 받아내지 못한 곳이 있으면 해당 동에서 골고루 배분하여 채워 낼 것이로되 사수와 해당 동장은 모두 경계하고 삼가지 못한 죄로써 심문할 일이다.

— 『일성록』 고종 4년(1867) 6월 11일

자료 5

대원군이 집권한 후 어느 공회 석상에서 음성을 높여 여러 대신을 향해 말하기를 "나는 천리를 끌어다 지척咫尺을 삼겠으며 태산을 깎아내려 평지를 만들고 또한 남대문을 3층으로 높이려 하는데 여러 공들은 어떠시요?"라고 했다. 대저 천리지척이라는 말은 종친을 높인다는 뜻이요 남대문 3층이라는 말은 남인을 천거하겠다는 뜻이요, 태산을 평지로 만들겠다는 말은 노론을 억압하겠다는 의사이다.

— 『매천야록』 권 상上

자료 6

대왕대비 : 의정부와 주사[籌司, 비변사]를 모두 묘당廟堂이라 부르면서도 문서와 장부는 오직 비변사에서만 다루는 것이 극히 이상하니 이제부터는 따로따로 다루는 것이 옳다.

김좌근 : 조정의 중대한 일을 주사에서만 관리하고 의정부에서는 관여하지 못하는 것이 자전[慈殿, 대왕대비]의 전교와 같습니다. 그러나 수백 년 동안 흘러 내려온 일이므로 물러가서 의논하여 결정하도록 하겠습니다.

조두순 : 고故 상신相臣 최명길崔鳴吉은 비변사가 생긴 이후에 의정부도 아무것도 하지
　　　　않는 관청이 되어버렸다고 여러 번 말했고 심지어 상소에서 언급하기까지
　　　　했습니다. 지금 자전의 교시를 받았으니, 지당하고도 지당하십니다. 물러가
　　　　서 여러모로 상의해 본 다음 다시 품정稟定하겠습니다.

_ 『고종실록』 고종 1년(1864) 1월 13일

자료7

사족이 있는 곳마다 평민을 못살게 굴지만 그 가장 심한 곳이 서원이었다. 편지 하나
를 띄워 먹도장을 찍은 다음 고을에 보내서 서원 제수전祭需錢을 바치도록 명령했다.
사족이나 평민을 물론하고 그 편지를 받으면 반드시 주머니를 쏟아야 했다. 그렇지
않는 자는 서원에 잡혀가 혹독한 형벌로 위협을 받았고 화양동서원華陽洞書院[주8] 같은
곳은 그 권위가 더구나 강대하여 그곳에서 보내는 편지를 화양동 묵패지墨牌旨[주9]라 했
다. 백성들은 탐학한 아전들로부터 시달렸는데 여기에 또 서원 유생으로부터 침탈을
당하게 되니 모두 살아갈 수가 없었다. 그리하여 원망을 하고 이를 갈아도 하늘만 쳐
다볼 뿐 어떻게 할 수가 없었다. 대원군이 … 영을 내려서 나라 안 서원을 죄다 허물
고 서원의 유생들을 쫓아버리도록 했다. 감히 항거하는 자는 반드시 죽이라 하니, 사
족이 크게 놀라서 온 나라 안이 물 끓듯 했고 대궐 문간에 나아가 울부짖는 자도 수십
만이나 되었다. 조정에서는 어떤 변이라도 있을까 하여 대원군에게 간언하기를, "선
현의 제사를 받드는 것은 선비의 기풍을 기르는 것이므로 이 명령만은 거두기를 청합
니다."라고 하니 대원군이 크게 노하여 말하기를 "진실로 백성에게 해 되는 것이 있으
면 비록 공자가 다시 살아난다 하더라도 나는 용서하지 않겠다. 하물며 서원은 우리
나라 선유를 제사하는 곳인데 지금에는 도둑의 소굴로 됨에 있어서랴." 했다. 드디어
형조와 한성부의 나졸들을 풀어서 대궐 문 앞에서 호소하려는 선비를 강 건너로 몰아
내버렸다. 여러 고을에서 모두 두려워하여 감히 영을 거행하지 못했는데 대원군이 먼
저 한 고을 수령을 파면시키고 무거운 벌을 시행하니, 이에 여러 도에서는 두려워하
게 되었다. 그리하여 일시에 서원을 철폐시킬 수 있었다. 다시 8도에다 암행어사를 보
내 사족으로서 평민을 침해한 자가 있으면 그 몸에 죄를 주고 그 재산을 몰수하니, 띵

주8 화양동서원華陽洞書院 : 조
선 후기 노론의 영수인 송시열을
제향하는 대표적인 서원으로 충북
괴산군에 있다.

주9 묵패지墨牌旨 : 먹도장을 찍
어 보내는 글발.

떵거리는 집안들도 숨을 죽이고 감히 나쁜 짓을 하지 못했다. 이 때문에 백성들이 춤추고 칭송하는 소리가 천지를 진동했다.

_ 「근세조선정감近世朝鮮政鑑」 상上

자료8

대왕대비께서 전교하기를, "지난번에 포구浦口에서 조세를 거두는 일, 보洑를 쌓아서 이익을 취하는 일과 장시場市에서 도고都賈를 차리는 등의 잡다한 폐해에 대하여 신칙한 적이 있었는데 그 사이에 다 개혁되어 없어졌으리라고 생각했다. 듣건대, 잠시 없앴다가 곧바로 다시 이전과 같이 하는 자도 있고 애초에 없애지 않은 자도 있으며 겉으로만 거둔 것처럼 하면서 안으로는 실제로 관망한 자도 있었다고 했다. 이런 무리들의 간교한 버릇은 참으로 통탄스럽다. 각 해당 지방 관장官長들은 무엇에 구애되고 무엇이 곤란하여 그 거행한 결과가 이와 같은 것인가? 나라에 법이 있거늘 어찌 감히 이렇게 할 수 있는가? 그 동안에 보고된 것들을 즉시 엄격히 처결하고 싶었으나 경재卿宰, 재상의 가문에서 여전히 간섭하는 자가 없지 않은 듯하여 더욱 통탄스럽도다. 우선 묘당廟堂에서 팔도八道와 사도[四都 : 개성, 수원, 강화, 광주 유수부]에 신칙하되, 끝내 두려워할 줄을 모르고 이전처럼 폐해를 일으키는 부류들에 대해서는 낱낱이 염찰하여 엄격히 조사하여 보고하라."고 했다.

_ 「승정원일기」 고종 1년(1864) 4월 29일

자료9

대왕대비가 경복궁의 중건을 명하고 다음날인 3일 시원임 대신을 희정당에 불러 중건 대사를 대원군에 위임했다. … 경복궁 영건 때의 비용과 백성의 역에 대한 절차를 의논했는데, 백성의 노역 문제는 신중을 기하고, 안으로 재상 이하, 밖으로는 지방 수령 이하가 역량에 따라 보조하며, 선비·서민층은 서울과 지방을 막론하고 자진 납부하는 자는 상을 주기로 하고 이 뜻을 8도에 통달케 하였다. 이미 서울의 원납전이 20만 냥이 되었다.

_ 「승정원일기」 고종 2년(1865) 4월 2일, 5일

자료 10

호조참판 최익현崔益鉉이 상소하기를 … 지난 나랏일을 보면 폐단이 없는 곳이 없어 명분이 바르지 못하고 말이 순하지 않아 짧은 시간 안에 다 미칠 수 없을 정도입니다. 다만 그 가운데 더욱 드러난 심한 것을 보면 황묘[皇廟, 만동묘萬東廟]주10의 철거로 임금과 신하의 윤리가 썩게 되었고, 서원의 철폐로 스승과 제자의 의리가 끊기게 되었고, 귀신의 후사後嗣로 나가는 일로 아비와 자식의 친함이 문란하게 되었고, 호전[胡錢, 청나라 돈]을 씀으로써 중화와 오랑캐의 분별이 어지러워졌습니다. 이 몇 가지 조목들이 곧 한 조각이 되어 천리와 인륜이 이미 탕진되어 다시 남아 있는 것이 없게 되었습니다. 게다가 원납전 같은 것이 표리가 되어 백성과 나라에 재앙을 끼치는 도구가 된 지 거의 몇 년이 되었으니, 이것이 선왕의 옛 전장典章을 변화시키고 천하의 떳떳한 윤리를 썩게 하는 것이 아니고 무엇이겠습니까. 이에 신의 생각으로는, 전하를 위하여 오늘날의 급선무를 논한다면, 만동묘를 다시 설치하고, 서울과 지방의 서원을 흥기시키고, 귀신의 후사로 나가는 일을 금하며, 원통한 일을 풀고 부끄러운 일을 씻어버린 국적國賊에게 추율追律주11을 적용하고 호전의 사용을 혁파해야 할 것이며, 토목 공사 원납전의 경우도 한 시각이라도 그대로 두어서는 안 될 것입니다.

_ 『승정원일기』, 고종 10년(1873) 11월 3일

주10 만동묘萬東廟 : 숙종 30년 (1704)에 명의 신종과 의종을 제사하기 위하여 충청도 괴산의 화양동에 세운 사당.

주11 추율追律 : 죽은 뒤에 역적의 죄과가 드러났을 경우, 죽은 사람에게 반역률을 집행하는 일.

출전

『매천야록梅泉野錄』: 매천梅泉 황현黃玹이 고종 1년(1864)부터 1910년 일제의 한국 강점까지 약 50년 동안의 역사를 편년체로 서술한 7책 6권의 책. 김택영이 1912년 중국에서 간행했다.

『근세조선정감近世朝鮮政鑑 상上』: 원래 상·하 두 권으로 되었던 듯하지만 하권은 유실되어 보이지 않는다. 박제형朴齊炯이 1882년 임오군란 후 일본에 파견한 사절단으로 수행원으로 갔다가 조선의 실정이 너무 와전되어 있음을 보고 1883년 1월에 귀국하여 이 책을 저술하기 시작했다.

찾아읽기

김용섭, 『한국근대농업사연구 : 농업개혁론, 농업정책』, 일조각, 1975.
성대경, 「대원군정권성격연구」, 성균관대학교 박사학위 논문, 1984.

한국역사연구회 엮음, 『1894년 농민전쟁연구2』, 역사비평사, 1992.

제임스 B. 팔레(James B. Palais), 『전통 한국의 정치와 정책 : 조선 왕조 사회의 정치 · 경제 · 이데올로기와 대원군의 개혁』, 이훈상 옮김, 신원문화사, 1993.

이영호, 『한국근대 지세제도와 농민운동』, 서울대학교 출판부, 2001.

연갑수, 『대원군집권기 부국강병정책 연구』, 서울대학교 출판부, 2001.

송찬섭, 『조선 후기 환곡제개혁연구』, 서울대학교 출판부, 2002.

김병우, 『대원군의 통치정책』, 혜안, 2006.

오영교 엮음, 『세도정권기 조선사회와 대전회통』, 혜안, 2007.

연갑수, 『고종대 정치변동 연구』, 일지사, 2008.

김태웅, 『한국근대 지방재정 연구 : 지방재정의 개편과 지방행정의 변경』, 아카넷, 2012.

2 파란 눈의 외국인을 막아라
양요와 쇄국

대원군 정권은 1866년 병인양요와 1871년 신미양요에서 프랑스 군과 미군의 침략을 각각 막아내고 그들의 통상 수교 요구를 거부했다. 이 전쟁은 소규모 전쟁이긴 했지만 조선이 서구 열강의 침략에 맞부딪치면서 시작된 고단한 근대의 전주곡이었다.

이양선의 출몰과 위기의식의 심화

19세기 전반 서구 자본주의 열강은 산업혁명 이후 국내 시장이 포화 상태에 이르자 새로운 상품 시장과 원료 공급지를 찾기 위해 여러 대륙을 거쳐 동아시아에 침투하기 시작했다. 이들 나라는 단순히 천주교나 개신교를 포교하는 차원을 벗어나 무역 통상을 요구했으며 심지어는 여러 지역을 침략하여 식민지로 삼기도 했다.

이 중 영국은 청나라에 면제품을 비롯한 각종 공산품을 팔아 이익을 남기려 했지만 오히려 중국에서 많은 차茶를 수입하면서 적자를 면치 못했다. 이에 영국은 무역 적자를 흑자로 전환하기 위해 인도의 아편을 몰래 들여와 중국민에게 팔아 막대한 이익을 챙겼다. 청국 정부는 영국의 이러한 불법 행위에 맞서 아편 밀매를 단속했고 영국 정부는 이를 구실로 1840년에 아편전쟁을 일으켰다. 이 전쟁에서 영국은 우세한 화력과 청국 정부의 무기력에 힘입어 손쉽게 승리하고 불평등 조약인 난징 조약을 체결했다.[자료1] 그 결과 중국은 무역항을 열고, 관세 자주권을 포기했으며 치외법권治外法權을 승인해야 했다. 또한 프랑스, 미국 등도 청나라 정부와 잇달아 통상 조약을 맺고 중국 시장에서 유리한 고지를 차지했다. 이후 서구 열강은 청나라가 틈만 보이면 온갖 구실을 내세워 청나라 정부를 압박했고 심지어 1860년 12월에는 영국 · 프랑스 연합군이 베이징을 점령하기도 했다.

청이 두 차례의 아편 전쟁에서 패하자 조선 사회에서는 서양 세력에 대한 경계심이 높아졌다. 그것은 단지 수도가 서구 열강에 점령되었을 뿐만 아니라 조선 정부의 금압 대상인 천주교가 중국에서는 아무런 제지도 받지 않고 퍼질 수 있었기 때문이다. 이런 차에 천주교 서양 신부들이 조선 국내에 자주 들어오는가 하면 서양 상품이 몰래 들어와 한양 한복판에서 거래되기도 했다. 이에 천주교를 금압하고 양화洋貨 유입을 엄금해야 한다는 여론이 강하게 일어났다.[자료2]

한편 19세기에 접어들며 영국, 프랑스, 미국 등 서양 국가의 배들이 조선 연안에 자주 나타났다.[자료3] 당시 사람들은 배의 모양이 이상하다 하여 '이양선異樣船'이라고 불렀다. 이양선들은 제주도, 울릉도 등 여러 섬을 측량하거나 우리 근해에 접근하여 정탐하고 해도海圖를 작성하기도 했다. 이런 행위는 조선의 주권을 침해하는 불법 행위였다. 심지어 이들 이양선은 조선 정부에 문호 개방과 통상 수교를 요구했다. 이에 조선 정부는 조선과 청나라의 외교 관계를 내세워 그들의 요구를 거부했다.

이 가운데 미국 무장 상선 제너럴 셔먼 호가 1866년 8월 중국 즈푸[芝罘, 오늘날 옌타이에 있는 구區]를 떠나 조선으로 향했다. 제너럴 셔먼 호는 평화적인 통상보다는 왕릉 도굴에 목적이 있었던 것으로 보일 만큼 중무장을 하며 평양의 보물에 관심을 가지고 있었다. 당시 중국 상하이 등지에서 활동하던 '불량한 국제적 투기꾼들' 사이에서 조선의 왕릉은 순금으로 되어 있으며, 그 안의 시신은 보석으로 치장되어 있다는 등의 소문이 파다했다. 이어서 제너럴 셔먼 호는 조선 정부의 강력한 경고에도 불구하고 영국인 선교사 토머스의 안내를 받아 대동강을 거슬러 평양의 만경대까지 올라와서 조선 관리에게 통상을 요구했다. 이에 조선측은 정부의 방침을 들어 통상 요구를 거절했다. 그러자 제너럴 셔먼 호 선원들은 총을 쏘고 민가를 약탈하거나 조선인을 가두는 등 횡포를 부렸으며, 이에 분노한 평양 군민들은 제너럴 셔먼 호를 불태워 침몰시켰다.

1868년 미국은 다시 독일 상인 오페르트 등을 내세워 통상을 요구했다. 오페르트는 이미 두 차례나 와서 통상을 요구하다 거부당한 바 있었다. 오페르트는 자신의 뜻을 관철하기 위해 미국인 자본주와 프랑스 선교사의 지원 아래 흥선대원군의 아버지 남연군의 묘를 도굴하려 했다.[자료4] 이러한 도굴 시도는 오히려 조선 정부와 백성들의 반감을 초래했다.[자료5]

러시아 역시 만주 동부로부터 조선 접경까지 점령한다는 계획 아래 남쪽으로 내려오기 시작했다. 그리하여 러시아 군함들이 동해 연안에 자주 나타났으며 심지어 1864년 2월 러시아인들이 경흥부에 와서 통상을 요구하는 문서를 내놓았다.[자료6] 이는 정부에 매우 큰 위협으로 비쳤다. 당시 정권을 잡고 있던 흥선대원군은 프랑스 선교사를 통해 프랑스와 관계를 개선하면서 러시아의 남하를 막아보려고 했다. 그러나 정부의 이러한 시도는 프랑스 선교사의 소극적인 태도와 대다수 관료들의 반대로 무산되었다. 나아가 정부는 천주교가 조선의 사회 질서와 고유 문화를 위협할 뿐더러 천주교도들이 서구 열강에 국내 사정을 알려주고 길을 안내한다고 판단하여 프랑스 신부 9명과 신도 수천 명을 처형했다. 이것이 병인사옥丙寅邪獄이었다.

병인양요와 신미양요

프랑스는 병인사옥에서 자국 신부가 처형당한 점을 구실로 1866년 8월 10일 극동함대 사령관 로즈Roze 제독이 이끄는 3척의 군함을 파견하여 조선 침공에 나섰다. 이는 오랫동안 프랑스 정부가 바라던 바였다. 특히 나폴레옹 3세가 집권하면서 청나라와 베트남에 대한 영향력을 강화하기 위해 프랑스·베트남 전쟁을 일으킨 가운데 그 여세를 몰아 조선에도 영향력을 미치려 했다. 영국, 미국에 뒤질세라 병인

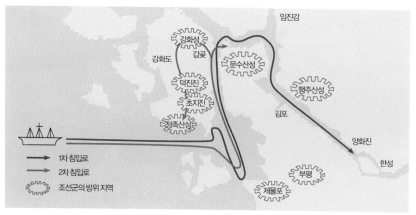

프랑스 함대의 강화 침입로.

사옥을 빌미로 조선을 굴복시킴으로써 자국 자본가와 군부의 희망을 실현하려 했기 때문이다. 심지어는 그들의 말대로 피살된 프랑스 신부 9명에 대한 대가로 한양을 점령하고 9,000명을 죽이려 했다.[자료7]

8월 11일 남양만 일대에 도착한 프랑스 함대는 일대의 수심을 측량하던 중 한강 입구를 발견했고, 8월 15일 기함을 남겨 둔 채 조선 영해인 강화해협을 지나 한강을 거슬러 올라 양화진 근처인 염창 여울목 부근에 이르렀다. 이에 조선 정부는 8월 18일 염창 여울목에 작은 배들을 늘어놓아 진입을 막았다. 그러나 최신 무기를 갖춘 프랑스 함대는 조선군의 선단 중앙을 향해 집중적인 함포 사격을 개시하여 조선군의 전선들을 가라앉혔다. 나아가 프랑스 함대는 도성에서 10리도 떨어지지 않은 서강 어구까지 올라가 일대의 수심 측량을 마쳤다. 프랑스 함대는 그들의 목표인 수심 측량과 지도 작성을 달성했다고 판단하여 19일 아침 한강 하류로 철수했고 23일 최종적으로 조선 영해를 떠났다. 프랑스로서는 커다란 수확이었다. 이제 강화해협만 봉쇄하면 청나라의 경우처럼 조선도 도성민의 경제적 궁핍과 심리적 공포로 말미암아 결국 굴복할 것이라는 판단을 내릴 수 있었다.

로즈는 이처럼 1차 정찰을 마친 뒤 9월 3일 프랑스 신부 리델을 데리고 군함 7척에 해군 600여 명을 태우고 즈푸芝罘항을 출발했다. 조선에 도착한 함대는 먼저 군함

강화도 광성진의 처절한 싸움. 미국은 제너럴 셔먼 호 사건을 구실로 여러 차례 조선에 배상금 지불과 통상 조약 체결을 요구하였다. 흥선대원군이 이를 거부하자 미국은 1871년에 군함 5척과 1,200여 명의 병력으로 조선을 침략하였다. 초지진을 함락시킨 미군이 광성진을 공격해 오자 어재연魚在淵 이끄는 조선 수비대는 끝까지 물러서지 않고 최후까지 싸움을 벌였다. 미국은 광성진을 점령했지만 조선 정부의 단호한 의지와 조선 군인들의 거센 저항에 밀려 물러가고 말았다.

4척을 동원하여 강화부를 침공하기로 결정하고, 9월 6일 강화도 갑곶 앞에 닻을 내렸다. 이어서 강화읍을 점령한 프랑스군은 서울로 쳐들어가겠다고 위협하면서 온갖 만행을 저질렀다. 이에 조선 정부는 대원군의 군은 항전 의지에 따라 군대를 재편성하고 방비를 강화했으며, 한성근과 양헌수 부대는 문수산성과 정족산성에서 완강한 저항으로 각각 프랑스군을 물리쳤다.[자료8] 이에 프랑스군은 조선군의 기세에 눌려 사기가 떨어진 데다 장비 및 보급품의 부족, 강화해협의 결빙으로 고립무원에 빠질 것이라는 불안에 휩싸였다. 로즈는 승산이 없다고 판단하고 만조기를 이용히여 강화해협을 빠져나가려 했다. 이때 프랑스군은 당시 프랑스 화폐로 20만 프랑어치에 해당하는 18상자의 은괴를 비롯하여 외규장각 도서 297책을 약탈해 갔다.[자료9] 프랑스 함대는 10월 5일 강화도를 출발했고 10월 6일 조선 해역을 완전히 떠났다. 당시 서구 열강들은 프랑스군이 조선을 굴복시키지 못한 것을 아쉬워하면서 훗날을 기약했다.

미국도 오래 전부터 조선 문제에 관심을 두었다. 이미 1854년에 일본을 강제 개항시킨 경험을 가진 터에 남북전쟁(1861~1865)이 끝나자 대아시아 정책을 강화해 갔다. 미국 팽창주의가 다시 고조되기 시작한 것이다.

이때 미국 정부는 제1차 조선 원정에서 돌아온 프랑스 함대로부터 제너럴 셔먼 호의 격침 정보를 입수했다. 미국 정부는 이 사건을 구실로 여러 차례 조선에 배상금 지불과 통상 조약 체결을 요구했다. 흥선대원군이 이를 거부하자 미국은 마침내 1871년 3월, 5척의 군함과 1,200여 명의 병력으로 조선을 침략했다. 우선 미군은 함포 사격으로 강화도의 진지들을 초토화시킨 뒤 4월 23일 강화도에 상륙하여 초지진을 함락시켰으며 여세를 몰아 덕진진에 이어 광성보를 공격했다. 어재연 魚在淵을 비롯한 조선 군인들은 미군의 집중 공격에도 불구하고 끝까지 물러서지 않고 격전을 벌였다. 이 전투에서 어재연을 비롯한 350여 명의 장병들이 전사하거나 자결했으며 20여 명이 포로로 잡혔다.

조선 정부는 신미양요를 겪은 뒤 각지에 척화비를 세웠다. 여기에는 '서양 오랑캐가 침범하는데도 싸우지 않으면 화친하는 것이요, 화친을 주장하는 것은 나라를 팔아먹는 것이다'라는 내용이 새겨져 있다.

그러나 미군은 피해가 적음에도 조선 정부의 단호한 의지와 조선 군인들의 거센 저항에 밀려 물러가고 말았다.[자료10] 당시 미군은 물러나면서 "승리는 승리였으나, 누구 한 사람 그다지 자랑할 것도 못 되며, 누구 한 사람도 기억하고 싶지 않은 전승이었다."고 자평했다.

정부는 두 차례 서양 오랑캐의 침략을 겪으면서 병인양요 이래 추진해 오던 척화비 건립에 앞장섰다. 위정척사 유림들도 서양 물건을 찾아 불태울 것을 요구하면서 군사 양성, 내치의 원활 등을 강조했다. 일반 백성들 역시 미군 함대의 강화수로 봉쇄로 말미암아 식량난이 생기고 물가가 오르자 서양인에 대한 거부감이 강해졌다. 그리하여 도성의 번화가인 종로 네거리를 비롯한 전국의 교통 요지에 척화비를 세웠다.[자료11]

흥선대원군의 이러한 통상 수교 거부 정책은 서양 열강의 침략을 일시적으로 저지하는 데에는 성공했다. 그러나 급변하는 국제 정세를 제대로 인식하지 못하여 서양 열강의 침략에 대한 적절한 대책을 세우지 못했다.

자료1 난징 조약(1842) 주요 내용

제2조. 영국 국민이 가족이나 하인을 데리고 광저우廣州, 아모이厦門, 푸저우福州, 닝보宁波, 상하이上海에 박해나 구속을 받지 않고 상업에 종사하기 위해 자유롭게 거주하는 것을 보장한다.

제3조. 청은 영국에 홍콩을 양도하고, 영국은 적당하다고 인정하는 법률로 통치한다.

제5조. 종전 광저우에서 통상에 종사하는 영국 상인에게 강제로 청국 정부의 특허를 얻은 행상하고만 거래를 하도록 하던 관행을 없애고, 누구하고나 자유롭게 거래하도록 한다.

제7조. 제2조에 따라 영국 상인에게 개방한 항구에서 공평하게 정해진 출입 관세를 설정한다.

자료2 이항로李恒老의 위정척사 상소

양이洋夷의 화禍가 금일에 이르러서는 비록 홍수나 맹수의 해일지라도 이보다 심할 수 없겠사옵니다. 전하께서는 부지런히 힘쓰시고 경계하시어 안으로는 관리들로 하여금 사학邪學의 무리를 잡아 베시고, 밖으로는 장병들로 하여금 바다를 건너오는 적을 정벌케 하옵소서. … 이른바 외물이라는 것은 종류가 극히 많아서 일일이 열거할 수 없지만 그중에도 양품洋品이 가장 심하옵니다. … 몸을 닦아 집안이 다스려지고 나라가 바로잡힌다면 양품이 쓰일 곳이 없어져 교역이 끊어질 것입니다. 교역이 끊어지면 저들의 기이함과 교묘함이 받아들여지지 않을 것이며, 기이함과 교묘함이 받아들여지지 않는다면 저들이 기필코 할 일이 없어져 오지 않을 것입니다.

_ 「화서집華西集」 권3

자료3

올해 여름과 가을 이래로 외국 선박이 경상, 전라, 황해, 강원, 함경 5도에 몰래 출몰함에 혹 아득하고 끝이 없어 추적할 수가 없었다. 그중에는 상륙하여 물을 길어가기도 하고 때로 고래를 잡아 양식으로 삼기도 하는데 그 선박의 수는 헤아릴 수가 없다.

_ 「헌종실록」 헌종 14년(1848) 12월 기사己巳

자료4 오페르트의 서신

남의 무덤을 파헤치는 것은 예의 없는 행동이지만 무력을 사용하여 백성을 괴롭히는 것보다 나을 것 같아 그렇게 했다. 본래 관을 파오려고 했으나 너무 지나친 짓이라 생각되어 그만두었다. 우리에게 석회를 팔 도구가 없었겠는가? 당신네 나라의 안전과 존엄은 전적으로 당신에게 달려 있다. 높은 관리 한 사람을 보내 좋은 대책을 협의하는 것이 어떻겠는가? 만일 결단을 내리지 않는다면 반드시 위험한 지경에 처하게 될 것이다.

_ 『고종실록』 고종 5년(1868) 4월 23일

자료5 오페르트의 통상 요구에 대한 영종 첨사의 회신

너희 나라와 우리나라 사이에는 원래 왕래도 없었고, 은혜를 입거나 원수를 진 일도 없다. 이번 덕산 묘지에서 저지른 사건은 사람으로서 차마 할 수 있는 일이겠는가. 또한 방비가 없는 것을 엿보아 몰래 들이닥쳐 소동을 일으키며, 무기를 빼앗고 백성들의 재물을 강탈하는 것도 사리로 볼 때, 어찌 할 수 있는 일이겠는가? 이런 사태에서 우리나라 신하와 백성들은 있는 힘을 다하여 한마음으로 네 놈들과 같은 하늘을 이고 살 수 없다는 것을 다짐할 뿐이다.

_ 『고종실록』 고종 5년(1868) 4월 23일

자료6

함경감사 이유원李裕元이, '경흥부사 윤협尹峽의 첩정牒呈 내용 중, "본부本府의 성 안에 있는 망덕望德의 봉수장烽燧將 한창국韓昌國이, "두만강 건너편에서 이상한 생김새의 사람들이 나타났습니다."라는 급보를 올려서 곧 병방 군관兵房軍官 김용金鏞에게 신칙하여 망을 보고 있으니, "그들이 강가에까지 와서 얼음을 타고 왔다 갔다 하는 것이 마치 우리나라 사람을 멀리서 부르는 모양과 같았습니다."라고 했습니다. 이것은 국경의 정황에 속하는 일로서 듣기에 대단히 놀라워 부사가 곧 달려가 보니 강의 얼음장 위에 사람 5명과 말 1필이 있었습니다. 3명은 눈이 움푹 들어가고 콧마루가 우뚝 높고 눈동자는 푸르스름하고 머리털은 불그스름하고 머리를 모두 깎았으며 놋주발 같은 검은색 얇은 비단으로 만든 모자를 썼고 그 모자의 채양이 눈썹 위에 삐죽 내밀었습니다. 위아래에는 두루마기와 같은 회색의 전[氈, 짐승의 털로 아무 무늬가 없이 두껍게 짠 피륙]으로 된 옷을 입었고, 그 안에는 자주색의 전으로 된 바지를 입었습니다. 신발은 검은 가죽 위에 곰 가죽을 두른 것이 무릎까지 올라왔습니다. 한 사람은 칼을 찼는데 길이가 2척R쯤 되었고, 한 사람은 조총鳥銃을 멘 것이 우리나라의 총보다 약간 크고 길었습니다. 생김새나 복장으로 보아 서양인인 듯했습니다. 그 밖의 2명은 말을 하는 것이나 얼굴과 복장으로 보아 후춘[厚春, 지금의 훈춘] 사람 비슷했습니다. 말은 흰 말인데 다래[障泥]는 없이 언치만 있고 등자鐙子를 걸어 놓았습니다. 그들이 편지 한 장을 던져주기에 뜯어보니, 바로 아라사[俄羅斯, 러시아] 사람들로서 물품을 서로 거래하자는 것인데 회답을 요구하는 의사가 있었습니다. 그래서 이런 문제는 지방관이 임의로 결정할 바가 아니라고 써주었더니 그들은 그만 곧 돌아가 버렸습니다. 강 연안의 위아래로 파수가 있는 곳에는 동정을 살피라고 엄격히 신칙했으며, 던져준 편지 원본은 단단히 봉해서 올려 보냅니다."라는 내용입니다.

_ 『고종실록』 고종 1년(1864) 2월 28일

자료7 공친왕에게 보내는 벨로네 서한^{주1} (1866년 7월 13일)

전하, 본인은 비통한 마음으로 조선의 끔찍한 테러 소식을 공식적으로 전합니다. 조선은 현재까지 청국에 예속되어 있었으나 저러한 야만적 행위로 인해 영원히 청국으로부터 분리되었습니다. 프랑스 황제 폐하의 정부는 이토록 잔인한 폭행에 대해서 처벌을 하지 않을 수 없을 것입니다. 조선의 국왕이 프랑스인을 처형한 그날은 그의 치세의 마지막 날이었습니다. 그 행위로 그는 자신의 폐위를 스스로 선언한 것이나 마찬가지며, 오늘 본인도 그것을 엄숙하게 선언하는 바입니다. 며칠 안에 우리 군대가 조선 정복을 향해 진군할 것이며 현재부터는 프랑스 황제만이 오로지 그의 뜻대로 조선국과 공석인 조선국 왕좌에 대하여 처분할 힘을 갖습니다.

_ H. 쥐베르, C.H. 마르탱, 『프랑스 군인 쥐베르가 기록한 병인양요』 유소연 옮김, 살림, 2010

주1 벨로네 서한 : 1866년 병인사옥 때 프랑스 신부들이 처형당하자 베이징 주재 프랑스 공사 벨로네Bellonet는 이를 구실로 7월 13일 청의 공친왕에게 대조선 선전포고를 통고하는 서한을 보냈다.

자료8 대원군 양이보국책 유시[주2]

1. 괴로움을 참지 못하고 화친을 허락한다면 이는 나라를 파는 것이다.

2. 해독을 이겨내지 못하고 교역을 허락한다면 이는 나라를 망하게 하는 것이다.

3. 적이 경성에 다다를 때 도성을 버리고 간다면 이는 나라를 위태롭게 하는 것이다.

4. 만약 잡술이나 육정육갑[주3] 따위로 귀신을 불러 신기하게 침략자를 물리치고자 하면 이후에 생겨나는 폐단은 사학(천주교)보다도 더욱 심할 것이다.

— 『용호한록龍湖閒錄』 4, 국사편찬위원회, 병인년 9월 14일

자료9

꽤 가난해 보이는 강화읍에는 각하에게 보내드릴 만한 것이 별로 없습니다. 그러나 조선 국왕이 간혹 거처하는 저택에는 서적들로 가득 찬 도서관이 있습니다. 위원회는 공들여 포장한 340권을 수집했는데 기회가 닿는 대로 프랑스로 발송하겠습니다.

— 프랑스군 지휘관 로즈 제독이 해군성 장관에게 보낸 보고서 중에서

자료10

그들 조선군은 비상한 용기를 가지고 응전하면서 성벽에 올라 미군에게 돌을 던졌다. 창칼로 상대하는데, 창칼이 없는 병사들은 맨손으로 흙을 쥐어 적군 눈에 뿌렸다. 모든 것을 각오하고 한 걸음 한 걸음 다가드는 적군에게 죽기로 싸우다 마침내 총에 맞아 죽거나 물에 빠져 죽었다. 부상당한 병사들은 투신자살했다. 먼저 스스로 목을 찌른 뒤 물속으로 뛰어드는 병사도 있었다. … 성 안 전투에서 100여 명이 백병전에 쓰러졌지만 부상당하여 포로가 된 병사는 없었다.

— 그리피스 『은자의 나라 한국』

자료11 척화비 비문

서양 오랑캐가 침범하니 싸우지 않으면 화친이 있을 뿐이다. 화친을 주장함은 나라를 팔아먹는 짓이다. 병인년에 만들고 신미년에 세운다. 이로써 우리의 영원한 자손을 경계한다.

출전

『용호한록龍湖閒錄』: 조선 말 정치 · 경제 · 사회 · 대외 관계 등 여러 분야에 대하여 기록한 책이다. 송근수宋近洙의 편저인 듯하다. 순조 즉위 초부터 고종 중기에 이르는 80여 년 동안의 나라 안팎 각 분야에 대한 여러 종류의 글을 실었다. 당시 시정施政과 관련된 자료, 임오군란, 갑신정변에 관한 기사 등 중요 사건들을 총망라하여 전말을 상세히 기록해 사료적 가치가 매우 높다.

『은자의 나라 한국Corea, the Hermit Nation』: 윌리엄 그리피스(W. E. Griffis, 1843~1928)가 1882년에 쓴 책이다. 그는 19세기 말 일본과 한국에서 활동한 미국의 동양학자이자 목사로서 도쿄대학 교수로 있으면서 일본과 한국 연구에 몰두했다.

찾아읽기

샤를 달레, 『조선교회사: 서설』, 이능식 · 윤지선 옮김, 대성출판사, 1947.

김원모, 『근대한미교섭사』, 홍성사, 1979.

샤를 달레, 『한국천주교회사』 상 · 중 · 하, 최석우 · 안응렬 옮김, 한국교회사연구소, 1980.

박병선 엮음, 『조선조의 의궤』, 한국정신문화연구원 역사연구실, 1985.

최석우, 『한불 관계자료—1846~1887』, 한국교회사연구소, 1986.

김원모, 『근대한미 관계사: 한미전쟁편』, 철학과현실사, 1992.

이원순, 『조선시대논집: 안(한국)과 밖(세계)의 역사』, 느티나무, 1992.

이민식, 『근대 한미 관계사』, 백산자료원, 2001.

김명호, 『초기 한미 관계의 재조명: 셔먼 호 사건에서 신미양요까지』, 역사비평사, 2005.

박병선, 『병인년, 프랑스가 조선을 침노하다 Archives royales des Joseon et Expedition des Français en Corée』, 태학사, 2008.

연갑수, 『고종대 정치변동 연구』, 일지사, 2008.

근대한국외교 문서 편찬위원회, 『근대한국외교 문서』, 동북아역사재단, 2009.

박병선, 『1866 병인년, 프랑스가 조선을 침노하다 Expedition des Français en Corée, 1866』, 조율, 2013.

3 일본의 조선 침략론

서계 문제와 정한론

서양 열강의 무력 침략이 본격화하는 1860년대 후반 조선과 일본 사이에서 서계 문제를 둘러싸고 양국 간에 갈등이 첨예화되었다. 이는 전통적 중화 지배 질서에서 근대적 국제 질서로 옮아가는 과정에서 일본의 침략 정책이 빚어진 결과였다.

조선 정부의 서계 수리 거부

고종 5년(1868) 일본에서는 메이지유신明治維新이 일어나 무신 정권인 바쿠후幕府가 무너지고 왕정이 복구되었다. 이에 따라 일본 메이지 신정부는 1868년 조선에 이 사실을 통고하는 한편 국교를 요청하기로 결정하고, 그 업무를 쓰시마對馬島 도주島主 소 요시아키라宗義達에게 위임했다. 이는 종래 조선과 일본 외교를 쓰시마에서 중개하던 관례에 따른 것으로, 소 요시아키라는 조선 정부에 바치는 외교 문서인 서계書契와 일본 정부의 국서國書 초안을 동래부 왜관을 거쳐 조선 정부에 전달했다.

그러나 조선의 대일 외교를 담당하던 동래부는 쓰시마에서 보낸 서계가 종래의 서계와 비교하여 서식과 격식에 문제가 있다는 이유를 들어 수리를 거부했다. 이때 쓰시마에서 보낸 서계에는 일본 왕실을 황실皇室, 일왕의 명령을 받는 것을 봉칙奉勅

으로 표현하는 등 마치 일본을 조선의 상국上國으로 인식하게 할 수 있는 용어가 사용되고 있었다. 더욱이 종래 쓰시마에서 올리는 서계에는 반드시 조선 정부가 증빙을 위해 주조하여 보낸 도장인 도서圖書를 사용해 왔으나, 이번 서계에는 아무런 협의도 없이 일본에서 새로 만든 도장이 찍혀 있었다. [자료1]

그즈음 대원군이 이끌던 조선 정부는 서양에 문호를 개방한 일본에 대해 일단의 의구심을 품고 있던 차였다. 특히 전년인 고종 4년(1867)에는 청나라에서, 일본인 八戶順叔 [정체불명의 인물로 일본에서도 이름을 읽는 법을 확인할 수 없어 한자로만 표기하였다. - 지은이]란 자가 홍콩에 체류하면서 일본의 조선 침공설을 퍼뜨려 물의를 빚고 있던 사실을 통보한 바도 있었다. [자료2] 이런 와중에 조선과 일본 사이에 수백 년 동안 계속되었던 외교 관례에 어긋나는 형식과 내용을 담은 쓰시마의 서계가 제출되자, 정부와의 협의 하에 동래부사 정현덕은 서계의 수리를 거부하고 쓰시마에서 파견한 사절인 대수대차사大修大差使의 퇴거를 강력하게 요청했던 것이다.

사태가 여기에 이르자 일본 정부는 쓰시마의 중개를 거치지 않고 직접 대조선 외교에 나서기로 결정하고, 1869년 12월과 그 이듬해에 연이어 외무성 관리를 부산에 파견했다. 그러나 조선 정부는 잇따른 요청에도 불구하고 종래의 외교 관례를 준수할 것을 일본에 요구하면서 서계를 고쳐 제출할 것을 재차 강조했다. [자료3]

정한론의 제기

조선과 일본 사이에 서계 문제가 이같이 논란되고 있을 즈음에 일본 정계에서는 조선을 침략하자는 이른바 정한론征韓論이 대두하여 급격하게 지지를 얻고 있었다. 조선 침략론인 정한론은 이미 바쿠후 말기 일본 사회 내에 팽창주의적 대외 인식이 확산되면서 요시다 쇼인吉田松陰을 중심으로 강하게 주장되고 있었다. [자료4] 이후 이러한 정한론은 메이지 정부 수립의 주역이었던 사이고 다카모리西鄕隆盛, 이타가키 다이스케板垣退助 등이 주장했다. 이들은 봉건 바쿠후를 타도하고 중앙집권적 관료

정한론을 논의하는 그림(1870년대). 일본 정부가 조선 침략 여론을 조성하기 위해 자국 국민들에게 대량 배포한 선전 그림이다. 도쿠가와 바쿠후 말기에 서양의 문호 개방 압력에 위기의식을 느낀 일본에서는 아시아를 침략해야 한다는 논의가 싹트기 시작하였다. 그 후 메이지유신이 단행되면서 정부 수뇌부를 중심으로 아시아 침략론이 구체화되었고 마침내 사이고 다카모리가 1873년에 정한론을 제기했다.

제를 강화하는 과정에서 일자리를 잃고 불평불만이 가득하던 일본 무사 계급의 관심을 해외로 돌리고, 또 장차 대외 침략을 통해 일본을 근대 국가로 발전시키고자 정한론을 강력하게 밀고 나갔다.[자료5]

따라서 조선의 국교 거부가 하나의 이유로 곧잘 거론되었으나, 실제로는 쓰시마를 통해 조선에 서계를 보내기 전부터 정한론이 일본 정부 내에서 구체적인 정책 방안으로 논의되고 있었던 터였다. 즉 쓰시마의 대수대차사가 1868년 12월 19일 동래부 왜관에 도착하기 이전인 12월 14일에 이미 조선 침략 방침이 메이지 정부 내부에서 거론되었던 것이다.[자료6] 따라서 조선의 서계 수리 거부는 이와 같은 일본의 침략 의도에 대한 경계 의도가 또한 작용한 것이었다.

정한론은 이후 고종 10년(1873) 6월, 2년 여에 걸쳐 유럽 각국을 시찰하고 돌아온 이와쿠라 도모미岩倉具視, 오쿠보 도시미치大久保利通, 이토 히로부미伊藤博文 등이 일본의 내치內治 개혁이 우선임을 강조하며 반대하여 당장 실현되지는 못했다. 그러나 이들도 조선 침략 자체를 반대한 것이 아니라 시기와 주도권 문제에서 견해를 달리했을 뿐이었다. 정한론은 이처럼 메이지유신을 전후하여 일본의 대조선 정책의 궁극적 목표로 설정된 이래, 시기와 방법의 조정을 거치면서 지속적으로 추진되었다.

자료 1 쓰시마 도주島主가 올린 서계[주1]

일본국日本國 좌근위소장대마수左近衛小將對馬守 평조신平朝臣 요시아키라義達가 삼가 조선국 예조판서 공 각하에게 글을 올림.

우리나라는 근래 시세가 크게 바뀌어서 정권이 황실로 귀속했습니다. … 곧 별사別使 를 파견해서 그 전말을 상세히 알릴 것이니 여기서는 장황하게 서술하지 않겠습니다. 저는 예전에 경사[京師, 교토]에 조회를 갔다가 조정에서 특별히 옛 훈공을 포상하셔서 작위를 더하고 좌근위소장左近衛小將 관직을 내려 주셨습니다. 그리고 교린직交隣職에 임명하셔서 영원히 변치 않고 전하게 하셨으며 또 증명인기[證明印記, 공문서에 인압하는 공식 도장]를 하사하셨습니다. 요컨대 양국의 교제가 성신誠信을 더욱 두터이 하고 영 원히 변치 않게 하는 것이 예려[叡慮, 천황의 뜻]의 소재이니 감격스러움을 어찌 이기겠 습니까? 금번 별사 서한에 새 인장을 찍어서 조정의 성의를 표시했으니 귀국 또한 모 두 후의厚誼에서 나온 것이니 쉽게 고칠 수 없는 것입니다. 그렇지만 이번의 일은 조 정의 특명과 관계되는 것이니 어찌 사私로써 공公을 해칠 수 있겠습니까? 저의 뜻은 실로 여기에 있습니다. 귀 조정에서 부디 깊이 헤아리시기를 바랍니다.

메이지 원년 11월 일

_ 『일본 외교 문서』1

자료 2

일본인 八戸順叔란 사람이 홍콩에 체류하면서 그 지방 신문에 보낸 기고에서 말하기 를, "근래 일본국의 군사력이 자못 강해져서 현재 80여 척의 화륜선火輪船을 보유하고 있고, 장차 해외에 있는 조선을 침공할 계획을 가지고 있다."고 했다.[주2]

_ 『일성록』 고종 4년(1867) 3월 7일

자료 3

의정부에서 아뢰기를, "방금 동래부사 정현덕鄭顯德의 장계를 보니, '훈도와 별제 등 의 수본手本을 하나하나 거론하면서 말하기를, 대마도주對馬島主 평의달平義達의 서 계 가운데, 좌근위소장左近衛少將이라고 써서 보낸 것에 대해서는 그런대로 끌어댈 만

주1 서계書契 : 외교 문서로서의 성격을 지닌 국가 간의 공식 문서 이다. 이 서계는 일본이 메이지유 신 이후 왕정 복고의 사실을 알리 고 국교를 요청하는 사신을 파견하 기로 결정하고, 먼저 쓰시마주 소 요시아키라宗義達를 통하여 보낸 문서이다.

주2 원래 이 기사는 청나라 광둥에 서 발행되는 『중외신문中外新聞』 에 투고된 내용이다. 청나라 정부 가 내용의 중요성을 고려하여 특별 히 조선 정부에 통고함으로써 조선 에 알려졌다. 그러나 이 기사의 원 문은 발견되지 않을 뿐더러 광둥에 는 『중외신문』이라는 신문이 존재 하지 않았다.

한 사례가 있다고 하겠으나, 평平 자 아래 조신朝臣이라는 두 글자는 일찍이 없었던 일로 격례格例에 크게 어긋납니다. 통역을 맡고 있는 무리들로 하여금 책임 있게 타일러서 다시 수정하여 올리게 해달라'고 했습니다. 관직의 명칭이 이전과 다르니 이미 일정한 법식과 예가 아닙니다. 300년 간이나 약속해 온 본래의 취지가 어찌 일찍이 이와 같은 것이었겠습니까. 특별히 말로 타일러서 깨우쳐 주어 서계書契를 다시 수정하도록 분부하는 것이 어떻겠습니까?" 하니, 윤허한다고 전교했다.

_ 「승정원일기」, 고종 6년(1869) 12월 13일

자료4 요시다 쇼인吉田松陰의 조선 침략론

이제 급히 방비를 하여 함선을 갖추며, 병기와 탄약을 점검하여 바로 에조[蝦夷, 홋카이도]를 개간하고, 제후를 봉건하며, 기회를 보아서 캄차카, 오도가(오호츠크 해)를 공략하고, 류큐[琉球, 오키나와]를 타이르고, 조회朝會를 받고 회동하여 안으로 제후를 화평하게 한다. 특히 조선의 잘못을 엄중히 책하여 인질을 들이고 조공을 바침이 옛날과 같이 성행할 때와 같게 하며, 북으로 만주를 분할하고, 남으로 대만과 필리핀 여러 섬을 다스린다.

_ 「요시다 쇼인 전집」 1, 유수록幽囚錄

주3 이 정한론 건의서는 1869년 12월에 조선의 실상을 알아보기 위해 파견된 사타 하쿠보佐田白茅가 귀국한 후 일본 정부에 올린 것이다.

자료5 정한론 건의서주3

지금 황국皇國, 일본은 군사가 많은 것이 걱정이지 적어서 걱정이 아닙니다. 그러나 각지의 군사가 울분에 빠져 서로 싸우기를 좋아하고 항상 난을 꿈꾸는지라, 혹시라도 내란이 일어나지 않을까 염려됩니다. 다행히 지금 조선과 문제가 있는 바, 여기에 군대를 사용하면 군사의 울분을 풀어줄 수 있을 뿐 아니라 한 번에 조선을 도륙하고 우리 군대의 훈련을 크게 할 수 있어 천황의 위세를 해외에 크게 떨칠 수 있을 것입니다. 어찌 신속하게 정벌하지 않을 것입니까.

_ 「일본 외교 문서」 3

자료 6 기도 다카요시^{주4}의 정한론 제기

메이지 이와쿠라 공岩倉公^{주5} 출발에 앞서 앞날의 일에 대하여 천황으로부터의 하문이 있었기에 몇 가지 일에 관해 말씀을 올렸다. 특히 중요한 일이 두 가지 있었는데, 그 하나는 속히 천하의 방향을 정하여 사절을 조선에 파견하여 그 무례함을 문책하고, 만일 듣지 않을 때는 죄를 탈잡아 공격하고 그 땅에 일본의 국위를 신장할 것을 바란다.

— 『기도 다카요시 일기』, 1868년 12월 14일

출전

『일본 외교 문서』: 일본 외무성에서 역대 외교 관계 문서를 수집·정리하여 간행한 자료집.

찾아읽기

진단학회 이선근, 『한국사-최근세편』, 을유문화사, 1961.

역사학회 엮음, 『일본의 침략정책사연구』, 일조각, 1984.

조항래 엮음, 『일제의 대한침략정책사연구: 일제침략요인을 중심으로』, 현음사, 1996.

현명철, 『19세기 후반의 대마주對馬州와 한일 관계』, 국학자료원, 2003.

김흥수, 『한일 관계의 근대적 개편 과정』, 서울대학교 출판문화원, 2009.

동북아역사재단 엮음, 『역사 속의 한일 관계』, 동북아역사재단, 2009.

부경대학교 대마도연구센터 엮음, 『부산과 대마도의 2천년』, 국학자료원, 2010.

주4 기도 다카요시木戸孝允 : 메이지유신과 근대 일본의 원로 공신으로, 메이지 정부의 핵심 정치인이었다.

주5 이와쿠라 공岩倉公 : 메이지 원훈의 한 사람인 이와쿠라 도모미岩倉具視를 가리킨다. 천황의 특명으로 기도 다카요시 등과 같이 이와쿠라 사절단을 이끌고 유럽 각국을 순방했다. 귀국 후 사이고 다카모리를 중심으로 한 정한파征韓派에 대해 국력 배양을 앞세워야 한다는 주장을 내세웠던 이른바 내치파內治派의 한 사람이다.

4 조선, 문호를 확대하다

운요 호 침입과 강화도 조약

1873년 대원군이 물러나고 조선 정부 안에서 국교 복구 논의가 조심스럽게 일어나자 일본은 이를 간파하고 국교 교섭을 유리하게 끌고 가고자 군사적 수단을 강구했다. 이후 일본은 1875년 군함 운요 호를 보내 군사적 압력을 가했다. 그 결과 조선 정부와 일본 정부는 1876년 1월 강화도 조약을 맺었다.

운요 호의 침입

메이지유신 이후 조선과 국교 수립을 모색하려는 일본 정부의 노력은, 기존의 교린 관계交隣關係를 고수하면서 일본의 침략 의도를 경계하던 대원군이 이끄는 조선 정부의 거부에 따라 번번이 좌절되었다. 이러한 교착 상태는 동아시아 조공 체계에 근간을 둔 중세적 교린 관계를 근대적 외교 관계로 전환시키고, 이를 발판으로 삼아 조선에 대한 정치 · 경제적인 침략을 단행하려는 일본의 처지에서 매우 불만족스러운 것이었다. 그런데 고종 10년(1873) 대원군이 정치적으로 실각하고 고종의 친정親政이 시작되는 등 조선 정계에 일대 변화가 일자 일본 정부는 국교 교섭 노력을 재개했다.

한편, 1873년 12월 대원군이 하야하고 1874년 7월 일본의 타이완 점령 소식이 들려오는 가운데 고종은 박규수 등의 국교재개론國交再開論을 받아들여 같은 해 7월 동래부 훈도를 비롯한 이전의 대일본 외교 담당 인물들을 교체했다. 이어서 같은 해 9월 신임 왜학훈도[조선 시대에 사역원에 속한 정9품 벼슬인 사학훈도의 하나. 사학훈도에는 한학훈도, 몽학훈도, 왜학훈도, 여진학훈도가 있었다. ─ 지은이] 현석운玄昔運과 외무대승外務大丞 모리야마 시게루森山茂가 국교 재개 문제에 대해 회담했다.

이런 가운데 고종 11년(1874) 11월 부산에 도착한 모리야마 시게루는 새로 작성한 서계를 올리면서 조선 정부에 국교 수립을 강력하게 요청했다. 이에 조선 정부의 고종을 비롯한 일부 관료들은 서계 접수 자체를 거부해서는 안 된다는 견해를 피력했다. [자료1] 그러나 대다수 관료들은 새로 제출된 서계에도 '대일본大日本' '황상皇上' 등 종래에 논란이 되었던 용어가 그대로 사용되고 있음을 이유로 서계를 격식에 맞게 고쳐 올릴 것을 요구하면서 일본 정부의 요구에 응하지 말 것을 강력하게 주장했다. 결국 모리야마는 외교적인 교섭 대신 군함을 조선에 파견하여 군사적인 방법으로 조선을 굴복시키는 것이 더욱 유효한 방법이라는 견해를 부관인 히로쓰 히로노부廣津弘信를 통해 일본 정부에 보고했다. [자료2] 메이지유신을 전후로 일본 정계에서 대두하고 있던 조선 침략론인 이른바 정한론征韓論을 계승한 건의 내용이었다.

마침내 일본은 고종 12년(1875) 4월 군함 가스가春日 호, 운요雲揚 호, 다이니테이보第二丁卯 호를 조선 연해에 파견했고, 그중 운요 호와 다이니테이보 호는 부산에 입항하여 함포 사격으로 시위했다. 운요 호는 5월에는 동해안을 따라 북상하여 함경도 영흥만까지 진출하여 측량 겸 시위 임무를 마친 후 일본으로 일단 돌아갔다. 이에 조선 정부에서는 박규수를 비롯한 소수 관료들이 서계를 접수할 것을 주장했다. [자료3] 이들의 근거는 일본측과의 무력 분쟁을 피하기 위해서 서계를 일단 접수하여야 한다는 것이다. 그러나 대다수 관료들은 일본의 무력 시위가 시작된 이후에도 여전히 서계 접수를 거부하고 있었다. 이어서 일본 정부는 무력을 통한 수교 방침을 재차 확인하면서 그해 8월 다시 운요 호를 파견하여 "조선 동남서해안으로부터 청나라 뉴장[牛莊]에 이르는 항로를 연구한다."는 명분으로 불법 침입을 단행했다.

이 운요 호가 8월 20일에 강화도 초지진으로 다가와 접근하려고 하면서 이른바 운요 호 침입 사건이 일어났다. 운요 호는 자신의 정체를 밝히지 않고 상륙을 시도했고 조선측 초지진의 포대에서는 즉각 포를 발사하여 이를 저지했다. 이때 운요 호는 신식 함포로 초지진을 공격한 후, 귀로에는 인천의 영종진에 상륙하여 관아와 민가를 방화하고 군민軍民을 살상하면서 대포 36문과 총포 등을 약탈하기까지 했다. 침입 목적을 달성한 운요 호는 8월 29일 일본의 나가사키長崎로 귀환하여 일본 정부에 예정된 군사 행동의 경과를 보고했다. 나중에 일본은 운요 호의 강화도 침입을 식수食水를 구하기 위한 것이라고 했으나 이는 구실에 불과했다. [자료4]

일본의 군사적 압력과 조선 정부의 대응

고종 13년(1876) 1월, 일본 정부는 운요 호 사건을 논의한다는 명분으로 육군 중장 구로다 기요타카黑田淸隆를 특명전권대신으로 삼고 4,000명의 군사를 붙여 강화도에서 조선측 접견대신 신헌申櫶과 담판을 짓게 했다. 이때 일본 정부는 구로다에게 내린 비밀 훈령을 통해 교섭이 뜻대로 안 되면 교섭 중단을 선언하고, 장차 군사적 수단을 동원하리라는 암시를 조선측에 던지고 귀국하도록 지시했다. [자료5] 한편 실제로 전쟁의 명분을 찾기 위해 개전開戰 이유를 당시 일본 정부의 법률고문이었던 프랑스인 부아소나드Boissonade에게 연구하게 했고, 일본 서부 지방으로 군사를 대거 이동시키는 등 전쟁 준비에 박차를 가했다.

일본과의 관계를 종래의 전통대로 교린 체계로서 정립하려던 조선 정부는, 이와 같이 점차 가중되는 일본의 군사적 압력에 직면하여 대일 정책의 재조정을 시도했다. 그리하여 박규수 등 조정 내 일부 관료의 통상通商 주장과 청나라의 개항開港 권고를 계기로 일본과의 협상에 나섰다. [자료6] 또한 조선 정부는 개항반대론자들의 반발을 피하기 위하여 조약 전문에 신조약이 새로운 관계를 규정하는 것이 아니라 과거 교린 관계의 연장에서 이를 개수한다는 뜻의 '옛날의 우호를 다시 세운다欲重修舊好'는 문구를 전문前文에 넣을 것을 주장하여 이를 관철시켰다. [자료7] 아울러 조약 원

1876년 1월 강화도에서 열린 조일수호회담의 모습. 조선 정부는 신헌 등을 파견하여 1월 17일부터 19일까지 일본 사신 구로다 기요타카와 협상하였는데 2월 2일 일본의 무력 시위 속에 수호조약이 체결되었다. 이 조약을 조일수호조규 또는 병자수호조규라 불렀다. 치외법권 조항이 들어 있는 불평등 조약이었다.

안의 전문에 '대일본국 황제 폐하'와 '조선국 왕 전하'로 차등을 표기한 것에 대해 조선 정부는 각각 '대일본국'과 '대조선국'으로 바꾸자고 수정안을 제시하여 이 역시 반영했다. 이는 조선 정부가 회담에 임하면서 청이 외국과 체결한 조약과 윌리엄 마틴이 번역한 『만국공법萬國公法』을 검토한 결과였다.[자료8] 그리하여 고종 13년(1876) 2월 26일 마침내 일본과 강화도 조약[정식 이름은 조일수호조규朝日修好條規]을 조인했다. 강화도 조약은 조선이 근대 국제법상 처음으로 외국과 체결한 조약으로서 근대 국제 질서에 편입되는 계기가 되었다.

강화도 조약 내용

조선 정부는 강화도 조약을 위한 협상에 이처럼 임하면서 일본의 국교 수립과 통상 요구를 수용하되, 이를 조선의 국체國體를 인정하고 존중하는 자세에서 추진하며 또한 통상도 점진적으로 확대시킨다는 방침을 마련했다. 특히 천주교와 아편에 대한 확고한 금지 방침을 강조했다.[자료9] 그러나 근대 국제법과 통상 관례에 익숙하지 않은 형편에서 조선 정부는 단지 국교 재개의 명분만 확보했을 뿐, 조선의 주권을 침해할 수 있는 일본의 요구 사항을 거의 받아들인 가운데 12개관으로 이루어진 수호조규에 조인했다.[자료10] 강화도 조약의 내용과 그 이면에 담겨 있는 불평등성, 일본의 침략 의도를 살펴보면 다음과 같다.

제1관에서 조선이 자주국임을 강조했으나, 이는 청의 간섭을 배제하고 일본 세력의 조선 침투를 노리는 정치적 포석이었다.

제2관과 제3관은 두 나라가 앞으로 벌일 교섭 절차와 격식을 규정해 놓았다.

제4관과 제5관은 개항장을 설정하고 일본 상인들의 개항장 상행위를 보장하는 조항이다. 이를 통해 일본은 조선의 세 항구를 자유무역항으로 개항하는 권한을 획득했다. 그중 부산항은 곧 개항하고, 나머지 두 항구는 경기 · 충청 · 전라 · 경상 · 함경 5도의 연해안에서 통상이 편리한 곳을 선택하되 20개월 이내로 정했다. 나중에 일본은 이 개항장을 인천 · 원산으로 지목했는데, 이는 부산 · 인천 · 원산을 점거하여 장차 무역과 군사의 거점으로 삼아, 한반도를 포위하고 침략 전진기지로 삼으려는 책략이었다.

제6관은 조선으로 항해하는 일본 선박이 조난당했을 때의 구호 규정이며, 제7관은 일본이 조선의 연해와 섬을 자유롭게 측량하고 해도海圖를 작성할 수 있다는 내용으로, 차후 군사적 행동을 벌이려는 침략 의도를 드러낸 것이다.

제8 · 9 · 10관은 조선에서 활동하는 일본 상인이 저지른 범법犯法 행위를 조선 관원이 간섭하지 못하며, 일본인의 범죄는 일본 관원만이 다스릴 수 있다는 이른바 치외법권治外法權을 인정하는 조항이다. 조선의 정치적 주권을 정면에서 침해한 규정이자, 일본에 체류하는 조선인에 대한 규정이 없어 일방적인 약정이었다.

제11관은 이후의 보충 규정을 설정하는 절차에 대한 규정이며, 제12관은 이 조약의 효력 발생에 관한 것이다.

이처럼 강화도 조약은 불평등 조약으로, 이후 일본이 조선을 침략할 수 있는 근거를 제공했다. 일본은 1858년 자국이 영국에게 강요당했던 불평등 조약[영일 조약]의 내용과 형식을 거의 그대로 모방하여 이를 조선 정부에 강요했던 것이다. 이에 조선 정부는 강화도 조약의 부당성과 불평등성을 확인하는 가운데 조약을 개정하는 데 힘을 기울여야 했다.

자료1

상이 이르기를 "올라온 서계를 끝까지 받아보지 않는다면 자못 성신誠信의 도리가 아닌 듯하다. 또한 저 왜인이 받아본 뒤에 만일 따르기 어려운 일이 있으면 비록 백 번을 물리치더라도 마땅히 도로 받아서 가겠다고 약조를 했으니, 이번에는 가져와 보게 해서 실로 격식을 어긴 점이 있으면 다시 물리치는 것이 불가하지 않을 듯하다." 하니, 이최응이 아뢰기를 "성상의 말씀이 참으로 옳습니다." 하고, 김병국이 아뢰기를 "왜정倭情이 본래 교활하니, 이전의 말을 준거準據해 믿거나 서계에 진서眞書와 언서諺書가 서로 섞여 있는 것은 전에 없던 일입니다만, 한번 자세히 살펴본 뒤에 과연 격식에 어긋난 점이 있으면 사리에 의거해 물리치는 것이 실로 일의 체모에 합당할 듯합니다." 했다. 상이 이르기를 "관왜館倭가 함부로 나와 해부該府와 직접 의논하겠다고 한다는데 이는 허락해서는 안 된다. 동래부사로 하여금 관소館所에 나가서 별도로 연향宴餉을 베풀어 위로하는 뜻을 보이고 반복해서 깨우치게 하는 것이 좋을 듯하다."고 했다.

_ 『승정원일기』 고종 12년(1875) 2월 5일

자료2 히로쓰 히로노부廣津弘信의 건의문주1

일본 군함 1~2척을 파견하여 대마도와 조선 사이의 바다를 왕래하며 해로를 측량하게 하면서 우리측 의사를 시위하는 동시에, 일본 조정이 담당 관리의 책임을 묻는 체하고 그들을 언사言辭로써 핍박하여 내외가 성원한다면 교섭 체결에 우월한 권리를 획득할 것입니다. … 이러한 좋은 기회에 1~2척의 군함을 파견하면 다른 때 대규모로 군사를 동원하지 않고도 목적을 달성할 수 있을 것이라 생각되어 감히 청하는 바입니다. … 메이지 8년(1875) 4월

_ 『일본 외교 문서』 8

주1 이 건의문은 고종 11년(1874) 11월 외무대승外務大丞 모리야마를 수행하여 조선에 왔던 부관 히로쓰가 귀국하여 1875년 4월 일본 정부에 올린 것이다.

자료3

박규수가 아뢰기를, "일본의 서계에 관해 이렇게 버틴 것이 지금 이미 1년이 되어가니 먼 나라 사람이 체류하는 번거로움과 시끄러움이 실로 작은 근심이 아닙니다. 이제 이렇게 하문하시니 여러 대신들이 아룀에 있어 깊이 생각하지 않음이 없습니다.

저들의 세계에 칭호를 참람하고 망령되게 한 것은 매우 놀라운 일입니다만, 과군寡君이니 폐읍蔽邑이니 하는 예양禮讓하고 겸공謙恭하는 말은 거친 저 섬 오랑캐에게 갖추기를 요구하기 어려운 일인 듯합니다. 그 나라에서 황제皇帝라고 칭한 것은 주周 나라 평왕平王 시대부터 시작하여 지금 이미 수천여 년이 되었습니다. 저들의 세계에서 본국이 칭하는 대로 따른 것도 신하로서 부득이하여 그렇게 한 것이니, 이는 오직 성상께서 어떻게 포용하시느냐에 달려 있는 것일 뿐입니다. 저 사람들이 스스로 국제國制를 변경하여 크게 인호隣好를 닦자고 한 것이 지금까지 저지당하여 허접許接하지 못하고 있으니, 필시 한스럽게 여기는 바가 있을 것인 바, 문제를 일으킬 만한 단서가 십분 염려스럽습니다. 지금 상께서 하문하시는 것도 오직 처분을 내리시기 어렵고 신중히 해야 하기 때문인 것입니다. 후일의 폐단도 실로 염두에 두어야 할 것입니다만, 그때 가서 거절하는 데 그 방법이 없지 않을 것입니다. 현재의 사단은 저들이 반드시 말을 물고 늘어질 것이니, 구구한 염려가 실로 여기에 있습니다. 지금 전석前席에서 감히 장황하게 늘어놓을 수 없으니, 서계 가운데 성상의 마음에 걸리는 무슨 구절 무슨 조항을 일일이 하문하시면 연석筵席에 오른 대신과 여러 재신들이 모두 분석하여 아뢸 것입니다. 삼가 바라건대, 좋은 것을 취하여 재결하여 주소서."라 했다.

_ 「승정원일기」 고종 12년(1875) 5월 10일

자료4

식량이나 음료수의 양은 항해 계획과 기항지를 생각해서 전문적인 경리장교가 미리 준비해 두지 않을 수 없다. 식수食水를 구하기 위해 강화도에 접근했다는 것은 구실에 불과할 것이다.

_ 야마베 겐타로山邊健太郎, 『일본의 한국병합』 다이헤이太平출판사, 1966, 30쪽

자료5 구로다 기요타카黑田淸隆에게 내린 일본 정부의 비밀 훈령

조선이 그들의 주장을 굽히지 않거나 또는 거짓을 꾸며 도저히 우리[일본]측 요구에 응하지 않을 때에는, 가령 현저하게 난폭한 행동이나 능멸하는 따위의 일이 없더라도 사절使節[주2]은 두 나라의 화호和好를 단념하고 우리 정부에서 모종의 별도 조치가 있을

주2 강화도 협상에 임하는 일본측 특명전권대신 구로다 기요타카가 이끄는 사절을 가리킨다.

것임을 전하고 교섭을 중단하는 문서를 던지고 조속히 귀국하여 다시 명령을 기다림으로써 사절의 체통을 잃지 말 것이다.

_ 『일본 외교 문서』8

자료 6

우리나라와 일본은 300년 동안 통신사를 교환하고 왜관倭館을 설치하여 무역하여 왔다. 비록 수년 이래 세계를 가지고 서로 버티어 왔으나 우호 관계를 존속시키려는 처지에서 통상을 굳이 거절할 필요가 없으므로 통상 조약 등의 절차를 잘 협상하여 양국이 서로 편의하도록 조치하라.

_ 『승정원일기』, 고종 13년(1876) 1월 24일

자료 7

대조선국과 대일본국은 원래 우의를 두텁게 세월을 경과했다. 지금 양국의 정의情意 미흡함을 보게 되므로 구호舊好를 중수重修하여 친목을 굳게 하고자 한다. …

_ 최덕수 외, 『조약으로 본 한국 근대사』, 「조일수호조규」 전문

자료 8 모리야마와 주일 영국 공사 파크스의 대화

다른 나라들이 한국에 와서 일본과 동일한 요구를 할 가능성이 그들[한국인]에 의해 충분히 예견되어 있으며, 이에 대한 대비책도 어느 정도 가지고 있다. 그들은 중국이 외국과 체결한 모든 조약의 사본을 가지고 있으며, 휘튼 국제법의 북경 번역판도 소유하고 있다. 모리야마가 만난 관리(오경석)는 20년 동안 지속적으로 베이징을 방문했으며 또한 홍콩까지 갔다 왔다. 그래서 그들은 유럽이나 미국 등 여러 다른 나라에 대해 정보에 어두운 것은 아니다.

Park Il-Keun, ed., ANGLO-AMERICAN DIPLOMATIC MATERIALS RELATING TO KOREA : 1866~1886,

Sinmun-dang, 1982

자료9   수호조규修好條規 **체결 시 조선 측의 추가 요구 사항**

1. 개항장 체류 일본인의 상평전常平錢 사용을 금지할 것.

2. 미곡米穀의 교역을 금지할 것.

3. 교역은 물물교환만 하고 외상선매外上先買와 산채취식散債取息을 금지할 것.

4. 조선은 일본과 수교할 뿐이니 타국인이 섞여 오는 것을 금지할 것.

5. 아편과 서교西敎주3는 국법으로 엄금하는 것이니, 아편과 서교 관련 서적의 수입을 금지할 것.

6. 양국의 망명자를 은닉하거나 표류를 가장하여 잠입하는 자는 반드시 적발하여 송환시킬 것.

— 『왜사일기倭使日記』 고종 13년(1876) 1월 26일

자료10 강화도 조약의 주요 내용

제1관. 조선국은 자주국으로 일본국과 평등한 권리를 갖는다. 이후에 양국이 화친의 성실을 표하려 할 때에는 마땅히 피차 동등한 예의로써 서로 대우하며 추호도 경계를 넘어 침범하거나 시기하고 미워해서는 안 될 것이다.

제2관. 일본국 정부는 지금부터 15개월 후 수시로 사신을 조선국 경성[서울]에 파견하여 예조판서와 교제 사무를 상의할 수 있다. 조선국 정부도 역시 수시로 사신을 도쿄에 파견하여 외무경과 교제 사무를 상의할 수 있다.

제3관. 양국간의 공문은 일본은 일본문을 사용하되 10년간은 따로 한문 번역본 1통을 첨가하고, 조선은 한문을 사용한다.

제4관. 조선국 부산의 초량은 일본 공관이 있어 양국인의 통상 지역이었다. 이제 종전의 관례와 세견선주4 등의 일을 개혁하고, 새로 만든 조약에 준하여 무역 사무를 처리한다.

제5관. 경기·충청·전라·경상·함경 5도의 연해 중에서 통상에 편리한 항구 두 곳을 택하여 지정한다. 항구를 개항하는 시기는 일본력 메이지 9년 2월, 조선력 병자년 2월부터 계산하여 20개월 이내로 한다.

제6관. 일본 선박이 조선 연해에서 풍랑을 만나거나 신량薪糧주5이 떨어지면 해안의 어

떠한 항구에라도 기항하여 위험을 피하며 배를 수선하고 땔감과 연료 등을 구입할 수 있게 한다.

제7관. 조선국 연해의 도서島嶼와 암초는 종전에 조사를 하지 않아 지극히 위험하다. 일본국의 항해자가 자유로이 해안을 측량하도록 허가하여, 그 위치와 깊이를 상세히 조사하여 지도를 만들어 양국의 선객船客들이 위험을 피하고 안전을 도모할 수 있게 한다.

제8관. 이후에 일본국 정부는 조선국이 지정한 항구에 일본국 상민商民을 관리할 관원을 설치할 수 있다.

제9관. 양국 인민의 무역에 대해 양국의 관리는 조금도 이에 간여하지 않으며 제한을 설정하거나 금지하고 방해하지 못한다.

제10관. 일본국 인민이 조선국 지정의 각 항구에 머무는 동안에 죄를 범한 것이 조선국 인민에 관계되는 사건일 때에는 모두 일본국 관원이 심판할 것이다. 만약 조선국 인민이 죄를 범한 것이 일본국 인민과 교섭할 때 생긴 경우에는 조선 관원이 조사할 것이다. 단 각각 그 국법으로 심판하되, 조금도 비호함이 없이 공평하도록 해야 한다.

제11관. 양국이 이미 통호했으므로 따로이 통상장정通商章程을 만들어 양국 상민의 편의를 도모할 것이다. 또한 아울러 지금 설정한 조약 중 다시 세목細目을 보충하고 첨가하여 편리하게 할 것이다. 이것은 지금부터 6개월 이내에 양국이 따로 위원을 조선국 경성[서울] 또는 강화부에 파견하여 의논하여 정하게 한다.

제12관. 위에서 약정된 11관의 조약은 이날부터 양국이 준수한다.

_ 국회도서관 입법조사국, 『구한말 조약휘찬舊韓末條約彙纂』 상上

■ 출전

『왜사일기倭使日記』: 고종 12년(1875)에서 17년(1880)까지 이루어진 조선과 일본 사이의 외교 관계와 일본 사신의 내왕을 일기 형식으로 기록한 책. 대한제국 의정부에서 편찬했다.

찾아읽기

김의환, 『조선대일교섭사연구』, 통문관, 1966.

김경태, 『근대한국의 민족 운동과 그 사상』, 이화여자대학교 출판부, 1994.

최덕수, 『개항과 한일 관계 · 상호인식과 정책』, 고려대학교 출판부, 2004.

김기혁, 『근대 한 · 중 · 일 관계사』, 연세대학교 출판부, 2007.

김흥수, 『한일 관계의 근대적 개편 과정』, 서울대학교 출판문화원, 2009.

오카모토 다카시, 『미완의 기획, 조선의 독립 ─ 글로벌 시대, 치열했던 한중일 관계사 400년』, 강진아 옮김, 소와당, 2009.

최덕수 외, 『조약으로 본 한국 근대사』, 열린책들, 2010.

II.

근대화 추진을 둘러싼 갈등

1 외부의 나쁜 것을 막아라

척사 사상

척사 사상은 19세기 중반 서양 열강의 침투와 국교 확대를 전후하여 재야 유생들이 주장한 사상으로 서양과의 통교를 반대하고 전통 체제를 고수할 것을 주장하는 사상이다. 그리하여 이들 유생은 척사 상소를 올리는 운동을 전개했다. 특히 1880년대에는 김홍집이 일본에서 가져온 『조선책략』을 문제 삼아 이만손 등이 중심이 되어 만인소를 올렸다.

척사 사상의 논리와 발전

척사 사상斥邪思想은 인수지별人獸之別에 입각한 화이관華夷觀에 근거한다. 중화中華와 이적夷狄, 사람과 짐승의 분별은 곧 강상綱常이라는 유교적인 인성관人性觀과 오행설五行說에 의거한 유교적인 자연관이 그러한 인식의 근거였다. 중화, 소중화, 이적, 금수의 구분이 확립되어 있었던 것이다.[자료1] 따라서 기존의 체제와 문화를 수호하기 위해서 서양을 화친할 대상이 아니라 싸워서 물리쳐야 할 대상으로 여겼다.[자료2]

이러한 논의는 병인양요를 거쳐 1876년 일본과 국교를 맺으면서 본격화했다. 우선 1860년대 척사 유생은 점차 거세어지는 서양 각국의 통상 요구에 맞서 통상 반대 운동을 전개했다. 프랑스와 미국의 통상 요구가 무력 침략으로 이어지자 이들은 척화주전론斥和主戰論을 강력히 주장했다. 이들은 흥선 대원군의 내정 개혁은 반대하면서도 통상 거부 방침은 적극 지원했다. 1876년 일본과 강화도 조약을 맺을 무렵에는 '일본도 서양 오랑캐'라는 왜양일체론倭洋一體論을 제기하면서 일본의 침략이 야기할 여러 문제점을 지적했던 것이다. 최익현崔益鉉은 국가 멸망을 우려하면서 일본의 정치적·경제적 침략 등을 예견했다. 즉 두려워서 강화하는 것은 고식적인 계책인데, 앞으로 저들의 끝없는 욕심을 무엇으로 채워줄 것이며, 저들의 물화는 사치품이지만 우리의 물화는 생활필수품이므로 통상한 지 몇 해 안가 경제적 파탄을 맞고, 저들이 왕래 거주하게 되면 재산과 부녀자들을 겁탈할 것이라고 지적했다.[자료3]

척사운동

이러한 척사 주장은 1880년 김홍집金弘集이 일본에 수신사로 갔다가 가져온『조선책략朝鮮策略』을 국내에 소개하면서 격렬하게 진행되었다. 1880년 10월 유원식의 상소를 필두로, 유생들과 함께 일부 관리들마저 1881년까지 정부의 개화 정책을 통틀

조선 말기 대표적인 유림으로 위정척사운동을 전개한 최익현 (1833~1906)의 영정. 최익현은 이항로의 문하에서 뛰어난 제자로 촉망을 받았으며 대원군의 경복궁 중건, 당백전 발행 등을 비판하는 상소를 올려 유배되기도 하였다. 그러나 그의 잇단 상소는 대원군의 하야를 가져와 공조참판에 올랐다. 이후 정부가 일본과 통상 수교를 맺으려 하자 위정척사론을 주장하며 이를 격렬하게 비판하였다.

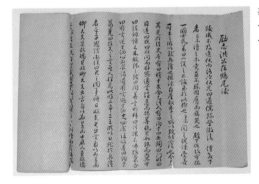

홍재학의 상소문. 『조선책략』 유포와 개화정책 실시를 극력 반대한 홍재학(1848~1881)은 이 상소문에서 왕까지 규탄하여 참형을 당했다.

어 탄핵하는 상소를 올렸다. 1881년에 벌어진 이른바 신사척사운동辛巳斥邪運動이 그 것이다.

『조선책략』은 일본에 있던 중국 외교관 황쭌센黃遵憲이 지은 책으로, 조선이 '친중 국 결일본 연미국親中國結日本聯美國'하여 자강을 도모해 러시아의 남하를 막아야 한다 는 주장을 담고 있다.[자료4] 일본과 이미 근대적인 국교를 맺고 또 청과는 전통적인 관계를 유지하고 있던 조선에게 미국과 새로이 연대하라는 이 주장은 큰 관심을 불 러일으켰다. 그리하여 정부에서는 『조선책략』을 여러 벌 필사하여 많은 사람들에 게 읽게 했고 조정 대신들에게도 논의를 하게 했다.

1880년대 이러한 몇 가지 움직임은 자기의 전통 질서를 지키고 밖으로부터의 나 쁜 것[邪]을 막으려는 척사론을 일으킬 수 있는 충분한 조건이 되었다. 이황의 후손 인 이만손李晩孫을 소두疏頭로 한 영남만인소嶺南萬人疏에서는 『조선책략』의 내용이 본질적으로나 현실적으로나 실현 불가능하다고 주장했다.[자료5] 즉 원래 러시아 · 미국 · 일본 등이 모두 오랑캐이므로 어떤 차이도 있을 수 없다는 전통적인 척사 의 식이 바탕을 이루었으며, 나아가 이들이 통상과 함께 토지를 요구할 때 우리의 근거 지가 없어지게 된다는 위기의식이 드러나 있었다. 또한 홍재학洪在鶴은 '위정척사'가 과거부터 내려온 기본 정책인데, 지금에 와서 일본과 통상을 허락했기 때문에 양물 洋物과 사교邪敎가 유행하여 종묘사직이 흔들리니, 국왕은 위정척사를 내세워 개항 을 추진하는 관료를 처벌하라고 정면으로 공격하기에 이르렀다.[자료6]

그러나 이러한 신사척사운동은 1881년 8월 국왕 폐위 쿠데타 미수 사건을 고비로 기세가 수그러들었다. 대원군 지지 세력 중 안기영과 권정호 등이 척사에 무능하다는 구실을 내세워 고종을 폐하고 대원군의 서자인 이재선을 왕으로 추대하려다 사전에 발각되었기 때문이다.[자료7] 정부는 이 사건을 계기로 대원군 지지 세력과 함께 김평묵, 홍재학 등의 척사 세력을 철저히 탄압하여 척사 운동의 확산을 막았다.

이러한 척사 사상은 자세는 주체적이었고 자주적이었으나 소중화小中華 의식과 봉건 체제를 깔고 있다는 점에서 시간이 지날수록 한계를 드러냈다. 그리하여 재야 유생들 중에서는 척사 사상에서 출발했지만 서양의 기술 문명과 정치 사상을 받아들이면서 전통문화를 발전적으로 계승하는 한편 일반 민인과 함께 국권 수호 운동에 합류하는 새로운 경향들이 나타났다.

자료1

서양의 이른바 교교教를 금수禽獸의 도道라 함은 어떤 이유인가. 중국인은 오행五行의 온전한 기[全氣]를 받고 태어나 주교입극主敎立極[주1]하고, 이목이 총명하고 마음이 성스럽고 슬기와 재주가 있어 이른바 인도人道를 다했다. 우리나라는 이夷의 후예로 비록 오행의 편벽된 기[偏氣]를 얻었으나 음양으로 나눈다면 동북의 양방陽方이고, 또 일출日出의 땅이라 문명의 기운을 얻었다. 고로 이목과 심지心智가 중국 성인을 군사君師[주2]하여 비슷하게 된즉 사람의 도를 세워서 이렇게 찬연하다. 고로 중국 사람과 우리나라 사람은 모두 인류이다. 서양은 오행의 편기를 얻으면서도 서남의 음방陰方에 있다. 음방에서는 이익을 주로 한즉 이목과 심지가 통하는 것은 불과 금수禽獸의 기능이다. 고로 서양의 사람은 모두 금수이다.

_김평묵, 『중암집重菴集』 권38, 「어양론禦洋論」

주1 주교입극主敎立極 : 학문을 주장하고 사물의 최상에 서는 것.

주2 군사君師 : 스승으로 삼음.

자료2

오늘날 양적洋賊의 침입을 당하여 국론이 교交와 전戰으로 양분되어 있다. 그런데 양적을 공격해야 한다는 주장은 내 나라 쪽 사람 즉 국변인國邊人의 주장이고, 양적과 화친해야 한다는 주장은 적국 쪽의 사람 즉 적변인賊邊人의 주장이다. 전자를 따르면 나라의 의상지구衣裳之舊, 조선 문화의 전통을 보전할 수 있지만, 후자에 따른다면 인류[한국인]가 금수의 지경으로 빠지고 말 것이다. 이 점이 양적과 싸우느냐 화친하느냐 하는 차이가 된다. 그러므로 조금이라도 근본을 잡는 신념 즉 겸이지심兼彝之心을 가진 사람이라면 모두 이런 상황을 알 수 있는 일이다.

_이항로, 『화서집』 권3, 소차疏箚 「사동부승지겸진소회소辭同副承旨兼陳所懷疏」

자료3

대개 사람들은 모두 자기의 약점을 보고 이를 숨기려 하지만 그것은 불가능합니다. 저들이 우리의 방비가 없고 약함을 보이는 실상을 알고서 우리와 강화를 맺는 경우 앞으로 밀려올 저 구렁텅이와 같은 저들의 욕심을 무엇으로 채워주시겠습니까. 우리의 물건은 한정이 있는데 저들의 요구는 그침이 없을 것입니다. 한번이라도 응해주지 못하게 되면 저들의 노여움은 여지없이 우리를 침략하고 유린함으로써 우리가 이전에 들인 모든 노력이 허망하게 될 것입니다. 이것이 바로 강화가 난리와 멸망을 이루게 되는 바의 첫째이옵니다.

일단 강화를 맺고 나면 저 적들의 욕심은 물화를 교역하는 데 있습니다. 저들의 물화는 모두가 지나치게 사치하고 기이한 노리개이고 손으로 만든 것이어서 그 양이 무궁한 데 반하여, 우리의 물화는 모두가 백성들의 생명이 달린 것이고 땅에서 나는 것으로 한정이 있는 것입니다. 이같이 피와 살이 되어 백성들의 목숨이 걸려 있는 유한한 물화를 가지고 저들의 사치하고 기이하며 심성을 좀먹고 풍속을 패퇴시키는 물화와 교역을 한다면 그 양은 틀림없이 1년에도 수만에 달할 것입니다. 그렇게 될 때 동토 수천 리는 불과 몇 년 안 지나 땅과 집이 모두 황폐하여 다시 보존하지 못하게 될 것이고 나라 또한 망하게 될 것입니다. 이것이 바로 강화가 난리와 멸망을 가져오게 되는 둘째이옵니다.

저들이 비록 왜인이라고 하나 실은 양적洋賊이옵니다. 강화가 한번 이루어지면 사학邪學의 서적과 천주의 초상화가 교역하는 속에서 들어올 것입니다. 그렇게 되면 얼마 안 가서 선교사와 신자간의 전수를 거쳐 사학이 온 나라 안에 퍼지게 될 것입니다. 포도청에 살피고 검문하여 잡아다 베려고 하면 저들의 사나운 노기가 또한 더욱 커지게 될 것이고 강화로 맺은 맹세가 허사로 돌아갈 것입니다. 그냥 그대로 내버려두고 죄를 묻지 않는다면 얼마 안 가 집집마다 사학을 받들고 사람마다 사학에 물들 것입니다. 아들이 그 아비를 아비로 여기지 않고 신하가 그 임금을 임금으로 여기지 않게 되어, 예의는 시궁창에 빠지고 인간들은 변하여 금수가 될 것입니다. 이것이 바로 강화가 난리와 멸망을 가져오게 되는 셋째이옵니다.

강화가 이루어진 뒤에는 저들이 상륙하여 서로 왕래하고 혹은 우리 지경 안에서 집을 짓고 살려고 할 것입니다. 우리가 이미 강화했으므로 거절할 말이 없고 거절할 수 없어서 내버려두면 재물이나 비단과 부녀자들을 빼앗고 겁취하는 등의 일을 마음대로 할 것입니다. 이런 사태가 될 경우 도대체 누가 능히 그것을 막겠사옵니까. 또한 저들은 얼굴만 사람이지 마음은 짐승이어서 조금만 뜻에 맞지 않으면 거리낌 없이 사람을 죽이고 짓밟을 것입니다.

__ 최익현, 『면암집勉菴集』 권3, 「지부복궐척화의소持斧伏闕斥和議疏」

자료4

조선이라는 땅덩어리는 실로 아시아의 요충을 차지하고 있어 그 형세가 반드시 다툼을 불러올 것이다. 중동中東, 동아시아의 형세도 위급해진다. 따라서 러시아가 강토를 공략하려 한다면 반드시 조선이 첫 번째 대상이 될 것이다. … 러시아를 막을 수 있는 조선의 책략은 무엇인가. 오직 중국과 친하고[親中], 일본과 맺고[結日], 미국과 연합[聯美]함으로써 자강을 도모하는 길뿐이다.

__ 황쭌센黃遵憲, 『조선책략』

자료5

일본은 이미 우리의 수륙 요충 지대를 점거하고 있어 그들이 우리의 허술함을 알고 충돌을 자행할 경우, 이를 제지할 길이 없습니다. … 미국을 끌어들일 경우 만약 그들이 재물을 요구하고 우리의 약점을 알아차려 어려운 청을 하거나 과도한 경우를 떠맡긴다면 거기에 응하지 않을 도리가 없습니다. 러시아는 우리와 협의가 없는 바, 이제 공연히 남의 말만 들어 틈이 생기게 된다면 우리의 위신이 손상될 뿐만 아니라 만약 이를 구실로 침략해 온다면 이를 구제할 길이 없습니다. … 서학에 종사하여 재화를 이루고 농·공을 일으킨다고 하고 있지만, 원래 우리에게도 예부터 재용과 농·공에 대한 훌륭한 법규들이 있는 바 그것이 서학에 종사함으로써 있었던 것은 아닙니다. … 야소교[기독교] 전래가 해롭지 않다고 한 것은 사교를 조선에 유포시키려는 간계이니 주[주공], 공[공자], 정[정자], 주[주자]의 교를 더욱 밝힘으로써 온 백성이 단결하여 그 사람 귀류들을 물리쳐야 합니다.

__ 『일성록』 고종 18년(1881) 2월 3일, 〈영남만인소〉

자료6

위정척사는 정조 임금 이래로 내려 온 조정의 기본 정책으로서 아직도 그 의리가 빛나고 있는 바, 전하의 친정 이래로 왜양일체倭洋一體의 해를 모르고 일본과의 통상을 주장해온 결과 사설邪說과 이의異議가 횡행하여 국가의 사태가 위급하기 비길 데 없습니다. 양물洋物과 야소라는 사교의 위세로 공맹孔孟의 태도는 날로 사라지게 되어 가정에는 윤리가 깨어지고 사람에게 예의가 허물어진 결과, 종묘사직이 무너질 위기에 있으니 전하께서는 더욱 위정척사의 대의를 밝혀 '주화매국主和賣國하려는 신료를 처단해야 합니다. … 신설된 아문을 폐쇄하여 옛 제도를 복구하고 경비를 절약하여 사치를 금하고 언로를 넓혀 지혜를 모으고 정학正學을 장려하여 사악함을 막아 기강과 민력을 떨친다면 상하원근上下遠近이 한마음으로 뭉칠 수 있으니 그렇게 될 때 동왜東倭와 서양西洋을 막을 수 있게 되며 북쪽의 러시아도 우리에게 위압될 것입니다.

_ 『일성록』 고종 18년(1881) 윤7월 6일, 〈홍재학의 상소〉

자료7

대사간 심상목沈相穆, 집의 김학진金鶴鎭, 지평 송상순宋祥淳 등이 아뢰기를, "아, 통탄스럽습니다. 난신적자가 예로부터 어찌 한정이 있겠습니까마는, 어찌 이번의 홍재학洪在鶴과 같이 극도로 흉악한 자가 있었겠습니까. 그는 음흉한 부류로서 올빼미 같은 흉측한 성질을 부렸습니다. 금령을 무릅쓰고 상소하면서 스스로 사교를 물리치고 정도를 지킨다는 명목으로 핑계 대었습니다. … 그리하여 거의 나라의 법이 실추되지 않고 여론의 울분을 조금 씻어주게 되었지만, 이와 같은 흉악한 역적은 당사자만 죽이는 것으로 그쳐서는 안 됩니다. 범상 부도 죄인 홍재학에게 속히 노륙의 형전을 시행하소서.

아, 통탄스럽습니다. 김평묵金平默의 죄를 이루 다 주벌할 수 있겠습니까. 그는 향곡의 비천한 부류로서 외람되이 서당의 훈장이란 명색을 내걸고 문예가 있다 하여 사론士論에 끼려고, 지난번 영남의 유생들이 상소할 때 소청疏廳에 글을 보냈습니다. … 나주목羅州牧 지도智島에 안치한 죄인 김평묵을 속히 의금부로 하여금 엄히 조사해서 실토를 받아 내도록 하여 시원스럽게 전형을 바루소서.

아, 통탄스럽습니다. 난신적자가 예로부터 어찌 한정이 있었겠습니까마는 어찌 이번 국옥의 여러 죄인과 같이 천지에 다하고 우주에 뻗치도록 극악한 반역자가 있었겠습니까. 말을 하자니 간담이 떨리고 생각을 하자니 뼈가 시립니다. 안기영安驥永, 권정호權鼎鎬, 이철구李哲九는 모두 올빼미와 같은 성품을 지니고서 평소 살무사나 불여우 같은 흉측한 계책을 품었고, 평상시 품고 있는 것은 실심하여 나라를 원망하는 것이 아님이 없습니다. 여러 해 동안 꿍꿍이를 부린 것은 모두 군사를 일으켜 난을 초래하는 것이었습니다. 왜적을 물리친다는 명분을 빌어 감히 반역의 음모를 실현하려 했습니다. …"

_ 『승정원일기』, 고종 18년(1881) 10월 13일

찾아읽기

한우근, 「개항기의 위기 의식과 개화 사상」, 『한국사연구』 2, 1968.

최창규, 『근대한국정치사상사』, 일조각, 1985.

조성윤, 「개항 직후 대원군파의 쿠데타 시도」, 『한국근대정치사상사연구』, 사계절 편집부 엮음, 사계절, 1985.

송병기, 『근대한중 관계사연구 : 19세기 말의 연미론과 조청교섭』, 단국대학교 출판부, 1987.

오영섭, 『화서학파의 사상과 민족 운동』, 국학자료원, 1999.

박성순, 『조선 후기 화서 이항로의 위정척사 사상』, 경인문화사, 2003.

권오영, 『조선 후기 유림의 사상과 활동』, 돌베개, 2003.

권오영, 『근대이행기의 유림』, 돌베개, 2012.

2 동양의 도덕, 서양의 기술
동도서기론

동도서기론은 1876년 국교 확대 이후 서양 열강의 침투에 대응하는 자세에서, 조선의 도덕·윤리·지배 질서는 그대로 유지하면서 서양의 발달한 기술·기계를 수용하여 부국강병을 이룩하자는 이론이다. 이러한 동도서기론은 고종을 비롯한 왕실과 정부의 공식적인 정책론이자 근대화론의 주류이다.

동도서기론의 대두

동도서기론자들은 유교의 전통적 개념인 도道와 기器의 관계에서 도를 구하려면 기를 함께 발전시켜야 한다고 주장했다.[자료1] 그래서 동양의 도덕규범을 바탕으로 삼아 서양의 과학기술을 수용해야 한다는 태도를 견지했다.[자료2] 심지어는 이처럼 동도東道를 근간으로 삼되 서기西器를 수용하면 앞으로 세계를 지배할 수도 있다고 전망하기까지 했다.

동도서기론東道西器論은 1881년 전직 관료 곽기락(郭基洛, 1825~?)의 상소로 본격화했다. 그는 서양의 기계 제조법이나 농업·임업에 관한 책 가운데 우리에게 이로운 것을 가려서 사용할 것을 주장했다. 그는 서양 사람이 싫다고 서양의 좋은 기술까지 배척할 필요는 없다고 했다.[자료3]

정부의 동도서기 정책

한편 조선 정부는 국교 확대 이후 이른바 '신사유람단紳士遊覽團'이라 불렸던 조사시찰단朝士視察團과 영선사領選使를 각각 일본과 청국에 파견했다. 조사시찰단은 일본에 건너가 정치·군사·교육·교통·농업·과학 기술 등 다양한 선진 문물을 자세히 탐지하고 돌아왔으며, 영선사 일행은 청국의 기기창機器廠과 수사학당水師學堂, 수뢰학당水雷學堂에 배속되어 기술을 배우고 돌아왔다.

정부는 이러한 경험을 토대로 1882년 임오군란에도 불구하고 고종의 교서를 통해서 동도서기 정책을 앞장서 추진하겠다는 의지를 국내외에 천명했다.[자료4] 고종의 선언은 그 뒤 동도서기론이 널리 퍼지는데 결정적인 구실을 했다. 이는 조선 정부가 취하고 있던 위정척사 정책을 폐기한다는 뜻이었기 때문이다.

동도서기론의 확산

그 결과 현직 관료를 비롯하여 전직 관료·재야 유생·무과 급제자 등 다양한 계층의 사람들이 동도서기론을 주장하기 시작했다. 그중 고영문高穎聞의 주장은 가장 주목할 만했다. 고영문은 첫째, 서양의 여러 나라에 사절을 파견하여 그 나라의 풍속과 경계를 살펴보고 우의를 두텁게 한 뒤, 숙련된 여러 분야의 기술 교사를 초빙하여 우리나라 백성들로 하여금 서양의 기예를 학습시킬 것, 둘째, 정부 이외의 기관으로 공의당公議堂을 따로 설립하고 시무를 아는 인사를 특별 채용하여 시무에 전념케 할 것, 셋째, 광산을 개발할 것, 넷째, 50호戶를 1구區로 편제하여 1구에 구장 1명을 뽑아 정하고 구장 밑에 4명씩 두어 구내의 도적·수재·화재·음주의 폐단을 순찰하여 조사하게 할 것, 다섯째, 상회소商會所와 국립은행을 서울에 설립할 것, 여섯째, 인천항은 부산이나 원산항과 달라 삼남 지방에서 들어오는 조운의 요충지이고 서울의 길목에 해당되니 해군 기지를 창설하여 그 지역을 튼튼하게 할 것, 마지

보빙사 일행 사진 1883년 미국에 파견된 일행이 9월 샌프란시스코에 도착하여 찍은 사진이다. 앞줄 왼쪽부터 미국인 참찬관 퍼시벌 로엘, 전권부대신 홍영식, 전권대신 민영익, 종사관 서광범, 청국인 우리탕吳禮堂, 뒷줄 왼쪽부터 현흥택, 일본인 미야오카 쓰네지로, 유길준, 최경석, 고영철, 변수 순이다. 이들 일행은 미국의 아서 대통령에게 신임장을 제출하고 뉴욕과 보스턴 등지를 방문하여 근대 산업과 문물을 시찰하였다.

막으로 불필요한 관직과 잡공雜貢을 혁파할 것 등을 주장했다.[자료5]

그런데 이들은 동도東道를 가볍게 여기지 않았다. 윤선학尹善學은 도道를 군신君臣·부자父子·부부夫婦·장유長幼·붕우朋友의 윤리라고 보고, 대신 기器는 수레·배·군사·농업·기계 등 백성과 국가에 편리한 것으로 이해했다. 아울러 그는 동양의 도를 끊임없이 지켜나갈 것을 강조하는 한편, 서양의 과학 기술을 조속히 배워 부유하고 강한 나라를 만들자고 주장했다.[자료6]

이어서 정부는 동도서기론의 이러한 확산에 힘입어 미국 공사의 서울 부임에 답례할 겸 서구의 근대 문물을 시찰하기 위해 1883년 미국에 보빙사報聘使를 파견했다. 보빙사의 구성원은 민영익, 홍영식, 서광범 등 11명이었다. 사절단은 태평양을 건너 샌프란시스코에 도착하여 미국 대륙을 횡단한 다음 워싱턴을 거쳐 뉴욕에 가서 미국 대통령 체스터 아서C. A. Arthur를 만나고 국서를 전달했다. 이후 40일 동안 보스턴 등지를 순회하고 대서양을 건너 유럽 각지를 여행한 다음 귀국했다. 이 과정에서 일행은 박람회를 참관했고 농장, 공장, 병원, 전기 회사, 육군사관학교 등을 방문하여

보빙사 일행의 신임장 제정식을 묘사한 「뉴스 페이퍼」(1883. 9. 29)의 삽화. 보빙사 일행이 우리 식으로 미국 대통령에게 큰절을 했다.

서양의 근대 문물을 직접 확인했다. 그들의 눈에 비친 서양은 멸시의 대상인 오랑캐가 아니라 과학 기술이 발전한 문명 세계였다. 보빙사의 이러한 견문 활동은 1880년대 부국강병을 추구했던 정부의 근대 문물 수용과 식산흥업 정책에 크게 영향을 끼쳤다.^[자료7]

동도서기론은 이처럼 집권 개명관료층을 중심으로 형성되었고, 임오군란 이후 몇몇 재야 유생층까지 동조하면서 확산되어갔다. 그리고 이 시기 다른 한편에서는 김옥균 등 친일 정치인을 중심으로 하여 서양의 기예만이 아니라 사상 · 제도까지도 수용해야 한다는 이른바 문명개화론文明開化論이 대두되고 있었다.

자료1

형이상形而上을 도道라고 하고 형이하形而下를 기器라고 한다. 도는 형상이 없어 기器 속에 머무르니 도를 구하고자 하는 자는 기를 버리고 장차 어디로 갈 것인가. 그러므로 군자의 학은 체體와 용用이 서로 밑천삼고, 기器와 도道가 겸습兼習한다.

_김윤식, 『속음청사續陰晴史』 상

자료2

동서고금을 막론하고 바뀔 수 없는 것은 도道이고, 수시로 변화하여 고정될 수 없는 것은 기器이다. 무엇을 도라 하는가. 삼강三綱·오상五常과 효제충신孝悌忠信이 그것이다. 요·순·주공의 도는 해와 별처럼 빛나서, 비록 오랑캐 지방에 가더라도 버릴 수 없다. 무엇을 기라 하는가. 예악禮樂·형정刑政·복식服飾·기용器用이 그것이다. 당우삼대唐虞三代주1조차도 덜하고 더함이 있는 것이거늘 하물며 그 수천 년 뒤에 있어서랴! 진실로 때에 맞고 백성에 이로운 것이라면, 비록 오랑캐의 법일지라도 행할 수 있는 것이다.

_ 『신기선전집申箕善全集』

주1 당우삼대唐虞三代 : 중국의 요·순 시기와 하·은·주의 삼대를 합쳐서 일컫는 말. 이상적인 정치가 행해졌던 시기를 상징함.

자료3

기계의 재주와 농수農樹의 책이 진실로 이롭다면 반드시 선택해서 행할 것이며, 그 사람 때문에 반드시 그 양법良法을 버릴 필요는 없습니다.

_ 『고종실록』 고종 18년(1881) 7월 18일, 〈곽기락의 상소〉

자료4

왕이 말하길 … 우리나라는 바다의 한쪽 구석에 처하여 다른 나라와 교섭을 해보지 않았으므로, 견문이 넓지 못하고 고스란히 제 지조나 지키면서 500년 동안을 내려왔다. 최근에 오면서 천하의 대세는 옛날과 판이하게 되었다. 유럽과 아메리카의 여러 나라들 즉 영국·프랑스·미국·러시아 등은 정밀한 기계를 제조하고 나라를 부강하게 만들어 세계의 수많은 나라들과 조약을 체결함으로써, 병력으로 서로 대치하고 국제공법國際公法주2으로 서로 대치하고 있기를 마치 춘추열국시대를 방불케 한다. 그러므로 세상에서 홀로 높은 지위를 차지하고 있는 중국도 오히려 평등한 입장에서 서로 조약을 맺고 있으며, 서양을 엄하게 배척하는 일본도 결국 서로 선린 관계를 맺고 통상을 하고 있으니 어찌 까닭 없이 그렇게 하는 것이겠는가. 부득이하기 때문이다. … 논의를 벌이는 사람들은 또한 서양 나라들과 좋은 관계를 가지는 것을 가지고 장차 예수교에 물들 것이라고 여기고 있다. 이것은 물론 유교와 세상의 교화를 위해서 깊이 우려할 문제이다. 그러나 우호 관계를 맺는 일은 우호 관계를 맺는 것이고 사교를 막는 일은 원래 사교를 막는 것이며 조약을 맺고 통상하는 것은 세계의 공법에 근거하고 있을 뿐이다. 설사 어리석은 사람들이 몰래 배운다고 하더라도 나라에 떳떳한 법이 있는 이상 처단하고 용서하지 않는데 무슨 걱정이 있는가. 숭상하고 물리치는 데는 딴 재간이 있는 것이 아니다. … 종교를 배척하고 기계를 본받는 것은 원래 병행하여도 사리에 어그러지지 않는다. 더구나 강하고 약한 형세가 현저한 조건에서 만일 그들의 기계를 본받지 않는다면 무슨 수로 그들의 침략을 막아내며 그들이 넘겨다보는 것을 막겠는가. 참으로 안으로는 정사와 교화를 잘하며 밖으로는 이웃 나라와 우호 관계를 가지고 우리나라의 예의를 지키면서 각 나라와 대등하게 부강한 국가로 발전시켜 일반 백성들과 함께 태평세월을 누린다면 어찌 좋은 일이 아니겠는가.

_ 『고종실록』 고종 19년(1882) 8월 5일

주2 국제공법國際公法 : 국제법으로 나라와 나라 사이의 권리와 의무 관계를 규율하는 법.

자료 5

서양 각국에 사신을 파견하여 그 우호를 신장시키는 한편 거기서부터 기술 교사를 청하여 우리나라 상하 인민들에게 새 기술을 습득시키고 … 정부와 따로 공의당公議堂주3을 특설하여 시무에 밝은 인사들을 참여시키고 그들로 하여금 정사 논의를 돕게 하고 … 서울 안에 큰 규모 상민들을 불러모아 그들의 이해 편부便否를 상의하게 하고 그 손해에 따라 징세하도록 하며 … 법에 따라 채광을 장려하고 화폐 유통을 장려하여, 놀고먹는 자를 없애도록 하자.

_ 『일성록』 고종 19년(1882) 9월 22일, 〈고영문高穎聞의 상소〉

주3 공의당公議堂 : 함께 논의하는 자리로 의회를 가리킴.

이 서법西法이 나오게 되자 그 기계의 정밀함과 부국의 방법에 있어서는 비록 주周를 일으킨 여상呂尙이나 촉蜀을 다스린 제갈량이라 할지라도 그 사이에 간여하여 논의할 수 없게 되었습니다. 군신 · 부자 · 부부 · 장유 · 붕우의 윤리는 하늘로부터 얻어서 본성에 부여된 것인데, 천지에 통하고 만고에 뻗치도록 변하지 않는 이치로 위에서 도道가 된 것입니다. 수레 · 배 · 군사 · 농업 · 기계는 백성에게 편하고 나라에 이로운 것으로 밖에 드러나 기器가 되는 것이니, 제가 변화시키고자 하는 것은 기器이지 도道가 아닙니다.

_ 『승정원일기』 고종 19년(1882) 12월 22일, 〈윤선학尹善學의 상소〉

자료7 고종의 보빙사 소견

고종 : 미국의 부강함은 천하제일이라는데, 경이 지금 눈으로 보니 과연 그러하던가?

민영익 : 그 나라는 곡식을 생산하는 땅이 많고 사람들이 모두 실제에 힘씁니다. 그래서 상무商務가 가장 왕성하니, 다른 나라와는 비교가 되지 않습니다.

(중략)

고종 : 그곳 역시 무비武備를 숭상하던가?

민영익 : 서양의 부강함은 오로지 상무商務를 위주로 합니다. 만약 전쟁이 일어날 단서가 있으면 반드시 항만港灣을 봉쇄할 것이므로, 각국이 서로 화해하도록 권합니다. 그래서 미국이 무비를 숭상하지 않아도 자연 막강한 것입니다.

_ 『승정원일기』 고종 21년(1884) 5월 9일

■ 출전

『속음청사續陰晴史』 : 국교 확대 이후 한말의 정치가로 활동한 김윤식金允植이 쓴 일기체 기록인 『음청사』의 속편으로 충남 면천으로 귀양간 고종 24년(1887) 5월부터 35년에 걸쳐 쓴 일기.

찾아읽기

문일평, 『한미오십년사』, 조광사, 1945.

권오영, 「동도서기론의 구조와 그 전개」, 『한국사시민강좌』 7, 일조각, 1990.

주진오, 「개화론의 논리와 계보」, 『한국근현대의 민족문제와 신국가건설』, 김용섭교수정년기념한국사학논총 3, 지식산업사, 1997.

허동현, 『근대한일 관계사연구—조사시찰단의 일본관과 국가구상』, 국학자료원, 2000.

이민식, 『근대 한미 관계사』, 백산자료원, 2001.

연세대학교 국학연구원 엮음, 『서구문화의 수용과 근대개혁』, 태학사, 2004.

노대환, 『동도서기론 형성 과정 연구』, 일지사, 2005.

장영숙, 『고종의 정치사상과 정치 개혁론』, 선인, 2010.

3 서구화된 문명을 꿈꾸다
개화주의

개화주의는 1876년 국교 확대 이후 서양의 법과 제도를 적극 수용하여 근대 사회 · 근대 국가를 수립하고자 했던 갑신정변 주도 세력의 이념이다. 그리하여 척사 사상과 대립했고 심지어 동도서기론과도 갈등했다. 이후 갑오개혁 · 독립협회에 영향을 끼쳐 한국 근대 사상사에 큰 흐름을 형성했다.

개화의 개념과 변용

개화開化라는 개념은 원래 『역경易經』의 '개물성무'開物成務와 『예기禮記』의 '화민성속化民成俗'의 머리글자를 따온 것으로, 유교를 통한 교화를 의미했다.[자료1] 그러다가 국교 확대를 전후하여 서양 문물을 수용하자는 서기수용西器受容의 뜻으로 사용되기 시작했다. 즉 물적 개화로서 '개물開物', 인적 개화로서 '화민化民'을 결합한 개념이었다.[자료2] 이 점에서 개화론은 조선의 전통을 유지 · 보전하면서 서양의 기술 문명을 받아들이자는 동도서기론東道西器論과도 처음에는 기원과 맥락을 같이했다. 이같은 인식 전환들은 사실 국교 확대 이전부터 조선 사회 내부에서 세계의 변화에 주목한 몇몇 인물들을 중심으로 나타났다. 실학의 학문 경향을 계승하면서 중앙 정계에서 활약한 박규수는 그 대표 인물이었다.

개화파와 갑신정변의 주역들. 1884년 갑신정변 이전에 찍은 사진이다. 유길준, 서광범, 민영익 등의 모습이 보인다. 그러나 이들은 우정총국 낙성식에서 서로 적이 되어 만났다. 이때 민영익은 갑신정변 주역들에게 칼을 맞아 목숨을 잃을 뻔했다. 그러나 갑신정변이 3일천하로 끝나자 서광범은 해외로 망명하였으며 유길준은 직접 가담하지 않았지만 구금되었다.

　　그러나 1880년대에 들어오면서 개화는 주로 서양의 '시빌라이제이션civilization'을 지칭하는 '문명개화文明開化'라는 개념으로 인식되어 갔다. 문명의 단계에서 뒤떨어진 우리의 처지에서 문명화 곧 서구화를 달성하려면 사회 전 영역에서 전통 질서를 타파하고 서양의 법과 제도를 적극 수용해야 한다는 이론이었다. 이른바 개화주의開化主義의 대두였다.[자료3] 이는 자기 사회의 수준을 야만시하면서 문명화의 대상으로 삼았다는 점에서 동도서기론과 다른 현실 인식으로 나타났다.[자료4]

　　특히 김옥균, 박영효 등 훗날 갑신정변의 주역들이 일본의 대표적인 문명개화론자인 후쿠자와 유키치福澤諭吉의 영향을 받으면서, 이들 개화파에게 개화는 일본을 본보기로 삼는 급격한 서구화 추진이라는 논리로 정착하게 되었다.[자료5] 결국 이 무렵부터 개화주의는 종래의 동도서기론에서 이탈하여 완전한 서도서기西道西器 이념으로 탈바꿈했다.

개화주의 인식 기반과 발전

개화파의 이러한 문명 개화론적 관점에는 일본을 통해 받아들인 사회진화론이 인식 기반으로 깔려 있었다. 사회진화론은 인간 사회를 자연과 마찬가지로 적자생존適者生存과 우승열패優勝劣敗의 질서가 두루 퍼진 곳으로 보아 제국주의 침략을 당연시하는 논리였다. 따라서 식민화를 피하려면 국력 신장이 선결 과제가 되겠으나, 제국주의에 대한 즉각적인 저항은 생각할 수 없었다.[자료6] 즉 제국주의가 내세운 식민지 침략의 전형적 논리였다. 정작 일본에서 사회진화론은 일본의 국체國體를 보전하면서 자국의 근대화를 추진하자는 주장이었고, 조선을 식민지로 삼아야 한다는 논리도 바로 여기에서 배태되었지만, 일본 문명개화론에 영향을 받은 조선의 개화주의자들은 이런 측면을 제대로 들여다보지 못했다.

이제 개화주의자들에게 문명개화는 절대절명의 과제였고, 이를 달성하기 위해 일본이 가장 훌륭한 본보기이자 조선 근대화를 위한 원군이라고 인식하게 되었다.[자료7] 또한 이러한 문명 개화의 주체는 바로 그들 곧 유식자有識者인 개화파여야 하고, 전통 사대부와 민인은 극복 대상이거나 계몽 객체로 규정했다. 서구와 일본을 침략 세력이라는 점에서 동일시하여 이에 저항하던 기층 세력의 흐름 또한 이들의 인식에서는 당연히 개화에 거스르는 시대착오적인 행동이었다. 따라서 개화주의자들은 문명개화의 방법으로 국민 계몽을 우선시하여 상업 중흥과 함께 학교 설립을

청년 유길준의 모습과 『서유견문』(맨 왼쪽부터). 유길준(1856~1914)은 1884년 갑신정변 이후 구금 기간에 최초의 국한문 혼용체인 『서유견문』을 집필하여 1895년에 탈고하였다. 이로써 유길준은 개화주의를 주장하는 대표적인 정치가이자 이론가로 갑오개혁의 이념을 뒷받침하였다.

구상했다. 아울러 국민들을 계몽하고자 기독교의 도입을 모색하기도 했다.[자료8] 단지 서구의 법과 제도를 수용하는 차원을 넘어서 서양 종교까지 도입하자는 자세를 보였다.

개화주의자들은 이러한 인식에 의거하여 일본의 메이지유신을 본보기로 여겨 서구 문명을 실현하는 것을 궁극 목표로 삼았다. 국교 확대 이후 조선 정부가 추진한 개화 시책은, 따라서 이들에게는 미흡하거나 또 그 결과를 기대할 수 없는 것으로 받아들였다. 결국 일본의 원조를 전제로 하는 급진적인 개혁을 구상할 수밖에 없었고, 이는 갑신정변으로 귀결되었다.

한편 갑신정변은 실패했지만 그 주역들이 지니고 있던 개화주의 문명 개화론은 끊기지 않았다. 갑신정변 이후 재편된 정국 속에서도 개화주의 신념에 기초한 문명 개화론자들은 자기들의 이념과 생각을 굳게 지켰다. 그리하여 척사 사상, 동도서기론 등과 갈등을 겪으면서 조선 근대화의 방략을 둘러싼 갈등은 지속되고 심화되어 갔다. 그리고 1894년 동학란과 청일전쟁을 계기로 조선에 대한 일본의 영향력이 다시 강화되는 가운데, 이들의 노선을 잇는 몇몇 개혁 조처와 사회 운동이 뒤따랐다. 갑오개혁과 독립협회의 계몽 운동은, 바로 이들 문명 개화론·개화주의 노선이 다시 세력을 잡으면서 밀고 나가던 정치 변동이자 사회 운동이었다.

자료샘

자료1

객이 나더러 물었다. 개화라고 하는 것은 어떠한 것을 가리키고 어떠한 일을 말함이 뇨? 내가 응하여 말했다. 개물성무開物成務주1하며 화민성속化民成俗주2을 개화라 말하느니라.

주1 개물성무開物成務 : 만물의 뜻을 깨달아 천하의 일을 이룸.

주2 화민성속化民成俗 : 백성을 교화하여 풍속을 바로잡음.

— 「황성신문皇城新聞」 논설, 광무光武 2년(1898) 9월 23일

자료2

무릇 개화란 인간의 온갖 만물이 가장 아름다운 경지에 이르는 것을 일컫는데 개화에는 인륜의 개화, 학술의 개화, 정치의 개화, 법률의 개화, 기계의 개화, 물품의 개화가 있다. 인륜의 개화는 천하 만국을 통하여 그 동일한 규모가 천만년의 장구함을 지나도 변화하지 않는 것이거니와, 정치 이하의 여러 개화는 시대에 따라서 변개變改하기도 하고 지방에 따라 다르기도 하다. 그런 고로 옛날에는 맞던 것이 지금에는 맞지 않는 것이 있으며, 저쪽에는 좋은 것이 이쪽에는 좋지 않은 것도 있은즉, 고금의 형세를 살피고 피차의 사정을 비교하여 그 장점을 취하고 그 단점을 버리는 것이 개화의 대도大道이다.

— 「서유견문西遊見聞」 제14편, 개화의 등급

자료3

갑신정변의 여러 적들(김옥균 등을 가리킴)은 서양을 존중하고 요순堯舜과 공맹孔孟을 비판하면서 유교를 야만이라고 부르고, 도를 바꾸려 하면서 매번 개화라 칭했다.

— 김윤식, 「속음청사」 상上

자료4

아침에 기무처로 일재장[一齋丈, 어윤중]을 찾아가 가친의 서간을 전하고 이어 나라의 일 여러 가지를 이야기했다. 대화가 조선이 만이蠻夷냐, 아니냐 하는 데까지 미치게 되었다. 일재가 말하기를, "우리나라는 야만을 면한 지가 오래되었다."라고 했다. 내가 웃으면서 답하기를 "대저 야만과 개화의 구별은 인의仁義와 잔혹의 차이가 있기

때문이다. 대저 야만이라고 말하는 것은 서로 죽이고 잡아먹는 등 잔혹하고 불인不仁
하기 때문이다. 지금 우리나라는 법을 만들어 백성을 얽어매어 살육하고 도해屠害하
고 있는데, 살인하는 데 있어 몽둥이로 하는 것과 칼로 하는 것에 차이가 있는지 모르
겠다."고 했다. 일재가 웃으면서 말하기를, "어째서 말이 그렇게 어리석으냐." 했다.

_ 「윤치호일기」, 1884년 1월 2일

자료 5

그[김옥균]는 구미의 문명이 일조일석에 이루어진 것이 아니라 열국간의 경쟁의 노력
에 의해 점진적으로 결과한 것으로서 수세기나 필요했으나, 일본은 일대간에 그것을
속성했다고 이해했다. 그리하여 그는 스스로 일본을 모델로 하고자 백방 분주했다.

_ 서재필, 「회고 갑신정변」

자료 6

한국이 생존하기에 적합치 못할지도 모른다고 생각을 하게 된다. 그렇다면 장차 내가
해야 할 일은 나의 최선을 다하여 한국이 적자適者로서 생존하게 하는 것이다. 만일
한국이 공정한 생존 경쟁에서 살아남지 못한다면, 한국이 적자로서 생존할 능력이 없
음을 보여주는 것이다.

_ 「윤치호일기」, 1892년 4월 7일

자료 7

1884년 중엽에 새로운 집단이 영향력을 미치기 시작했다. 일본에 유학했던 몇몇 젊은
이들은 철저한 개혁론자가 되어 돌아왔다. 일본의 변모하는 과정을 목격한 그들은 일
본처럼, 아니 일본보다 더 철저히 개혁할 것을 바랐다. 그들은 가능하다면 한 자루의
필봉으로써 그들의 조국을 서구화하고 싶어 했다. 그들은 일본 관료의 품에 몸을 던
져서 혁명적 변혁을 위한 만반의 기틀을 마련했다.

_ F.A. 매킨지, 「대한제국의 비극」

자료8

과연 그렇다면 어찌하여야 하겠습니까? 이는 오직 밖으로 널리 구미 각국과 신의로써 친교하며, 안으로는 정략을 개혁하여 우매한 백성들을 문명의 도로써 교육하며, 상업을 흥륭시켜 재정을 정리하는 데 있습니다. 또 군대를 기르는 일은 그다지 어려운 일이 아닙니다. 이와 같이 할 수만 있다면 영국은 마침내 거문도에서 철수하게 될 것입니다.[주3] 그 밖의 여러 나라도 역시 침략의 뜻을 버리게 될 것입니다. … 바야흐로 세계는 상업을 주로 하여 서로 산업의 크고 많음을 자랑하고 경쟁하는 때이거늘, 아직도 양반을 제거하여 그 뿌리를 뽑지 않는다면 국가의 패망은 기어코 앉아서 기다리는 꼴이 될 뿐입니다. 전하께서 이를 철저히 반성하시어 하루 빨리 무식 무능하고 수구 완고한 대신배를 축출하시고, 문벌을 폐하고 인재를 골라 중앙집권의 기초를 확립하여 백성들의 신용을 얻으시고, 널리 학교를 설립하여 인민의 지식을 깨우치게 하시옵소서. 외국의 종교를 유입하여 교화를 돕는 것도 하나의 방편이 될 것입니다.

_ 고균기념회 엮음, 『고균 김옥균전』

주3 러시아의 남하를 견제하기 위해 영국이 1885년 조선의 거문도를 불법으로 점령하고 포대를 쌓아 요새화한 사건.

출전

『서유견문西遊見聞』: 한말 개화파의 한 사람인 유길준(俞吉濬, 1856~1914)이 구미의 문물을 직접 보고 돌아와서 지은 책. 그는 1881년 조사시찰단朝士視察團을 따라 일본에 건너가 후쿠자와 유키치에게 배웠고, 1883년에는 미국으로 가 대머 아카데미에서 유학하기도 했다. 이 책은 이 과정에서 그가 형성한 개화 이념을 각 분야로 나누어 총 정리한 책이다. 1892년에 완성되었으나 1895년 일본에서 처음으로 간행되었다.

『대한제국의 비극』: 영국의 『데일리 메일』지 특파원 매킨지가 1908년에 저술한 견문록으로 한말의 정치 상황과 의병운동을 상세히 소개하고 있다. 그는 1920년에 『한국의 독립운동』을 저술하여 일제의 무자비한 탄압과 한국인의 독립운동을 세계에 알리기도 했다.

『고균 김옥균전古筠金玉均傳』: 일본 국수주의자들이 중심이 되어 조직한 고균기념회가 편찬한 김옥균 평전으로, 김옥균을 대동아공영 실현에 앞장선 선구자로 묘사하고 있다.

찾아읽기

이광린, 『한국개화사상연구』, 일조각, 1979.
강재언, 『근대한국사상사연구』, 한울, 1982.

주진오, 「19세기 후반 개화 개혁론의 구조와 전개 – 독립협회를 중심으로」, 연세대학교 박사학위 논문, 1995.

한국근현대사연구회, 『한국근대 개화사상과 개화운동』, 신서원, 1998.

정진석, 『독립신문 서재필 문헌해제』, 나남, 2007.

한철호, 『한국 근대 개화파 통치기구 연구』, 도서출판 선인, 2009.

신용하, 『한국 개화사상과 개화운동의 지성사』, 지식산업사, 2010.

최기영, 『서재필이 꿈꾼 나라 : 서재필 국문 자료집』, 푸른역사, 2010.

4 구식 군대의 반란
임오군란

임오군란은 고종 19년(1882) 6월, 서울에서 하급 군인이 중심이 되어 일으킨 도시 하층민의 대규모 저항운동이다. 이는 정부가 추진한 개화 정책에 따른 구식 군인들의 불만과 더불어 쌀값 폭등에 따른 경제적 고통에서 비롯되었다.

하급 군인들의 불만

이 시기 서울의 하급 군인들은 도시 하층민 출신에서 충원된 자들로서 군인으로 근무하는 동시에 영세 소상인이나 영세 수공업자로 식구들과 함께 생계를 꾸려나가던 사람들이었다. 또한 이들은 왕십리·이태원 같은 도시 근교에서 미나리나 배추 따위의 채소를 재배하여 시장에 팔거나 한강 연안에서 상품과 세곡을 싣고 내리는 하역 작업과 각종 토목 공사에 임시로 고용되어 임금노동자로 일했다. 하급 군인들은 생계를 유지하고자 군인 복무 말고 이같이 각종 부업에 종사했으나 대체로 곤궁하게 살았다.

19세기 후반에 들어 국가 재정이 계속 악화되어 급료가 제대로 지급되지 않자 군인들의 생활은 더욱 어려워졌다. 게다가 국교 확대 이후 일본 세력의 침투에 따른 조선 사회 내부의 변동은 하급 군인들에게 심각한 위기감을 조성했다.

이 중 정부가 개화 정책의 일환으로 군제 개편을 시도하면서 하급 군인들의 불만이 커져갔다. 정부는 구식 군대를 줄여 없애고 일본식 군사 제도를 도입하는 등 군제 개편을 추진했다. 고종 18년(1881)에 종래의 훈련도감을 비롯한 5군영을 무위영武衛營과 장어영壯禦營 등 2군영으로 통폐합하고, 신식 군대인 별기군別技軍을 창설하면서 사관 후보생 양성도 추진했다. 구식 군영 군인들이 실직당하고 급료도 제대로 받지 못하는 것과 달리 별기군은 급료 지급은 물론 의복 등 여러 면에서 좋은 대우를 받았다. 이 때문에 하급 군인들은 개화 정책을 추진하는 과정에서 소외되었을 뿐만 아니라 앞으로 실직, 도태되리라는 위기감을 강하게 느꼈다. 또한 일본 상인의 경제 침투 탓에 도시 하층민들과 함께 소비자로서, 영세 소상인·수공업자로서 이중의 피해를 입어 가장 심각한 피해 집단이 되었다. 후일 임오군란壬吾軍亂에 참가했던 하급 군인들의 대다수가 왕십리 등지에 거주했던 것도 이러한 사정과 밀접한 관련이 있었다.[자료1]

군인들의 봉기와 제물포 조약의 체결

임오군란 이전에 이미 군인들 사이에서는 동요와 반항 기운이 드높아졌고 1881년에는 2건의 폭동이 일어났다. 이러한 움직임에 위협을 느낀 정부는 급료를 얼마 지급하여 이들을 무마하려고 했다. 1882년 6월, 전라도 세곡이 서울에 도착하자 정부는 열세 달치나 밀린 급료 가운데 먼저 한 달치를 지급했다. 그러나 군인들이 도봉소都捧所에서 받은 쌀에는 겨와 모래가 섞여 있었고 양도 규정에 못 미쳤다. 이에 분노가 치솟은 군인들은 급료를 받지 않고 책임자를 구타했다.[자료2]

그러나 선혜청이 잘못을 고치기는커녕 오히려 주동자를 잡아들이자 마침내 6월 9일 군인들이 무기고를 파괴하고 일제히 봉기했다. 군란이 일어난 것이다. 이들은 그동안 부정부패의 온상이었던 선혜청을 습격하고 책임자인 민겸호의 집에 불을

1881년 별기군의 모습. 5군영에서 신체가 건강한 80명의 지원자를 가려 뽑아 이들을 무위영에 소속케 하고, 이름을 별기군이라 하였다. 별기군은 신식 군인으로 일본인 교관에게 근대적인 군사 훈련을 받았으며 급료와 복장 등 모든 대우가 구식 군인보다 좋은 편이었다.

질렀다. 또한 별기군 부대로 쳐들어가 일본인 교관 호리모토를 죽이고 일본 공사관을 포위, 폐쇄시켰다. 다음 날은 창덕궁으로 쳐들어가 흥인군 이최응李最應을 비롯하여 수많은 고관들을 살해했다. 당황한 명성왕후는 궁궐을 빠져나와 충주로 피신했으며 일본 공사도 제물포로 도망쳤다.[자료3]

군인들의 봉기에는 외래 자본주의의 침입과 민씨 일파의 부정부패로 고통받던 서울 변두리 빈민들도 합세했다.[자료4] 스스로 집권할 능력이 없는 이들은 대원군이 다시 집권하면 사정이 나아지리라 기대했다. 그리하여 고종이 대원군을 다시 불러들이자 이들은 해산했다. 다시 집권한 대원군은 정부가 추진해온 개화 정책을 한꺼번에 없애버렸으며, 개화 정책에 반대하다가 유배당한 위정척사파를 석방하여 요직에 등용했다.[자료5] 아울러 그 동안 민씨 척족戚族이 자행해 온 부정부패를 쓸어 없애고[자료6·7·8] 계속되는 일본의 침략 책동에 강경하게 맞섰다.

임오군란은 대원군의 재집권으로 일단 진정되었으나 이 때문에 조선을 둘러싸고 청·일 양국은 치열한 외교전을 벌이며 다음 행동에 들어갔다. 곧 일본은 조선 내 일본 거류민 보호를 내세워 군대를 파견할 움직임을 보였으며, 이에 청은 재빨리 조선에 군대를 파견하고 술수를 써 대원군을 청으로 압송해 가 일본이 무력으로 개입할 구실을 없애려 했다. 이때 조선은 일본과 제물포 조약을 맺어 배상금을 물고 일본 공사관의 경비병 주둔을 인정했다.[자료9]

청은 이후 조선 내정에 적극 간섭했다. 즉 위안스카이袁世凱 등이 지휘하는 군대를 상주시켜 조선 군대를 훈련시키고, 마젠창馬建常과 묄렌도르프를 고문으로 파견하여 조선 내정과 외교 문제에 깊이 간여했다. 또 조선에 조청상민수륙무역장정朝淸商民水陸貿易章程의 체결을 강요하며 청나라 상인의 통상 특권을 규정하고 경제 침투에 적극 나섰다. 이에 조선 정부는 청의 간섭을 배제하고 대외 주권을 확보하기 위해 주미 한국 공사의 역할을 강화하여 대외 활동을 적극 전개하고자 했다. 그러나 이러한 노력은 조선에 군대를 주둔시킨 청의 강력한 간섭으로 실패로 돌아갔다.

자료1 참가 군인들의 거주 지역

거주지		인원
동부	왕십리	19
	안암동	1
	종암동	1
	답십리	1
	연미정동	1
	니포동	2
	마장동	1
서부	청파	1
	냉동	2
합계		29

『추안급국안秋案及鞫案』, 『좌포도청등록左捕盜廳謄錄』

비고 : 조성윤, 『한국사』 38, 「임오군란」, 국사편찬위원회, 1999

자료2

주1 대내大內 : 임금이 거처하는 곳. 곧 궁궐.

임오년(1882) 6월 초9일, 서울의 영군營軍들은 큰 소란을 피웠다. 그것은 갑술년(1874) 이후 대내주1의 경비가 불법으로 지출되고 호조와 선혜청의 창고도 고갈되어 서울의 관리들은 봉급이 지급되지 않았으며, 5영五營의 병사들도 종종 결식을 하여 급기야 5영을 2영으로 줄이고 그중에서도 노병과 약졸들을 도태하여, 도태된 사람들은 발붙일 곳이 없으므로 그들은 팔을 끌어당겨 난을 일으키려고 했다.

이때는 군량이 지급되지 않은 지 이미 반년이 지났는데 호남의 세금을 거둔 배 수척이 도착하자 서울 창고를 열어 군량을 먼저 지급하라는 명이 떨어졌다.

이때 선혜청 당상관 민겸호閔謙鎬의 하인이 선혜청 고지기가 되어 그 군량을 지급하고 있었다. 그는 쌀을 벼 껍질과 바꾸어 그 남은 이익을 챙기자 많은 백성들이 크게 노하여 그를 구타했다. 민겸호는 주동자를 잡아 포도청에 가두고 그를 곧 죽일 것이라고 선언했다. 수많은 군중들은 더욱 분함을 참지 못하고 칼을 빼어 땅을 치며 "굶어 죽으나 법으로 죽으나 죽기는 마찬가지다. 그렇다면 차라리 죽일 사람이나 하나 죽여서 원을 씻겠다."고 하며 서로 고함소리로 호응하여 많은 사람들이 모였다. 그 고함소리로 인하여 땅이 꺼질 것 같았다. 그들은 곧바로 민겸호의 집으로 쳐들어가서 순식

간에 집을 부수고 평지로 만들었다.

그 집에는 진귀한 보물들이 가득 차 있었다. 그 군중들은 "돈 한 푼이라도 훔치는 자는 모두 죽인다."고 하고 그 보물을 뜰에 모아 놓고 불을 질렀다. 비단과 구슬이 타서 그 불빛은 오색을 띠고 인삼과 녹용과 사향 등의 냄새가 몇 리 밖까지 풍겼다. 이때 민겸호는 담을 넘어 대궐로 도주했다.

_ 『매천야록』 권 상上

자료 3

5영五營의 군총軍摠들이 사사로이 훈련도감의 병영 내에 모여서 각각 무기를 들고 곧장 궁궐로 돌입했다. … 창과 방패가 빽빽하게 늘어서 있었다. 이들이 한꺼번에 고함을 지르며 중전中殿을 잡으라고 했는데, 그 소리에 산이 무너지고 땅이 움직이는 듯했다. 이들의 칼을 맞고 죽은 궁녀가 부지기수였다. 이때 대전사령大殿使令 홍우길[洪祐吉, 홍계훈의 오기]은 타고난 성품이 충직한 자였는데, 중전을 업고 군총에게 말하기를 "이 사람은 대전 나인으로, 나의 누이다."라고 하고는 동소문으로 탈출하여 몰래 가마꾼을 고용해서 즉시 장호원長湖院에 있는 … 판서判書 민두호[閔斗浩, 浩는 鎬의 오자] 집으로 갔다. 그러니 백관과 수많은 궁녀들은 중전이 어디로 가셨는지를 까마득히 몰랐다. 군총들은 궁궐 안에서 사흘 밤낮을 으르렁거리고 날뛰었으나 역시 중전의 종적을 알 수가 없었다. 이들은 곧장 당시 권세를 잡고 있던 여러 척신戚臣들의 집으로 가서는 불을 지르며 벽을 부수고 한편으로는 눈에 보이는 대로 사람들을 찔러 죽였다. 그러자 대원위[大院位, 흥선대원군]께서 전하와 협의하여 군총들에게 호령을 내려 그들을 즉시 물러가도록 했다. 당시의 광경을 어찌 차마 말로 할 수 있겠는가? 당시 군총들의 거사는 전적으로 중전을 시해하려는 계획이었는데, 이날은 바로 6월 20일이었다.

_ 『시경록時經錄』

자료 4 임오군란에 참가한 하층민의 직업 구성

직업	인원
상인	3
농업 겸 상인	1
농업고용노동	1
농민	1
수공업자	2
사환	1
무직	1
기타	4
합계	14

『추안급국안』, 『좌포도청등록』

비고 : 조성윤, 『한국사』 38, 「임오군란」, 국사편찬위원회, 1999

자료 5

임오년 6월 10일 대원군에게 군국사무를 처리하라는 명이 내려지자 대원군은 궐내에서 거처하며, 기무아문과 무위 · 장어 양영을 폐지하고 5영 군제를 복구하라는 명을 내리고 군량을 지급하도록 했다. 그리고 난군은 물러가라는 명을 내리고 대사령을 내렸다. 난병들은 대궐에서 물러나 사방으로 흩어졌다.

__ 『매천야록』 권1 상上

자료 6

전교하기를, "진상한 신감채辛甘菜, 해홍채海紅菜, 조홍早紅은 모두 온실에서 재배하여 인공으로 숙성시킨 것이다. 또한 민폐民弊에도 관계되니 올해부터는 그만두도록 해 조該曹에 분부하라." 했다.

__ 『고종실록』 고종 19년(1882) 6월 21일

자료 7

전교하기를, "각종各種 도고都賈는 민폐民弊와 크게 관계되니, 모두 혁파하라." 했다.

__ 『고종실록』 고종 19년(1882) 6월 21일

자료8

의정부에서 아뢰기를, "일전에 내려진 전교를 삼가 받들어 보니, 각종 도고都賈는 민폐와 크게 관계되는 일이므로 모두 혁파하라는 것이었습니다. 이는 참으로 어린아이를 보호하듯 백성들을 돌보시는 전에 없던 큰 은택입니다. 그런데 그 바다와 육지에서 나는 물품에 대한 무명수세無名收稅도 이런 폐단의 여러 갈래 원인이 됩니다. 그전부터 내려오는 원래 규정 외에 근래에 와서 잡다하게 생겨난 것들은 일체 통렬히 혁파함으로써 모든 사람들이 각기 자기 생업에 편안할 수 있도록 해 주는 것이 어떻겠습니까." 하니, 윤허했다.

_「고종실록」 고종 19년(1882) 6월 26일

자료9

제물포 조약

제1조. 지금으로부터 20일 이내에 조선국은 흉도들을 잡고 수괴를 엄히 징계한다. 일본국은 관리를 파견해 함께 조사하고 처리한다. 만약 기한 내로 잡지 못하면 마땅히 일본국이 판단해 처리한다.

제4조. 흉도들의 폭거로 인해 일본국이 받은 손해와 공사公使를 호위한 수군과 육군의 비용 중에서 50만 원을 조선국에서 전보填補한다. (매년 10만 원씩 지불해 5년 안에 완전히 청산한다.)

제5조. 일본 공사관에 약간의 군인을 두어 경비하게 한다. (병영을 설치하고 수리하는 것은 조선국이 맡는다. 만약 1년 후에 조선의 병민兵民이 법률을 지켜 일본 공사가 경비가 필요하지 않다고 여기면 철병해도 무방하다.)

_ 최덕수 외, 「조약으로 본 한국근대사」 열린책들, 2010

출전

「시경록時經錄」 : 경상도 출신으로 추정되는 유생이 임오군란부터 을미의병까지 일어난 사건을 유생의 시각에서 기술한 기록이지만 곳곳에 인명 오류 및 사건의 착종錯綜이 보인다.

■ 찾아읽기

한우근, 「개항기의 위기 의식과 개화 사상」, 『한국사연구』 2, 1968.

최창규, 『근대한국정치사상사』, 일조각, 1985.

권석봉, 『청말 대조선정책사연구』, 일조각, 1986.

권오영, 「1881년의 영남만인소」, 『윤병석교수화갑기념한국근대사논총』, 1990.

조성윤, 「임오군란 연구의 현황과 과제」, 『한국사론』 25, 국사편찬위원회, 1995.

오영섭, 「화서학파의 대서양 인식―이항로 · 김평묵 · 유인석의 경우를 중심으로」, 『태동고전연구』 14, 1997.

구선희, 『한국근대 대청정책사 연구』, 혜안, 1999.

권혁수, 『19세기말 한중 관계사 연구 : 이홍장의 조선인식과 정책을 중심으로』, 백산자료원, 2000.

이양자, 『조선에서의 원세개』, 신지서원, 2002.

김용구, 『임오군란과 갑신정변』, 원, 2004.

량치차오, 『리훙장 평전』, 박희성 · 문세나 옮김, 프리스마, 2013.

5 '3일천하'로 끝난 개혁의 꿈

갑신정변

갑신정변甲申政變은 1884년에 김옥균, 박영효 등의 급진개화파가 근대 개혁을 추진하고자 일으킨 정변이다. 이들 급진개화파는 정권을 장악하자 근대 주권 국가 건설을 목표로 개혁 정령政令을 발표했다. 그러나 갑신정변은 청의 간섭으로 실패했다. 비록 '3일천하'로 끝났지만 이후 개혁 운동에 영향을 끼쳤다.

동도서기파와 급진개화파의 대립

1882년 임오군란 이후 청나라가 조선 내정에 깊이 개입하면서 청의 양무운동과 일본의 메이지유신을 각각 본보기로 하여 개혁을 추진했던 동도서기파와 급진개화파 사이에서 갈등이 더욱 불거졌다.[자료1] 특히 국가 재정의 위기를 둘러싸고 전개된 민씨 척족과 급진개화파의 대립은 극에 이르렀다. 민씨 척족의 이해 관계를 대변하는 재정고문 묄렌도르프가 악화惡貨를 주조할 것을 주장한 반면에 김옥균 등은 일본으로부터 차관을 도입하려 했다. 하지만 김옥균의 차관 교섭 노력이 무위로 돌아가면서 급진개화파의 정치적 입지는 매우 좁아졌다.[자료2] 아울러 급진개화파가 일본 파견을 통해 양성해온 사관생도들이 청나라 교관의 초빙으로 군에서 밀려났다.[자료3]

급진개화파는 정국의 이러한 난관을 무력으로 단숨에 돌파하려 했다. 더욱이

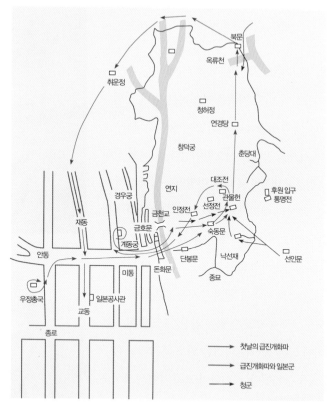

1884년 8월 베트남을 두고 청나라와 프랑스가 전쟁을 벌였고 급기야 청나라는 조선에 주둔하고 있는 자국 군대 3,000명 가운데 절반을 철수시켰다.[자료4] 이에 급진개화파는 정변을 모의하면서 구체적인 실행 계획 수립에 들어갔다.[자료5] 한편 일본도 정변 주도 세력을 도와 조선 침략의 걸림돌이었던 청나라와 민씨 척족을 내몰고 조선에서 우위를 차지할 속셈으로 일본 군대의 동원과 차관을 약속했다.[자료6] 이에 정변 주도 세력은 무력 지원이 아쉬운 상황이어서 일본의 지원에 의심을 두면서도 활용하기로 결정했다.[자료7] 그리고 거사를 치르려는 밤이 다가왔다.

갑신정변의 발발

1884년 10월 17일, 정변 주도 세력은 저녁 7시에 열린 우정총국 개설 피로연을 이용하여 민씨 척족을 제거하는 일대 정변을 일으켰다. 우선 밤 9시에 우정총국 부근의 초가에 불을 질러 소동을 벌였다. 정변의 시작을 알리는 신호탄이었다. 이어서 상황을 파악하기 위해 우정총국 바깥으로 나온 민영익을 살해하려 했다. 그런 다음 이들은 재빨리 대회장을 빠져 나와 고종에게 청병이 서울을 습격했다 속이고 일본군의 동원을 요구했다. 그러나 고종이 이러한 요구를 받아들이지 않자 김옥균과 서광범 등은 품고 있던 연필과 서양 종이를 꺼내어 '일본 공사는 와서 호위하라 日使來衛'라는 네 글자를 쓰고 증거할 수 있는 인신印信도 없이 일본 공사관에 보냈다. 이에 일본 공사는 이러한 위조 문서에도 불구하고 불법적으로 병력을 동원했다. 그리하여 고종 일행은 조선군 일부와 일본군의 호위 속에서 경우궁으로 옮겼다.[자료8]

10월 18일, 일본군은 갑신정변의 주모자와 약속대로 궁궐 외곽 경비를 맡고, 서재필을 비롯한 사관생도들은 내부를 경비했다. 이때 주모자들은 민씨 척족의 대표적인 거두라 할 민태호, 민영목, 조영하 등 6명을 살해하고 신정부를 구성했다.[자료9] 다만 명성왕후가 청군측과 몰래 연락한 끝에 사관생도와 군병들이 방어하기에 어려운 창덕궁으로 옮길 것을 주장하자 주조선 일본 공사인 다케조에 신이치로竹添進一郎는 명성왕후의 숨은 의도를 모른 채 자신감으로 충만한 나머지 김옥균의 반대에도 불구하고 여기에 동의했다.

(위) 김옥균(1851~1894)의 모습. 1890년의 모습이다. 일찍이 박규수, 유홍기, 오경석의 영향을 받았고 일본 문물을 접하면서 개화 운동에 앞장섰다. 1884년에는 갑신정변을 일으켜 개혁을 주도했지만 청군의 개입으로 실패하자 일본에 망명했고 1894년 3월 상하이에서 홍종우에게 살해되었다.
(아래) 서광범(1859~1897)의 모습. 갑신정변이 실패하자 일본을 거쳐 미국에 망명하였다. 1894년 청일전쟁 기간에 귀국하여 제2차 김홍집 내각의 법부대신이 되었다. 이때 사법제도 개혁에 착수하여 의금부를 법무아문권설 재판소로 바꾸고 모든 재판 업무를 관할하게 하였다. 그리고 재판소 구성법, 법관양성소 규정 등을 제정·공포하고 참형 대신 교수형 제도를 채택했다.

(위) 박영효(1861~1939)의 모습. 13세 때 철종의 딸과 결혼하여 부마가 되었다. 갑신 정변에 가담했다가 실패하자 일본에 망명 하였다. 이후 1894년 일본 공사 이노우에 를 따라 국내에 들어와 제2차 김홍집 내각 의 내무대신이 되었다. 그리고 1910년 대 한제국이 일제에 강점되자, 일제로부터 후 작을 받고 중추원 고문에 임명되었다.
(아래) 홍영식(1855~1884)의 모습. 1881 년 조사시찰단의 일원으로 일본을 시찰하 였으며 1883년에는 보빙사 일행으로 미국 을 다녀왔다. 1884년에는 우정국 총판으로 갑신정변의 주역이 되었다. 갑신정변의 실 패에도 불구하고 끝까지 고종을 호위하다 청군에게 붙잡혀 살해되었다.

3일천하

정권을 장악한 정변 주도 세력은 10월 18일 늦은 오후부터 새벽까지 새 정부의 정령을 논의·상주하고 재가를 받은 뒤 10월 19일 오전 10시 무렵에 개혁 내용을 담은 80여 개 조의 정령을 발표했다. [자료10·11] 새 정부는 정치적으로 청에 대한 사대 외교를 폐지하고 입헌군주제를 세우려고 했다. 경제적으로는 지조법地租法을 제정하고, 재정 기관을 일원화하여 국가 재정을 충실히 하려고 했으며, 혜상공국惠商公局을 폐지하고 자유로운 상업의 발전을 꾀했다. 사회적으로는 인민평등권과 능력에 따른 인재 등용으로 정치 참여의 기회를 확대하고자 했다.

그러나 김옥균 등의 개혁 구상은 3일 만에 끝나고 말았다. 10월 19일 오후 청병이 공격해 오자 지원을 약속한 일본군이 철수해 버렸다. 청국과 충돌하는 것이 시기 상조라 여겼기 때문이다. 정변 주도 세력이 이끄는 친군영 전영前營도 병력과 무기의 열세로 패퇴하여 흩어지게 되었다. 게다가 개화 정책에 피해를 본 서울의 상인과 빈민들도 정변 주도 세력을 친일파로 보고 이들을 공격했다. [자료12] 결국 국왕을 호위했던 홍영식과 박영교 등은 청군에게 죽음을 당하고 김옥균, 박영효, 서재필 등 9명이 일본으로 망명함으로써 갑신정변은 사흘 만에 종말을 고했다.

이어서 청국과 일본 사이에 톈진 조약이 체결되었다. 일본은 청국과의 전쟁을 시기상조로 여겼으며, 청나라 역시 베트남 문제로 일본과의 충돌을 피하고자 했기 때문이다. 이로써 청나라와 일본은 조선에 대해 '균등하게 간섭과 파병의 권리'를 갖게 되었다. [자료13] 이는 언제든지 청·일 양국이 조선에 군대를 파견할 수 있다는 점에서 청일 간의 전쟁을 잠시 유보했을 뿐 훗날 청일전쟁을 초래하는 침략적 국제 조약이었다.

갑신정변은 이처럼 우리나라에서 처음으로 근대 주권 국가를 건설하려 했던 사건으로 큰 의미가 있다. 또한 양반 지주층의 일부가 중심이 되어 위로부터의 근대화를 꾀했다는 점에서 갑오개혁의 본보기가 되었다.[자료14]

그러나 급진개화파는 농민들이 바라는 토지 소유 문제의 해결에 별로 관심을 두지 않은 채 일본의 침략 의도를 인식하지 못하고 무력 지원을 받으려 했다.[자료15] 이러한 이유로 갑신정변은 국왕을 비롯하여 대다수 관료들과 일반 백성의 지지를 받지 못했다. 특히 갑신정변으로 인해 청과 일본이 날카롭게 대립하면서 조선 문제에 적극 개입하자 국제 무대에서 조선 정부의 운신의 폭이 좁아졌다. 이 중 청은 갑신정변 진압을 통해 조선 침략에 유리한 교두보를 마련한 위에서 상권 침탈과 정치·군사·외교적 간섭을 자행할 수 있었다. 그러나 갑신정변은 기존의 질서를 깨뜨리고 근대 사회를 여는 역할을 담당했다는 점에서 우리나라 근대 개혁 운동에서 차지하는 비중이 크다.

자료1

주1 종주권宗主權 : 한 나라가 다른 나라의 내치, 외교를 지배하는 정치 권력.

김옥균은 청국의 종주권宗主權주 아래에 놓여 있는 굴욕감을 이겨 내지 못하여 여하히 하면 이와 같은 치욕에서 벗어나 조선이 세계 각국 가운데서 평등하고 자유로운 일원이 될 것인가 밤낮을 가리지 않고 노심초사했다. 그는 근대적 교육을 받지 못했으나 시대의 추이를 통찰하고 조선도 강력한 현대적 국가가 되어야 함을 절실하게 바랐다. 그리하여 새로운 지식을 수용하고 새로운 기술의 채용에 의하여 정부와 일반 사회의 구투인습을 일변시킬 필요를 확신했다. 그는 구미의 문명이 일조일석에 이루어진 것이 아니라 열국 간의 경쟁의 노력에 의해 점진 결과로 된 것으로서 수세기나 필요했으나, 일본은 일대간에 그것을 속성했다고 이해했다. 그리하여 그는 스스로 일본을 모델로 하고자 백방 분주했다.

＿ 서재필, 「회고 갑신정변」

자료2

나[김옥균]는 자금이 없이는 아무것도 할 수 없고 지금 빈손으로 귀국하면 집권 사대당은 나를 비판하며 궁지에 몰아넣을 것임을 알고 있다. 어쨌든 우리 개화당은 심한 타격을 받을 것이며 우리의 개혁안도 없어질 것이며 조선은 청국의 영구적 속국이 될 수밖에 별 도리가 없다. 우리 당과 사대당은 공존할 수 없기 때문에 최후의 선택을 할지도 모르겠다.

＿ 이시카와 미키아키石河幹明, 『후쿠자와 유키치전福澤諭吉傳』 3, 이와나미쇼텐岩波書店, 1943

자료3

얼마 있지 않아 민영익은 조선 군대 훈련을 위해 청국으로부터 5명의 교관을 부르게 되었다. 이 조치는 개화당 요인들을 크게 자극했다. 그러나 가장 불행하게 된 것은 14명의 사관생도들이었다. 그들은 청국군 교관을 고빙하게 됨으로써 적어도 한국인으로서 그들의 계급에 걸맞는 군관으로서의 직위를 유지할 기회를 완전히 상실했기 때문이었다. 한규직 장군의 군영에 채용된 3명을 제외하고 사관생도들은 군에서 밀려나 개화당 인사들에 의하여 반자선책으로 홍영식 밑에 있는 우정국의 하위직에 임명되었다.

__ Park Il-Keun, ed. ANGLO-AMERICAN DIPLOMATIC MATERIALS RELATING TO KOREA : 1866~1886,

Sinmun-dang, 1982

자료 4

… 저녁 때 고우[古愚, 김옥균의 호]가 미국 공사를 방문하여 청불전쟁에 대해 이야기했
는데 "우리나라의 독립할 기회가 어찌 이때에 있다 하지 않겠는가."라는 등의 말을 하
고 갔다.

_ 『윤치호일기』, 1884년 8월 3일

자료 5

9월부터 옥균, 영식, 영효, 광범, 재필이 가끔 모임을 가졌으며 때로는 유홍기의 집에
서 모였다. … 광범이 미국에서 돌아온 후 죽동영감주2과 사이가 나빠 항상 의심을 품
고 있었으며 옥균, 영효, 영식과 더불어 매번 의논하여 함께 개화를 하고자 했으며 먼
저 죽동 부자를 제거한 연후에 일이 이루어질 수 있다고 하고 또 늘 옥균 집에 가서 유
대치, 박이순, 변수와 항상 일을 의논했다.

_ 『이윤상 국안李允相鞫案』

주2 죽동영감竹洞令監 : 한성부
중부 관인방(오늘날 서울시 종로구
관훈동)에 소재한 죽동궁竹洞宮의
주인 민영익閔泳翊을 가리킴.

자료 6

김옥균이 일본군(공사관 호위병 150명)을 국왕 호위에 투입하고자 하는데 결정 후 작변
變作하는 일이 없어야 하겠다고 한 데 대하여, 다케조에는 호위 요청의 국왕 친서가
있으면 투입하겠다고 합의했다. 친서 전달자는 박영효로 하기로 내약했다. 다케조에
는 청국 1,000명이 공격해 들어와도 일본군 1개 중대가 북악에 의거하면 2주간, 남산
에 의거하면 2개월간 수비할 수 있다고 호언장담했다.

_ 『갑신일록甲申日錄』, 1884년 11월 25일(양)

자료 7

밤에 박영효, 홍영식, 서광범 3군이 내회했다. 작은 술자리를 베풀고 상의하여 말하되, 우리들의 일거一擧할 계획이 결정된 후에 다케조에가 마침 오는 것으로 우려했더니 돌아와서는 거동이 크게 변하여 도리어 우리의 세력에 찬성하는 기색을 보이니 전일의 의우疑憂에 비하여 그 변화가 어떠한가.

_ 『갑신일록』 1884년 11월 1일(양)

자료 8

동년 10월 17일 우정국郵政局이 낙성落成되고 홍영식洪英植이 총판總辦이 되매, 연회를 베풀고 대관들과 각국 공사 · 영사들을 초청했다. 이에 육조판서와 내아문內衙門 · 외아문外衙門 독판督辦, 전후좌우 네 영사營使[주3], 그리고 미국 공사 푸트, 영국 영사 애스턴, 청국 영사 천수탕陳授棠 등이 모두 연회에 참석했다.

주3 네 영사營使 : 서울을 지키는 전후좌우 군영軍營의 우두머리.

그런데 일본 공사는 병을 칭하고 오지 않았으며 서기 시마무라島村를 시켜서 대행케했다. 동일 하오 6시에 연회를 시작했는데 홍영식 등은 미리 왕궁 문 앞과 경우궁 안에 사관생도들을 매복시켰으며 또한 우정국 앞 개천에 자객을 매복시켜 방화로써 신호를 하게 했다. 김옥균 등은 출입이 잦았으나 그것을 지휘하는 형적은 속이고 극비에 부쳤다. 10시가 되어 갑자기 담장 밖에서 불길이 일어났다. 그때 달이 밝아 대낮 같은데 불빛이 충천했다. 민영익閔泳翊은 "불이야!" 소리치며 먼저 자리를 박차고 일어나 문밖으로 나오니 앞 개천을 따라오던 자객이 그를 칼로 내려쳐서 영익이 몇 군데 자상을 입고 쓰러지자 빈객들은 모두 대경실색했다. 일당들은 여기에서 청당을 모두 살해하려 했으나 단지 민영익 한 사람만을 부상시켰다. 박영효 · 김옥균 · 서광범 등은 대궐로 달려가 바로 침전에 들어갔으니, 미리 내응이 되어 있던 궁녀가 문을 열고 기다리고 있었던 까닭에 들어갈 수 있었던 것이다. 그들은 헐떡이며 급히 아뢰되 "청나라 군사가 난을 일으켜 불빛이 성 안에 가득하고 대신들을 도륙하니 급히 이 자리를 옮기시어 피신하소서."라고 청하고, 아울러 일본 공사를 불러들여 호위케 할 것을 청했으나 왕은 듣지 않았다. 김옥균 등은 울며불며 달래다가 위협을 가하며 빨리 떠날 것을 요구했다. 중관中官[주4] 유재현柳在賢이 살해되니, 왕은 창황히 침전에서 나갔

주4 중관中官 : 내시를 가리킴.

으며 조태후·홍태후와 왕후·태자 이하는 모두 걸어서 따라 나섰다. 영숙문에 이르러 갑자기 총성이 일어나자, 김옥균 등은 급히 외치며 청병들이 많이 이르고 있으니 서둘러야 한다고 했다. 그것은 일당들이 미리 이곳에 사관생도들을 매복시켜 왕이 이르는 것을 엿보아 총성을 발하여 암호로 삼은 것이었다. 다시 일본 공사를 불러들여 호위해 줄 것을 청했으나 왕이 듣지 않자, 김옥균·서광범 등은 품고 있던 연필과 서양 종이를 꺼내어 '일사내위日使內衛'[주5]의 넉 자를 쓰고 인신印信의 증거도 없이 일본 공관에 보냈다. 왕이 경우궁에 당도했다는 소식이 일본 공관에 이르자, 일병들은 이미 낭우廊宇에 가득하고 일본 역관 아사야마淺山는 맞아 뵙고, 공사 다케조에는 따라 들어왔다. 왕은 동상東廂에 어거하시고, 일본 공사와 일당들은 청사에 거처했다. 조금 후 사관생도 12명이 입궁하여 둘러쌌으며 김옥균·홍영식 등은 슬퍼하며 우는 모양을 짓고 있었다. 이에 일본병은 궁문을 에워싸고 일당들은 그 가운데 거하면서 외부와의 내통을 억제했다. …

_ 박은식, 「한국통사」

주5 일사내위日使內衛 : 원래는 '일사래위日使來衛'로, '일본 공사는 와서 나를 지키라'는 뜻.

자료9

나[김봉균]와 이규완이 함께 이조연 영사를 해쳤다. 황용택·윤경순이 함께 한규직 영사를 해치고 최은동·고영식이 함께 윤태준 영사를 해쳤다. 민영목 판사는 이규완, 황용택, 윤경순, 고영석이 문 앞에서 기다리고 있었으므로 필시 여기에서 해쳤을 것이다. 조영하 보국, 민태호 보국 또한 4한漢과 최은동이 세 문 사이에서 손을 썼다.

_ 〈김봉균 국인鞠案〉

자료10 갑신개화파의 개혁 정령政令

1. 대원군을 가까운 시일 안으로 나라에 돌아오게 하도록 할 것.

2. 문벌을 폐지함으로써 인민의 평등한 권리를 갖는 제도를 제정하고 사람으로써 벼슬을 택하되, 벼슬로써 사람을 택하지 말 것.

3. 전국에 걸쳐 지조법地租法[주6]을 개혁하여 관리들의 협잡을 방치하고 인민들의 부담을 덜어 그 곤란을 제거하며 동시에 국가 재정을 유족하게 할 것.

주6 지조법地租法 : 토지에서 세금을 징수하는 법.

주7 혜상공국惠商公局 : 고종 20
년(1883)에 세워진 관청으로 보부
상을 다스림.

4. 내시부를 폐지하고 그 가운데서 재능 있는 자가 있으면 등용할 것.

5. 과거, 현재 할 것 없이 나라에 엄중한 손해를 끼친 자는 엄벌할 것.

6. 각 도의 환자還上 제도를 영원히 폐지할 것.

7. 규장각을 폐지할 것.

8. 시급히 순사 제도를 내세울 것.

9. 혜상공국惠商公局주7을 폐지할 것.

10. 전후 유배·금고禁錮된 사람은 사정을 참작하여 풀어줄 것.

11. 4영營을 합하여 1영으로 하고 영 중에서 장정을 뽑아 근위대를 설치할 것.

12. 재정은 모두 호조에서 관할게 하고, 다른 재무아문은 혁파할 것.

13. 대신과 참찬은 합문閤門 안의 의정부에서 회의 결정하고 정령을 공포해서 시행할 것.

14. 정부 6조 이외의 불필요한 관청은 모두 혁파하고, 대신과 참찬이 협의하여 처리케

할 것.

— 『갑신일록』 1884년 12월 5일(양)

자료 11

1. 전체 국민을 단발할 것.

2. 유능한 청소년을 선발하여 외국에 유학생을 파견할 것.

3. 궁내성宮內省을 따로 설치하여 궁중 사무와 부중 사무를 구별할 것.

4. 국왕을 전하라고 부르던 것을 폐하라 부르며 국왕의 명령을 칙으로, 왕 자신을 짐

이라고 정하여 다른 제왕과 같음을 선포하고 대조선국의 군주로서의 존엄과 의례를

갖출 것.

5. 재래의 관제를 폐지하고 내각에 6개의 부서를 둘 것.

6. 과거 제도를 폐지할 것.

7. 내외 공채를 모집하여 산업, 운수, 교육, 군비의 출신을 기할 것.

— 『이노우에 가쿠고로 선생전井上角五郎先生傳』

이때 우리 민인들은 일본인을 원수로 보았고 맹세코 함께 살 수 없다 하여 만나게 되면 격투를 벌여 살상하기에 이르렀다. 청국병 또한 일본 공사관을 야습하여 39명을 죽이고 부녀는 욕을 보였으며 방사房舍를 파괴하니, 드디어 다케조에 공사는 깃발을 내리고 군대를 인솔하여 서소문을 빠져 도망쳤다. 이로 인하여 우리 민인들은 더욱 노하여 그들의 공관을 불태웠고 육군 대위 이소하야시磯林를 살해했다. 김옥균·박영효·서광범·서재필 등은 머리를 깎고 양복 차림으로 영사관에서 나무 궤짝 속에 몸을 감추고 24일 일본 상선을 타고 도망쳤다.

_박은식, 『한국통사』

자료 13 톈진 조약(1885) 주요 내용

제1조. 청은 조선에 주둔시키고 있는 군대를 철수하고, 일본은 공사관 호위를 위해 조선에 주둔시킨 군대를 철수한다.

제3조. 장래 조선에 변란이나 중대한 사건이 있어 청·일본의 두 나라 또는 한 나라가 파병하고자 할 때에는 사전에 상호 문서를 보내 알게 할 것이요, 그 사건이 진정되면 즉시 철병하여 다시 주둔하지 않는다.

_『일본 외교 문서』 18

자료 14

그들이야말로 이제까지 한국이 배출했던 인물 중에서 가장 순수한 애국자들이었음이 입증될 수 있는 기회가 임박했다. 그들은 같은 시대의 사람들을 훨씬 앞서고 있었으며 조선국에게 가장 바람직한 것을 실현하고자 했다. 그 시대 사람들이 그것을 바라지 않았다고 해서 그들에게 돌아갈 영예가 감소될 수는 없다.

_H. B. 헐버트, 『대한제국 멸망사』

자료 15

… 내 친구 그는 일류 수재들이 일본인에게 이용당해 그처럼 크나큰 착오를 저질렀으

니 참으로 애석한 일이라고 했다. 어찌 일본인이 진심으로 김옥균을 성공하게 하고 성의 있게 조선의 운명을 위해 노력하겠는가. 우리가 만일 발전의 형세를 보이면 그들이 백방으로 방해할 터인데 어찌 원조하겠는가. … 일본이 이를 이용하여 청으로부터의 독립을 권하고 원조까지 약속했지만, 사실은 조선과 청의 악감정을 도발하여 그속에서 이익을 얻으려는 속셈이었다.

_박은식, 『한국통사』

출전

『한국통사韓國痛史』 : 박은식朴殷植이 지은 한국 근대사에 관한 역사책.
『갑신일록甲申日錄』 : 김옥균이 갑신정변 뒤 일본으로 망명하여 갑신정변을 기록한 책.
『이노우에 가쿠고로 선생전井上角五郎先生傳』 : 『한성순보』 사장이었던 이노우에의 전기.

찾아읽기

사회과학원, 『김옥균』, 사회과학원 출판사, 1964.
이광린, 『개화당 연구』, 일조각, 1973.
김용섭, 『한국 근대농업사 연구 : 농업개혁론, 농업정책』, 일조각, 1975.
강재언, 『한국 근대사 연구』, 한울, 1982.
신용하, 『초기 개화사상과 갑신정변 연구』, 지식산업사, 2000.
이태진, 『고종시대의 재조명』, 태학사, 2000.
김용구, 『임오군란과 갑신정변』, 원, 2004.
유병용 외, 『박영효 연구』, 한국정신문화연구원, 2004.
박은숙, 『갑신정변 연구』, 역사비평사, 2005.
강범석, 『잃어버린 혁명 : 갑신정변 연구』, 솔, 2006.
박은숙 옮김, 『(추안급 국안推案及鞫案 중) 갑신정변 관련자 심문 · 진술 기록』, 아세아문화사, 2009.

III.

일 · 청의 경제 침투와
사회 경제의 변동

1 외국 상품, 조선 시장 점령

일 · 청의 경제 침투

일본은 강화도 조약과 후속 조치에서 규정한 치외법권과 무관세 조항에 힘입어 조선에 대한 경제 침투를 본격화했다. 그리하여 일본 상인은 유럽산 공산품을 들여와 팔고 조선 국내에서 곡물을 유출시켜 이익을 크게 남겼다. 청나라 상인도 개항 초기에는 일본 상인에게 뒤졌지만 조청상민수륙무역장정 체결을 계기로 일본 상인과 경쟁적으로 조선 경제에 침투했다.

일 · 청의 경제 침투 기반

강화도 조약에서 일본은 부산을 비롯한 3개 항구를 개항하고 이들 개항장에서 활동하는 일본 상인에 대한 치외법권을 보장받으면서 자세한 통상 관련 내용을 추후 협상으로 미루어 놓았다.[자료1] 그리고 고종 13년(1876) 8월에 체결된 조일수호조규부록朝日修好條規附錄과 조일무역규칙朝日貿易規則을 통해 개항장에서의 일본인 권리 보호, 일본 화폐의 통용권, 무관세 무역권 등을 차례로 획득해 나갔다. 또 이후 협상을 통해 부산 · 인천 · 원산의 세 항구를 개항장으로 삼아 일종의 치외법권 지대인 조계租界를 설치했다. 당시 일본 정부는 근대 개혁을 하고자 많은 재정 지출이 필요한 형편이었다. 이를 위해 국내에서는 지세地稅를 올리는 등의 조처를 취하는 한편, 조선과 대만에 대한 경제 침투에 열을 올렸다. 특히 일본 상인은 미곡 등을 구입하기 위해 조선 내지까지 침투했다.[자료2] 일본의 조선 침투는 일본 자본주의 확립의 결과가 아니라 그 성립을 위한 필수적인 요구인 셈이다.

한편 개항 이후 조선 시장을 둘러싸고 일본과 대결하던 또 하나의 국가는 청나라였다. 청은 전통적 우호 관계를 앞세워 조선에서 일본 세력을 견제하기 위해 노력했고, 조선이 미국 및 서구 열강과 외교 관계를 맺는 것을 중개하면서 자국의 이해를 관철시키려 했다. 특히 고종 19년(1882) 임오군란을 진압한 뒤 청나라는 조선과 조청상민수륙무역장정朝淸商民水陸貿易章程을 체결함으로써 조선이 청의 전통적인 속방임을 명문화하는 한편, 치외법권 획득과 통상 특권의 확대를 통해 청나라 상인이 우월한 처지에서 서울 및 양화진에 침투하여 상행위를 한다든가 저율인 5% 관세율이 부과되도록 했다.[자료1·3] 이어서 1884년 3월 제4관의 개정을 통해 청나라 상인은 상품을 구매함은 물론 판매할 수 있는 내지 통상권을 확보했다. 물론 이러한 개정을 통해 조선도 청나라에서의 내지 통상권을 확보했다. 그러나 조선 상인의 경우 치외법권이 인정되지 않아 청나라 상인만큼 통상 특권을 향유할 수 없었다. 그 결과 청나라 상인은 이러한 내지 통상권에 근거하여 개시장을 넘어 조선 내지까지 침투할 수 있었다.[자료4] 아울러 일본 상인도 최혜국 대우 권리 조항[1882년 조미수호통상 조약에

서울의 일본 거류지. 1904년 진고개(오늘날 충무로)에 자리한 일본인 거류지 풍경이다. 뒤에는 오늘날 명동성당이 보이고 앞에는 조선인이 거주하는 초가집이 보인다. 일본인들은 1882년 조청상민수륙무역장정 체결로 청나라 상인이 서울에 침투하자 여기에 편승하여 오늘날의 충무로와 명동 일대에 거주하기 시작했다. 그 결과 서울의 일본인 수가 1904년 무렵에는 5,000명에 다다랐다.

서 처음 규정된 조항으로 통상·항해 조약 등에서 한 나라가 어떤 외국에 부여하는 가장 유리한 대우를 상대국에도 부여하는 일. 그러한 대우를 받는 나라를 최혜국이라 하며, 조약에 들어 있는 그러한 조항을 최혜국 조항이라 한다. – 지은이]에 따라 조선 내지로 침투할 수 있었다. 이처럼 일본 상인과 청나라 상인은 조선 시장을 둘러싸고 날카로운 대립을 이어갔다.

일·청의 각축과 침투의 추이

첨부된 [자료5]의 여러 통계표는 일본과 청나라의 조선에 대한 경제적 진출과 침투의 구체상을 보여준다.

우선 강화도 조약 이후 대일 무역이 크게 증대하던 사정을 〈표1〉에서 확인할 수 있다. 강화도 조약 이전인 1873년부터 1875년까지의 수출입 규모는 50,000~60,000원 정도였으나 조약 체결 이후 매년 무역액이 2~3배로 늘어나 1875년과 1881년을 비교해 보면 대일 수출은 약 32배, 수입은 27배로 증가하고 있다.

한편 〈표2〉를 보면, 개항 초기 일본으로부터의 수입품 가운데 일본산 제품보다 유럽산 제품이 절대 우위였음을 알 수 있다. 이는 당시 일본 자본주의가 아직 초기 단계에 머물고 있어 공산품 생산이 보잘 것 없었기 때문에, 일본이 중국 상하이 등지에서 구입한 유럽산 제품을 한반도에 재수출하는 중개무역을 통해 이득을 취하고 있었음을 잘 보여준다. 그런데 〈표3〉에서 보듯이 1885년 단계에 이르면, 대일 수입 총액 가운데 일본산 제품과 외국산 제품(대부분 유럽 제품)의 총액 비중이 거의 비슷해진다. 그러나 아직도 유지油脂, 약재, 염료, 섬유 제품 등은 유럽산 제품이 압도하고 있음을 알 수 있다. 조선의 대일 수출 품목은 주로 미곡, 소가죽, 금 등이 대종을 이루었다(〈표4·5〉). 일본은 자국의 곡물 가격 안정, 군수품 제조, 통화 제도 수립을 위해 이들 품목을 집중 수입했던 것이다.

〈표6〉과 〈표7〉은 1876년부터 1894년까지 일·청 두 나라의 대조선 무역의 추세를 나타낸 것이다. 1883년까지 지속되던 일본의 대조선 무역 신장세가 1884년에 급격히

완화된 것은, 임오군란(1882)과 갑신정변(1884)을 거치면서 조선에 대한 청나라의 정치적 영향력이 확대되면서 일본의 경제활동이 움츠러들 수밖에 없었던 탓이다. 반면 이 시기 청나라는 1882년에 체결한 〈조청상민수륙무역장정〉을 계기로 조선에 대한 상권商權을 신장시켰다. 그 결과 1892년까지 해마다 청나라의 대조선 무역량 비율이 증가하고 상대적으로 일본의 대조선 무역량 비율은 감소했다. 더구나 무역수지면에서 일본과의 경우, 1890년대에 들어 곡물의 수출이 급격히 증대하면서 수출 초과 현상이 나타났으며 조선이 흑자를 보이는 때도 있으나 청나라와의 경우에서는 항상적 적자를 면치 못하고 있었다.

무역수지면에서 보이는 양국간의 이러한 차이는 청국 상인이 주로 수입 무역에 종사한 데 반해 일본 상인은 자본제 상품의 수입에 그치는 것이 아니라 자국 내 자본주의의 발전을 위한 저미가 정책을 유지하기 위해 조선에서 대량의 곡물을 수출하여 간 결과이다. 결국 일본은 약화되는 한반도 경제 침투를 무력적 방법으로 회복하고자 서둘렀으니, 청일전쟁의 원인 가운데 하나도 바로 조선 시장을 둘러싼 일·청 두 나라의 각축에서 나왔다.

이처럼 조선 시장을 둘러싸고 일·청이 각축하는 가운데, 이들 두 나라 상인은 무역 과정에서 자국의 위세를 등에 업고 횡포를 일삼았다. 1878년 부산 두모포의 해관세海關稅 수세에 반대하여 일본 상인과 부산 주둔 일본군 해병대가 함께 벌인 해관 습격 사건과, 1886년 청나라 상인들의 인천 해관 습격 사건은 대표적인 사례였다. 강화도 조약 이후 본격적으로 전개된 일·청의 경제 침투는 이와 같이 침략 세력의 부당한 압력을 기반으로 전개되면서, 농업과 상업을 비롯한 조선 경제 전반에 막대한 피해를 가져왔다. 그리고 이 과정에서 시전과 객주 등 조선 상인들은 이들과 맞서 상권商權을 수호하려고 분투했다. [자료6]

자료1 일·청의 경제 침투와 관련된 주요 조약 및 내용

조약 이름	시기	내용	비고
조일수호조규 朝日修好條規	1876. 2	일본에 대한 개항, 치외법권, 일본 선박의 조선 근해 측량	부산 개항
조일수호조규부록 朝日修好條規附錄	1876. 8	개항장 내의 일본 권리 보호, 일본 화폐의 통용 인정	
조일무역규칙 朝日貿易規則	1876. 8	항세港稅 및 관세 면제	
부산항조계조약 釜山港租界條約	1877. 1	일본인 조계 설정	
원산진개항조약 元山津開港條約	1879. 8	원산 개항 결정	원산 개항 (1880)
원산진거류지지조약조 元山津居留地地租約條	1881. 8	일본인 조계 설정	
조미수호통상조약 朝美修好通商條約	1882. 5	개항장 치외법권 인정, 통상 규정 약조, 관세율 규정	
조청상민수륙무역장정 朝淸商民水陸貿易章程	1882. 8	양국인 무역 개방 청국상무위원 조선 파견	
조일수호조규속약 朝日修好條規續約	1882. 8	원산, 인천, 부산의 행리(行里, 일본인 활동 범위) 확장	
부산구설해저전선조관 釜山口設海底電線條款	1883. 3	부산~나가사키간 해저 전선 가설, 25년간 전선 용품 수입 면세	인천 개항 양화진 개항 한성 개항
봉천여조선변민교역장정 奉天與朝鮮邊民交易章程	1883. 3	중강무역 재개	
조일통상장정, 해관세목 朝日通商章程, 海關稅目	1883. 7	전라, 경상, 함경 해역 어로 승인, 조·일통상의 통관절차 규정, 최혜국 대우 약정	
의정조선국간행리정약조 議訂朝鮮國間行里程約條	1883. 7	인천, 원산, 부산의 행리行里 확장	
일본인어채범죄민취급규칙 日本人漁採犯罪民取扱規則	1883. 7	일본인 범법 어민의 영사재판 회부 합의	
인천구조계조약 仁川口租界條約	1883. 9	인천에 일본 조계 설정	
인천구화상민지계장정 仁川口華商民地界章程	1884. 4	인천에 청나라 조계 설정	
길림여조선상민수시무역장정 吉林與朝鮮商民隨時貿易章程	1884. 4	두만강을 중심으로 한 양국 무역 합의	
조차절영도지기약단 租借絕影島地基約單	1886. 1	부산 영도를 일본 저탄소로 조차租借	
조러육로통상장정 朝露陸路通商章程	1888. 8	경흥 개방, 러시아인 내지 여행 허가	경흥 개항
조일통어장정 朝日通漁章程	1889. 11	일본 어민의 조선 전해역에서의 어로권 인정	
조차월미도지기약단 租借月尾島地基約單	1891. 1	인천 월미도를 일본 저탄소로 조차	
잠정합동조관 暫定合同條款	1894. 8	일본에 경부, 경인 철도 가설 허가, 내정 개혁의 강요받음	

자료2 일본 상인의 조선 내지 침투

10개월 사이에 쌀의 수출고는 석수石數로 거의 16만 석, 그 가액價額은 67만 원의 거액

이다. 이는 먼저 본방[本邦, 일본]의 곡물 흉작과 당국[當國, 조선]에서의 비상한 풍작 때

문이지만, 또 하나는 근래 재류 본방 상인이 점원을 당국 내지에 파견하고 행상을 성

행시켜 미곡 매입의 편리를 얻는 데 크게 힘을 기울인 탓이다.

— 『메이지 관보明治官報』, 1890년 12월 17일, 「인천 미곡 상황」

자료3 「조청상민수륙무역장정」 주요 내용

이 수륙무역장정은 청이 속방을 우대하는 뜻에서 상정한 것이고, 각 대등 국가 간의

일체 동등한 혜택을 받는 예외는 다르다. …

제1관. 청의 상무위원을 서울에 파견하고 조선 대관을 톈진에 파견한다. 청의 북양대

　　　신 리훙장과 조선 국왕은 대등한 지위를 가진다.

제2관. 조선에서 청의 상무위원의 재판권을 인정한다.

제3관. 선박의 조난을 구호하고, 평안도·황해도와 산둥 성山東省·펑톈 성奉天省 연

　　　안에서 어업 활동을 허용한다.

제4관. 베이징과 한성의 양화진에서 상점을 열어 무역을 허락하되 양국 상민의 내지

　　　판매를 금한다. 다만 내지 행상이 필요한 경우 지방관의 허가서를 받아야 한다.

제5관. 책문과 의주, 그리고 훈춘과 회령 간의 국경 무역을 존속시킨다.

제6관. 조선 상인이 청에 갖고 들어가는 홍삼은 관세를 100분의 15로 매긴다.

제7관. 청 선박의 항로 개설권, 청 병선의 조선 연해 내왕권 및 조선 국방 담당권을 허

　　　용한다.

제8관. 장정의 수정은 북양 대신과 조선 국왕의 자문으로 결정한다.

— 최덕수 외, 『조약으로 본 한국근대사』, 열린책들, 2011

자료4 청국 상인의 조선 내지 침투

어떠한 벽촌이라고 하더라도 장날에 청나라 상인이 오지 않는 곳이 없다고 한다. 공

주, 강경, 예산 등의 시장에는 어느 곳도 20~30명의 내왕자가 있다. … 종래 안성장에

는 수원 상인이 많이 외국품을 인천에서 구입하여 판매하고, 이러한 상인이 100명이나 되었는데 근래 청나라 상인이 장시에 들어오면서 점차 상권을 빼앗겨 폐업하는 자가 많다는 것으로 또한 그 일면을 알 수 있을 것이다. 공주, 강경 같은 곳은 30명 정도의 청나라 상인이 들어와서 같은 도 각지의 장날에는 이 역시 어느 곳도 청상이 오지 않는 곳이 없다고 한다.

__ 『통상휘찬通商彙纂』 제1호, 1893년 10월 21일, 「경기도 충청도 상업과 농업현황 시찰 보고」

자료5 일·청의 경제 침투와 관련된 각종 통계

〈표1〉 개항 전과 개항 후의 조·일 무역

(단위 : 원圓)

	연도 　　　　　　　　　수출입	대일 수출	대일 수입	합계
개항전	1873	52,382	59,664	112,946
	1874	55,935	57,522	113,457
	1875	59,787	68,930	128,719
	1876	82,572	81,374	163,946
	합계	250,676	267,490	519,068
개항후	1877.7~1878.6	228,554	119,539	348,092
	1878.7~1878.12	142,618	154,707	297,325
	1879	566,953	677,061	1,244,014
	1880	978,013	1,373,672	2,351,684
	1881	1,944,731	1,882,659	3,827,394
	1882.1~1882.6	742,562	897,225	1,639,787
	합계	4,603,431	5,104,863	9,708,296

러시아 대장성, 『한국지韓國誌』 한국정신문화연구원 옮김, 한국정신문화연구원, 110~113쪽 통계

〈표2〉 대일 수입품 금액

(단위 : 원圓)

연도　　　　　내역	일본 제품	유럽 제품	합계	백분비 (%)	
				일본	유럽
1877.7~1878.6	81,149	141,405	228,554	38	62
1878.7~1878.12	19,332	113,286	142,618	21	79
1879	55,647	511,306	566,953	10	90
1880	116,130	861,883	978,013	12	88
1881	202,069	1,742,668	1,944,737	10	90
1882.1~1882.6	47,519	695,043	742,562	6	94
1877~1882 (합계)	537,846	4,065,591	4,603,437	12	88

러시아 대장성, 『한국지』 113~114쪽 통계

〈표3〉 일본으로부터의 수입품 구성(일본 · 외국 상품)

(단위 : 천원千圓, %)

구성비 / 품목	1885		1896	
	일본산품	외국산품	일본산 제품	외국산 제품
곡물	48.6 (20.84)	5.3 (2.33)	7.2 (0.24)	0.0 (0.01)
차茶	12.5 (5.34)	0.0 (0.01)	4.3 (0.14)	0.1 (0.03)
수산물	2.7 (1.17)	0.0 (0.00)	104.3 (3.40)	0.1 (0.03)
설탕	–	5.5 (2.43)	–	21.4 (7.07)
주류	11.6 (4.98)	4.1 (1.79)	122.7 (4.00)	4.5 (1.48)
가공식품	3.4 (1.47)	3.6 (1.59)	34.5 (1.13)	16.0 (5.29)
음식료품 합계	74.2 [31.80]	21.8 [9.58]	366.4 [10.97]	50.1 [16.57]
연초	3.6 (1.54)	0.8 (0.33)	63.9 (2.08)	4.6 (1.52)
유지油脂 · 꿀	1.1 (0.45)	22.1 (9.71)	28.9 (0.94)	79.5 (26.31)
약재 · 염도료染塗料	3.4 (1.45)	34.7 (15.24)	12.3 (0.40)	35.8 (11.84)
견포	27.4 (11.76)	1.2 (0.53)	79.6 (2.60)	0.8 (0.28)
면화	–	6.2 (2.73)	142.6 (4.65)	9.2 (3.04)
면사	–	9.8 (4.29)	403.7 (13.17)	1.7 (0.56)
면포	20.7 (8.88)	89.9 (39.52)	880.2 (28.72)	16.5 (5.45)
섬유 · 의료 · 의복 합계	53.1 [22.75]	116.9 [51.40]	1,633.4 [53.29]	43.9 [14.53]
석탄 코크스	1.4 (0.58)	0.0 (0.01)	31.6 (1.03)	–
동銅	33.0 (14.15)	–	77.2 (2.52)	0.2 (0.08)
금속 제품	6.4 (2.72)	1.6 (0.69)	188.1 (6.14)	3.2 (1.06)
광물 · 금속 · 금속 제품 합계	57.0 [24.42]	16.4 [7.22]	270.1 [8.81]	65.3 [21.60]
기계 · 기계 부품	–	1.2 (0.55)	0.6 (0.02)	0.7 (0.22)
시계 · 학술기 · 연鉛 · 차車 · 기계합계	0.0 [0.00]	1.6 [0.72]	8.8 [0.29]	3.3 [1.09]
도자기 · 유리 · 벽돌	4.9 (2.10)	0.3 (0.11)	59.0 (1.92)	4.8 (1.59)
목재 · 판	2.0 (0.86)	–	23.5 (0.77)	0.1 (0.04)
종이 · 종이 제품	2.3 (0.96)	2.3 (1.00)	19.4 (0.63)	0.7 (0.24)
성냥	2.8 (1.20)	0.0 (0.00)	102.7 (3.35)	–
기타	8.4 (3.62)	9.5 (4.17)	68.0 (2.22)	5.3 (1.74)
소포품小包品	20.6 (8.33)	1.1 (0.50)	403.6 (13.17)	7.2 (2.37)
합계	233.3 (100.00)	227.4 (100.00)	3,065.3 (100.00)	302.4 (100.00)

오이시 가이치로大石嘉一郎 엮음, 『일본 산업혁명의 연구』 하下, 도쿄대학 출판회, 1975, 237쪽

〈표4〉 대일 수출 품목과 그 구성비

(단위 : 천원千圓, %)

수출품 \ 연도	1885	1896
쌀	27.2 (5.83)	2,852.0 (56.37)
콩	53.5 (11.46)	1,534.1 (30.32)
음식료품 합계	124.6 [26.69]	4,585.1 [90.63]
기름 저장 용기	0.2 (0.05)	4.1 (0.08)
건어물	0.9 (0.19)	62.7 (1.24)
짐승뼈 · 골혈분骨血粉	2.8 (0.60)	2.5 (0.05)
비료 합계	3.9 [0.84]	69.3 [1.37]
생소가죽 [生牛皮]	305.0 (65.3)	231.8 (4.58)
동물 · 식물	0.2 (0.05)	17.0 (0.34)
약재 · 안염도료	15.9 (3.41)	76.4 (1.51)
생사 · 누에고치 · 풀솜류	11.9 (2.54)	0.1 (0.00)
비단 · 비단제품	1.0 (0.21)	0.6 (0.01)
면화	0.0 (0.00)	2.2 (0.04)
면사 · 면포 · 면제품	0.4 (0.08)	0.6 (0.01)
섬유 · 의료 · 의복 합계	13.6 [2.91]	4.8 [0.09]
석탄 코크스	–	–
철광석	–	–
광물 · 금속 · 금속 제품 합계	0.7 [0.16]	5.8 [0.11]
기타	2.9 [0.62]	69.3 [1.37]
합계	466.9 (100.00)	5,059.3 (100.00)
재수출	227.4	.

오이시 가이치로 엮음, 『일본산업혁명의 연구』하下, 도쿄대학 출판회, 1975, 238쪽

〈표5〉 금 · 은의 대일 수출

(단위 : 원圓)

연도	금	은
1877	35,378	2,005
1878	21,806	2,004
1879	53,263	10,624
1880	113,517	8,929
1881	468,378	42,343
1882	529,630	28,035
1883	552,046	155,929

강덕상, 「이씨조선 개항 직후의 금 유출에 대한 연구」, 『순타이사학駿台史學』 19, 1967

<표6> 개항 초기 대일 무역 통계

(단위 : 원圓)

연도 ＼ 수출입	수입	수출
1876. 11	20,111,320	13,420,424
1876. 12 ~ 1877	314,823,737	124,010,906
1878	244,544,835	181,469,715
1879	566,954,818	612,174,089
1880	1,174,301,951	1,251,244,230
1881	1,947,854,527	1,373,073,697
1882	1,599,797,004	1,202,475,000
1883	2,211,866,000	1,012,795,000
1884	753,501,000	444,629,000

강덕상, 「이씨조선 개항 직후의 금 유출에 대한 연구」, 『순타이시학駿台史學』 19, 1967

<표7> 대對청일 무역액 비교(1885~1894)

연도	대일본					대청국					양국간 무역의 대비			
	수입	수출		상품의 수출입 합계	무역 수지	수입	수출		상품의 수출입 합계	무역 수지	수입	수출		상품의 수출입 합계
		상품	금				상품	금				상품	금	
	A	C	D	H	B-A	F	H	I	J	G-F	A/F	C/H	D/F	E/J
1885	1,377	377	599	1,754	−401	301	9				4.57	41.89		
1886	2,064	488	911	2,552	−665	439	15	218	454	−206	4.70	32.53	4.18	5.62
1887	2,080	783	1,177	2,863	−120	732	18	210	750	−504	2.84	43.50	5.60	3.82
1888	2,196	785	1,025	2,981	−386	847	71	348	918	−428	2.59	11.06	2.95	3.25
1889	2,299	1,122	608	3,421	−569	1,085	109	373	1,194	−603	2.12	10.29	1.63	2.87
1890	3,086	3,475	275	6,561	664	1,651	70	474	1,721	−1,107	1.87	49.64	0.58	3.81
1891	3,226	3,219	273	6,445	266	2,044	136	415	2,180	−1,493	1.58	23.67	0.66	2.96
1892	2,542	2,271	366	4,813	95	2,050	149	485	2,199	−1,416	1.24	15.24	0.75	2.19
1893	1,949	1,543	425	3,492	19	1,906	134	493	2,040	−1,279	1.02	11.51	0.86	1.71
1894	3,646	2,050	638	5,696	−958	2,065	162	259	2,227	−1,644	1.77	12.65	2.46	2.56

오두환, 『한국근대화폐사』, 한국연구원, 1991과 하원호, 『개항 이후 일제의 침략』, 한국독립운동사편찬위원회, 2009

비고 : ① '양국간 무역액 대비' 항은 대일무역액에 대청무역액을 나눈 상대수치이다.

② '상품의 수출입합계' 항은 '금'을 제외한 '수입(상품)' 항과 '수출(상품)' 항의 합계이다.

자료6 상인들의 상권 수호 운동

일·청 양국 상인 모두 인원이 점점 번식하고 상업은 더욱 광범해졌다. 그중 양국 소상인은 각각 노점을 큰 거리, 즉 종로 앞과 남대문·동대문 내외 인민이 살고 있는 요지에 개설하는 자가 날로 늘어난다. 그 영향은 견포점絹布店 뿐만 아니라 잡화 상점에도 파급하여 도성 내 모든 조선 상인이 불평불만을 일으키는 지경에 이르렀다. 삼사일 전부터 수백 명의 조선 상인이 통리교섭통상사무아문에 가득 몰려들어 일·청 양국인의 상점 철수를 소원訴願하기에 이르렀다.

_ 『일본 외교 문서』 23

※ 통계 자료와 역사 파악

역사 연구와 교육, 특히 경제 분야에서는 통계 자료를 활용할 수 있다. 다만 유의해야 할 점은 그 통계 자료의 신빙성 문제이다. 우선 과거의 통계는 소략한 점이 많다는 것과, 특히 침략 세력이 작성한 통계는 때로 정치적 이유에서 왜곡해 놓은 것들이 많이 있다는 것을 감안하여야 한다. 반대로 피침략 민족이 반발심 때문에 고의적으로 사실을 숨겨 통계 처리에서 누락시킬 수도 있다. 여기에서 활용한 통계도 이상과 같은 결함을 안고 있다. 그러나 그 추세의 큰 흐름만은 파악할 수 있다고 본다. 너무 숫자에 얽매이지 말고 흐름을 이해한다면 도움이 될 것이다.

찾아읽기

김종원, 「조·중상민수륙무역장정에 대하여」, 『역사학보』 32, 1966.

한우근, 『한국개항기의 상업 연구』, 일조각, 1970.

이광린, 『한국사강좌』 근대편, 일조각, 1981.

김경태, 『한국근대경제사연구 – 개항기의 미곡무역·방곡·상권 문제』, 창작과비평사, 1994.

류승렬, 「한말·일제초기 상업변동과 객주」, 서울대학교 박사학위 논문, 1996.

하원호, 『한국근대경제사연구』, 신서원, 1997.

권혁수, 『19세기 말 한중 관계사 연구 : 이홍장의 조선 인식과 정책을 중심으로』, 백산자료원, 2000.

송규진·변은진 외, 『통계로 본 한국근현대사』, 아연 출판부, 2004.

하원호, 『개항 이후 일제의 침략』, 한국독립운동사편찬위원회, 2009.

최덕수 외, 『조약으로 본 한국 근대사』, 열린책들, 2010.

전우용, 『한국회사의 탄생』, 서울대학교 출판문화원, 2011.

임경석 엮음, 『한국근대외교사전』, 성균관대학교 출판부, 2012.

이영학, 『한국 근대 연초산업 연구』, 신서원, 2013.

박정현 외, 『중국 근대 공문서에 나타난 한중관계』, 한국학술정보, 2013.

2 소상인과 대상인의 변화
보부상과 객주

보부상과 객주는 조선 시기 및 근대 시기의 대표적인 상인이다.
보부상이 주로 각지를 떠돌아다니면서 소량의 상품을 판매하는
소매업자인 데 반해 객주는 큰 장시나 포구에서 물건을 위탁 판
매하거나 대규모로 상품을 거래하는 중개 도매업자이다. 이들은
국교 확대 이후 정부의 상업 진흥 노력에 힘입어 근대적인 상업
조직을 갖추어 가면서 상업계에서 주요한 역할을 수행했다.

상업의 발달과 상인의 증가

조선 후기에 매우 활발하게 전개되던 상품 교역은 시기가 흐를수록 더욱 번성했
다. 19세기 중엽 이후 외국과의 통상 조약이 체결되고 개항장과 개시장이 설치되면
서 외국과 통상 교역이 활발해졌고 국내 상업도 한층 성행하게 되었다.

전국에 걸쳐 1,000여 개 이상 개설된 장시는 하루 정도면 충분히 다닐 수 있는 거
리에 서로 날짜를 달리하는 식으로 준상설화되었다. 또 주요 강과 바닷가에는 포구
수백 개소가 육로와 수로·해로를 이용한 원거리 상업의 중심지로 성장했다.

이처럼 상업이 발달하면서 상인들의 성장도 두드러졌다. 상인의 수가 크게 늘고
지역별·취급 물종별로 전문화되는 추세였으며, 상인들의 자본 축적도 지속되었
다. 아울러 상인들이 각종 형태로 설립한 조직도 늘어났다.

보부상

　보부상袸負商은 애초에 떠돌이 장사꾼인 행상에서 비롯하여 전문 장꾼으로 성장했다. 명칭도 '등짐장사', '봇짐장사', '항어장사', '돌짐장사', '장돌뱅이', '장돌림', '장꾼' 등 여러 가지로 불렸다.

　'봇짐장사', '항어장사'로도 불린 보상袸商은 상품을 보자기에 싸서 들거나 질빵에 걸머지고 다니며 장사했다. 주로 포布, 면綿, 비단, 지물紙物, 모시, 금, 은, 동, 인삼, 녹용, 수달피, 담비 가죽, 갓, 망건, 필묵 등 가볍고 작지만 값비싼 상품을 취급했다. 국교 확대 이후에는 취급 상품도 많아져 우산, 궐련초, 성냥, 옥양목, 씨이팅[광목], 사탕류 등 외국 상품도 판매했다.

　한편 '등짐장사', '돌짐장사'로도 불린 부상負商은 상품을 지게에 얹어 등에 짊어지고 다니며 장사했다. 생선, 소금, 나무나 흙으로 만든 각종 그릇, 가마솥처럼 무쇠로 만든 용기 등 무겁고 크지만 비교적 값싼 5가지 상품에 대한 전매 특허권을 갖고 있었다.

　보부상은 취급하는 물품이 전국에서 거래되었기 때문에 전국의 시장을 무대로 했다. 대개 보상은 가정은 있으나 가족과 떨어져 혼자 다녔고, 부상은 대부분 결혼도 못해 가족이 없었고 간혹 처자가 있으면 함께 떠돌아다녔다. 보상과 부상은 서로

흔히 장돌뱅이로 불렸던 보부상袸負商의 모습. 보부상은 크게 등짐장수와 봇짐장수로 나눈다. 등짐장수는 다른 말로 부상負商으로 무게나 부피가 크고 값이 비교적 싼 상품을 지게에 짊어지고 다니면서 판매하며, 봇짐장수는 보상袸商으로 부피가 적고 가벼우며 비교적 비싼 상품을 보자기에 싸서 들고 다니거나 질빵에 걸머지고 다니면서 판매하였다. 이들은 대개 장시를 거점으로 활동하였다.

의 영역을 침범하는 일이 없었으며 그들의 힘이 커지고 상권이 뚜렷이 구분되면서 별도의 조직을 갖추었다.

보부상의 상단 조직

보부상은 대개 병들거나 죽으면 돌볼 사람도 없던 외로운 사람들이었다. 때문에 이들은 일찍부터 상단을 조직하여 상부상조하고 관리들의 침탈을 막으면서 상권을 장악하려고 했다.[자료1·2] 보부상 조직의 기본 단위는 지방의 임방任房이었다. 보부상들은 임방에 직접 소속되어 봄·가을로 회비를 냈다. 봄에는 춘수전春收錢을 거두어 회원이 병들었을 때 사용했으며, 가을에는 추보전秋補錢을 거두어 회원이 사망했을 때 장례비로 썼다.

보부상은 반드시 물미장[勿尾杖, 물미작대기]과 골패, 채장 등을 휴대했다. 이 가운데 첩지帖紙라고도 불린 채장은 보부상이 소속한 상단을 표시한 신분 증명서였다. 보부상끼리 인사할 경우, 각자의 채장을 내놓고 한쪽이 "당신은 어느 임방 동무입니까?"라고 물으면 다른 쪽이 "예, 나는 ○○임방 동무입니다."라 대답하여 반드시 소속한 조직을 밝혔다. 이렇듯 보부상에게 상단은 절대적이었다.

보부상단은 단결력이 강하고 규율이 매우 엄했다. 만일 회원이 잘못을 저지르면 임방의 상위 조직으로 보상과 부상별로 각 도에 조직되었던 도방都房이 죄를 다스렸다. 부상의 경우 가벼운 죄는 태형으로, 무거운 죄는 멍석말이를 하여 물미장으로 때렸다. 또 보상의 경우 가벼운 죄는 유척자로, 무거운 죄는 멍석말이로 다스렸다. 이러한 징벌은 〈벌목罰目〉이라는 문서로 작성된 규약에 따라 행했다.[자료3]

보부상단은 사발통문沙鉢通文이라는 독특한 연락 방법을 사용했다. 주로 나라에서 위급한 일에 닥쳐 보부상을 동원할 경우, 산소와 관련된 시비가 벌어질 경우, 보부상이 아내를 잃거나 사망했을 경우, 시장에서 보부상끼리 또는 보부상과 관원이나 일반인 사이에 시비가 일어났을 때 사발통문을 사용했다.

또한 보부상단은 총회에서 조직의 실무 책임자인 접장을 선출한 뒤, 그들의 놀이인 영감영접 행진놀이와 광대놀이에 이어 보부상 고유의 제사인 공문제公文祭를 지냈다. 보부상들은 장을 처음 열 때 이런 놀이를 포함한 난장을 벌여 사람을 모으고 시장을 활성화했다.

한말의 보부상과 상인 조직

전국에 걸친 조직과 빠른 기동성에 힘입어 사회 전반에 큰 영향력을 행사하는 등 보부상들이 크게 활약한 때는 19세기 말이다. 이때 보부상들은 보잘것없는 자본으로 장시를 떠돌며 장돌뱅이로 생계를 연명하기에 급급했던 데 그치지 않고, 여러 방면에 걸쳐 왕성하게 진출했다. 더구나 보부상단은 막강한 조직력과 단결력을 토대로 유력한 세력을 이루며 커다란 영향력을 행사했다.

보부상단은 상호부조를 위한 자발적 조직일 뿐만 아니라 관청과 직결된 조직이어서 정부와의 관계, 정치 세력의 변동, 정부의 정책 등에 따라 커다란 변천을 겪었다. 우선 1866년 병인양요를 계기로 정부는 의병 모집에 관심을 기울이면서 보부상 조직에 주목했다. 이어서 보부청褓負廳을 설치하고 보부상을 관장하기 시작했다. 그 후 보상 및 부상의 상단은 따로 성장하다가 1883년 혜상공국惠商公局이 설치되면서 둘을 합쳐서 군국아문軍國衙門에 부속시켰다.[자료4] 혜상공국은 전국의 부상과 보상을 관할하면서 국왕이 하사한 2만 냥을 밑천으로 그들의 어려움을 구휼하는 일을 임무로 했다.[자료5]

이후 혜상공국에서 여러 폐단이 발생하자 1885년 혜상공국을 폐지하고 상리국商理局을 새로 설치했다. 이때 부상은 좌단, 보상은 우단으로 칭했다.[자료6] 또한 보부상들이 이처럼 정부의 후원을 받게 되는 가운데 1894년 동학란이 일어나자 '상업의 길을 편하게 하고 나라를 위해 해를 제거한다'는 명분으로 정부군과 더불어 농민군 토벌에 나서기도 했다.

그러나 청일전쟁 와중에 성립된 신정권은 보부상 조직을 위축시키기 위해 상리국을 농상아문 상공국으로 잠시 귀속시켰다가 이듬해 3월에 상리국과 산하 각 임방을 모두 해체시키고 보부상의 수세도 완전 금지했다.

이후 대한제국 정부는 독립협회를 공격하고 혁파하는 데 공을 세운 보상으로 갑오개혁기에 이미 설립된 상무회의소를 개편하여 황국협회의 청원에 따라 보부상 위주의 상무사商務社로 변경했다.[자료7] 상무사는 좌사와 우사로 구성되었는데, 좌사는 부상, 우사는 보상을 각기 관할했다. 상무사는 조직 구성에서 볼 때 관료가 조직의 우두머리를 겸임하는 형태를 취한 국가적 규모의 관제 상단의 성격을 가졌다.[자료8] 즉 갑오개혁기에 상리국이 해체된 이후 만 4년 만에 전국적 규모의 보부상 조직이 재건된 셈이다. 이어서 상무사는 향촌 사회에 자리를 잡는 가운데 봉세관과 결탁한 천주교 세력과 대립하여 향촌 권력을 둘러싸고 갈등을 빚었다. 제2차 제주교안(1901)에서 볼 수 있듯이 대정상무사大靜商務社와 천주교 세력의 유혈 충돌, 이른바 상교분쟁商教紛爭은 이를 잘 말해준다. 한편, 상무사는 상업과 국제 무역, 기타 상행위에 관한 업무도 관장하면서 「상무총보」라는 최초의 상업신문도 발행했다.

1903년에는 부상과 보상의 관할이 공제소共濟所로 이관되었고, 다시 상민회商民會를 거쳐 1904년에는 진명회進明會로 넘어갔다. 이후 활동이 부진하자 다시 공진회共進會로 이속시켜 회장 이준李儁과 총무 나유석羅裕錫 등이 통솔케 했다.

일제 강점과 더불어 일제의 보부상 말살 기도에 따라 전국의 보부상 단체는 거의 소멸되었다. 그 뒤 보부상 조직은 충청남도 한산, 부여, 서천, 은산, 홍산, 비인, 남포, 임천 등 모시 생산으로 유명했던 저산苧産 8읍의 '상무사좌사'와 '상무사우사', 그리고 예산·덕산을 중심으로 하는 예덕상무사가 부활되어 겨우 명맥을 이어나갈 정도였다. 한말 전국에 걸쳐 강력한 조직과 영향력을 가졌던 보부상단이 이제 거의 자취를 감춘 것이다. 이와 관련하여 보부상단의 원로였던 곽태현은 "한말 정치적 목적에 동원된 것이 보부상단의 발전을 가로막은 결정적 요인이었다."고 회고하기도 했다.

객주

상업 거래가 대규모화하고 원거리간의 거래가 활발해지면서 큰 장시나 포구를 중심으로 대규모 거래를 관장하던 대상인의 성장도 촉진되었다. 이들은 대개 사상私商으로 통칭되었는데, 객주·여각이 대표적인 사상이었다.[자료9]

조선 후기부터 한말까지 상업 거래의 중심에 자리했던 객주客主는 1960년대 말까지도 상당히 남아 있었다.[자료10] 객주는 위탁판매를 주된 업무로 하면서 숙박, 자금 대여 등을 비롯하여 상업과 관련된 각종 부대 업무를 행하던 일종의 상업 자본가였다.[자료11] 그래서 이들 객주는 생산자와 수집상은 물론이고 그 우송, 보관, 금융, 판매에 관여한 업자들과도 수시로 거래했고 그 과정에서 상품 시장 안팎의 정보에 누구보다 정통했다.

한편 국교 확대와 더불어 대외 교역이 급속히 늘어나게 되었다. 특히 대외 무역의 주무대였던 개항장은 점차 국내 상업에도 중요한 위상을 갖게 되었다. 이러한 추세 속에서 새로이 개항장 객주가 등장했다. 대외 교역을 주관한 개항장 객주들은 국내 상업에도 핵심적 상인으로 부상했다.

수출품을 확보하려는 외국 상인들은 개항장 객주로부터 그들에게 집중된 재화를 한꺼번에 사들일 수 있었다. 또 각 지방에서 판매를 원하는 생산자나 상인들은 오랫동안 관계를 가져왔고 이 방면의 전문가인 개항장 객주에게 의뢰함으로써 외국 상인들과 직접 접촉하는 데 따른 곤란과 위험을 벗어나 유리하게 거래할 수 있었다. 수입품을 판매하려는 외국 상인들의 경우도 마찬가지였다.

객주의 거래는 자기의 계산으로 하는 것인데, 물화의 주인에 대하여는 채무자가 되고, 물화를 사는 사람에게는 채권자가 되었다. 금·은·소가죽·곡류·연초 등은 현금을 사용한 직거래로 한 반면에 외국으로부터의 수입 물화나 해산물 따위는 외상 거래를 위주로 했다. 객주는 매매를 주선하고 구전을 받았는데, 직거래 시에는 물화의 주인으로부터 매매액의 1%, 외상 거래 시에는 2%를 징수했다.[자료12]

객주의 거래는 신용을 위주로 했다. 특히 단골 관계가 농후하여, 일단 자기의 고

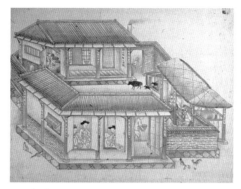

기산 풍속 화첩에 나오는 객줏집 그림. 객주는 원래 상인들에게 숙식을 제공하거나 물건을 맡아두었다가 팔아주는 중개 구실을 하였다. 그러나 상업이 발달하면서 맡아둔 화물을 담보로 상인에게 자금을 꾸어주기도 하고, 어음을 할인해주는 등 금융업에 종사했다. 개항 이후에는 외국 상인에 맞서서 상회사商會社를 차려 상권을 지키려 하였다.

객이 되면 자손 대대로 계속될 정도로 신용이 두터웠다. 따라서 금융 기관이 갖추어지지 않았고 교통·통신이 불편하던 당시에 객주는 상업 거래에서 아주 편리하고 중요한 존재였다. [자료13]

객주는 자기의 신용과 자본력을 바탕으로 대부분의 거래에 어음과 환換을 이용했다. 당시 신용 있는 객주의 어음은 계약된 곳에서는 화폐로 바로 바꿀 수 있었다. 이 때문에 "운반이 불편한 한국의 화폐 제도 아래서 이는 여행자의 복음이다."라는 이야기를 듣기도 했다. 그러나 이처럼 광범하게 통용되던 객주들의 어음과 그를 바탕으로 한 신용 체계는 일제의 침탈로 점차 힘을 잃어갔다. [자료14]

객주는 상거래 및 생계 유지상 보부상과 긴밀한 관계를 가졌다. 상업 발달로 보부상의 영업이 활발해지면서 객주와의 결합은 더욱 긴밀해졌다. 보부상은 보통 객줏집 토방에서 잠을 자고, 객주로부터 자금을 빌리고 상품을 공급받아 상행위에 임했다. 또 객주는 객줏집에 보부상들이 병들어 누워 있으면 약을 써 구료하고, 잡기雜技를 일삼아 장사 밑천을 날려 실업에 이르게 되는 것을 금하는 등 풍속을 교정하는 일까지 담당했다. 그래서 보부상들은 객주를 그들 조직의 상임으로 우대했다. [자료15]

객주나 보부상 중에는 자본을 모아 대상인이 되거나 산업에 투자한 경우도 있으며, 경제 활동을 그만두고 종교·교육·사회 활동에 투신하여 큰 발자취를 남긴 경우도 있다. 나아가 정치계에 진출하여 독자적 정치 세력을 이루고 활약하기도 했다.

자료1 한성부 완문주1 − 새로 창설한 완문의 서序(1851년 7월)

오호라! 무릇 만물의 형상과 금수와 곤충이 모두 일정한 집을 가지고 있으며, 또 수컷의 부름에 암컷이 화답하는 즐거움을 누리고 있거늘, 슬프도다. 우리들 보부상은 일정한 재산이 없고 부모는 돌아가셨고 처자도 없고 의식衣食도 없어, 등에 메고 지는 것을 생업으로 삼아 천지를 집으로 삼고, 여관방을 처자로 삼아 아침에 동쪽 저녁에 서쪽 하여 스스로 신세를 돌아보아 한심함을 깨달을 여지가 없도다. 우리 모두는 행상으로 생업을 삼는 무리로 도로에 길게 늘어서서 또는 여점旅店에서 병들어 있거나 도로에서 죽으면, 소문에 따라서 보부상 형제들의 도움에 따르니, 곧 형제가 없으면서도 형제가 있는 것과 같도다. 처자가 없음을 어찌 느끼지 않으리오만 우리 보부상끼리 형제처럼 서로 아끼고 도우니 어찌 의롭지 아니하리오. 이와 같이 약속을 이루니, 우리 함께 맹세한 사람들은 명예를 돌아보고 의로움을 생각하건대 조금이라도 삽혈지맹주2을 소홀히 함은 불가하니, 고인의 돈독한 행의行誼를 실천하도록 더욱 힘쓸 것이며 영원토록 잊지 말아 힘쓰고 또 힘쓸지어다.

_ 이훈섭·황선민, 『부보상연구』 보경문화사, 1990, 145~146쪽

자료2 한성부 완문(1879년 9월)

··· 근래 사람들이 소락주3하고 세태가 이상하게 삐뚤어져 도처에서 횡액이 하나 둘이 아니다. ··· 이제 한성부에서 8도 도접장을 차출하여 도서주4를 아울러 급여하니, 행상의 신적주5을 만들어 사람마다 패용케 하여 행상 판매장에서 빙고주6케 한다. 또한 이 신적을 약탈하는 무뢰배가 그 가운데 몰래 들어오지 못하도록 하고, 혹 이교배吏校輩가 침략하는 폐단이 있다면 관에서 엄히 칙령을 내려 금단케 한다. 이로써 행상들이 밝게 가고자 하는 곳으로 이르게 할 것이며, 영읍주7에 사단이 생기거든 이로써 빙고하라는 뜻으로 완문을 만들어 주노니 이에 의거하여 영구히 준행하라.

이훈섭·황선민, 『부보상연구』 보경문화사, 1990, 148~156쪽

자료3 예산 임방 입의절목주8

··· 이제 이와 같은 수십 명의 참상을 불쌍히 여긴 나머지 이 입의를 창설하여 하나의

주1 완문完文 : 관청에서 재산상의 처분이나 행정 명령을 내릴 때 발급한 문서.

주2 삽혈지맹歃血之盟 : 짐승의 피를 입 언저리에 바르면서 맹세함.

주3 소락疎落 : 말이나 하는 짓이 요량 없이 가벼운 모양.

주4 도서圖書 : 도장과 서식.

주5 신적信迹 : 신분 증명.

주6 빙고憑考 : 증명을 보여서 상고하는 일.

주7 영읍營邑 : 병영·수영 등과 각 고을.

주8 입의절목立議節目 : 계나 동중 등에서 제사 등 공동의 행사에 관하여 의논하고 합의된 내용을 적어 그것을 서로 지키도록 약속하는 문서.

주9 패려悖戾 : 도리에 어긋나 흉 포함.

규율을 만들었다. 병든 사람은 구해주고, 죽은 사람은 장례를 치러주며, 악한 일을 저지른 사람은 징벌하고, 완악하게 패려悖戾를 저지른 사람은 죄를 주고, 혹 부모에 불효하거나 형제간에 우애가 없는 사람은 자체 내에서 먼저 죄를 다스린 다음 관청에 보내어 징벌한다. 또 규율을 준수하지 않고 어기면서 선생을 헐뜯어 평하거나 동류에게 완악한 짓을 한 사람은 일체 관청에 보고하여 무거운 형률로써 크게 징치한다. 이로써 무뢰한으로 하여금 범죄를 저지르려는 마음에 빠지지 않도록 한다. 그리고 충청도 감영 · 해당 각사 · 한성부에 보냄으로써 완문으로 성립시킨다. 그러나 입의좌목이 없을 수 없으므로 이에 입지를 이루어 모든 건사를 다음과 같이 조목별로 나열한다.

〈벌목〉

1. 부모에 불효하고 형제간에 우애 없는 자는 볼기 50대를 친다.

2. 선행을 속이는 자는 볼기 40대를 친다.

3. 시장에서 억지로 판매하는 자는 볼기 30대를 친다.

4. 동류에게 완악한 짓을 한 자는 볼기 30대를 친다.

5. 술주정으로 난동한 자는 볼기 20대를 친다.

6. 정의롭지 못한 행사를 벌인 자는 볼기 30대를 친다.

7. 언어가 공손하지 못한 자는 볼기 30대를 친다.

8. 젊은 사람으로서 어른을 능멸한 자는 볼기 25대를 친다.

9. 질병에 걸린 사람을 돌보아주지 않은 자는 볼기 25대를 치고 벌금 3전을 물린다.

10. 잡기를 한 자는 볼기 30대를 치고 벌금 1냥을 물린다.

11. 문상을 하지 않은 자는 볼기 15대를 치고 벌금 5전을 물린다.

12. 계원의 연회 자리에 참석하지 않은 자는 볼기 10대를 치고 벌금 1냥을 물린다.

주10 부전賻錢 : 죽은 사람을 조문 하며 부조하는 돈.

13. 부고를 받고도 응하지 않은 자는 볼기 10대를 치고 벌금으로 부전賻錢을 배로 물린다.

14. 공동회의에서 빈정대며 웃거나 잡담하는 자는 볼기 15대를 친다.

〈신구 접장 교체의 규식〉

접장을 교체할 때는 동료들 가운데 한산閑散으로부터 5배수를 추천받아 그중 한 사람을 점찍어 차출하는 방식을 영구히 준수할 것. …

1851년 7월 15일 관장官長

__ 이훈섭·황선민, 『부보상연구』, 보경문화사, 1990, 169~172쪽

자료4 혜상공국 관문 등서책惠商公局關文謄書册(1883)

8월 19일. 총리대신이 임금을 알현하고 있을 때 좌의정 김병국이 계문을 올린 바, "부상과 보상을 군국아문에 귀속시켜 견제의 방법을 관장의 조처에 따르도록 하는 명이 겨우 이루어졌습니다. 지금 세계의 여러 나라는 모두 상국·상사·상회 등을 갖고 있습니다. 우리나라도 부상과 보상을 다루는 하나의 국을 따로 설립하여 혜상공국이라 하고 여기서 관리하고 검찰하는 일을 맡도록 해야 합니다. 만약 지방 고을에서 무뢰배가 부상과 보상을 멸시하고 업신여기거나 무슨 구실을 붙여서 돈과 물건을 거두어 간다거나 거짓으로 칭하여 혼잡을 일으키는 등의 폐단을 일체 금지시킨 후에야 간위姦僞를 근절할 수 있습니다. 그리고 보부상의 생업을 안전케 하라는 분부로 해당 도에서 탐찰하여 각별히 엄징하도록 하고, 또한 본국에서 표를 만들어 도장을 찍어 준 상첩商帖으로 증빙의 근거 자료를 삼게 한 후에 부상보상국이 민간에서 조금이라도 침탈과 핍박을 받는다면, 각 해당 영이나 읍에서 수시로 엄히 다스릴 뜻을 실현하도록 한꺼번에 관칙을 내려보냄이 어떠하오리까?" 했다. 임금께서 그와 같이 하라고 말씀하셨다.

이훈섭·황선민, 『부보상연구』, 보경문화사, 1990, 194쪽

자료5 혜상공국 절목惠商公局節目

지금 혜상공국을 설치함은 특별히 임금님께서 부보상을 가엾게 보시고 보호하는 것이니 그 감사하고 축하함이 과연 어떠하리오. 더욱 2만 냥의 돈을 내려주시면서 좌상부상과 우상보상에게 반씩 나누어 8도의 경비에 쓰도록 하여 임금의 은혜와 혜택을 고르게 받도록 하시었다. 우리 상민은 오직 임금님의 뜻을 우러러 받들어 6천 냥은 좌우상대청에 주고, 나머지 1만 4천 냥은 각 도별로 나누어서 이를 밑천으로 삼고 이자

를 늘려 좌우상대로 하여금 부보상을 어려움에서 건져 구하는 자금으로 삼았다.

_ 이훈섭 · 황선민, 『부보상연구』, 보경문화사, 1990, 202~203쪽

주11 판하判下 : 임금의 재가 사항.

자료6 판하^{주11} 상리국 절목商理局節目 (1885)

… 전교에 의하면 혜상공국의 설치는 진실로 상민을 보호하는 제도이다. 근래 듣건대

주12 부잡浮襍 : 사람이 진실되지
못함.

부잡^{주12}한 무뢰배들이 각지에서 소요하니 지극히 놀랍고도 한탄스러운 일이다. 저번에 임금님께 상소하여 처분을 받은 바 있었으나 남아 있는 인습을 고치지 못함이 옳지 못하므로 혜상공국을 내무부에 귀속시켜 상리국이라 부르게 한다. 그리하여 할 일이 없어 한가한 사람들이 사실이 아닌 것을 기록하는 폐단을 깡그리 쓸어버리고 원래의 상인을 동정하여 돌보아주는 방법을 특별하게 첨가함으로써 상도商道를 확립하도록 당해 상리국에 명령하여 모두 절목에 넣게 할 것이다. …

_ 이훈섭 · 황선민, 『부보상연구』, 보경문화사, 1990, 222~236쪽

자료7 칙령 제19호 상무회의소규례商務會議所規例 개정 (1899년 5월 12일)

제1조. 상무회의소는 상무사로서 개칭하여 전국 상무를 통할 의정할 것.

제2조. 상무 본사는 황성에 설치할 것. …

제6조. 본사의 회의 사무 권한은 다음과 같을 것.

　　　1. 상업의 왕성하는 방법과 쇠퇴함을 구하는 방안을 의정할 것.

　　　1. 상무의 이해 득실에 관한 의견을 정부와 농상공부에 구신하는 것.

　　　1. 상업에 관한 사건을 정부와 농상공부 자문에 답신할 것. …

제8조. 상민 보호하는 방법은 다음과 같을 것. …

제9조. 상민은 빙표를 만들어 지급하여 간위奸僞를 방지할 것.

제10조. 상무학교를 설립하여 인민 중 나이 어리고 총명하고 뛰어난 자를 가려 뽑아
　　　　상무를 학습케 할 것.

제11조. 본사에 신문을 설립하여 …

_ 대한민국 국회도서관, 『한말근대법령자료집』, III, 1971

무릇 상인은 4민 중 하나다. 이는 조정과 시장과 국가의 대전에서 뺄 수 없는 사람들이다. 지난 갑오경장 이후 상권이 모두 외국인들의 수중에 넘어갔다. 각 전방은 폐지하지 않았어도 제 스스로 폐지되어 거리가 쓸쓸하다. 시골의 부보 양상인들은 의지할 곳도 없고 생업도 없으며 따라서 물화 유통의 길이 막히게 되었다. 생각이 여기에 미치니 어찌 개탄하지 않으리오. … 상로商路를 널리 열려면 그 세력이 나누어질 수 없다. 한결같은 마음으로 시종일관하면 지금으로부터 상권을 주도하게 될 것이다. 각 전방의 보상과 보상이 합해 하나의 상무사로 통합한다. 삼가 칙령을 받들어 장정을 만드니 그 조례가 다음과 같다. 무릇 우리 상민들은 이를 준수하여 의심함이 없이 위로는 황실을 보호하고 아래로는 재원을 풍부히 늘려 성은에 화답하면 어찌 다행한 일이 아니겠는가.

— 『상무사장정商務社章程』 규장각 소장

자료9　객주

· 객주는 여각이라고 부르기도 하는데, 양자의 구별이 있기도 하고 없기도 하다. 지방에 따라서 같지 않지만, 오늘에는 거의 구별이 없는 것이 보통이다. 구별이 있는 경우에도 단순히 자본의 많고 적음에 따라서 이를 구별하는 것으로, 그 큰 것을 여각이라 하고, 그 적은 것을 객주라 부른다. … 객주라 함은 자기의 명의로써 다른 사람을 위하여 물품의 매매를 하는 것을 본업으로 하는데, 상법상의 소위 위탁 매매업이 이것이다.

— 조선금융조합협회, 『조선구시의 금융재정관행朝鮮舊時の金融財政慣行』 1930, 292 · 295쪽

· 객주와 여각의 구별은 오직 전자는 일체의 상품을 다루고, 후자는 미곡이나 소금에 절인 어류, 바닷말과 같은 해산물을 주로 다루는 점에서 다를 뿐이다.

— 조선총독부, 『관습조사보고서』 1913, 380쪽

자료 10 객주의 모습

우리가 동대문으로부터 종로 5가로 들어오면서, 길 양편에 즐비한 상가를 볼 때, 모두가 근대화하여 가는 오늘날의 모습 속에서, 어떤 이색을 풍겨 주는 상점들을 발견할 수가 있을 것이다. 근대화한 상점이라면 쇼윈도에는 눈부신 상품이 진열되고 있어야 할 것인데, 이와는 반대로 어두컴컴한 동양 고래의 기와집 형식인 이른바 '가게' 모습의 상점으로서, 그 가게 문이 거의 다 다치어 있고, 그중 한둘만이 통용문처럼 열려 있는 것들이 눈에 뜨인다. 이 가게 문을 들어서면, 넓은 광장의 대부분은 공간대로 있다. 약간의 가마니들이 벽에 기대어 쌓여 있고, 인정은 고요하다. 이것이 이른바 객주집의 외관이다. … 방문을 열어보면 몇 간살이 되는 널찍한 방에 아무 장식도 없는데, 책상 옆에는 사무원들이 주판을 들고 회계를 보고 있고, 아래쪽에는 몇 사람들이 앉아서 한담에 여념이 없는 광경이 눈에 뜨인다. 이 같은 이색풍 모습이 이른바 객주 집의 방이다. 가게 안의 광장은 창고의 구실을 하기도 하며, 새벽 일찍이는 공판장共販場이 되기도 하지만, 이미 동도 트이기 전에 트럭 등으로 왔던 화물은 각 시장으로 옮겨 가고 낮에는 고요하고 적적한 집이 된다. 그 넓은 방은 먼 데서 밤을 새워서 왔던 출하出荷 상인들이 곤한 잠을 늦게까지 자기도 하는 여숙旅宿이다. 필자가 학생 시대에 종로나 마포를 가면, 가게의 안쪽으로는 아주 낮은 방들이 수십 간 있고, 짚신과 감발을 벗어놓은 상투를 튼 사람들이 가득히 앉아 있거나 누워 있었다. 이것이 객주 집으로서 출하한 물건이 위탁 매매되어서 대금을 받기까지 유숙하는 곳이었다. 그때의 기억으로는, 객주 집 옆에는 높고 창구멍이 조그마한 벽돌 창고가 있어서 곡물이나 소금·미역 등이 쌓여 있었다. 또 그 옆에는 마방이 있어서 말구유와 말을 몇 필씩 매어둔 것을 보았다. 이런 것들이 본래의 객주 또는 여각의 모습이었다. 지금도 마포나 인천 부두에 가면, 가게 속에 새우젓 독이 잔뜩 쌓인 것을 본다. 이것이 젓갈 객주이다.
…

__ 박원선, 『객주』, 연세대학교 출판부, 1968, 1~2쪽

자료 11

· 객주란 객상의 주인이란 뜻으로, 일본인은 보통 이를 도이야問屋라고 부른다. 그 업

무는 일본의 도이야와 크게 다르지 않은데, 도매업 · 위탁판매업 · 매매중개업 · 은행업 · 숙옥업[숙박업] · 환전업의 6종이다. 객주는 자기의 계산으로 각지 산물을 수집하여 이를 소매 상인에게 도매하거나, 다른 사람의 계산으로 물품을 판매한다. 또는 물화 매매를 주선하거나 혹은 어음의 발행, 인수, 할인 나아가서는 예금 대부 기타의 교환을 영위한다. 더구나 상업상의 용무로 오는 사람은 특히 자기 집에 숙박하도록 하기 때문에 ….

_도쿠나가 이사미德永勳美, 『한국총람』, 박문사, 1907, 858~859쪽

자료12 객주의 거래

· 객주의 거래는 자기의 계산으로 하는 것인데, 물화의 주인에 대하여는 채무자로 되고, 물화를 받는 사람에 대하여는 채권자의 지위에 선다. 금 · 은 · 소가죽 · 곡류 · 연초 등은 직거래에 속하고, 다른 것은 외상 거래로서 외국의 새로운 물화나 해산물과 같은 것은 이에 속한다. 직거래 물화의 판매를 위탁받은 때는 물화의 주인으로부터 구전으로 그 가격의 1/100을 받고, 기타의 외상 거래 상품은 구전으로 2/100를 징수한다. 그리고 물화를 산 사람으로부터는 어음 또는 약속어음을 수령한다. 그런데 외상 거래의 실제에는 1개월 이상 걸리는 것이 보통이지만 물화의 주인으로부터는 1개월의 이자 즉 2%만을 징수한다. 그리고 물화는 매매를 주선하는 동안 객주가 자기의 창고에다 보관하는 것이 보통인데, 특별히 창고 사용료를 징수하지 않고 구전에 포함된 것으로 계산한다. …

· 객주는 객상으로부터 화물의 판매 또는 매입을 위탁받은 때는, 상대방을 구하여 자기의 이름으로써 판매 또는 매입하고 그 책임을 스스로 진다. 때문에 객상은 일단 매매를 위탁한 때는 권리-의무의 관계는 다만 객주에 대해서만 발생하는 것으로, 만일 상대방이 의무를 이행하지 않을 경우는 객주가 스스로 그를 이행할 책임을 갖는다.

_조선금융조합협회, 『조선구시의 금융재정관행』, 1930, 302~304쪽

자료13 객주의 신용

객주는 그 매매에 당면해 스스로 거래의 당사자가 되어 채권 · 채무의 관계를 모두 자

기의 계산으로 행한다. 그 단골 관계가 농후해 책임을 무겁게 여기고 고객은 자손 여러 대에 미치는 바가 있음에서 신용이 두터움을 볼 수 있다. 객주·여각의 제도는 금융 기관이 갖추어지지 않았던 당시에 중요했으며, 교통 통신의 길이 열리지 않고 지방에 거주하던 상품의 주인이나 상업 사정에 어둡던 시대에 아주 편리했음은 말할 필요도 없다. 외국 무역이 개시된 처음에 외국 상인과 주로 거래하던 한국 상인은 이들 객주·여각이었다. 수출 상인에게는 객주·여각에게 집중된 재화를 일괄하여 사들임으로써 구입의 편리함이 있었다. 또 지방의 생산자는 신용의 여부에 대한 확신을 가질 수 없는 외국 상인과 직접 절충하기보다 오랜 동안 관계를 가져왔고 이 방면의 전문가인 객주·여각에게 의뢰하는 것이 유리했다. 수입 상인이 재화를 각 지방에 판매할 경우도 마찬가지였다.

__시카타 히로시四方博, 「조선의 근대자본주의 성립 과정朝鮮に於ける近代資本主義の成立過程」,

『조선사회경제사 연구朝鮮社會經濟史硏究』 경성제국대학, 1933, 150~151쪽

자료14 객주의 어음

· … 단골 관계를 이용하여 멀리 떨어진 두 지역의 금전·재화의 결제를 대행하는 일이다. … 신용 있는 객주나 여각의 어음於音은 그 계약 있는 곳에서는 화폐로 바꿀 수 있다. 운반이 불편한 한국의 화폐 제도 하에서 이는 여행자의 복음이다. 이것들은 환換과 아울러 신용장의 역할을 한다.

__시카타 히로시, 「조선의 근대자본주의 성립 과정」, 『조선사회경제사 연구』 경성제국대학, 1933, 8쪽

· 객주가 발행하는 어음을 어음표라고 한다. 예전에는 널리 행해졌지만 지난번 탁지부가 어음조합 등을 세우고, 정식 어음의 유통을 장려한 결과 종래의 불완전한 어음표는 점차 무너져 폐지되어 버렸고 금일에는 그 유통이 매우 드물다. 객주가 어음을 발행하는 것은 물화를 구입한 때와 다른 사람을 위하여 그 보증을 하는 경우로 …

__조선금융조합협회, 『조선구시의 금융재정관행』 1930, 300~301쪽

자료15 객주와 보부상의 관계 - 한성부 완문 중 절목(1879년 9월)

…

1. 서울의 객주는 또한 상임上任으로 받아들이도록 한다.

1. 객주는 행상의 주인이다. 물가의 높낮이를 때에 따라 임의로 정하거나, 물화의 거래를 중개할 때 만약 서로 친하고 친하지 않은 것으로써 비싸고 싸게 한다면 이익과 손해에 크게 관계된다. 이럴 경우는 마땅히 통문을 보내고 벌을 내려야 한다.

1. 객줏집에 병들어 누워 있으면 약을 써서 치료하고 고쳐주며, 내쫓아 증상이 더해지지 않도록 해야 한다. 이들이 그렇게 하지 않으면 벌을 내려야 한다.

1. 객줏집에 잡기가 난접亂接하여 그곳에 유숙하는 행상들과 다른 사람들이 서로 섞여 장사 밑천을 날리더라도 이를 금지하지 않는다면 이를 어찌 주인과 객이 서로 믿고 의지하는 도리라고 할 것인가. 각별히 엄금하여 생업을 잃는 데 이르지 못하도록 하는 것이 마땅하다. …

1. 좌전坐廛하는 사람은 다른 읍에서 행상할 수 있는 험표驗標를 받을 수 없게 되어 있으니 행상은 물화를 그들에게 넘겨 팔지 말 것이며, 이들로 하여금 서울 객줏집에서 직접 사도록 해야 한다.

1. 다만 서울의 객주와 거래하는 행상만이 아니라 서쪽으로는 만시, 북쪽으로는 관시, 남쪽으로는 내시에 이르기까지주13 행상이 교역하는 곳이 아닌 데가 없다. 또한 이 절목에 따라 한결같은 예로써 거행할 것. …

_ 이훈섭·황선민, 『부보상연구』, 보경문화사, 1990, 148~156쪽

주13 만시灣市, 관시關市, 내시萊市 : 만시는 의주 부근, 관시는 중강, 내시는 동래 등지에서 청 및 왜 상인들과 개시 및 후시 무역이 이루어졌던 시장을 말한다. 여기서 주로 이루어진 대외 교역에는 평안도 평양의 유상, 의주의 만상, 동래의 내상과 개성의 송상 등이 주로 참가했고, 서울의 경상 등도 가담했다.

출전

『한말근대법령자료집韓末近代法令資料集』 : 국회도서관이 1894년 6월부터 1910년 8월까지의 각종 법령류를 날짜순으로 편집한 자료집이다. 법령 각 건마다 번역문을 싣고 있다.

찾아읽기

유자후, 『조선보부상고朝鮮褓負商攷』, 1948.
박원선, 『객주客主』, 연세대학교 출판부, 1968.

한우근, 『한국개항기의 상업연구』, 일조각, 1970.

조기준, 『한국기업가사』, 박영사, 1973.

이병천, 「개항기 외국상인의 침입과 한국상인의 대응」, 서울대학교 박사학위 논문, 1985.

이광린, 「갑신정변과 보부상」, 『동방학지』 49, 1985.

이헌창, 「조선말기 보부상과 보부상단」, 『국사관논총』 38, 1992.

류승렬, 「한말·일제초기 상업변동과 객주」, 서울대학교 박사학위 논문, 1996.

임경희, 「개항 이후 부보상의 정치화과정 연구」, 이화여자대학교 박사학위 논문, 1996.

서진교, 「대한제국기 상무사의 조직과 활동」, 『한국민족 운동사연구』 21, 1999.

조재곤, 『한국 근대사회와 보부상』, 혜안, 2001.

류승렬, 「한말 교육운동의 추이와 객주」, 『역사교육』 81, 2002.

전우용, 「근대 이행기 서울의 객주와 객주업」, 『서울학연구』 24, 2005.

국사편찬위원회 엮음, 『거상, 전국 상권을 장악하다』, 두산동아, 2005.

홍성찬, 「한말 서울 동막 객주의 미곡객주연구」, 『경제사학』 42, 2007.

국사편찬위원회 엮음, 『장시에서 마트까지 근현대 시장경제의 변천』, 두산동아, 2007.

임경희, 『조선 보부상과 고령상무사』, 고령군·영남대학교 민족문화연구소, 2007.

이홍재, 「대한제국기 상교분쟁 연구」, 한국교원대학교 석사학위 논문, 2008.

고동환, 「조선 후기~한말 신용거래의 발달-어음과 환을 중심으로」, 『지방사와 지방문화』 13-2, 2010.

조영준, 「19-20세기 보부상 조직에 대한 재평가: 원홍주육군상무 우사를 중심으로」, 『경제사학』 47, 2009.

전성호, 「조선 후기 환·어음거래 분석(1887~1899): 박영진 가家 회계장부를 중심으로」, 『한국학연구』 38, 고려대
　　　학교 한국학연구소, 2011.

전우용, 『한국 회사의 탄생』, 서울대학교 출판문화원, 2011.

홍성찬, 「한말 서울 동막東幕 객주의 미곡 거래와 하주荷主들 – "동태원東泰元"의 장부를 중심으로」, 『동방학지』
　　　159, 2012.

3 국내 상업을 보호하자
혜상공국 및 관세권 회복 문제

혜상공국은 1883년 9월 정부가 보부상을 조직하고 관리하기 위해 설치한 관청이다. 국교 확대 이후 새롭게 전개되는 교역 환경 속에서 정부는 보부상 조직을 강화 · 재편하여 상권 수호와 상무흥왕商務興旺을 도모하는 한편, 관세권을 회복하여 국내 상업을 보호하고자 하였다.

혜상공국의 설치와 개편

국교 확대 초기에 개항장을 중심으로 펼쳐지던 일본 상인의 활동 반경이 점차 내륙으로까지 확대되자, 정부와 상인 · 백성들은 심각한 우려를 하게 되었다.[자료1] 또한 국내 교역에서는 관리와 토호의 수탈로 말미암아 행상들이 입는 피해가 극심했다.[자료2] 이에 따라 정부는 서구 근대의 회사 조직을 모방하여 보부상 조직을 설립하고 이름을 혜상공국惠商公局이라 했다.[자료3] 이는 정부가 주도하는 상업 체제에 근간했으며 국가 권력 비호에 따른 폐단이 적지 않았다.

반면에 급진개화파들은 서구나 일본식을 본보기로 삼으면서 정부의 개입이 완화된 자본 합작의 주식회사 형태를 지향했다. 따라서 집권층과 급진개화파 사이에서 혜상공국 설립과 운영을 둘러싸고 갈등을 빚었다. 급진개화파가 마련한 갑신정

1892년 총세무사總稅務司 건물 주변의 광경. 총세무사는 오늘날의 관세청과 같은 기관으로 1883년에 설치되어 관세를 징수하였다. 그러나 초기에는 청과 일본의 간섭으로 제대로 구실을 하지 못했다.

변 정령에서 '혜상공국을 혁파한다'는 조항은 이를 잘 말해준다. 이후 갑신정변의 실패로 혜상공국이 전면적으로 혁파되지 않은 가운데 보부상의 폐단은 더욱 커져갔다.[자료4] 이에 정부는 1885년 6월 혜상공국을 상리국商理局으로 개편함으로써 조직을 재정비했다. 이어서 이 기구는 자격이 없는 일반인들이 입회하는 것을 엄금하고 보부상들을 보호하는 방법을 강구하되, 보부상들의 책임과 의무 및 처벌 규정을 명확히 했다.

관세권의 회복 노력과 한계

조선 정부는 국내 상공업을 진흥시키기 위해 당시 일본과의 조약에서 규정하지 않았던 관세권을 회복하는 데 진력했다. 1876년 강화도 조약을 체결할 때 일본은 내심 수출입 관세 5%에 합의할 의사가 있었으나, 일본 실무자의 농간과 조선 측의 무지로 말미암아 무관세로 귀착되었기 때문이었다.[자료5·6] 그래서 정부는 1878년 9월 개항장인 부산의 두모진豆毛鎭에 해관海關을 개설하고 수출입 무역에 종사하는 우리나라 상인들에게 세금을 걷기로 했다. 그리하여 수출품에 대해서는 15%, 수입품에 대해서는 24%에 해당하는 세금을 부과했다.[자료7] 이 세금은 보호관세적 성격을 띤 것이기는 했으나, 수출입품에 대해 직접 관세를 부과한 것이 아니라 내국 상인에 부과하는 통과세의 성격을 띤 것이었다. 이로 말미암아 우리 상인들의 일본 상인과의 거래가 위축되자 일본은 조약을 내세워 부산 해관을 철폐하고 수세를 중지하도록 강력히 요구했다. 그 결과 3개월 여 계속되었던 수세가 철폐되고 파행적인 무관세 무역의 피해는 지속되었다. 일본은 이때 부산 해관 수세 사건을 매듭지었을 뿐만 아니라, 이를 기회로 개항장의 장시와 대구 약령시에까지 상업 활동의 손길을 뻗치게 되었다.

그러나 이 사건을 계기로 경제적 손실을 강요하는 불평등 조약을 개정해야 한다는 논의가 정부 일각에서 대두했다. 그리하여 조선 정부는 이후 외교적 절충을 통한 평등권 회복에 힘을 쏟았다.

1879년 일본에 파견된 수신사修信使 김홍집金弘集은 일본 정부와 '미곡 수출 금지'와 '해관 세칙 개정'을 교섭하려 했다. 그러나 일본은 김홍집이 교섭을 위한 전권위임장을 소지하지 않았다는 이유로 정식 접촉을 거부했다. 이에 조선 정부는 1880년 인천 개항을 위한 대일 협상에서 이 문제를 중점적으로 거론했고, 나아가 1881년 8월에는 조병호趙秉鎬를 수신사로 일본에 파견하여 「신수통상장정초안新修通商章程草案」과 「조선국해관세칙초안朝鮮國海關稅則草案」을 가지고 불평등 조약의 개정 교섭을 펴게 했다.[자료8] 그러나 조병호는 일본 측의 무성의 때문에 앞으로 계속 절충한다는 약속을 받고 귀국하지 않을 수 없었다.

일본의 이러한 관세 설정 지연 술책에 결정적 변화를 가져다 준 것은 1882년 조미수호통상 조약에서 미국이 조선 정부의 관세권을 인정한 일이었다. 이 조약에서 조선은 미국과 관세 자주권 원칙에 동의하고 수입세의 최저 10% 최고 30% 부과를 규정함으로써 이후 다른 나라도 이를 따르지 않을 수 없는 전례를 만들었던 것이다. 그리하여 국교 확대 후 무관세를 강요해 온 일본도 마침내 1883년 7월 「조일통상장정」과 「해관세칙」을 체결함으로써 우리의 관세권을 인정하지 않을 수 없었다. 이에 여러 개항장에 해관이 정식으로 설치되고 관세 자주권을 행사하게 되었다.

그러나 이들 조약은 많은 한계를 내포하고 있었다. 제12관에서 규정한 종가세從價稅는 수출 지역의 가격을 기준으로 했기 때문에, 당시 외국 사정에 밝지 못한 조선의 실정을 감안한다면 조약에 규정된 관세 정률의 실효성은 거의 기대할 수 없는 것이었다. 제18관은 통상에 대한 비관세적인 통제의 여지를 봉쇄함으로써 조선의 관세권을 제한하는 역할을 했고, 제31관 역시 조선 정부가 관세를 자유롭게 쓸 권리를 침해한 것이었다. 제37관은 제한적인 수출 금지를 인정했으나 결국 미곡 수출의 길을 열어 놓음으로써, 이후 미곡의 대량 유출을 저지하기에는 역부족이었다. 더욱이 상대국의 재해로 인해 이루어지는 미곡류의 수출입세 면제 허용은 관세율 적용 범위를 극히 제한하는 규정이었다. [자료9]

조선 정부는 이처럼 혜상공국 설치와 관세 개정을 통해 상업 발전과 재정 수입의 증대를 꾀했다. 이는 근대적인 경제 체제를 수립하고 국가 운영의 기초를 닦기 위해 추진된 것이었으나 일본의 경제 침투와 지연 술책으로 말미암아 큰 성과를 거두지는 못했다.

자료1

문을 지키는 것을 혁파한 후 다시 막을 방도가 없습니다. 우리나라 사람은 번만繁漫하기는커녕 왜관에 모여들어 큰 장시를 이루었습니다. 따라서 매번 절도의 우려가 있고 일본 상인들은 잃어버린 물건이 있으면 곧 공간公幹주1에 돌려달라고 요구합니다. 이것은 새로운 폐의 일단입니다. 관리관주2의 감독 하에 공간에서 무역하는 외에도, 그들 일본인은 유상遊商이라 말하고 혹 10명 혹 7~8명씩 무리를 지어 성부城府 내를 빈번히 왕래하는데 그 행로가 30리나 됩니다. 장사하는 아녀자를 만나면 문득 소리쳐 놀라게 하여 창황하여 도망하게 합니다. 성내에 사는 사람은 두려워 겁내 문을 닫고 나가지 않으며 뱀과 벌레 보는 것처럼 하여 진실로 민망합니다. 또한 그들이 왕래할 때, 우리나라 아동은 소리지르며 무리를 지어 그들을 따라가 어려움 없이 침월侵越합니다. 심지어 투석하여 그들 중 두려워하는 자는 상해를 입습니다.

_ 『승정원일기』 고종 14년(1877) 8월 4일

주1 공간公幹 : 공공 사무를 맡아 보는 곳.

주2 관리관管理官 : 부산 왜관에 파견된 일본의 관리관.

자료2

행상의 무리는 위에서 구관句管함이 없고 밑에서 밀어줌이 없이 시골의 장시 사이에서 골몰하여 스스로 그 몸을 위하여 꾀하는 데 불과하다. 또 공상供上하는 역을 지지 않으므로 진아鎭衙의 교졸배校卒輩가 침탈하는 환난과, 토호 무단의 무리가 폭력과 징벌을 행사하는 풍습이 흔히 있으나 이를 호소할 바가 없다고 한다.

_ 『의정부완문절목議政府完文節目』 광서光緖 8년(1882)

자료3

현재 세계 여러 나라는 모두 상국商局, 상사商社, 상회商會 등이 있습니다. 부상負商과 보상褓商주3을 특별히 하나의 국으로 하여 혜상공국이라 칭하여 관검管檢하고, 무뢰배의 능모陵侮, 자탁수렴藉託收斂, 가칭혼집假稱混集 등 각 항의 폐를 일체 금지한 후라야 간위奸僞를 막고 안업安業할 수 있을 것입니다. 여러 도에 분부하여 깊이 살펴 각별히 엄징케 하시고, 또한 본국에서 낙인烙印한 표를 만들어 나누어주어 빙험憑驗의 패로 삼게 하십시오. 이후 부상, 보상이 혹 조금이라도 민간에 침핍侵逼이 있으면 각 해당

주3 부상負商·보상褓商 : 등짐장사와 봇짐장사를 각각 가리킴.

영읍으로 하여금 보이는 대로 엄히 다스리게 함이 어떻겠습니까.

_ 「해상공국서惠商公局序」

자료 4

전 지평 김만제金萬濟가 상소하기를,

"삼가 아룁니다. … 지금 보부상褓負商들의 작폐는 못할 짓이 없는 지경에까지 이르렀습니다. 무릇 지극히 어리석은 백성들이 무리를 이루면 화란禍亂을 일으키는 것은 예로부터 그러했는데, 더구나 일정한 생업이 없이 놀고먹기를 좋아하는 백성들이야 말해 무엇하겠습니까. 이들 중에 제 발로 보부상의 계契에 들어간 자가 지금 거의 수만 명에 가까운데, 무리를 믿고 행패를 부리는 못된 짓을 서슴없이 자행하고 있습니다. 흘겨보았다는 이유로 남의 집을 헐거나 남의 무덤을 파헤치기도 하고 심지어 인명을 해치는 일까지 곳곳에서 벌어지는데도 주군州郡에서는 이들을 제지하지 못하고 있습니다. 이를 금하지 못한다면 농민들은 장차 모두 농기구를 버리고 그들을 따라 나설 것이니, 그 누가 땀 흘리며 종일 고생하여 놀고먹는 무리들에게 대주려고 하겠습니까.

_ 「승정원일기」, 고종 22년(1885) 5월 초6일

자료 5

피차 수출입세를 징수하지 아니한다. 이것이 통상장정 가운데 골자가 되어야 한다. 그러나 조선 정부가 수세법收稅法[주4]을 요구하고 이를 받아들이지 않아 담판이 결렬될 위험이 있을 때에는 조선국에 수출입세를 종가縱價 5푼分[주5]을 수락하게 하고, 이에 따라 수세법의 한 조목으로 통상장정 속에 첨가하여 의정하라.

_ 「일본 외교 문서」9

자료 6

무역 화물의 수출입에 있어 수년 간 무세無稅를 허용할 일.

_ 「조일수호조규 부록에 부속되는 왕복문서」

주4 수세법收稅法 : 무역품의 수출세와 수입세를 규정한 법

주5 종가縱價 5푼分 : 물품값의 5/100, 즉 5%.

조선의 수출품은 우피 · 우골 · 해초 등의 종류이고 수입품은 인도 목면木棉 · 영국산 목면 등이 주요 품목인데, 이제 수출하는 우피 100근에 대해 1골문骨文, 그리고 수입의 인도 목면 1필에 대해 1관 300문의 세를 과하고, 그 밖의 우골 · 해초에도 이에 준해 관세를 부과하여 ….

— 「유빙호치신문郵便報知新聞」

개항한 지 이미 5년이 지났다. 그런데도 아직 세관稅關주6 설치와 관세 부과를 실현치 못하고 있다. 이는 실로 세계에 그 유래를 찾을 수 없는 일이다. 대저 각국의 수세권은 자주에 있음을 귀국도 알고 있을 것이다.

— 「조일세의朝日稅議」

주6 세관稅關 : 개항장에 설치되는 관청이며, 수출 화물과 여객 소지품에 대한 검사. 허가, 관세의 부과를 맡아본다.

제12관. 수출입하는 물품에 대해 관세의 과세표준은 종가세從價稅로 한다.

제18관. 항구에서 관세를 완납한 물품은 내지에서의 운송세 또는 내국통과세를 부과하지 않는다.

제31관. 톤세는 종량세從量稅로 징수하되, 톤세 수입은 각 항구의 수리와 등대 및 초표礁標의 설치에 사용한다.

제37관. 식량 부족 등의 우려가 있을 경우, … 미곡 수출을 금지할 수 있고 … 상대국의 재해로 미곡류를 수출입할 때는 수출입세를 면제한다.

— 「조일통상장정朝日通商章程」

출전

「일본 외교 문서」 : 일본 외무성에서 역대 외교 관계 문서를 수집 · 정리하여 간행한 자료집.

「조일수호조규 부록에 부속되는 왕복문서」 : 조일수호조규의 부록 체결을 위한 협상 대표 우리나라 강수관講修官 조인희趙寅熙와 일본의 이사관理事官 미야모토 고이치宮本小一 간에 왕래된 문서. 그것은 조약과 똑같은 효력을 가진 외교 서신이며, '조일무역의 혁폐와 관세에 관한 조인희 · 미야모토 간의 협정서'라고 부른다.

「유빙호차신문郵便報知新聞」: 일본에서 당시 간행되고 있던 신문.

『조일세의朝日稅議』: 조 · 일간의 관세 교섭 관계 문서를 모은 자료집.

찾아읽기

한우근, 『한국개항기의 상업연구』, 일조각, 1970.

한국관세연구소, 『한국관세사』, 1985.

김순덕, 「1876~1905년 관세정책과 관세의 운용」, 『한국사론』 15, 서울대학교 국사학과, 1986.

최태호, 『근대한국경제사 연구서설: 개항기의 한국관세제도와 민족경제』, 국민대학교 출판부, 1991

김경태, 『한국근대경제사연구: 개항기의 미곡무역 · 방곡 · 상권문제』, 창작과비평사, 1994.

조재곤, 『한국 근대사회와 보부상』, 혜안, 2001.

송규진, 『『중국구해관사료中國舊海關史料1859~1948』의 추계와 분석결과보고서』, 한국연구재단, 2009.

4 우리 쌀의 반출을 금하노라

양곡의 대일 유출과 방곡령

1876년 강화도 조약 이후 일본 상인은 꾸준하게 조선 경제를 여러모로 침해했다. 그들은 무역 활동을 통해 면제품이나 근대적 생활 잡화를 한반도에 풀어놓기에 바빴고, 쌀·콩 위주의 양곡과 금·은을 수단 방법을 가리지 않고 유출시켰다. 그 결과 일본은 산업혁명에 필요한 식량을 공급받았던 반면에 조선 국내는 쌀값이 치솟아 대지주들이 많은 이득을 보는 가운데 빈농이나 토지 없는 농민, 도시 빈민들의 생활은 더욱 열악해졌다.

양곡의 대일 유출 배경과 경로

1880년대 일본의 양곡糧穀 사정은 수입보다 수출이 월등히 많을 만큼 수급이 안정되었다. 그러나 1889년에 흉년이 들어 1890년에는 다량의 미곡을 수입하게 되었다. 한편 조선은 1882년부터 1889년까지 흉작이 계속되어 수출량보다 수입량이 컸다. 그러나 1890년 이후부터 1893년, 1905년 전후의 흉작이나 동학란, 청일전쟁, 러일전쟁 등으로 일시적인 대일 미곡 수출량이 감소된 때를 제외하고는 차차 증가했다.[자료1]

일본은 근대 산업의 발전에 따라 농촌 인구가 도시로 집중함으로써 야기되는 미곡 생산량의 감소와 양곡 수요의 증대에 대처하기 위해 한반도에서 미곡을 값싸게 대량으로 사들이는 데 갖은 방법을 동원했다. 특히 1905년 러일전쟁 후 일본이 수입하는 미곡 가운데 조선에서 도입하는 양의 비중이 크게 높아지자 한반도에서 산출

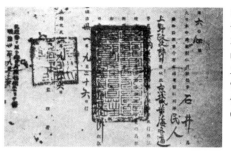

내륙 통행 허가증. 인천감리서가 1898년 1월에 발급한 것으로, 일본인들은 이 허가증을 얻으면 거류지 이외의 지역에도 여행할 수 있음을 보여주고 있다. 그런데 이 허가증은 일본 영사 마음대로 발급하고 인천감리서는 형식적인 승인만 하였다. 따라서 일본인들은 조선 상인들의 손을 거치지 않고 직접 쌀, 콩, 소가죽 등을 사들이기 위해 허가증을 악용하여 거류지 바깥으로 나왔다.

되는 미곡을 도입하는 쪽으로 식량 정책을 세우기 시작했다.

한편 조선의 콩은 값이 싸고 품질이 좋아 일본에서 인기가 높았다. 이런 가운데 일본의 인구 증가와 견직공업의 발전으로 콩밭이 뽕밭으로 전환되자 이로 인한 콩 공급의 부족을 메우려는 일본 정부의 노력이 조선산 콩의 대량 도입으로 나타났다. 이러한 유통 경로의 변화와 더불어 곡물 수집에도 변화가 생겼다.

국교 확대 초기에는 국내 여러 곳의 상인들이 미곡을 수집하여 개항장의 국내 객주에 넘기면 그들이 구전을 받고 개항장의 일본 상인에게 공급했다. 그러나 개항장이나 일본의 미곡 상인들이 일본 본국의 후원과 한반도에 침투한 일본 다이이치第一은행의 자본 지원을 받게 되면서 중간 양곡 수집 상인에게 선대금을 주었다. 이에 수집 상인들은 산지의 객주들에게 다시 수집 선대금을 공급하고, 이들 객주가 우리 농민들에게 헐값으로 입도선매立稻先買했다가 수확 후에 악랄하게 거둬 갔다.[자료2·3]

방곡령의 시행

일본 상인들의 미곡 무역이 허용된 것은 1876년 「조일규칙」에 의해서였다. 그 뒤로 미곡의 유출량이 차차 늘어났고, 또한 천재가 거듭되어 조선 사회의 식량 사정이 여의치 못한 때도 있었다. 그래서 조선이 일본이나 그 밖의 국가에서 미곡을 수입한 일도 있었다. 절박한 식량 사정에서 벗어나기 위한 조선 정부의 노력은 1882년의 조미수호통상조약에서 양곡 수출을 일시 중단할 수 있는 외교적 약정의 체결로 나타나기도 했다. 일본에 대해서도 양곡 행정의 자주성을 확립하기 위하여 방곡할 수 있는 권한을 1883년 「조일통상장정」에서 일본에 약정하게 했다.[자료4]

방곡防穀이란 지방 장관 직권으로 천재와 병란이나 그 밖의 사정으로 식량 공급 문제가 급박해지거나 쌀값 등귀 현상이 일어났을 때, 그 지방 산출 양곡을 타지방이나 타국으로 유출하지 못하게 하는 조치를 말한다.[자료5] 이 시기 쌀값의 앙등 추세는 국내 양곡 수급의 절박함을 잘 보여준다.[자료6] 그래서 조선의 지방관들은 1884년에서 1901년까지 17년 사이 전국적으로 방곡령을 27회나 발동했다. 그 가운데 조·일 간의 심각한 외교 분쟁을 초래하고 손해 배상 문제까지 야기한 방곡령은 1889년 5월 황해도 방곡령, 10월 함경도 방곡령과 1890년 3월 황해도 방곡령이었다.[자료7]

방곡령은 양정糧政 자주권의 행사이기에 조선 정부의 고유한 권한 행사이었다. 특히 함경도 방곡령의 경우, 함경도 관찰사 조병식이 개정된 「조일통상장정」에 따라 1개월 전에 외교 담당 관청에 통고했다. 그럼에도 불구하고 일본은 절차상의 사소한 문제에서 꼬투리를 잡아 관계관 처벌을 요구하고 방곡령의 취소를 강요했다. 심지어 일본 정부는 자국 상인들이 제기한 손해 배상을 청구하기도 했다. 이자까지 계산한 그들의 배상 청구 문제는 양국 사이에서 4년간이나 절충한 끝에 결국 조선 정부의 양보로 함경도와 황해도 방곡령에 대한 배상금으로 11만 원을 지불하기로 하고 끝을 맺었다. 손해 배상금의 지불 결정으로 조선 정부는 양정의 자주권 행사에 큰 손상을 입었다.

한편, 국내의 대지주들은 쌀값 상승에 편승하여 지대 수입을 증가시킬 수 있었다. 그리고 이러한 지대 수입으로 얻은 화폐로 더 많은 토지를 겸병하기에 이르렀다.[자료8] 반면에 쌀값 상승으로 다른 곡물 가격이나 기타 생필품이 등귀함으로써 시장에서 곡물을 구매하여 생계를 잇던 빈농이나 토지 없는 농민, 도시 빈민들이 몰락했으며[자료9] 나아가 이들의 저항을 초래했다.[자료10]

양곡의 대일 유출은 이처럼 일본의 산업혁명에 필요한 식량을 공급하는 역할을 하는 동시에 국내 대지주들을 살찌워 이후 일제하 지주제의 근간을 이루었다.

자료1 곡물의 대일 수출액 구성비(1877~1894)

연도	총 수출액 (A)	쌀 가액B	B/A×100	콩 가액C	C/A×100	A+B/C ×100
	엔	엔	%	엔	%	%
1877	58,759	1,959	3.3	4,155	7.1	10.4
1878	181,469	50,600	27.9	25,323	14.0	41.8
1879	612,174	358,812	58.6	99,123	16.2	74.8
1880	1,256,225	729,706	58.1	119,307	9.5	67.6
1881	2,230,296	381,283	17.1	196,695	8.8	25.9
1882	1,768,619	21,011	1.2	311,325	17.6	18.8
1883	1,656,078	45,625	2.8	293,955	17.8	20.5
1884	884,060	196	0.0	100,705	11.4	11.4
1885	388,023	15,691	4.0	28,884	7.4	11.5
1886	504,225	12,193	2.4	51,733	10.3	12.7
1887	804,996	90,071	11.2	335,415	41.7	52.9
1888	867,058	21,810	2.5	471,541	54.4	56.9
1889	1,233,841	77,578	6.3	645,429	52.3	58.6
1890	3,550,478	2,037,868	57.4	1,005,156	28.3	85.7
1891	3,366,344	1,820,319	54.1	913,939	27.1	81.2
1892	2,443,739	998,519	40.9	797,884	32.7	73.5
1893	1,698,116	367,165	21.6	628,324	37.0	58.6
1894	2,311,215	979,292	42.4	506,888	21.9	64.3

하원호, 『한국근대경제사연구』, 신서원, 1997, 125쪽

자료2 쌀 수집의 흐름과 유출 경로

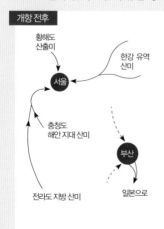

개항 전후

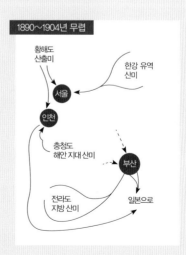

1890~1904년 무렵

개항 초기 :	농민	⋯	각지 조선 상인	⋯	개항지의 객주	⋯	개항장 거주 일본상인	⋯	일본
					곡물 ⇄ 구전口錢				

개항 후기 :	농민	⋯	산지 객주	⋯	중앙 양곡 수집 상인	→	각지의 일본상인	⋯	일본
					입도선매주 수집 선대금	← 매입·선대금			

주1 입도선매立先賣 : 벼를 논에 세워 둔 채로 미리 돈을 받고 팖.

자금선대의 예 Ⅰ

「무미약정서貿米約定書」주2

주2 무미약정서貿米約定書 : 쌀 무역 계약서.

1. 충청도 은진, 강경포 등에 백미 5,000섬을 조선 기선에 실어다 주기를 약정한다. 금년 9월부터 명년 4월까지 실어다 주기로 한다.

2. 백미 공급에 있어 쌀값 가운데 먼저 1만 냥을 받기로 한다.

3. 백미는 일본 되로써 강경포에서 검수하되 매두가每斗價를 3냥 7전씩으로 약정하고 이후의 쌀값 시세의 변동은 논하지 않는다. (중략)

5. 쌀은 중품中品으로 약정한다. (중략)

7. 이 약조를 만일 어길 때에는 손해배상을 지불하기로 한다.

계사년 (1893) 8월 초7일

차啣군 대구 거주 오수선吳輸善

송도 거주 박석윤朴錫允

은진, 강경포 거주 김유성金有聲

부산객啇군 김홍제金鴻齊

부산항 거주 梅野法治間太郎 전前

자료4   양곡 무역에 대한 외교 조약

ㄱ. 이후 조선국 개항장에 거주하는 일본인들은 쌀과 잡곡을 수출입할 수 있다.

__〈조일무역규칙〉 제6칙

ㄴ. 만일 조선국에 일이 있어 국내에 식량이 부족해지면 조선 국왕은 잠정적으로 양

곡의 수출을 금지시킬 수 있다. 지방관을 거쳐 알린 후, 미국 관계관이 각 개항장에 있

는 미국상인에게 이를 따르도록 조치한다.

_ 「조미수호통상조약」, 제8관

ㄷ. 만일 조선국이 자연 재해나 변란 등으로 인하여 국내의 양곡이 부족해질 염려가

있어서, 조선 정부가 잠정적으로 양곡 수출을 금지하려고 할 때에는, 그 시기보다 1개

월 앞서 지방관으로부터 일본 영사관에 알리고, 또 일본 영사관은 그 시기보다 앞서

각 개항장의 일본 상인에게 알려 일률적으로 준수케 한다.

_ 「조일통상장정」, 제37관

자료5

좌의정 조두순이 아뢰길 지금의 방곡은 즉 옛날의 알적遏糴주3이라. 중국 춘추시대 이

웃나라 사이에 알적을 대금大禁으로 삼았으니 하물며 강역 안에서랴. 어찌 피차의 구

별이 있어 교역하는 길을 막고 위급을 서로 구제하지 않겠습니까.

_ 「비변사등록備邊司謄錄」, 247, 철종 11년(1863) 10월 20일

자료6 개항장별 미가변동의 비교

(1석당)

지역 단위 / 연도	부산		원산		인천	
	엔	관문	엔	관문	엔	관문
1883	4.25	2.01	4.87	2.54	3.65	2.47
1884	3.73	2.00	3.84	1.88	4.86	4.32
1885	4.85	2.82	6.77	3.65	5.52	7.43
1886	5.18	3.40	6.90	4.48	6.90	12.96
1887	3.73	2.37	3.54	2.28	5.55	9.31
1888	3.28	2.15	3.76	2.63	3.36	4.51
1889	5.55	3.69	6.40	4.31	5.67	8.57
1890	5.74	2.97	5.51	2.93	5.95	10.82
1891	5.05	2.62	5.56	2.97	4.71	11.84
1892	5.36	3.31	6.28	3.92	4.43	13.63
1893	6.06	4.20	6.71	4.49	5.40	14.53
1894	7.85	4.18	9.34	4.93	6.32	18.10

「통상휘편通商彙編」, 「통상보고通商報告」, 「메이지관보明治官報」, 「통상휘찬通商彙纂」

자료7 방곡령의 발동과 방곡령 피해 배상 문제(1889~1890)

(연원일은 양력)

사건 발생 연월일	일본 정부가 조선 정부에 배상을 청구한 연월일	방곡령 실시자	배상 청구자	거류지 상인의 배상 청구액 A/엔	거류지 상인의 청구액 중 일본 정부가 인정한 액 B/엔	일본 정부가 인정한 액에 대한 이자 C/엔	일본 정부가 조선 정부에 청구한 배상액 /엔
1889년 5월 30일 ~6월	1890년 12월 19일 1892년 10월 15일 제출일	황해도 관찰사 조병철	庄屋嘉久藏 古妻保藏可 內直一	1,417,000	877,459	불명	877,459
1889년 10월 25일 ~ 1890년 5월	1891년 12월 7일	함경도 관찰사 조병식	梶山新介 등 41명 大塚榮四郎, 梶山, 大塚 등 42명	127,053,707 6,000,000 133,053,707	91,789,744 3,641,000 95,420,744	49,652,508 2,085,075 51,737,578	141,442,247 5,726,075 147,168,322
1890년 3월	1892년 10월 15일	황해도 관찰사 오준영	土井龜太郎 佐竹甚造	81,334,363	48,682,075	20,787,214	69,469,289
일본 정부가 조선 정부에 청구한 배상 청구 총액 (A+B+C)				215,805,070	144,980,278	72,524,792	217,505,070

가라사와 다케코唐澤たけ子, 「방곡령사건」, 『조선사연구회논문집』 6, 1969

자료 8

최근 생산물 가격이 등귀하고 그 비율만큼 지가地價가 등귀하지 않음으로써 적어도 2할 이상의 이윤을 얻는다. 현재 한인 지주 중 대구 및 경산군 지방에 경지를 다수 소유한 자의 경험담에 의하면, 지난 메이지 36년(1903)과 같은 때는 미가의 등귀 때문에 지주의 소유는 3할 내지 4할의 금리에 상당한다. … 토지의 수익이 상승함에 따라 부호가 토지를 겸병하는 경향이 배가된다.

가토 스에로 加藤末郎, 『한국농업론』, 1904

자료 9

미곡을 외국으로 수출하오니 이 때문에 풍년의 곡식이 흉년보다 귀해 곡가가 고등高騰하온즉 금일 이천만 동포 인민의 정경情境은 이런 고함을 기다리지 않고 동촉洞燭하시려니와 현금 낙세樂歲에도 아직 이와 같으니 하물며 흉년을 만나면 그 장차 어찌 하리오.

— 「황성신문」 1898년 10월 21일, '보민회소保民會訴'

자료 10 활빈당活貧黨의 13조목 대한사민 논설大韓士民論說

5. 근래 다른 나라로 곡류를 수출하는 것이 매우 많다. 이 때문에 곡가가 올라 가난한 백성들이 굶어 죽어가고 있다. 시급히 방곡을 실시하여 구민법救民法을 채용토록 할 것.

6. 시장에 외국 상인의 출입을 엄금시킬 것.

— 「한성신보」 1900년 10월 8일

출전

「통상휘편通商彙編」, 「통상보고通商報告」, 「메이지관보明治官報」, 「통상휘찬通商彙纂」 : 1876년 국교 확대 이후 조선에 주재하는 각지 일본 영사관에서 본국에 보낸 보고서. 시기마다 이름이 다르다.

「조일무역규칙」 : 1876년 8월 24일에 체결된 조약. 일본인이 한반도에서의 무역 활동을 규정한 잠정 통상 조약으로 이후 체결된 「통상무역장정」을 통해 폐기되었다.

「통상무역장정通商貿易章程」 : 1883년 7월 25일 조선과 일본 사이에 체결된 통상 조약.

찾아읽기

한우근, 「한국 개항기의 상업연구」, 일조각, 1970.

요시노 마코토吉野誠, 「이조 말기 미곡 수출의 전개와 방곡령李朝末期における米穀輸出の展開と防穀令」, 「조선사연구회논문집」 15, 1978.

요시노 마코토吉野誠, 「개항기의 곡물무역 — 인천에서의 방곡령사건을 중심으로」, 「근대조선공업화의 연구—1930∼1945년」, 안병직 · 나카무라 도루中村哲 공편저, 일조각, 1993.

김경태, 「한국근대경제사연구」, 창작과비평사, 1994.

하원호, 「한국근대경제사연구」, 신서원, 1997.

오호성, 「조선시대의 미곡유통시스템」, 국학자료원, 2007.

IV.

동학란과
갑오개혁

1 농민군의 핏발 어린 외침

동학란

1894년 3월 전라도 서북 일대를 시발로 우리 역사상 가장 크고 조직적인 농민전쟁이 전국 규모로 전개되었다. 이른바 동학란 東學亂이다. 이제 농민들이 개혁의 주체로서 이 시기의 당면 과제였던 토지 문제를 비롯하여 부세·신분·외국 상인의 경제 침투 문제 등을 제기하면서 개혁을 요구했으며, 집강소를 설치한 뒤에는 정부에 기대지 않고 스스로 개혁을 실행에 옮겼다.

민란의 재발

1880년대에 들어와 정부는 이전 시기와 마찬가지로 조세 제도를 개혁하려고 노력했다. 즉 환곡제 개혁을 비롯한 조세 개혁을 단행함으로써 결세結稅와 호세戶稅를 중심으로 재정 구조와 운영 방식을 단순화하고자 했다. 그러나 군란과 정변, 외세의 간섭 등으로 정국이 흔들리면서 개혁 노력은 실효를 거두지 못했다.[자료1] 또한 국교 확대 이후 외국의 공산품이 들어와 국내 수공업이 위축되었으며, 쌀이 일본으로 빠져나가 쌀값이 오르고 식량이 부족해졌다. 빈농은 물론 영세 수공업자와 소상인 등 일반 민인들의 삶은 지나친 조세 부담과 토지 상실로 말미암아 날로 어려워졌다. 반면에 지주와 대상인 등은 미곡 수출을 통해 부를 쌓아 토지를 늘려 나갔다.

농민을 비롯한 일반 민인들은 정부의 조세 징수, 지주층의 지대 수취 및 외세의

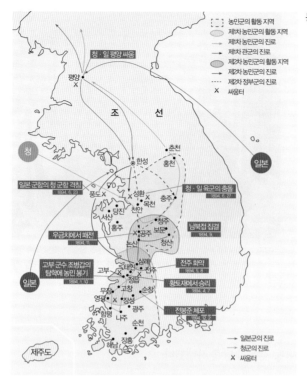

동학란과 청일전쟁

경제 침투에 맞서 전국 여기저기에서 봉기했다. 봉기의 주도층도 부농에서 소농, 빈
농층으로 옮겨 갔으며, 일부는 변란을 일으키거나 화적이 되어 지주와 관아를 공격
하기도 했다. 도시 하층민들도 관리의 수탈과 외세의 경제 침투에 맞서 포도청을 습
격하거나 외세와 결탁한 상인들을 공격했다. 일반 민인들의 체제 비판 의식이 점차
높아지고 있었던 것이다.

농민전쟁 전야와 고부 민란

조선의 벼농사 지대에서 가장 대표적인 전라도 서북 지역은 국교 확대 이후 쌀이
일본으로 빠져나가면서 농민 수탈이 매우 심했다. 또 조선 후기 이래 이곳에는 왕실

소유의 토지인 궁방전이 집중되어 있어 이를 관리하는 감관監官의 농간이 끊이지 않고, 조세 운반을 맡은 전운사轉運使와 중앙에서 파견된 균전사均田使 등이 수시로 농민들을 억압하고 수탈했다. 그리고 각종 부당한 징수가 곳곳에서 일어났다.[자료2] 특히 고부군수 조병갑趙秉甲의 경우, 1892년

전봉준의 모습(가운데). 왜소한 체구 때문에 녹두綠豆라 불렸고, 훗날 '녹두장군'이라는 별명이 붙었다. 1894년 동학란에서 농민군 총대장으로 활약한 지도자로 같은 해 12월 2일 전라도 순창에서 체포된 뒤 서울에서 심문을 받았다. 1895년 4월 23일 처형되었다.

부임한 이후 만석보의 물세 등 갖은 수탈을 자행했다.

농민전쟁은 1893년 4월에 이미 조짐을 보이고 있었다. 전봉준全琫準, 황하일黃河一 등 남접의 우두머리들은 교단파인 북접의 보은 집회와 별도로 금구 원평리에서 1만여 명의 농민 집회를 연 뒤, 서울로 치고 올라가려 했던 것이다.[자료3] 비록 보은 집회가 해산되고 동학 간부들이 반대하여 계획을 중단했지만, 이는 단지 연기한 것에 불과할 뿐 남접 우두머리들은 또 다른 기회를 엿보았다. 고부군수 조병갑의 탐학을 계기로 전봉준 등은 사발통문을 돌려 농민군 지도자들을 모은 뒤 거사 계획을 다시 세웠다.[자료4]

그러나 이러한 계획은 11월 30일 조병갑이 익산군수로 옮겨가면서 연기할 수밖에 없었다. 또, 서울까지 진격하겠다는 봉기 계획은 다른 지역 농민들의 동참 없이는 실현될 수 없는 것이었다. 이런 차에 조병갑이 계속 고부에 남아 부임 운동을 벌인 끝에 1894년 1월 9일 다시 고부군수로 임명되었다.

이에 1월 10일 고부에서 전봉준이 주동이 되어 민란이 일어났다. 이들 난민은 고부 관아를 점령하고 이어 아전을 처벌하는 등 개혁 활동을 벌였다. 다만 아직 채비

가 갖추어지지 않아 전쟁으로 나아가지 않은 데다가 신임 군수 박원명의 무마책으로 항쟁의 강도가 다소 떨어졌다.

제1차 농민전쟁

안핵사로 내려온 이용태가 오히려 민란 관련자를 역적죄로 몰아 탄압을 가하면서 상황은 다시 악화되기에 이르렀다. 이에 전봉준 등은 전라도 무장현茂長縣으로 옮겨 3월 20일 손화중孫華仲, 김개남金開男과 함께 봉기하면서 창의문을 선포했다.[자료5] 보국안민輔國安民의 기치 아래 탐관오리를 제거하겠다는 것이다. 이는 이른바 제1차 농민전쟁의 시작을 알리는 신호탄이었다.

이어서 농민군은 3월 22일 고부 관아를 점령한 뒤, 3월 24일 사방을 훤히 볼 수 있는 고부군 백산에 진을 쳤다. 이때 무장현에서 출발한 농민군은 3,000~4,000명이었다. 아울러 김개남과 김덕명도 휘하의 세력을 이끌고 각각 태인현과 김제군, 금구현을 출발하여 3월 24일경에는 백산에 합류했다. 다음날인 3월 25일 연합농민군은 전봉준을 총대장으로, 김개남·손화중을 총관령으로, 김덕명과 오시영을 총참모로, 최경선을 영솔장으로, 송희옥과 정백한을 비서로 정하는 등 지휘 체계와 조직을 세웠다. 그리고 백산에 '호남창의대장소'를 설치하고 백산 봉우리의 대장기에는 '보국안민' 4자를 크게 써놓고 4대 강령[자료6]과 농민 봉기를 알리는 격문을 발표했다.[자료7]

이어 26일 백산을 떠나 태인을 거쳐 전주성 점령을 목표로 4월 1일 금구 원평에 진을 쳤다. 여기에는 동학도보다 농민들이 대거 참여했다.[자료8] 이들은 탐관오리의 제거, 전운사의 폐단 제거, 균전관의 수탈 시정, 무명잡세의 혁파 등을 요구했다.

4월 7일 농민군은 고부 황토재에서 새벽 기습을 감행한 감영군을 크게 물리쳤다. 이 전투로 농민군은 전라도 일대로 세력을 넓혀갈 수 있는 기반을 마련했다. 곧 이어 4월 23일 농민군은 장성 황룡촌 전투에서 장태를 이용하여 홍계훈이 이끄는 경군 선발대를 궤멸시켰다. 이 전투에서 경군 선발대는 대관 이학승을 비롯하여 많은 사

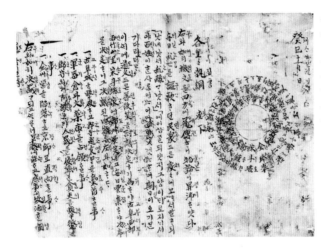

사발통문. 1893년 11월 전라도 고부에서 전봉준 등 20명이 농민 봉기를 약속하며 작성한 통문이다. 주도자가 누구인지 알 수 없게 둥근 사발을 대고 빙 둘러 서명하였으므로 '사발통문'이라 한다. 이 통문의 결정 사항 중에 '전주 감영을 함락하고 서울로 바로 올라간다'는 항목이 눈길을 끈다.

상자가 속출했고 최신식 대포인 쿠르프포 1문과 회전식 기관총 및 수많은 탄환을 농민군에게 빼앗겼다. 농민군은 기세를 몰아서 4월 27일 전주성에 입성하여 정부군과 대치했다. 농민군이 전주성에 무혈 입성하자 투쟁의 불길은 전라도를 넘어 충청도와 경상도를 비롯하여 경기도 · 강원도 · 황해도 지역으로 번져 갔다.

전주화약과 집강소 활동

전주성이 함락되어 위기에 몰린 정부는 농민군의 진격을 늦추기 위해 김학진金鶴鎭을 전라감사로 임명하여 농민군을 회유하는 한편 청에 군대를 파견해 줄 것을 요청했다. 당시 원로대신 김병시를 비롯한 대다수의 대신들이 신중론을 주장함에도 민씨 척족의 실세인 민영준이 강력하게 원병 요청을 주장했기 때문이다. 이에 청국은 자국 군대를 5월 5일 아산만에 상륙시켰으며, 일본군 역시 톈진 조약을 내세워 곧바로 5월 6일 자국 군대를 인천에 상륙시킴으로써 전쟁은 새로운 국면을 맞기에 이르렀다.

정부는 일본군의 이러한 개입에 부딪히자 청군과 일본군의 충돌을 우려하여 농민군과의 화약을 모색했다. 한편, 농민군도 외부와 고립된 채 정부군의 증강된 화력 앞에 연전연패를 당하면서 전봉준을 비롯한 많은 부상자가 속출하고 사망자가 늘어났다. 이에 농민군은 불리해지는 전세를 돌이키고 활로를 열기 위해 정부군에 휴전을 제의했다. 아울러 농민군은 5월 2일 농민군은 27개조 폐정 개혁안을 제시했다. 이 중 14개 조항이 전봉준의 판결문에 수록되어 있다. [자료9] 삼정의 폐단을 비롯하여 보부상의 작폐, 탐관오리의 수탈, 무명잡세 등이 폐정 개혁 대상으로 포함되었다. 정부군 역시 일본군의 서울 입성을 코앞에 둘 정도로 다급한 상황이어서 5월 8일 농민군이 요구한 여러 개혁안 중에서 일부를 중앙에 보고함과 함께 농민군의 신변 보장을 약속한다는 전주화약全州和約을 맺었다.

이에 농민군은 전주성에서 철수하여 각지로 돌아가 여러 편대로 나뉘어 각 지도자의 지휘 아래 전라도 전역을 돌아다니면서 신변보장과 폐정 개혁의 실행을 지속적으로 요구하는 한편[자료10] 각 지역 농민군 지도부는 고을을 계속적으로 장악하고 그곳의 여러 가지 민정을 처리하기 위해 전라도 각지에 집강소를 설치하기 시작했다. 이어서 농민군은 집강소의 자체 정강을 마련한 뒤, 향촌 차원에서 개혁을 실현하고자 했다.[자료11] 삼정의 문란을 비롯하여 양반 토호의 횡포, 공사채 수탈, 천민 차별 등이 개혁 대상이었다. 특히 '토지를 평균분작으로 할 일'은 일찍부터 개혁적 유학자들이 주장한 이래 유형원, 이익, 정약용 등의 토지개혁론에서 영향을 받았다. 그 밖에 '농군의 두레법은 장려할 일'은 자체 정강임을 잘 보여주는 조항으로 농민군 지도부가 전쟁 상황임에도 불구하고 김매기 조직인 두레를 장려함으로써 군병이기 전에 농사꾼인 농민군들의 생활 근간을 보호하고자 했음을 보여준다.

이런 가운데 일본 공사 오도리 게이스케大鳥圭介가 침략의 구실로 삼기 위해 내정개혁을 요구한 뒤 6월 21일 일본군이 경복궁을 점령한 데 이어 6월 23일 선전포고도 없이 청일전쟁을 일으켰다. 이에 신임 전라감사 김학진은 민족적 위기를 명분으로 삼아 농민군 지도부에 회담을 제의했고 전봉준은 이를 수락했다. 그 결과 김학진과 전봉준은 7월 6일 전주에서 회담을 갖고 관민상화官民相和의 원칙에 따라 정부와 농민군이 협력하여 전라도 내의 안정과 치안질서를 바로잡기로 약속했다. 아울러 양

관군과 일본군 연합군에 패배하여 붙잡힌 농민군의 모습. 농민군은 일본의 침략에 맞서서 9월 하순 논산에 모여 공주를 향해 북상을 개시했다. 그러나 이인·효포·우금치 등지에서 약 20일간 공방전을 벌인 끝에 일본군의 우세한 화력을 견디지 못하고 논산으로 후퇴하였다. 이어 전봉준이 이끄는 핵심 부대도 금구·태인 전투에서 마지막 저항을 시도했으나 결국 패퇴하고 말았다. 이 과정에서 많은 농민군이 체포되거나 살해당했다.

자 간에 개혁의 내용과 수준을 상호 타협을 통해 폐정 개혁안을 확정했다.[자료12] 여기에는 무엇보다 관민상화의 원칙을 명시했을 뿐더러 전쟁 초기부터 농민군이 줄기차게 요구했던 개혁 내용이 상당수 반영되었다. 현재 전해지는 조항은 동학란에 참가했던 오지영의 『동학사』를 통해 12개조만 확인할 수 있을 뿐이다. 그리고 이러한 조항은 정부가 개혁 기구로 설치한 군국기무처 역시 개혁 대상으로 추진했던 조항이기도 했다. 다만 토지개혁 요구 조항은 농민군 자체 정강에 담겨 있던 소유권 균분均分에서 경작권의 균분으로 하향 조정되었다. 또한 구체적인 실행 방법으로 감사는 농민군이 일부 고을에 이미 설치하고 있었던 집강소를 공식적으로 인정하고 집강소를 전라도 전체 고을로 확대하는 동시에 일정한 치안권과 자치권을 전봉준에게 위임하여 개혁을 지속적으로 추진하기로 했다. 다만 일부 고을은 보수 유생층과 향리들의 반발로 집강소가 설치되지 못하기도 했다. 하지만 집강소는 농민들이 자신의 힘과 의지로 지방 단위에서나마 행정력을 장악하기 시작했음을 보여준다. 이처럼 정부와 농민군은 공히 도내 안정과 치안 유지를 통해 일본의 침략이라는 민족적 위기에 효과적으로 대처하는 데 뜻을 같이 했던 것이다.

한편, 집강소가 공식적으로 인정되고 확대되는 가운데 일부 고을에서는 집강소의 자체 정강대로 개혁 작업을 수행하기도 했다. 여기에는 각종 제도 개혁과 함께 지주, 부민 등에 대한 징치 등 사회개혁운동이 적극 반영되었다.[자료13] 심지어 지주들의 지대료를 탈취한다든가 전답문서를 강탈했다. 즉 봉건적 토지 소유 관계의 폐기, 부가장적 가족 제도와 윤리의 부정, 신분적 계급 질서의 해체 등 조선 봉건 사회의 체제를 부정하고 근대 사회를 수립하려는 움직임이라 하겠다.

제2차 농민전쟁

농민군은 민족적 위기로 말미암아 정부와 타협했지만 7월 이후 청일전쟁의 상황과 일본의 내정 간섭은 농민군의 입지를 약화시켜 나갔다. 이에 농민군은 일본군과 정국의 동향을 주시하면서 집강소 행정을 전쟁 준비에 맞추었다. 이어서 충청도와 경상도에 기반을 둔 북접과의 연합 전선이 갖추어지자, 9월 전봉준이 이끄는 농민군이 삼례에서 다시 봉기했다. 이러한 재봉기는 민족적 위기를 극복하기 위해 사회 내부 문제를 해결하려는 반봉건 투쟁보다는 일본의 침략에 맞서는 반침략 투쟁에 역점을 두었다.[자료14] 따라서 재봉기에는 전라도를 비롯하여 충청도, 경상도, 강원도, 경기도, 황해도 각지의 농민군이 대거 참가했다.

한편 일본은 개화파를 중심으로 내각을 구성하고 농민전쟁을 진압하려고 했다. 10월에 벌어진 공주 전투는 대표적인 전투로 농민군은 여기서 개화파 정권·일본군·양반 지주층 연합 세력에게 크게 패했다. 특히 11월 9일 공주 우금치 전투에서 농민군은 잘 훈련된 일본군과 그들의 최신 병기 앞에서 수천 명에 이르는 희생자를 낸 채 끝내 패하고 말았다. 아울러 일본군의 남하를 막고 서울로 올라가기 위해 청주성을 공격하던 김개남 부대 역시 청주영병과 일본군의 공격을 받고 무너졌다. 이어서 농민군은 연전연패하면서 전주에 이르렀고 여기서도 일본군과 관군에게 패배했다. 이후 금구 원평과 태인 등지에서 다시 일본군 및 관군의 공격을 막아보려 했지만 역부족이었다. 그 결과 전봉준·김개남·손화중 등의 농민군 지도자들이 관군에 체포되어 처형당했다.

해가 바뀌어 1895년 1월 24일 대둔산 정상 부근으로 도피하여 요새를 세우고 있던 농민군 25명이 일본군과 관군의 공격에 맞서 저항하다가 전원 몰살당했다. 이것을 최후의 항전으로 해서 1894년 농민전쟁은 대단원의 막을 내렸다. 그리고 주력 농민군은 말할 것도 없고 그 밖의 전국 각지에서 봉기한 농민군들도 일본군에 의해 잔혹하게 살해당했다.[자료15] 당시 일본군은 일본 정부로부터 농민군을 '전라도 서남단으로 밀어붙여 재기하지 못하도록 모두 살육하라'는 지시를 받고 있었다. 그 밖에 관군 및 향촌 유림을 중심으로 조직된 민보군들이 농민군 살육에 가담했다.

동학란은 개화파 정권이 일본에 의존하여 무력 진압함으로써 실패했다. 이제 조선 사회의 근대화는 양반 지주인 관료가 외세의 간섭을 받는 가운데 진행되어야 했다. 이는 농민이 주체가 되어 개혁을 추진하려는 시도가 좌절되었음을 뜻한다. 그러나 그 열기는 꺼지지 않아 이후 민중의 사회 개혁 운동에 많은 영향을 끼쳤다. 나아가 의병 전쟁의 추진력으로 작용하여 반침략 항일 투쟁의 역사적 기반이 되었다.

반면 외세에 의존한 개화파 정권의 사회 · 민족 문제에 대한 처리 자세는 문명 개화주의에 치우쳤다. 그리하여 민인과 타협하여 사태를 수습하지 않고, 열강의 물량 공세에 정신을 빼앗긴 나머지 일본과 결탁하여 폭력으로 해결하려 한 것이다. 갑오개혁의 타율성과 개화=망국이라는 논리는 이런 구체적인 정치 사정과 관련해서 이해할 수 있다.

자료1

순영[감영]에서 정부의 관칙을 각 군에 보내기를 근래 민생이 곤췌困悴하여 도탄에 이른 것은 모두 결역結役과 호렴戶斂이 매년 증가한 데서 말미암은 것이다. 잡비라고 칭하고 이전에 없던 관계를 창출하여 갑자기 항식恒式을 만들며 각종 쌀과 면포는 시가에 준하지 않고 자의로 남봉하니 불쌍하다. 우리 백성이여. 어찌 지보支保할 수 있겠는가. 만약 영읍營邑에서 진실된 마음으로 백성을 아낀다면 반드시 여기에 이르지 않았을 것이다. 근일 민요民搖가 도처에서 있는데 삼남이 더욱 심하다. 말과 생각이 여기에 이르니 고통스럽고 놀라지 않으랴.

__ 오횡묵吳宖默, 『경상도함안군총쇄록慶尙道咸安郡叢鎖錄』, 임진(1892) 4월 15일

자료2

주1 군전軍錢 : 인신人身에 부과되는 군역세.

주2 전영관轉營官 : 세금 운반을 담당하는 관리.

주3 균전관均田官 : 전라 서북 지역에 소재하는 왕실 토지 균전을 관리하는 벼슬아치.

군전軍錢주1은 아무 때나 마구 부과하고, 환곡은 원본을 회수하고도 이자를 독촉하며, 세미稅米는 명목도 없이 징수하고 있습니다. 민가에 부과하는 각종 잡역은 나날이 늘어가고, 인척에게 재물을 빼앗는 것도 마다하지 않습니다. 전영관轉營官주2은 실제보다 더 거두어들이면서도 독촉이 심하고, 균전관均田官주3은 토지 면적을 속여서 세금을 징수합니다. 더구나 각 관청의 구실아치들은 백성들로부터 강제로 빼앗고 가혹하게 굴어, 그것들을 참고 견디어낼 수가 없습니다. __ 황현, 『오하기문梧下記聞』

자료3

이미 이 무렵, 그 무리 4천여 인은 전라도 전주 근방에 모여 들어 감사에게 3개조의 요구를 제기했다. 즉 첫째, 국인 중 우리 당을 지목하여, 사도邪道를 주창하는 것이라고 하면서 경멸하는 자가 있으니, 명령을 발하여 그 어리석음을 바로잡을 것, 둘째, 외국의 선교사와 상인은 모두 나라에 해를 끼치는 것이니 속히 이를 쫓아낼 것, 셋째, 근래 지방의 관리들이 포악하게 거두고 억지로 빼앗아 생민이 도탄에서 고통을 당하니, 마땅히 이들 지방 관리를 쫓을 것이었다. 그리고 이들 3개조를 들어주지 않는 동안에는 우리들 4천여 인은 한 걸음도 이곳에서 물러날 수가 없다고 강력하게 요청했다. …

__ 「도쿄마이니치신문東京日日新聞」, 1893년 4월 18일

자료4

… 이때에 도인道人들은 선후책先後策을 토의 결정하기 위하여 고부 서부면 죽산리 송두호의 집에 도소를 정하고 매일 운집하여 순서를 결정하니 그 결의된 내용은 아래와 같다.

1. 고부성을 격파하고 군수 조병갑을 효수할 것.

1. 군기창과 화약고를 점령할 것.

1. 군수에게 아첨하여 인민의 것을 빼앗은 탐리貪吏를 공격하여 징계할 것.

1. 전주영을 함락하고 경사京師^{주4}로 바로 향할 것.

주4 경사京師 : 서울

위와 같이 결의가 되고 따라서 전략에 능하고 만사에 민활한 영도자가 될 장 … 이하 판독 불능

_ 「사발통문沙鉢通文」

자료5 무장茂長 기포 창의문

우리들은 비록 초야에 버려진 백성이나 임금의 땅에서 나는 음식을 먹고 임금이 주신 옷을 입고 있으니, 가히 앉아서 나라의 위태로움을 보기만 하겠는가! 팔로[八路, 온 나라]가 마음을 같이 하고 억조창생이 머리를 맞대고 의논하여 이제 의기를 들어 보국안민輔國安民으로써 죽고 사는 맹세를 하노니, 오늘의 광경은 비록 놀랄 만한 일이나 경동驚動하지 말고 각자 그 생업을 편안히 하여 함께 승평일월昇平日月을 빌고 모두 임금의 덕화를 함께 입게 되기를 바라노라.

_ 「취어聚語」

자료6 농민군 4대 강령

1. 사람을 죽이지 말고 물건을 해하지 말라.

2. 충효를 다하며, 세상을 구하고 백성을 편안케 하라.

3. 일본 오랑캐를 쫓아 버리고 왕의 정치를 깨끗이 하라.

4. 군대를 몰고 서울로 들어가 권세가와 귀족을 없애라.

_ 정교鄭喬, 「대한계년사大韓季年史」2, 갑오조甲午條

우리가 의를 들어 이에 이름은 그 본의가 다른 데 있지 아니하고 창생을 도탄에서 건지고 국가를 반석 위에 두자 함이다. 안으로는 탐학한 관리의 머리를 베고 밖으로는 횡포한 강적強敵의 무리를 구축하고자 함이다. 양반과 호강豪强의 앞에서 고통을 받는 민중들과 방백方伯과 수령의 밑에서 굴욕을 받는 소리小吏들은 우리와 같이 원한이 깊은 자다. 조금도 주저치 말고 이 시각으로 일어서라. 만일 기회를 잃으면 후회해도 미치지 못하리라.

호남창의대장소湖南倡義大將所 백산白山에서

—— 오지영吳知永, 『동학사東學史』 간행본

자료8

問 : 너는 전라도 동학의 괴수라고 하던데, 과연 그러한가.

供 : 처음엔 의를 주장하고자 봉기했다. 동학 괴수의 명칭은 처음에 없었다.

問 : 고부민란 때에 동학이 많았는가 억울한 사람이 많았는가.

供 : 억울한 사람과 동학이 비록 합세했으나 동학은 적었으며 억울한 사람이 많았다.

—— 「전봉준공초全琫準供草」

자료9

1. 전운소轉運所를 혁파할 것.

2. 국결國結을 더하지 말 것.

3. 보부상의 작폐를 금할 것.

4. 도내 환전[還錢, 환곡과 관련된 돈]은 옛 감사가 거두어 갔으니 민간에 다시 징수하지 말 것.

5. 대동미를 상납하는 기간에 각 포구 잠상潛商의 미곡 무역을 금할 것.

6. 동포전洞布錢은 매호每戶 봄 가을로 2냥씩 정할 것.

7. 탐관오리를 모두 파면시켜 내쫓을 것.

8. 위로 임금을 가리고 관직을 팔아 국권을 조롱하는 자들을 모두 축출할 것.

9. 수령은 자기의 관할 지역 안에 입장入葬할 수 없으며 또 논을 거래하지 말 것.

10. 전세는 전례를 따를 것.

11. 연호煙戶 잡역을 줄여 없앨 것.

12. 포구의 어염세는 혁파할 것.

13. 보세洑稅와 궁답宮畓은 시행하지 말 것.

14. 각 고을에 수령이 내려와 백성의 산지山地에 늑표勒票[주5]하거나 투장偷葬[주6]하지 말 것.

— 「전봉준 판결문」

주5 늑표勒票 : 힘이나 권세로 위협하여 억지로 받아 낸 증서.

주6 투장偷葬 : 남의 산이나 묏자리에 몰래 자기 집안의 묘를 쓰는 일.

자료10 소원열록所願烈錄 23개조

1. 전운소의 조복漕卜은 해당 읍으로부터 상납하는 것을 복구할 것.

   균전관이 속여 늘린 진결陳結은 백성을 해치는 것이 크니 혁파할 것.

2. 결미結米는 대동법의 예에 의거하여 복구할 것.

3. 지난번 감사가 이미 거두어들인 환곡은 뒤에 다시 거두지 말 것.

4. 어느 곳의 보洑를 물론하고 세금을 거두지 말 것.

5. 각 읍 지방관이 해당 읍에서 답畓을 사고 산을 쓰는 것은 법률에 의해 처벌할 것.

6. 각 읍 시정市井 각 물건의 푼전수세分錢收稅와 도고명색都賈名色은 혁파할 것.

7. 공금을 축낸 것이 천금이라면 곧 죽여서 죄를 씻게 하고 족척에 배정하지 말 것.

8. 받지 못한 지 오래된 사채를 관장官長을 끼고 강제로 거두는 것을 모두 금단할 것.

9. 각 읍 이속吏屬들을 돈을 받고 임명하지 말 것.

10. 세력으로 남이 먼저 쓴 무덤을 빼앗은 자는 사형에 처하고 처벌할 것.

11. 각 포항浦港의 잠상무미潛商貿米는 모두 금단할 것.

12. 각 포구의 어염세전魚鹽稅錢은 시행하지 말 것.

13. 각 읍의 관아에서 수요되는 물종物種은 시가에 따라 사서 쓰도록 하고 공정公定하지 말 것.

14. 탐관오리로 잔민殘民을 침학하는 자는 일일이 파출할 것.

15. 동학인을 무고히 살육하고 동학에 관계된 사람을 가둔 자는 일일이 신원할 것.

16. 전보국은 민간에 큰 피해가 되니 혁파할 것.

17. 보부상 잡상이 작당하여 행패하니 영영 혁파할 것.

18. 흉년에 백지징세白紙徵稅를 하지 말 것.

19. 민호民戶의 역役을 따로이 분정分定하여 가렴하는 일을 일체 혁파할 것.

20. 결상두전結上頭錢 고전각색各色이 해마다 증가하니 아울러 시행치 말 것.

21. 경영별저리료미는 구례舊例에 따라 삭감할 것.

22. 본 영문의 진고전賑庫錢은 곧 민고民庫를 다하게 하는 것이니 영영 혁파할 것.

— 「동비토록東匪討錄」

자료11 집강소執綱所 정강政綱

1. 인명을 함부로 죽인 자는 벨 일.

1. 탐관오리는 뿌리 뽑을 일.

1. 횡포한 부호배富豪輩를 엄징할 일.

1. 유림과 양반배의 소굴을 토멸할 일.

1. 잔민殘民 등의 군안軍案을 불지를 일.

1. 종 문서는 불지를 일.

1. 백정의 머리에 페랑[패랭]이를 벗기고 갓을 씌울 일.

1. 무명잡세 등은 혁파할 일.

1. 공사채公私債를 물론하고 과거의 것은 모두 따지지 않을 일.

1. 외적外賊과 연락하는 자는 벨 일.

1. 토지는 평균분작으로 할 일.

주7 두레법 : 농민들이 힘을 모아 공동으로 일하려고 만든 두레 규칙.

1. 농군의 두레법주7은 장려할 일.

— 오지영, 「동학사」초고본

자료12 폐정 개정안弊政改正案 12개조

1. 도인과 정부 사이에 오래 끌어온 혐오감을 씻어버리고 모든 행정을 협력할 일.

2. 탐관오리는 그 죄목을 조사해내어 일일이 엄징할 일.

3. 횡포한 부호들을 엄징할 일.

4. 불량한 유림과 양반은 징습할 일.

5. 노비 문서는 불태워 버릴 일.

6. 칠반천인七般賤人주8의 대우는 개선하고 백정 머리에 쓰는 평양립을 벗겨 버릴 일.

7. 청춘 과부는 재가를 허락할 일.

8. 무명잡세는 모두 거둬들이지 말 일.

9. 관리의 채용은 지벌地閥을 타파하고 인재를 등용할 일.

10. 외적外敵과 내통하는 자는 엄징할 일.

11. 토지는 평균하게 나누어 경작케 할 일.

_오지영, 「동학사」 간행본

주8 칠반천인七般賤人 : 일곱 가지 천한 신분 즉 백정·장인바치, 기생, 노비, 승려, 무당, 판수, 광대를 가리킴.

자료 13

동학도들은 각 읍에 할거하여 공해公廨에 집강소를 세우고 서기와 성찰省察, 집사執事, 동몽童蒙 등을 두니 완연한 하나의 관청으로 되었다. … 이른바 고을 군수는 다만 이름이 있을 뿐 행정을 맡아할 수 없었다. 심지어는 고을 원들을 추방하니 이서배吏胥輩주9들은 모두 동학당에 들어 성명性命을 보존했다. 전봉준은 수천 명의 군중을 끼고 금구 원평에 틀고 앉아 전라 우도에 호령했으며 김개남은 수만 명의 군중을 거느리고 남원성을 타고 앉아 전라 좌도를 통솔했고 그 밖의 김덕명, 손화중, 최경선 등은 각기 한 지방씩 할거하여 탐학불법을 일삼으니 개남이 가장 심했다. 전봉준과 같은 사람은 동학도들에 의거하여 혁명을 꾀하고 있었다. … 이렇게 7~8월까지 … 부호들은 흩어지고 천민들은 … 부호배들의 재산을 토색하고 쌓인 원수를 갚으려고 했다.

_ 「갑오약력甲午略歷」

주9 이서배吏胥輩 : 아전의 무리.

자료 14

일구日寇주10가 구실을 만들어 군대를 동원하여 우리 임금님을 핍박하고 우리 국민을 어지럽게 함을 어찌 그대로 참을 수가 있단 말이오. … 지금 조정의 대신은 망녕되고

주10 일구日寇 : 왜적.

구차하게 생명을 유지하며, 위로는 군부君父를 위협하고 밑으로는 국민을 속여 왜이倭夷와 연결하여 삼남의 국민에게 원한을 사며 망녕되게 친병親兵을 움직여 선왕의 적자赤子를 해하려 하니 참으로 그 무슨 뜻이오. …

갑오 10월 16일

논산에서 삼가 올림

_「선유방문병동도상서소지등서宣諭榜文竝東徒上書所志謄書」

자료 15

갑오 12월부터는 조선 남방은 관병과 일병의 천지가 되고 말았다. 동리동리마다 살기가 충천하고 유혈이 가득했다. … 동학군으로서 관병, 일병, 수성군, 민보군에게 당한 참살 광경은 이루 말할 수 없었다. 그중에서 가장 참혹한 곳이 호남이 제일이었고 충청이 그 다음이며 또한 경상, 강원, 경기, 황해 등 여러 도에서도 살해가 많았다. 전후 피해자를 계산하면 무릇 30~40만에 이를 정도로 다수에 달했고 동학군의 재산이라고는 모두 관리의 것이 되었고, 가옥 등 물건은 죄다 불 속에 들어갔으며 기타 부녀자의 강탈, 능욕 등은 차마 다 말할 수가 없는 것이다.

_오지영, 『동학사』 간행본

※ 오지영의 『동학사』

오지영의 『동학사』는 근래에 들어와 기술 내용을 두고 논란이 심하다. 일각에서는 간행본 제목이 '역사소설 동학사'라는 점을 들어 『동학사』는 오지영이 자신의 회고에 소설적 상상력을 가미하여 저술한 소설이라는 점을 강조하고 있다. 특히 폐정 개혁안 12개조 가운데 '토지평균분작土地平均分作事'는 그가 사회주의의 영향을 받고 고의로 집어넣은 조항이라고 주장하면서 '폐정 개혁안'이나 '평균분작'과 같은 조항의 존재 자체를 의심하거나 부정하기도 했다. 물론 이 책은 고부 민란과 제1차 농민전쟁을 혼동한다든가 집강소가 5월 전주화약 직후에 설치된 것으로 기술하는 바와 같이 일부 기술에서 오류가 보인다. 폐정 개혁안 역시 최근 국사학계의 연구에 따르면 오지영이 기술한 12개 조항이라 단정할 수 없으며 더 많은 조항이 있을 것이라고 추정하고 있다. 그리고 남북접의 화해를 자신이 주선했다든가 하여 자신의 활동을 과장하기도 했다.

그러나 사료 비판 차원에서 자료 자체에 대한 분석과 더불어 역사적 맥락 등의 여러 측면에서 깊이 있게 고민할 필요가 있다. 이는 엄정한 사료 비판을 위해서 반드시 거쳐야 할 과정이다.

우선 그가 간행본 제목을 왜 '역사소설'이라고 붙였는지를 깊이 있게 따져볼 필요가 있다. 초고본과 간행본의 내용을 비교하면 초고본에서는 '척왜척양斥倭斥洋'과 농민군의 운동 사실 등을 충실하게 기록하고 내용이 많은 반면에 간행본은 초고본에 비해 분량이 상대적으로 적다. 아울러 초고본의 제목은 '역사소설'이라는 명칭이 붙어 있지 않은 '동학사東學史'였다. 따라서 오지영 자신이 일제의 출판 검열을 의식하여 일본군의 만행과 관련된 부분을 의도적으로 줄이고 제목에 '역사소설'이라는 명칭을 붙였다고 하겠다. 아울러 오지영 자신의 개념 속에 '소설小說'은 동아시아 한자 문화권의 개념에 따르면 문학 장르인 '소설novel'이 아니라 민간 차원에서 정사正史와 달리 별도로 기록된 야사野史를 가리켰으며 일제 강점기에도 이러한 야사를 일부에서는 '역사소설'이라고 표기하고 있다는 점에 주목할 필요가 있다. 그렇다면 오지영은 구舊학문을 공부한 사람으로서 '소설'의 야사로서의 의미를 살리면서도 일제의 검열을 피하기 위해 의도적으로 근대적 의미의 '역사소설'이라는 명칭을 붙인 셈이다. 또한 오지영 자신이 『동학사』를 야사로 여겼기 때문에 기술 내용의 완벽을 기하기 위해 『승정원일기』를 열람 대조하면서 농민전쟁의 전적지를 답사했다.

가장 논란이 되는 '토지평균분작사'의 경우, 일각에서는 사회주의의 토지개혁 강령과 연계하여 존재 자체를 부정하고 있다. 더욱이 당시 관찬 자료에는 이러한 조항이 없다는 점이 강조되고 있다. 그러나 1920년대 초반 농민 운동이 지주제 자체를 부인하고 있지 않을 뿐더러 토지개혁 내지 토지 혁명 문제는 1926년에 가서야 조선 공산당의 '선언서'를 통해 기본 방향으로 제시되었을 뿐이다. 따라서 이러한 '평균분작' 조항은 외부의 영향보다는 내부의 전통에서 찾을 필요가 있다. 이 점에서 전라도 지역에서 유형원과 정약용의 학문적 전통과 개혁 사상이 전수되는 과정에서 농민군 지도부가 그들의 토지개혁론에 주목했다는 학계 대다수의 고증 작업에 귀를 기울일 필요가 있다. 이는 당시 농민군 진영에 정약용의 외가인 해남 윤씨의 일부 후손들이 가담하거나 정약용의 정전론이 비기秘記 형태로 은밀하게 전달되었다는 사실에서 유추할 수 있다. 또한 일본 신문 「도쿄아사히신문東京朝日新聞」 보도 내용에서 확인할 수 있듯이 전봉준 자신이 농민전쟁의 궁극적 목표가 전제田制와 산림제山林制를 개정하는 데 있었음을 밝히고 있다. 반면에 정부는 지주제를 고수하는 처지에서 이러한 조항 자체를 수용하지도 않거니와 적극 부정함에 따라 '평균분작사' 조항은 중앙 차원에서 거론조차 불가능했을 것이다.

출전

『오하기문梧下記聞』 : 한말 유학자 황현(1855~1910)이 쓴 책으로 19세기 당쟁의 폐해, 세도 정치의 폐단, 1894년 동학란, 일제의 침략과 항일 의병 등을 중심 내용으로 하고 있다.

『사발통문沙鉢通文』 : 1968년 12월 서명자의 한 사람인 송대화宋大和의 후손인 송준섭宋俊燮의 집에서 발견된 문서. 1894년 1월 10일에 일어난 고부 민란이 사전에 모의하여 일어났음을 보여준다.

『동학사東學史』 : 동학 교단의 간부였던 오지영(吳知泳, 1868~1950)이 1890년대부터 1920년대 동학(천도교)의 역사를 기술한 책. 초고는 1926년에 작성되었으나 완성본은 1940년에 간행되었다. 이 중 제2장이 동학란에 관한 기록이다.

『대한계년사大韓季年史』 : 한말 독립협회 인사였던 정교鄭喬가 서술한 역사책. 이 시기 주요 사건의 전모를 기술하고 있어 한말의 역사를 연구를 하는 데 많이 활용되고 있다.

『전봉준공초全琫準供草』 : 전봉준에 대한 법정 심문서로, 그 자신이 저술한 기록물이 거의 남아 있지 않다는 점에서 전봉준의 정국 인식과 개혁론을 엿볼 수 있는 희귀자료이다.

『동비토록東匪討錄』 : 제1차 농민전쟁에 관한 자료 가운데 가장 풍부하고 중요한 문헌 중의 하나이다. 농민군의 무장茂長 포고문이 맨 앞에 나와 있다.

『갑오약력甲午略歷』 : 전라도 유생 정석모鄭碩謨가 몸소 보고 겪은 동학란을 기술한 책

「선유방문병동도상서소지등서宣諭榜文並東徒上書所志謄書」 : 농민군에 대해 국왕의 이름으로 귀순을 권고한 글들과 농민군 측이 정부 · 대신 · 관군에게 보낸 편지나 고시문을 수록한 것이다.

찾아읽기

김상기, 『동학과 동학란』, 한국일보사, 1975.

망원한국사연구실, 『한국근대민중운동사』, 돌베개, 1989.

박종근, 『청일전쟁과 조선』, 박영재 옮김, 일조각, 1989.

정창렬, 『갑오농민전쟁연구』, 연세대학교 박사학위 논문, 1991.

한국역사연구회, 『1894년 농민전쟁연구』 1~5, 역사비평사, 1991~1997.

우윤, 『전봉준과 갑오농민전쟁』, 창작과 비평사, 1993.

신용하, 『동학과 갑오농민전쟁연구』, 일조각, 1993.

김태웅, 「1920 · 30년대 오지영의 활동과 《동학사》 간행」, 『역사연구』 2, 역사학연구소, 1993.

역사학연구소 1894년 농민전쟁 연구분과 엮음, 『농민전쟁 100년의 인식과 쟁점』, 거름, 1994.

원종규 외, 『갑오농민전쟁 100돌 기념 논문집』(복각본), 집문당, 1995.

김양식, 『근대한국의 사회변동과 농민전쟁』, 신서원, 1996.

신순철 · 이진영, 『실록 동학농민혁명사』, 서경문화사, 1998.

김용섭, 『한국근대농업사연구 3 — 전환기의 농민운동』, 지식산업사, 2001.

노용필, 『《동학사》와 집강소 연구』, 국학자료원, 2001.

배항섭, 『조선후기 민중운동과 동학농민전쟁의 발발』, 경인문화사, 2002.

이이화, 『민중의 함성 동학농민전쟁』, 한길사, 2003.

박맹수, 『사료로 보는 동학과 동학농민혁명』, 모시는 사람들, 2004.

송찬섭, 『농민이 난을 생각하다 : 1890년 한말 함창 고을의 농민항쟁을 찾아서』, 서해문집, 2004.

이이화 · 우윤, 『대접주 김인배, 동학농민혁명의 선두에 서다』, 푸른역사, 2004.

이영호, 『동학과 농민전쟁』, 혜안, 2004.

장영민, 『동학의 정치사회운동』, 경인문화사, 2004.

박찬승, 『근대이행기 민중운동의 사회사 : 동학농민전쟁 · 항조 · 활빈당』, 경인문화사, 2008.

조경달, 『이단의 민중반란 : 동학과 갑오농민전쟁 그리고 조선 민중의 내셔널리즘』, 박맹수 옮김, 역사비평사, 2008.

조경달, 『민중과 유토피아 : 한국 근대 민중운동사』, 허영란 옮김, 역사비평사, 2009.

박맹수, 『개벽의 꿈, 동아시아를 깨우다 : 동학농민혁명과 제국 일본』, 모시는 사람들, 2011.

조광, 「한국근대사 서술에서 동학농민혁명의 위상 — '동학농민혁명' 이해의 심화를 위한 시론」, 〈동학농민혁명 특별
     기획 심포지움 역사교과서의 동학농민혁명 서술, 어떻게 할 것인가〉, 동학농민혁명기념재단 · 한국근현대사
     학회, 2011.

나카쓰카 아키라, 박맹수, 이노우에 가쓰오, 『동학농민전쟁과 일본東學農民戰爭と日本』, 고분켄高文研, 2013.

2 정부가 개혁을 단행하다

갑오개혁

갑오개혁甲午改革은 1894년 7월부터 1896년 2월까지 조선 정부가 추진한 일련의 개혁 운동을 일컫는다. 여기에는 을미사변 이후 단행된 을미개혁도 포함된다. 비록 개혁이 외면상으로는 일본의 침략으로 촉발되었지만, 내면상으로는 동학란을 비롯한 국내 민인들의 개혁 운동 등에 선을 대고 있다. 갑오개혁으로 조세 제도와 재정 제도가 개혁되고 신분제가 법적으로 폐지되었다. 그 밖에 재판소 제도가 도입되고, 신식 학교가 설립되는 기틀이 마련되었다.

교정청 설치

1894년 3월 농민군들이 폐정 개혁을 내세우며 관군을 패퇴시키기에 이르자, 정부는 대다수 관료들의 반대에도 불구하고 민영준의 주도 아래 농민군 진압을 위해 청국에 원병을 요청했다. 일본은 이를 기화로 조선을 '보호국'화할 요량으로 4,000여 명의 군대를 파견하여 인천에 상륙시켰다. 그것은 표면상으로는 재조선 일본인의 생명과 재산을 보호하기 위해서라고 했지만 실은 오랫동안 준비해왔던 조선 강점을 실현하는 것이었다.[자료1] 따라서 그들은 간섭의 명분을 찾기 위해 '내정 개혁'을 내세워 조선 정부를 압박했다.

그러나 정부는 일본군의 철병을 요구하는 한편[자료2] 농민군의 요구를 받아들여 개혁을 추진하기 위해 1894년 6월 11일 교정청校正廳을 설치했다.[자료3] 곧이어 혁폐 조건을 제시하여 개혁 작업을 본격 추진했다. 그 내용에는 주로 농민군의 요구 사항과 매우 밀접한 조세 제도 개혁과 신분제 폐기 등이 포함되었다.

청일전쟁과 일본의 군국기무처 설치

조선 정부와 농민군의 타협 노력에 불안을 느낀 일본은 1894년 6월 21일 대원군을 앞세워 경복궁에 난입한 뒤 기존 정권을 타도하고 신정권을 수립했다. 곧이어 6월 23일 풍도 앞바다에서 청국 함대를 기습하여 궤멸시켰다. 청일전쟁의 시작이었다.

또한 일본은 7월 27일 개혁추진 기구로 군국기무처軍國機務處를 설치했다. 군국기무처는 일종의 비상 개혁 추진 기구였다.[자료4] 여기에는 대원군 계열, 동도서기東道西器 계열, 친일개화 계열 등 다양한 정파가 참여했다. 이 가운데 어윤중魚允中으로 대표되는 동도서기 계열이 1894년 11월 제2차 김홍집 내각(이른바 김홍집·박영효 연립내각)이 출범하기 전까지 주도권을 잡고 개혁을 추진했다. 일본이 청일전쟁을 수행하고 있어 사사건건 개입하기가 용이하지 않았기 때문이다. 이때 의결된 개혁안은 무려 208건에 이르렀는데 주로 농민군이 요구한 사항과 1880년대 이래 정부가 추진한 개혁 내용이 반영되었다.[자료5] 여기에는 조세 제도와 재정 제도의 개혁을 비롯하여 신분제 폐기, 관리 선발 제도 개선 등이 포함되었다.

일본의 내정 간섭과 을미사변

일본은 1894년 11월 농민군 진압과 청일전쟁의 승리를 눈앞에 두자, 총리대신 대리를 역임한 이노우에 가오루井上馨와 여러 고문관을 파견하여 대원군 계열 및 동도서기 계열을 배제하면서 조선 내정에 깊이 관여했다. 특히 차관 공여를 구실로 내정 간섭을 본격화하려 했다.[자료6]

또한 일본과 박영효 등의 친일개화 계열은 1894년 12월 〈홍범(洪範 14조)〉를 제정했는데 대략 두 가지 목표를 담고 있다. 즉 자주 독립과 근대 국가 실현을 명분으로 청국의 간섭 배제와 왕실의 약화를 꾀했다.[자료7] 그것은 일본이 조선을 독점 지배하고 왕조 국가인 조선의 국권을 무력화시키기 위해서였다.

그리고 이러한 작업을 거쳐 1895년 4월에 들어서자 일본은 '보호국'화 작업을 서둘렀다. 제2차 김홍집 내각은 일본인 고문관의 철저한 통제와 조종을 받았던 것이다.[자료8] 그 결과 내각제와 일본식 지방 제도 등이 시행되기에 이르렀다.

하지만 1895년 4월 러시아·프랑스·독일 등 세 나라가 일본의 중국 침략을 저지하려고 이른바 삼국간섭을 벌였다. 러시아는 일본의 랴오둥(遼東) 진출이 자신들의 중국 진출에 방해가 될 것이라고 판단했으며 프랑스와 독일 역시 동조했기 때문이다.[자료9] 이어서 1895년 윤5월 친일개화파의 영수인 박영효가 쿠데타 혐의로 망명했다. 이로써 일본이 추진해 왔던 '보호국' 작업은 수포로 돌아갔다.

박영효가 일본으로 망명한 후, 동도서기 계열을 중심으로 제3차 김홍집 내각이 성립되었다. 제3차 김홍집 내각에서는 친일 개화파보다 친러파가 더 우세했다. 국내외 정세가 바뀌자 왕실은 러시아와 미국의 힘을 빌려 일본의 내정 간섭을 물리치려 했다. 고종은 친미·친러파 인사들을 등용하고 친미·친러 정책을 표방했으며 배일 정책을 강화했다.

이에 위기의식을 느낀 일본은 약화된 세력을 만회하고자 온갖 수단을 강구하기 시작했다. 우선 일본 정부는 군인 출신인 미우라 고로(三浦梧樓)를 주한 공사에 임명했다. 이어서 1895년 8월 20일(음력) 자국 낭인과 친일 조선 군인들을 동원하여 반일 세력의 거두였던 명성왕후를 시해했다.[자료10] 이른바 을미사변(乙未事變)이었다.

을미개혁과 아관파천

일본은 을미사변을 감행한 뒤 제4차 김홍집 내각을 성립시켰다. 이어서 그동안

옥호루玉壺樓 전경. 1895년 8월 20일(음력) 명성왕후가 시해당한 곳이다. 일본은 삼국간섭 때문에 잃어버린 지배권을 찾기 위해 일본 낭인과 친일 조선 군인을 조종하여 명성왕후를 시해케 하였다. 이때 일본은 증거를 없애기 위해 시신을 불에 태워버리는 만행을 저질렀다.

미루었던 개혁을 추진했다. 먼저 태양력으로 정삭[正朔, 정월 초하루]을 정하고, 종두법과 단발령을 시행했다. 또한 소학교를 설치하고 우편 사무를 다시 시작했다. 그리고 연호를 정하여 1896년 1월부터 '건양建陽'이라는 새 연호를 쓰고 군제를 개편하여 중앙에 친위대, 지방에 진위대를 두었다. 이른바 을미개혁이다. 그러나 김홍집 내각이 단발령을 시행하자 을미사변으로 격앙되어 간헐적으로 일어났던 유생층과 농민들의 반일·반정부 의병이 전국적으로 확대되었다.[자료11] 이들은 각지에서 의병을 일으켜 친일 지방관을 처단하고 정부와 일본군을 공격했다. 이들 의병은 주로 근왕주의적勤王主義的 위정척사 유생들이 이끌었으며 반反개화를 기치로 내세웠다.

이처럼 을미사변과 단발령을 계기로 반일 감정이 높아지자 러시아는 이 틈을 타서 1896년 2월 이범진, 이완용 등 친러파와 손잡고 고종과 그 일행을 자신들의 공사관으로 피신하게 했다. 이른바 아관파천이다. 러시아 공사관으로 몸을 피한 고종은 친일 내각을 무너뜨리고 러시아, 미국과 가깝게 지내는 인물들을 중심으로 새 내각을 세웠다.

갑오·을미개혁은 이처럼 채 2년도 안 되어 종말을 고했다. 그러나 이들 개혁은 조선 사회가 근대 사회로 나아가는 데 중요한 디딤돌이 되었다. 이러한 개혁은 몇 개 부분에서 다소 수정되었으나 기본적으로는 이후 정권에 연결되어 우리나라 근대 국가 수립 운동에서 중요한 위치를 차지했다.

그러나 이들 개혁은 근대 국가 수립을 목표로 삼았지만 오히려 일본에게 이용당해 외세의 침략을 초래하는 요인이 되기도 했다. 이후 이러한 외세 의존적인 자세는 애국적 지식인들과 백성들 사이에서 비판의 대상이 되었다.

자료1

이번 아군我軍이 대군을 당지[조선땅]에 파견한 이상 이 호기를 놓치지 말고 제국공사관·영사관 및 거류제국 신민을 보호하는 외에 일보를 나아가 조선국으로 하여금 아 일본제국의 보호를 받도록 조약을 체결하고 이로써 아제국 정부가 당국[조선]의 내치외교內治外交에 간여하고 그 진보 개량을 도모하며 이를 부강의 역域에 인도함으로써, 일면으로 아제국의 번병藩屏을 강고히 하고 타일면으로 당국에서의 아제국의 세력을 확장하며 겸하여 제국 상민의 이익을 증진시키는 정책을 택하실 것을 건의합니다.

_ 『일본 외교 문서』 32, 우치다內田 영사가 무쓰陸奧 외상 앞으로 보낸 8월 4일자 상신서

자료2

우리 정부는 남쪽에서 동학의 소요가 있은 후 바야흐로 경장을 생각했고, … 우리나라 자주권을 지킬 수 있고, 또한 경장의 개혁을 단행할 수 있다.

_ 『일본 외교 문서』 27, 노인정회老人亭會 조선측개혁위원 신정희 등 3명의 주장

자료3

우리 정부는 왕명을 받들어 교정청校正廳을 설치했고, 당상관 15명을 두고 먼저 폐정 몇 가지를 개혁하니 모두 동학당이 주장해 온 바의 일이다. 자주 개혁을 점차 추진하기를 바람으로써 일본인들이 끼어듦을 막고자 했다. … 6월 16일 교정청에서 혁폐 조건을 의정議定하여 방방골골에 부쳐 각 도에 시행하도록 했다.

一. 이포吏逋주1가 많은 자는 일절 너그러이 용서하지 말고 일률—律로 시행할 것.

一. 공사채公私債를 가리지 말고 족징族徵을 절대 금할 것.

一. 지방관은 임지에 토지를 매입하거나 묘를 쓸 수 없다. 만일 이를 범하면 토지는 속공屬公하고 묘는 파내어 옮길 것.

一. 채무에 관한 소송은 30년이 지난 것은 받아주지 말 것.

一. 각 읍 이속吏屬은 신중하게 뽑아 안案에 올리고, 이를 임명하는 데 만일 뇌물을 내어 법을 위반하는 자는 공금 횡령으로 다스릴 것.

一. 세력에 기대어 남이 먼저 써놓은 묘를 빼앗는 것을 일체 엄금하고 묘는 일일이 적

주1 이포吏逋 : 향리가 떼어먹은 조세.

발하여 세금을 거둘 것.

一. 각읍의 관에 쓰이는 물건은 시가를 따르고, 진배進排 물종 역시 시가의 낮음에 따

　　를 것. 소위 관지정官支定은 혁파할 것.

一. 부보상 외에 이름을 칭탁해 무리 짓는 것을 각별히 금할 것.

一. 경각사京各司에서 따로 복정卜定[주2]하는 것은 반드시 정부에 보고하고, 만일 사사

　　로이 백성에게 거두는 자는 반드시 무거운 벌을 내릴 것.

一. 원결原結 외 가배加排, 호포戶布 외 가렴加斂은 아울러 엄금한다. 만일 드러나면 곧

　　바로 다스릴 것.

一. 경우리京郵吏 역가미役價米는 구례舊例로 시행하고 20년 이래 가마련加磨鍊은 아울

　　러 거론치 말 것.

一. 민고民庫는 혁파할 것.

_『속음청사續陰晴史』7, 면행견일기沔行遣日記, 고종 31년(1894) 6월 24일

주2 복정卜定 : 상급 관청에서 하급 관청에 배당하는 공물.

자료 4

첫째, 군국의 근무 및 일체의 사무 개혁을 담당한다.

둘째, 군국의 기무는 본처에서 의결한 후, 뜻을 품하여 시행한다.

셋째, 총재 1인, 부총재 1인, 의원 10인 이상 20인 이하, 서기관 2인 또는 3인.

다섯째, (직권에 대해서는) 군국軍國에 관한 사무는 일단 모두 회의에 올려 상의할 것.

여섯째, 회원 반수 이상의 참석으로 개최하고,

여덟째, 회의원이 논의하는 안건의 가부는 다수에 따라 결정하되, 가부가 서로 같으

　　　면 의장이 결정한다.

_『경장장정존안更張章程存案』, 개국 503년(1894) 6월 26일, 27일

자료 5　갑오개혁 개혁 법령

1. 현재 이후 국내외의 공사公私 문서에는 개국기원開國紀元을 사용할 것.

2. 문벌과 양반 · 상민 등의 계급을 타파하여 귀천에 구애됨이 없이 인재를 뽑아 쓸 것.

3. 문무존비文武尊卑의 구별을 철폐하고 다만 품계品階에 따라 상견의相見儀를 규정할 것.

4. 죄인 자신 이외 일체의 연좌율緣坐律을 폐지할 것.

5. 적실嫡室과 첩에 모두 아들이 없는 경우에 한하여 양자養子를 허가할 것.

6. 남녀의 조혼早婚을 엄금하여 남자는 20세, 여자는 16세라야 비로소 결혼을 허락할 것.

7. 과부의 재혼은 귀천貴賤을 막론하고 자유에 맡길 것.

8. 공사노비법을 혁파하고 인신의 판매를 금할 것.

9. 비록 평민이라 하더라도 국가에 이익이 되고 백성을 편하게 할 수 있는 의견이 있

　다면 [군국]기무처에 상서토록 하여 토의에 부치게 할 것.

주3 조예皂隷 : 서울의 각 관아에
서 부리던 하인. 칠반천역七般賤役
의 하나로, 사령使令 · 마지기 · 가
라치 · 별배別陪 따위가 있다.

10. 각 아문의 조예皂隷^{주3}는 그 수를 조절하여 상치常置케 할 것.

15. 공금 횡령한 관리에 대한 징계를 엄중히 하되 횡령한 공금을 변상 납입케 할 것.

16. 조관품급朝官品級의 정正 · 종從의 구별을 없이 하고, 각 아문이 마음대로 체포 · 시

　형施刑함을 금할 것.

주4 창우倡優 : 광대를 가리킴.

17. 역인驛人 · 창우倡優^{주4}와 피공皮工 등의 천민 대우를 폐지할 것.

18. 관인이 휴관休官한 이후에 상업을 경영함은 그 자유에 맡길 것.

19. 과거문장科擧文章으로만 취사取士함은 실재實才를 뽑아 쓰기 어려우니 임금의 재가

　를 주청하여 변통하되 따로 선용조례選用條例를 제정할 것.

20. 각도의 부세賦稅 · 군보軍保 등으로 상납하는 대소의 쌀 · 콩 · 면포는 금납제金納制

　로 대치하도록 마련할 것.

　　　　　 _ 「경장의정존안更張議定程存案」, 개국 503년(1894) 6월 28일, 7월 2일, 7월 3일, 7월 10일

자료6

… 한정[韓廷, 조선 정부]에 금전을 대여하자는 것은 바로 조선에서의 아국의 실리적 관
계를 공고히 하기 위한 수단에 불과합니다. 이제까지 아국은 조선을 도와서 그 독립
을 공고히 하며 내정을 개혁한다고 주장해 왔습니다. [그러나 이러한 주장을 펴며 있어] 그
명분을 단순히 인호隣好 관계에서 구하고 있습니다. [그러나] 이러한 명분으로써는 조
선에서의 우리 지보地步를 공고히 할 수 없으며 또 [이로써] 여러 강국이 충분히 [납득할
만한] [우리의] 간섭 구실을 갖추었다고 볼 수 없습니다. 영국이 이집트에 자본을 부식
하고 실리적인 관계에서 지보를 점한 데 있지 않습니까. 이와 같이 아국도 조선에서

··· 내정 간섭의 구실을 마련하려면 조선에서 실리적으로 우리의 지보를 확보한 다음 재정상 관계로부터 [시작하여] 타의 관계로 [간섭을] 뻗쳐나가는 것이 긴요하다고 믿습니다.

_ 「이노우에공전井上公傳」 IV

자료7 홍범洪範 14조

1. 청국에 의탁하는 생각을 끊어버리고 확실히 자주 독립하는 기초를 확고히 세울 것.
2. 왕실 전범典範을 작정하여 대통의 계승과 종실宗室이며 척신戚臣의 분의分義를 밝힐 것.
3. 대군주가 정전正殿에 거하고 일을 보되, 정사를 친히 각 대신에게 물어 재결하며 왕후와 비빈妃嬪과 종실과 척신이 간여함을 용납하지 않을 것.
4. 왕실 사무와 국정 사무를 모름지기 나누어 서로 혼합하지 아니할 것.
5. 의정부와 각 아문衙門의 직무 권한의 제정을 밝혀 행할 것.
6. 인민이 부세를 냄을 다 법령으로 작정하고 망령되이 명목을 가하여 함부로 거두지 아니할 것.
7. 조세 과징과 경비 지출은 모두 탁지아문이 관할할 것.
8. 왕실 비용을 솔선 절감하여 각 아문 및 지방관의 모범이 되게 할 것.
9. 왕실비 및 각 관부 비용은 일년 회계를 예정하여 재정의 기초를 세울 것.
10. 지방 관제를 속히 개정하여 지방 관리의 직권을 제한할 것.
11. 국중國中의 총명한 자제를 널리 파견하여 외국의 학술과 기예를 견습할 것.
12. 장관을 교육하고 징병하는 법을 사용하여 군제의 기초를 확정할 것.
13. 민법과 형법을 엄격하고 명확하게 작정하고 함부로 사람을 가두거나 징벌하지 말게 하여 인민의 생명과 재산을 보전할 것.
14. 사람을 쓰는 데 문벌에 구애받지 아니하고 선비를 구함에 두루 조야에 미쳐 인재의 등용을 넓힐 것.

_ 「관보」 1894년 12월 12일

53. 내각內閣 각 부部 기타 각 청廳에서 각 영令, 부령部令, 청령廳令 등을 발하며, 지시를 내릴 때는 그 판리안辦理案을 협판協辦에 제출하기 전에 반드시 각기 고문관이 사열査閱에 제공할 일.

55. 내각內閣 각 부部 기타 각 청廳에서 접수 발송하는 공문 서류는 일체 각기 고문관의 사열에 제공할 일.

56. 각 고문관은 내각 회의에서 각기 주무에 속하는 안건의 회의에 당하여 변설辨說할 필요가 요할 때는 참석하여 의견을 진술할 수 있을 일.

— 『의주議奏』 5, 개국 504년(1895) 3월 29일 〈주본奏本 각 대신 간 규약 조건各大臣間規約條件〉

자료9 삼국간섭

전쟁 초기부터 러시아는 일본에게 이웃 나라를 점거하지 말도록 경고해 왔다. 그러나 일본은 마치 이런 경고를 못 들은 것처럼 했다. 그렇다면 지금부터 일본에게 이를 듣게끔 해야 한다.

러시아는 황인종의 문명 따위는 인정할 수 없다. 그러므로 우연한 승리로 기세가 오른 야망의 팽창을 억누르지 않으면 안 된다. … 일본이 조약에 의해 사실상 확보한 조선에 대한 보호 통치를 러시아는 인정할 수 없다. 지리적 위치상으로 뤼순은 조선의 현관이다.

— 「노보에 브레미야[新時代]」, 1895년 4월 21일(양)

자료10

… 그동안 일본이 성심성의를 다해 성취한 개혁을 조선 왕실은 자기네 마음대로 파괴했는데도, 일본은 외교적 절충으로만 그것을 저지하려다 실패하고 말았다. 하물며 러시아 세력의 앙진昂進을 겨우 외교상의 수단만으로 저지할 수 있다고 생각할 수는 더더욱 없는 처지였다. 그렇다면 일본이 마땅히 취해야 할 방도는 무엇이었겠는가? 오직 비상한 수단으로 조선과 러시아의 관계를 단절시키는 수밖에 다른 방법이 없었다. 즉 러시아와 조선 왕실이 굳게 손잡고 온갖 음모를 추진하고 있는 데 대해서는 문

자 그대로 일도양단, 그 한쪽의 손을 잘라내어 양쪽의 악수를 불가능하게 하는 수밖에 없는 것이다. 바꾸어 말하면 왕실의 중심 인물인 민비를 제거함으로써 러시아와 조선의 결탁을 근본적으로 파괴하는 수밖에 다른 좋은 방법이 없었다.

　　　　　　　　　　　　　　　　　　__ 고바야카와 히데오小早川秀雄, 『민비조락사건閔妃凋落事件』

자료 11

각 도 여러 고을에 격문을 보내 고한다

원통함을 어찌하리오. 국모의 원수를 생각하면 이미 이를 갈았는데, 참혹한 일이 더욱 심하여 임금께서 다시 머리를 깎으시는 지경에 이르렀으니 의관을 찢긴 나머지 또 이런 망극한 화를 만났음에 천지가 번복되어 우리 고유의 이성을 보전할 길이 없습니다. 우리 부모에게 받은 몸을 금수로 만드니 무슨 일이며, 우리 부모에게 받은 머리털을 풀 베듯이 베어버리니 이 무슨 변고입니까. … 이에 감히 의병을 일으키고서 마침내 이 뜻을 세상에 포고하노니, 위로 공경公卿에서 아래로 서민에까지 어느 누가 애통하고 절박한 뜻이 없겠습니까.

　　　　　　　　　　　　　　　　　　__ 유인석柳麟錫, 『의암집毅菴集』 권45

■ **출전**

『경장장정존안更張章程存案』 : 갑오개혁을 주관한 군국기무처에서 고종 31년(1894) 6월 25일부터 6월 28일 사이에 의정한 의안을 일지식으로 정리한 책.

『경장의정존안更張議定存案』 : 갑오개혁의 내용 중 고종 31년(1894) 6월 28일부터 11월 26일 사이의 군국기무처 조치 등 주요 관제 개혁 등의 구체적인 내용을 수록한 책.

『이노우에 공 전井上公傳』 : 이노우에 가오루井上馨의 전기집.

『노보에 브레미아新時代』 : 러시아에서 가장 권위가 있었던 일간지.

『민비조락사건閔妃凋落事件』 : 을미사변에 가담한 고바야카와 히데오小早川秀雄의 회고록.

■ **찾아읽기**

유영익, 『갑오경장연구』, 일조각, 1990.

이상찬, 「1896년 의병운동의 정치적 성격」, 서울대학교 박사학위 논문, 1996.

이윤상, 「1894~1910년 재정제도와 운영의 변화」, 서울대학교 박사학위 논문, 1996.

김재호, 「갑오개혁 이후 근대적 재정제도의 형성과정에 관한 연구」, 서울대학교 박사학위 논문, 1997.

김상기, 『한말의병연구』, 일조각, 1997.

박종근, 『청일전쟁과 조선』, 박영재 옮김, 일조각, 1999.

한영우, 『명성황후와 대한제국』, 효형출판, 2001.

이민원, 『명성황후시해와 아관파천』, 국학자료원, 2002.

나카쓰카 아키라, 『1894년, 경복궁을 점령하라』, 박맹수 옮김, 푸른역사, 2002.

왕현종, 『한국근대국가의 형성과 갑오개혁』, 역사비평사, 2003.

송금영, 『러시아의 동북아 진출과 한반도 정책(1860~1905)』, 새미, 2004.

김대준, 『고종시대의 국가재정 연구 · 근대적 예산제도 수립과 변천』, 경인문화사, 2008.

최덕규, 『제정러시아의 한반도정책, 1901~1907』, 태학사, 2004.

김문자, 『명성황후 시해와 일본인』, 김승일 옮김, 태학사, 2011.

김태웅, 『한국근대 지방재정 연구 : 지방재정의 개편과 지방행정의 변경』, 아카넷, 2012.

V.

대한제국과
주권 국가 건설 운동

1 사회를 서구화하자

독립협회와 만민공동회

독립협회는 근대 개혁기의 대표적인 대중 계몽 사회 단체로 1896년 7월 2일 정부의 지원 아래 청의 간섭으로부터 벗어난 것을 기념하여 독립문을 건립하고 독립공원을 조성하기 위해 처음 발족했다. 나아가 일반 민인을 계몽하는 데 앞장섰다. 그러나 제한군주정을 주장하는 만민공동회가 정부와 갈등을 빚어 혁파될 때 독립협회도 같이 해산당했다.

독립협회의 창립과 사상적 노선

초기에 독립협회는 정부와 협조하여 대중 계몽에 앞장섰다. 그래서 여기에는 구미파의 총본산인 정동구락부貞洞俱樂部 세력, 갑오개혁의 주동 인물들의 모임인 건양협회建陽協會뿐만 아니라 신흥 지식층들이 적극 참여했다. 특히 이 중에는 정부 고위 및 중견 관료들도 들어 있어 정부의 정책을 엿볼 수 있다. 회장에는 안경수安駉壽, 위원장에는 이완용李完用이 선임되었다. 또한 서재필徐載弼은 미국 국적을 갖고 있어 고문직에 있었다.

독립협회는 독립문과 독립공원을 조성하기 위해 1896년 7월 2일 창립 총회에서 발기 위원이 시범삼아 보조금을 헌납하고 각계의 지원을 호소했다.[자료1] 한편 「독립신문」은 이 소식을 널리 알려 많은 사람들이 참여하게 했다. 이와 같이 독립협회

서재필(1864~1951)의 모습. 서재필은 자신이 가담했던 갑신정변이 실패하자 미국으로 망명했다가 1895년 12월 정부 요청으로 귀국하였으며 1896년 1월 중추원 고문에 임명되었다. 「독립신문」 발간과 독립협회 결성에 중요한 구실을 했다. 그러나 개혁의 방향을 둘러싸고 정부와 마찰을 빚으면서 다시 미국으로 돌아갔다.

는 정부 관리들을 비롯하여 많은 민간인이 대거 참여했던 것이다.

이러한 독립협회는 적자생존과 우승열패優勝劣敗를 절대시하는 사회진화론을 빌려 세계 질서를 파악함으로써 제국주의의 침략을 당연시했다.[자료2·3] 따라서 이러한 위기를 벗어나기 위해서는 국력을 신장하는 것이 선결과제일 뿐, 제국주의에 대한 즉각 저항은 생각할 수 없었다. 오히려 이에 대한 저항은 개화에 역행한다고 여겨 민인을 계몽하고 사회를 서구화하는 데 주력했다. 그리고 유식자인 지주와 자산가 계층을 주체로 설정하여 이들의 정치 참여를 강력하게 주장한 반면 민인은 교화 대상으로 여겨 정치 참여를 봉쇄하거나[자료4] 심지어 의병을 비도匪徒로 몰아붙였다.[자료5] 독립협회가 말하는 민권은 지주 및 자산가의 개화를 의미했던 것이다.

국체를 둘러싼 독립협회의 두 갈래

이들 독립협회 인사 안에서 국체國體에 대한 견해는 여러 가지였다. 하나는 박영효·서재필이 주도한 정치 세력으로 정부 관료들의 전제군주정안을 거부하고 제한군주정제의 수립을 주장했다. 이들은 1898년 3월 만민공동회를 조직하고 정부의 러시아인 알렉셰프Alekseev 고빙雇聘을 비난하고 일부 정부 대신의 사퇴를 종용하면서

독립문. 독립협회가 정부의 지원과 민간의 모금으로 영은문 자리에 세운 기념문이다. 러시아 기사 사바틴이 설계를 담당하였다. 앞에는 영은문의 주춧돌이 보이고 독립문 사이로 무악재가 보인다. 당시 독립문 앞에는 땔감 시장이 섰다.

독립협회를 정치 단체로 탈바꿈시켰다. 이에 정부가 서재필을 고문직에서 해임하고 출국 조치를 취하자 제한군주정 계열은 1898년 4월 만민공동회를 조직하여 정부의 이런 방침을 정면으로 반박하고 상소운동을 전개했다.

또 하나는 윤치호·남궁억이 주도한 정치 세력으로, 그들은 서재필이 출국한 뒤 독립협회를 이끌면서 정부와 대립하기보다는 협조하여 국권을 수호하고 민권을 신장하는 데 노력했다. 1898년 10월 이들은 관민공동회官民共同會를 개최하여 헌의 6조를 결의하고 고종에게 올렸다.[자료6] 즉 이들 독립협회의 상층 지도부는 전제 황권의 공고화를 통해 대내 개혁을 추진하면서 국권을 강화하고자 했던 것이다.

한편 광무 정권은 관민공동회의 주장을 받아들여 수구대신 5명을 교체하고 중추원 구성과 재정 개혁 등을 약속했다. 특히 중추원을 구성함에 정부 관료와 독립협회 인사에서 각각 절반씩 위원을 선임했다. 이후 보수파 대신들이 독립협회 인사들이 공화정을 수립하려 한다는 익명서를 퍼뜨려 독립협회를 와해시키려 했지만 11월 5일 경무청에 모인 수천 명 민인들의 거센 요구에 정부는 독립협회 간부들을 석방했다. 만민공동회 운동이 재개되었던 것이다.

만민공동회 운동과 정부의 탄압

　제한군주정을 주장하는 정치 세력은 정부의 수용 조치에도 불구하고 만민공동회 이름으로 상소 운동을 전개하면서 독립협회 회원들을 읽어 넣는 데 앞장섰던 사람들을 처벌해 달라고 주장했다. 정부 내에서 보수주의 관료들을 축출하겠다는 의지를 담고 있었다.[자료7] 또한 정부에 압력을 가해 민권을 빌미로 황제의 인사권을 제한하려 했다.[자료8] 또한 이들 계열은 박영효와 서재필을 각 부 장관으로 추천했다. 심지어는 박영효의 사주를 받아 정부 관료를 테러하거나 쿠데타를 기도했다. 이들 계열의 이러한 행위는 당시 독립협회를 이끌었던 윤치호 등 온건파의 통제에서 벗어나 적극적인 반정부 투쟁에 돌입했음을 보여준다.[자료9]

　정부는 만민공동회의 이러한 정치 투쟁에 충격을 받고 1898년 12월 25일 황국협회를 동원하여 만민공동회를 혁파했다. 그리고 독립협회의 중추적인 실무 인사들을 체포 투옥했다. 독립협회는 운영이 어려워지고 회장인 윤치호마저 원산 감리監理로 임명받아 서울을 떠남에 따라 존망의 위기에 처한 데다 또한 재야 유교지식층의 비판을 야기함으로써 마침내 황국협회와 함께 해산되었다.

　한편, 일반 민인들은 정부와 독립협회 인사 사이의 정치적 대립·갈등에 거리를 두었다.[자료10] 특히 1894년 농민군 잔여 세력과 의병 세력은 반왜·척화에 취약했던 독립협회와 만민공동회에 동조하지 않았다. 이들에게는 외국 상인의 침투 속에서 생존권을 지키는 문제가 급한 사안이었기 때문이다.

자료1 독립협회 윤고輪告

우리나라가 한쪽에 치우쳐 있어 땅이 적고 … 오랫동안 남의 아래에 있어 … 그 문을 이름하여 영은迎恩이라 하고 그 관을 이름하여 모화慕華라 함은 무슨 까닭이오. 오호 통재라. 이는 뜻 있는 선비의 비분 탄식하는 바이러니 천운이 돌아 옛날의 굴욕을 이제 벗어 대조선국이 독립국이 되어 세계 만방으로 어깨를 겨누니 이는 우리 대군주 폐하의 위덕이 떨쳐 여러 왕 중에서 뛰어남이오, 우리 대조선국의 유사 이래의 광명이오, 우리 동포 형제 2천만 인구의 행복이다. 그러나 아직까지 기념할 실적이 없으므로 이에 공공의 의견으로 독립협회를 발기하여 전 영은문 유지遺址에 독립문을 새로이 세우고 전 모화관을 새로 고쳐 독립관이라 하여 옛날의 치욕을 씻고 후인의 표준을 만들고자 함이요, 그 부근의 땅을 비워둘 수 없으므로 독립공원을 이루어 그 문과 관을 보관코져 하니 성대한 일이라 아니할 수 없는지라. 돌아보건대, 그 공역이 커서 큰 비용이 될 것이니 합치지 않으면 성취하기를 기약치 못할 것이요, 아국我國 신민된 자가 즐거이 듣고 오지 않을 자가 없을지라. 이에 알리니 밝게 헤아려 보조금을 다소간에 따라 보내고 본회 회원에 참입할 뜻이 있으면 그를 나타내 주기를 바란다.

— 「대조선독립협회회보」, 제1호, 1896년 11월 30일

자료2

한국이 생존하기에 적합지 못할지도 모른다고 생각을 하게 된다. 그렇다면 장차 내가 해야 할 일은 나의 최선을 다하여 한국이 적자로서 생존하게 하는 것이다. 만일 한국이 공정한 생존 경쟁에서 살아남지 못한다면, 한국이 적자로서 생존할 능력이 없음을 보여주는 것이다.

— 「윤치호일기」, 1986년 12월 10일

자료3

조물주는 이러한 기름진 땅과 지하 자원을 쓰지 않고 내버려두는 것을 원하지 않는다. 그것들은 누가 되었든 인간의 이익을 위해 사용하라고 만드신 것이다. … 이러한 넓은 사고와 기업 정신을 갖춘 나라는 덜한 나라보다 특별한 대우를 받아야 한다.

— 「인디펜던스The Independence」, 1898년 9월 15일

우리나라 인민들은 몇 백 년 교육이 없어서 … 자유니 민권이니 하는 말도 모르고 혹 말이나 들은 사람은 아무렇게나 하는 것을 자유로 알고 남을 해롭게 하야 자기를 이 롭게 하는 것을 권리로 아니 이러한 백성에게 홀연히 민권을 주어서 하의원을 실시하 는 것은 도리어 위태함을 속하게 함이라.

_ 「독립신문」 1898년 7월 27일

조선 백성은 언제든지 원통한 일을 당하여 마음에 둔 미흡한 일이 있으면 기껏 한다 는 것이 반란을 일으킨다든지 다른 무뢰지배의 일을 행하여 동학당과 의병의 행세를 하니 본래 일어난 까닭은 권權의 불법한 일을 분히 여겨 일어나서 고을 안에 불법한 일이 다시 생기지 않도록 하자는 주의인데 불법한 일을 저희들이 행하니 그건 곧 비 도라. 비도가 되면 난민인즉, 난민은 법률상에 큰 죄며 나라에 점점 더 못할 일이 아니 리요. 그런 고로 남을 시비하겠으면 나는 법률을 더 밝혀 지키고 행실이 더 높아야 할 지라.

_ 「독립신문」 1898년 8월 12일

一. 외국인에게 의부하지 말고 관민이 동심합력同心合力하여 전제 황권專制皇權을 견고 히 할 일.

一. 광산 · 철도 · 매탄 · 삼림과 차관借款 · 차병借兵 등 무릇 정부와 외국인이 조약을 맺는 일이 만약 각 부 대신과 중추원 의정中樞院議政이 합동하여 착함着啣주1 날인하 지 않으면 시행하지 않을 일.

一. 전국 재정은 어떤 조세를 막론하고 모두 탁지부에서 구관하되 타 부부府部와 사회 사私會社는 간섭하지 않으며 예산과 결산은 인민에게 공포할 일.

一. 지금부터 무릇 중대한 범죄는 공판을 행하고 피고가 철저하게 설명하여 마침내 자복自服한 후에 시행할 일.

주1 착함着啣 : 글발 끝에 성함을 적거나 수결을 둠.

一. 칙임관勅任官주2은 대황제께서 정부에 물어 그 과반수이면 임명할 일.

一. 장정章程을 실천할 일.

_ 『일성록』 개국 507년(1898) 9월 16일(양력 10월 30일)

주2 칙임관勅任官 : 한말 관등의 하나. 대신大臣의 청으로 임금이 임명했으며, 친임관의 아래이고 주임관의 위이다.

자료7

일이 이렇게 되자 독립협회 인사들은 이 사건을 계기로 위협을 느끼기는커녕 마치 자기들의 정책이 만천하에 공인된 것처럼 환성을 올렸으며, 나아가서는 이번 독립협회의 회원들을 옭아 넣는 데에 주동적인 역할을 한 사람들을 처벌하라고 주장함으로써 보수주의자들을 타도하려고 노력했다. 그러나 이들은 황제가 신임하는 고위 관리들이었기 때문에 독립협회가 요구한 보수주의자들의 제거는 달성될 수가 없었다.

_ H. B. 헐버트, 『대한제국 멸망사』

자료8 만민공동회의 6차 상소

대저 임금은 하늘을 대신하여 만물을 다스림을 의무로 삼으나 하루 일만 기틀을 한 사람이 능히 오로지 다스릴 것이 아니니 안으로 대신을 두고 바깥으로 장수를 세우는 것은 여러 가지 일을 나누어 맡김으로써 그 다스림을 구함이라. … 그 가장 심한 것은 민권을 마땅히 방종放縱하지 못하게 하고 군권을 감쇄減殺하는 것은 마땅히 작게 못할지라 이르니 사람의 어질지 못함이 무엇이 이보다 심하리오. 대저 나라는 백성을 근본으로 삼고 임금은 백성으로써 권權을 세워 일백 관원을 다 백성을 위하여 베풀었으니 사람 쓰는 즈음에 조야朝野의 의론을 받는 것이 정치가 천리天理를 따르고 인정人情에 부합하여 나라 형세로 하여금 날로 견고하고 임금의 위엄으로 하여금 날로 높게 하려는 그 기틀이 여기에 있으니 어찌 민권의 방종과 군권의 감쇄보다 더 하릿가. 엎드리어 빌건대 폐하께서는 빨리 맹연猛然히 살피시어 모든 내외 칙임관 중 사무가 긴중한 자를 먼저 뽑으시와 굽혀 정부에 물어 반드시 모든 대신들이 가可라 서명한 것이 많은 수가 있은 연후에 주무대신이 이에 칙지勅旨를 받들어 시행케 하셔야 이로써 잘 내어 정한 장정으로 삼으소서.

_ 『일성록』 개국 507년(1898) 10월 7일(양력 11월 20일)

자료9 만민공동회의 반정부 투쟁

윤치호는 다음과 같이 고백하고 있다. "군중 집회는 이미 독립협회가 다룰 수 없도록 되었으며, 그들의 뜻에 반대되는 지나친 충고를 하자 그들은 12월 6일에 다시 집회했는데 그때 그들의 인선은 분별이 없고 오히려 오만했다. 12월 6일 중추원은 일본으로부터 박영효를 소환하도록 권고했다. 군중 집회는 아무런 생각도 없이 그의 소환을 지지했다. 국민들 중에서 보수주의적인 경향에 흐르고 있는 사람들은 그 사람의 이름만 꺼내도 반대했다. 군중들이 박영효를 지지하는 입장에서 소란을 피우기 시작했다는 기미가 돌게 되자 그들은 곧 국민들의 동정을 잃었다."

_ H. B. 헐버트, 『대한제국 멸망사』

자료10 일반 민인들의 정국 인식

나를 낙담케 하는 것은 일반인들의 끔찍스러운 무관심이다. 그들은 우리(독립협회 – 지은이)의 투쟁을 몇몇 독립협회 인사들과 정부 측의 개인적인 다툼으로 간주하고 있다. 수세기 동안 억압을 받으며 노예적 삶을 살아온 이 사람들은 합의된 6개 항목(헌의 6조 – 지은이)이 그들 모두의 나라와 개인적인 이익에 어떻게 영향을 미친다는 사실을 모르고 있을 줄이야! 이런 유형의 사람들에게 희망을 걸었다니 우리는 참으로 어리석었다. 임금이 그렇듯이 민인들도 모두 마찬가지라니! 그들이 노예로 사는 것은 당연한 일이로다!

_ 『윤치호일기』 1898년 11월 6일

출전

「대조선독립협회회보大朝鮮獨立協會會報」: 독립협회의 기관지. 1896년 11월 30일부터 1897년 8월 15일까지 통권 18호를 간행했다.

「인디펜던스The Independence」: 영문판 「독립신문」.

찾아읽기

신용하, 『독립협회연구』, 일조각, 1976.

정창렬, 「한말 변혁운동의 정치·경제적 성격」, 『한국민족주의론』, 송건호·강만길 엮음, 창작과비평사, 1982.

주진오, 「19세기 후반 개화 개혁론의 구조와 전개 – 독립협회를 중심으로」, 연세대학교 박사학위 논문, 1995.

김태웅, 「대한제국기의 법규 교정과 국제 제정」, 『김용섭교수정년한국사학논총』, 지식산업사, 1997.

한철호, 『친미개화파연구』, 국학자료원, 1998.

서울대 정치학과 독립신문강독회, 『독립신문, 다시 읽기』, 푸른역사, 2004.

최덕수, 『대한제국과 국제환경 – 상호인식의 충돌과 접합』, 도서출판 선인, 2005.

이황직, 『독립협회, 토론공화국을 꿈꾸다 : 민주주의 실험 천 일의 기록』, 프로네시스, 2007.

2 대한제국 헌법 제정
대한국 국제

「대한국 국제大韓國國制」는 1897년 10월부터 1910년 8월까지 존속한 대한제국의 국가 체제를 규정한 일종의 헌법이다. 그리하여 광무 정권은 이를 근간으로 삼아 황제가 주도하는 근대 주권 국가를 건설하고자 했다.

구본신참과 정체 논쟁

1896년 2월 11일 아관파천이 일어난 뒤 정부는 신구 법규新舊法規의 모순과 혼란을 제거하여 개혁을 지속적으로 추진하려 했으며 그 방법은 옛 제도를 본체로 하고, 새로운 제도를 참작한다는 이른바 구본신참舊本新參이었다. 즉 일본에 의존하여 개혁을 급격하게 단행한 갑오 정권의 방식을 반성하고, 주체적인 자세에서 서양의 법과 제도를 널리 수용하여 점진적으로 개혁을 수행했다.[자료1] 그리고 그 목표는 부국강병의 실현과 근대 주권 국가의 수립이었다.

그러나 대외적으로는 러·일 양국이 조선 지배를 둘러싸고 각축전을 벌이고, 대내적으로는 정부와 박영효·서재필 계열의 정치 세력이 근대 주권 국가 건설의 주도권을 둘러싸고 격렬하게 대립하여 국가적 위기가 초래되었다. 우선 러시아와 일본이 배타적으로 조선을 지배할 수 없게 되자 양자가 1896년 5월 베베르 · 고무라 각서를 교환하고 같은 해 6월에는 로마노프 · 야마가타 협정을 비밀리에 체결하여 조선에 대한 양국의 동등한 권리를 보장받으려 했다.

한편 정부가 군권君權의 강화를 통해 왕실 주도의 개혁을 추진하려 한 반면 박영효 · 서재필 계열의 정치 세력은 신권臣權의 강화를 통해 내각 및 중추원 주도의 개혁을 추진하려 했다. 그러다 보니 구법舊法과 신법新法이 혼재되어 시행상의 부작용을 불러왔는데, 이는 특히 정부가 국가 체제를 마련하지 못했기 때문이다. 이에 일반 여론은 나라의 자주적 발전을 위해 근대 국가에 걸맞는 국가 체제를 수립할 것을 열망했다. 즉 그것은 조선이 갑오개혁을 계기로 중화中華 지배 질서로부터 벗어났지만, 한편으로는 일본에 대한 의존이 오히려 심화되거나 러시아의 영향력이 증대되는 현실을 우려하면서 새로운 국가 체제의 수립을 통해 자주적인 주권 국가의 면모를 만천하에 과시하자는 것이다.[자료2]

대한제국 수립과 국제 제정

이러한 여론의 대세 속에서 아관파천 1년 만인 1897년 2월에 경운궁[오늘날 덕수궁]으로 환궁하여 8월 14일에 광무光武를 연호로 삼았고, 10월 11일에는 새 국호를 대한大韓으로 의정議定하였다. 이어서 10월 12일에는 황제 즉위식을 거행하였으며 다음 날 10월 13일에는 자주 국가임을 안팎에 선포했다. 그것은 왕실이 중심이 되어 대외적으로는 국외 주권의 확보를 만방에 과시하는 동시에 러 · 일 양국 사이에서 중립 의지를 표명하는 한편 대내적으로는 국내 주권을 확고히 하여 자주적 근대 주권 국가를 수립하기 위한 노력이라 하겠다.

그러나 박영효 · 서재필 계열의 만민공동회萬民共同會가 왕실이 주도하는 개혁 방식에 크게 반발하면서 정국은 파국으로 치달았다. 만민공동회는 왕실 주도의 개혁을 지지하는 황국협회皇國協會와 격렬한 투쟁 끝에 1898년 12월 25일에 해산되었다.

광무황제 즉위식. 식을 끝내고 대안문(大安門, 오늘날 덕수궁 대한문)에 들어서는 어가 행렬 광경이다. 고종은 아관파천 1년 만에 경운궁(오늘날 덕수궁)으로 환궁하여 8월 14일에 광무光武를 연호로 삼았고 10월 11일에는 국호를 대한제국으로 바꾸고 10월 12일에 환구단圜丘壇에서 황제로 즉위하였다.

한편 청일전쟁 이후 청국이 열강의 반식민지로 전락하면서 민족적 위기감이 고조되었다. 이것은 정부 관료나 재야 지식인 및 일반 민인에게 모두 마찬가지였다. 「독립신문」과 같은 성향을 가진 「제국신문」조차 당시의 민족적 위기를 우려하면서 만민공동회의 대정부 투쟁 방식을 신랄하게 비판했다.[자료3] 정부로서는 이러한 위기를 해소하기 위해 국가의 법적 체제를 시급히 마련해야 했다. 고종은 1899년 6월 23일 교정소校正所를 설치하여 일정한 법규를 의립議立할 것을 지시했다.

교정소의 1차 목표는 국가 체제를 규정하는 국제國制의 제정에 두었다. 정부는 법규교정소 총재에 윤용선尹容善을 임명하고 위원은 각 부부部府의 주임관奏任官 중 4인에 한했다. 여기에는 법부 법무국장 신재영申載永, 중추원 의관 김익승金益昇, 군부대신 관방장 한진창韓鎭昌, 중추원 의관 한영복韓永福 등이 포함되었다. 그 밖에 추가로 의정부 찬무贊務 미국인 리젠드르C. W. Legendre, 철도감독 브라운과 종2품 미국인 그레이트하우스Greathouse 등을 법규교정소 의정관으로 임명하여 전장典章을 논의케 하면서 신구新舊를 참작하는 원칙을 제시했다. 이러한 정부의 노력은 널리 호응을 받았다. 「독립신문」 역시 여기에 찬동하고 상당한 기대를 가지고 있었다.[자료4]

정부는 이러한 여론에 힘입어 1899년 8월 17일 「대한국 국제大韓國 國制」를 반포했다. 그것은 국체國體 및 정체政體를 수립하려 했기 때문이다.[자료5] 즉 광무 정권은 국제 제정을 통해 주권의 소재와 집행 형식을 명백히 규정하려 했다. 그리고 그 근거

「관보」 1899년 8월 22일자에 실린 대한국 국제大韓國制. 제정 경위와 9개 조항으로 구성되어 있다. 여기에는 황제에게 육해군의 통수권, 입법권, 행정권, 관리 임명권, 조약 체결권과 사신 임명권 등 모든 권한을 집중시킨다는 조항이 들어 있다. 군주권의 범위와 대상을 정하여 대내적으로 군주권이 최고 권력임을, 대외적으로는 대한제국 주권이 외국의 간섭을 받지 않는 독립 주권임을 내외에 선포한 것이다.

를 만국공법萬國公法에서 구했다. 끝으로 국제를 '법규의 큰 두뇌요 큰 관건'이라 규정하고 있듯이 헌법으로 이해하고 있으며 나아가 '온갖 법규들이 쉽게 결정될 것이니'라고 평가하고 있듯이 앞으로 이에 근간하여 근대법 체계를 수립하겠다는 의지를 과시하고 있었다.

국제의 내용

이러한 취지는 「대한국 국제」 내용에 그대로 반영되었다. [자료6] 우선 제1조는 타국에 종속하지 않고 대등하게 자국의 정책을 결정하는 자주독립국임을 규정했다. 주권론에서 말하는 대외주권으로서의 독립성을 말하는 것이기도 하다. 제2조와 제3조는 주권의 소재와 집행 형식을 언급한 것으로 국체와 정체를 규정했다. 그것은 근대 주권 국가 체제의 하나인 전제군주정으로 함축할 수 있다. 그리고 제4조부터 제9조까지는 이러한 국체와 정체에 근간하여 군권君權의 범위와 대상을 규정했다. 이는 자주조직권自主組織權으로서 외부로부터 독립하여 자주적으로 국가 기관을 조직하고 국가 권력을 수권授權하는 권한을 명시한 것이라 하겠다. 예를 들어 군통수권, 입법권, 사면권, 관리 임명권과 외교권이 포함되어 있다. 이와 같이 국제 제정은 국가 권력의 대내 최고성과 대외 독립성을 규정한 것이라 하겠다. 그런 점에서 이는 단지 군권 강화라는 차원에 그치지 않고 근대 주권 국가로 진입하려는 광무 정권의 이념과 국가 건설 방향을 법제적으로 규정한 것이다.

이어서 광무 정권은 이러한 국제에 근간하여 1899년 9월 11일 청국과 호혜평등의 원칙에 입각한 통상 조약을 새로 체결했다.[자료7] 근대적 외교 관계가 정립된 것이다. 아울러 광무 정권은 1900년 12월 8일에 형법 교정에 착수하여 1905년 4월 28일 『형법대전刑法大全』을 반시頒示했다. 여기서 근대적 국민 평등과 사적 소유권이 법제적으로 확립되었다. 근대법 체계가 수립된 것이다. 그리고 이러한 기반 위에서 왕실 주도의 개혁 사업이 1899년 국제 제정을 전후하여 본궤도에 오르게 되었다. 예를 들어 양전量田 · 지계 사업地契事業, 내장원內藏院의 강화, 원수부元帥府와 지방대地方隊 편제, 구미 각국과의 외교 관계 확대 및 주재 공사 파견 등이 이를 잘 보여준다. 그러나 광무 정권은 여전히 열강의 영향력에서 벗어나지 못했다. 광무 정권의 추진 세력도 왕실과 일부 특정 관료에게 국한되어 국민들의 개혁 열기를 적극 담아내지 못했다.

자료 1

의정 김병시金炳始가 말하되 … 금일의 폐막은 이루 말할 수 없습니다. 그중 크고 심한 것은 조정과 백성의 논의가 서로 모순되어 이서吏胥가 부화浮訛하고 국세國勢가 급업岌嶪하니 이것이 무엇 때문이겠습니까. 옛것에 안주하려는 자는 반드시 구례舊例를 모두 회복하려 하고 공리功利에 급한 자는 반드시 한결같이 신식新式만을 따르려 합니다. 복구의 뜻은 반드시 모두 옳은 게 아니니 복구할 만한 것도 있는 것도 있고 복구해서는 안 될 것도 있습니다. 새 것을 따르는 일은 반드시 모두 갖추어 있는 게 아니니 따를 것도 있고, 따라서는 안 되는 것도 있습니다.

_「고종실록」 건양 2년(1897) 3월 16일

자료 2

갑오경장甲午更張 이후 독립의 이름은 있으나 독립의 실질은 없습니다. 국시國是가 정해지지 않고 백성이 만족하지 못하니 이것이 무엇 때문입니까. 우리나라의 백성은 문약文弱을 성정性情으로 삼고 의부依附하기를 버릇으로 삼으니 멀리는 이천년, 가까이는 오백년 동안 중국을 섬겨 조용하게 변할 줄 몰랐습니다. 일견一見 사람 중에 자주自主의 주장을 가질 듯한 사람도 번번이 눈을 부릅뜨고 괴로워서 혀를 빼물었고 깜작 놀라 눈을 휘둥그레 보기를 그치지 않았습니다. 이것은 단지 옛날만 그러한 것이 아니라 금일에 처해서도 여전히 거리에서 비방하는 자가 있습니다. 그 소견이 치우치고 좁아 족히 말할 게 없습니다. 그러나 현재 교정矯正의 방법은 오로지 위의威儀를 바로잡고 눈매를 높여 민심民心으로 하여금 우뚝 올라서 나아가 살펴보는 바가 있게 해야 합니다.

_ 「비서원일기秘書院日記」 건양 2년(1897) 8월 29일(양력 9월 25일)

자료 3

독립협회라고 생겨나서 … 너무 지리하고 극한에 올라서 떠들어 놓은즉 우리나라만 사는 천지가 아니라 지금 강대한 각국이 틈만 엿보고 있는 때에 무슨 꾀를 내어 나라에 무슨 일이 생길런지 염려가 적지 아니할 뿐더러 지각 없는 인민들이 서로 의심하고 같이하여 난리가 되었으니 지금은 당초에 충군애국 목적을 가지고 나랏일을 하자고 하던 사람들도 마음대로 조처할 수도 없고 한갓 인민에게 부딪혀 지나니 어찌 한심하지 아니하다 하며 …

— 『제국신문』, 1898년 11월 10일 논설

자료 4

대황제 폐하께서 특별히 국계國計와 민생民生에 크게 관계됨을 통촉하사 법률교정소를 설시設施시키시고 본국 관민 중에 학식이 고명한 이들과 외국 신사의 고문관들로 교정소 관원을 삼으시어 전국 법률을 일신하게 교정시키신 후에 국중에 반포하여 실시케 하신다 하오니 우리는 대한 정부를 위하여 크게 축수하며 대한 백성을 대하여 간절히 치하하거니와 정부에서 이번에 교정시키시는 법률은 참으로 실시가 되게 하기를 바라노라.

— 『독립신문』, 1899년 8월 14일 논설

자료 5

법규교정소에서 임금께 말씀을 올렸다. 나라를 비로소 세울 적에 반드시 먼저 정치政治가 어떠한가, 군권君權이 어떠한가를 일정한 제도로 드러내어 천하에 소시昭示한 연후에 가히 신민臣民으로 하여금 식준式遵하여 어김이 없게 하는 것이라. 옛적에 우리 태조대왕[주1]께서 탄생하심에 천명을 받으시어 업業을 창건하시고 정통을 드리우사 오히려 이런 정한 제도로 반포하여 보임이 없는 것은 대개 겨를치 못하심이 있음이라. 우리 폐하께서 상성上聖의 자품姿品으로 중흥中興의 업業을 세우시고 이미 보위寶位에 나아가셨으며 이어 또 나라 이름을 고쳐 정하셨으니 주나라가 비록 옛 나라이나 그 명命이 오직 새롭다 했으니 만억년萬億年 무강無彊의 아름다움이 실로 이에 기초하온 즉 무릇 선왕조先王朝[주2]에서 겨를치 못하신 일이 다 장차 오늘날을 기다리심이 있었기에 이 법규 교정소에 베푼 바이라. 이제 엎드리어 조칙을 받들어 신의 소[법규교정소]로부터 국제國制[주3] 세움을 상론商論하여 아뢰되 성지를 물으라 하셨기에 이에 감히 뭇 의론을 취하고 공법公法[주4]에 비추어 국제 일편一篇을 비겨 정하여 본국 정치가 어떤 정치

주1 태조대왕太祖大王 : 조선 왕조를 개창한 태조 이성계李成桂

주2 선왕조先王朝 : 조선 왕조

주3 국제國制 : 일종의 헌법. 국가의 정치 제도 또는 국가의 제약制約 등으로 황제가 친히 정한 국가 기본법이라는 의미에서 국제라고 칭한다.

주4 공법公法 : '만국공법'을 줄인 말. 만국공법은 19세기 서양 열강들 사이에 체결된 국제법으로 독일 법학자 불룬칠리(Johann Caspar Bluntschli, 1808~1881)의 『공법회통公法會通』이 가장 유명하다.

가 되며 군권이 어떤 군권이 되는 것을 밝히는 것은 이 진실로 법규의 큰 두뇌요 큰 관건이라. 이 제도를 한번 반포한즉 온갖 법규들이 쉽게 결정될 것이니 그것을 교정하는 데서 무엇이 어렵겠습니까. 이에 이미 신의 소[법규교정소] 회의를 지나 삼가 표제標題를 잡아 열어 기록하니 엎드리어 성재聖裁하심을 기다리나이다.

— 『일성록』, 개국 508년(1899) 7월 12일(양력 8월 17일)

자료6 대한국 국제大韓國 國制

제1조. 대한국은 세계 만국에 공인되온 바 자주 독립하온 바 제국帝國이니라.

제2조. 대한제국의 정치는 이전에는 오백년이 내려왔고 이후에는 만세불변하오실 전제정치專制政治주5이니라.

제3조. 대한국 대황제께서는 무한하온 군권君權을 향유하옵시나니 공법에 있는 바 자립정체自立政體주6이니라.

제4조. 대한국 신민이 대황제의 향유하옵신 군권을 침손侵損할 행위가 있으면 이미 행한 것과 행하지 않은 것을 물론하고 신민의 도리를 잃은 자로 인정할지니라.

제5조. 대한국 대황제께서는 국내 육해군을 통솔하옵서 편제를 정하옵시고 계엄戒嚴과 해엄解嚴을 명하시니라.

제6조. 대한국 대황제께서는 법률을 제정하옵서 그 반포와 집행을 명하옵시고 만국의 공공한 법률을 효방效倣하사 국내 법률도 개정하옵시고 대사大赦·특사特赦·감형減刑·복권復權을 명하옵시나니 공법에 이른 바 자정율례自定律例주7이니라.

제7조. 대한국 대황제께서는 행정 각 부부府部의 관제와 문무관의 봉급을 제정하거나 개정하옵시고 행정상 필요한 각항 칙령勅令을 발하옵시나니 공법에 이른 바 자행치리自行治理주8이니라.

제8조. 대한국 대황제께서는 문무관의 출척임면黜陟任免을 행하옵시고 작위훈장과 기타 영전을 수여하거나 체탈遞奪하옵시나니 공법에 이른 바 자선신공自選臣工주9이니라.

제9조. 대한국 대황제께서는 조약을 맺은 국가에 사신을 주찰駐紮케 하옵시고 선전강

주5 전제정치專制政治 : 근대 주권 국가 정체의 하나. 군주가 주권을 가지고 정치 권력을 행사하는 정체를 가리킨다.

주6 자립정체自立政體 : 타국의 간섭을 받지 않고 자기 고유의 정치 체제를 헌법으로 제정할 수 있는 권한을 가지고 있다는 의미임.

주7 자정율례自定律例 : 국토와 인민을 위한 자주적 입법권을 갖는다는 의미임.

주8 자행치리自行治理 : 자주 통치와 자치 행정을 의미함.

주9 자선신공自選臣工 : 관직 임명의 자유를 의미함.

주10 자견사신自遣使臣 : 외국과
의 국교國交를 위하여 자국 대표
자를 지명하고 전권全權을 위임하
는 권한을 의미함.

화선강화和宣講和와 제반조규를 체결하옵시나니 공법에 이른 바 자견사신自遣使臣[주10]

이니라.

— 『일성록』 개국 508년(1899) 7월 12일(양력 8월 17일)

자료7 한청통상조약韓淸通商條約의 일부 조항

대한국大韓國과 대청국大淸國은 우호를 돈독히 하고 피차 인민을 돌보려고 절실히 원

한다. 이러므로 대한국 대황제의 특파전권대신 종2품 의정부찬정 외부대신全權大臣從

二品議政府贊政外部大臣 박제순朴齊純과 대청국 대황제의 특파전권대신 2품함 태복시 경

全權大臣二品銜太僕寺卿 서수펭徐壽朋은 각각 받들고 온 전권 위임의 증빙 문건을 상호 교

열較閱하니 모두 타당하므로 통상 약관을 다음과 같이 맺는다.

제1관. 앞으로 대한국과 대청국은 영원히 우호를 다지며 양국 상인과 인민이 피차 교

거僑居하는 경우에는 모두 온전히 보호와 우대의 이익을 얻는다. 다른 나라가

공평치 못하고 경멸을 당하는 일이 있을 경우에 통지하면 모두 서로 도와야 하

며 중간에서 잘 조처하여 두터운 우의를 보인다.

제2관. 이번에 통상 우호 조약을 맺은 뒤로부터 양국은 서로 병권 대신秉權大臣을 파견

하여 피차 수도에 주재시키고 아울러 통상 항구에 영사 등의 관원을 설립하는

데 모두 편의를 들어줄 수 있다. 이러한 관원이 본 지방 관원과 교섭 왕래할 때

에는 모두 품급에 상당하는 예로 대한다. 양국의 병권 대신과 영사 등 관원은

각종 특전을 향유하며 피차 서로 최혜국 관원과 다름이 없이 대우한다.

(중략)

제5관. 1. 재한국 중국 인민이 범법한 일이 있을 경우에는 중국 영사관이 중국의 법률

에 따라 심판 처리하며, 재중국 한국 인민이 범법한 일이 있을 때에는 한국 영

사관이 한국의 법률에 따라 심판 처리한다.

재중국 한국 인민이 생명과 재산이 중국 인민에 의해 손상당했을 때에는 중국

관청에서 중국 법률에 따라 심판 처리하며, 재한국 중국 인민의 생명 재산이

한국 사람에 의해 손상당했을 때에는 한국 관청에서 한국 법률에 따라 심판 처

리한다.

양국 인민이 소송에 관련되었을 때 당해 안건은 피고 소속국 관원이 본국의 법
률에 따라 심사 판결해야 하며 원고 소속국에서는 관원을 파견하여 심리를 들
을 수 있으며 승심관承審官은 예로 대해야 한다. 청심관聽審官이 증인을 소환하
여 심문할 때에는 역시 그 편의를 들어주어야 한다. 승심관의 판결이 공정치
못하다고 여길 때에는 상세히 반박 변론을 하도록 한다.

(중략)

제6관. 중국은 전부터 미곡米穀을 해외로 수출하는 것을 허가하지 않는다. 한국에서
는 이를 금지한 일이 없으나 혹 어떤 일로 인하여 경내의 식량 결핍이 염려되어
잠시 미량米糧의 수출을 금지할 경우 지방관이 통지한 뒤에는 중국 관청에서
각 항구에 있는 무역 상인에게 일체 준수하도록 전칙轉飭해야 한다.

(중략)

광무光武 3년 9월 11일

대한제국 특명의약전권대신 종2품 의정부 찬정 외부대신 박제순

광서光緒 25년 8월 7일

대청제국 흠차의약 전권대신 2품함 태복시 경 서수펑

_ 『고종실록』 고종 36년(1899) 9월 11일

■ 출전

『제국신문』 : 1898년 8월 10일자로 이종일(李鍾一, 1875~1965)이 창간한 일간지. 순국문으로 간행되어 하층민과 부
녀자들도 읽었다. 개화 문명의 수용을 통해 근대 사회를 건설하고자 국민 계몽에 주력했다.

■ 찾아읽기

이병수, 「우리나라의 근대화와 형법대전의 반사頒示: 가족법을 중심으로 하여」, 『법사학연구』 2, 1975.

전봉덕, 『한국근대법사상사』, 박영사, 1981.

최종고, 『한국의 서양법수용사』, 박영사, 1982.

김용섭, 『증보판 한국근대농업사연구 – 농업개혁론·농업정책』, 일조각, 1984.

주진오, 「19세기 후반 개화 개혁론의 구조와 전개 – 독립협회를 중심으로」, 연세대학교 박사학위 논문, 1995.

김효전, 『서양 헌법 이론의 초기 수용』, 철학과현실사, 1996.

김태웅, 「대한제국기의 법규 교정과 국제 제정」, 『김용섭교수정년한국사학논총』, 지식산업사, 1997.

도면회, 「1894〜1905년간 형사재판제도 연구」, 서울대학교 박사학위 논문, 1998.

문준영, 「대한제국기 형법대전의 제정과 개정」, 『법사학연구』 20, 1999.

한영우, 『명성황후와 대한제국』, 효형출판, 2001.

김세민, 『한국근대사와 만국공법』, 경인문화사, 2002.

이민원, 『한국의 황제』, 대원사, 2002.

서영희, 『대한제국 정치사 연구』, 서울대학교 출판부, 2003.

이욱, 「근대 국가의 모색과 국가의례의 변화 : 1894〜1908년 국가 제사의 변화를 중심으로」, 『정신문화연구』 27–2, 2004.

은정태, 「1899년 한 · 청통상조약 체결과 대한제국」, 『역사학보』 186, 2005.

교수신문 기획 · 엮음, 『고종황제 역사 청문회』, 푸른역사, 2005.

한영우 외, 『대한제국은 근대국가인가』, 푸른역사, 2006.

김태웅, 「근대 개혁기 고종정부의 서구 전장 탐색과 만국사 서적 보급」, 『세계 속의 한국사』 이태진교수정년기념논총간행위원회 엮음, 태학사, 2009.

김현숙, 『근대 한국의 서양인 고문관들』, 한국연구원, 2008.

서희경, 『대한민국 헌법의 탄생』, 창작과비평사, 2012.

3 근대적 토지 소유권 확립

광무 양전 · 지계 사업

광무 양전量田 · 지계地契 사업은 1898년부터 1904년까지 6년 동안 대한제국 정부에서 실시했던 토지 조사 및 소유권 증서 발부 사업이다. 이를 통해 근대적인 토지 소유권이 확립되고 국가 재정이 개선될 수 있는 토대가 마련되었다. 비록 러일전쟁으로 중단되었지만, 주권 국가 수립을 지향했던 광무 정권의 대표적인 개혁 사례로 평가된다.

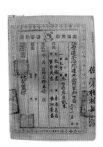

토지 소유 문제의 심화와 양전 실시

19세기 말 조선 사회는 토지 문제를 둘러싼 사회적 갈등이 심화되었다. 동학란은 단적인 예였다. 그것은 토지 소유의 불균등만이 아니라 여기에서 연유하는 부세賦稅 행정의 난맥 등으로 인해 조선 사회의 위기를 더욱 가중시키고 있었고, 따라서 이 문제를 어느 방향에서든 해소하기 위해서는 무엇보다 먼저 국가의 정확한 토지 파악 및 소유권 확인 작업이 절실했다. 더욱이 국교 확대 이후 외국인, 특히 일본인들의 토지 침탈이 늘어나면서, 국가 차원에서 이들의 불법적인 토지 소유와 점유에 대한 대책이 화급하던 형편이었다. 아울러 근대화를 도모하는 과정에서 필요한 재원을 마련하려면 지세地稅를 증수해야 한다는 점도 대한제국 정부가 양전 · 지계 사업을 구상하고 적극 추진하는 주요 계기가 되었다.

이런 필요성에서 양전에 대한 논의는 대한제국 이전부터 끊임없이 제기되어 왔다. 관료와 유자들은 각자의 처지에 근거하여 양전 사업을 건의했고, 갑오개혁 시기에 이르러서는 전국적인 양전 실시가 결정되기도 했다. 마침내 1898년 6월 23일, 내부대신 박정양과 농상공부대신 이도재가 의정부에 〈토지측량에 관한 청의서〉를 제출한 것을 계기로 대한제국 광무 연간의 양전 사업이 공식 결정되었다.[자료1] 그리고 그해 7월 6일에 〈양지아문직원급처무규정量地衙門職員及處務規程〉을 반포하고 주관 기관인 양지아문量地衙門을 설립했다. 양지아문의 직제는 본부의 임원과 양전 사업에 종사하는 실무진으로 구성되었다. 본부의 임원으로는 총재관 3명, 부총재관 2명, 기사원 3명, 서기 6명 등을 두었고, 실무진으로 양무감리와 양무위원, 조사위원 및 기술진이 있었다.[자료2]

양전 사업의 구상과 추진

대한제국은 광무 양전 사업을 '구본신참舊本新參'의 원칙에 입각하여 추진했다. 양전 사업의 여러 규정이 나라의 옛 법[國朝舊典]을 그대로 따른 점이나 지계의 원칙이 입안立案 제도와 양안量案의 형식으로 이루어지고 있음은 구舊를 본本으로 삼은 것이었고, 양전의 정확을 기하기 위하여 미국인 기사를 고빙함으로써 서구 근대의 측량 기술을 이용한 점이나 근대적인 소유권 증서로서 지계 제도를 채택하여 구래의 소유권을 근대적 소유권으로 전환시킨 것은 신新을 취한 것이다. 그러면서도 대한제국의 양전 사업이 이전의 양전과 근본적으로 다른 점은 조사 대상이 농지에 국한되지 않고 전체 토지를 대상으로 한다는 점이었다. 그것은 토지에 대한 정확한 파악과 국가의 관리권 확립을 바탕으로 근대적인 국가 경영의 기반을 마련하고자 하는 의미를 담고 있었다. 즉 토지 소유권의 확정과 토지·가옥·인구에 대한 전반적인 조사를 바탕으로 국가의 지세 수입 증대를 모색하고, 그것을 기반으로 광무 연간 일련의 개혁을 추진함으로써 근대적 국가 수립을 도모하고자 하는 구상이었던 것이다.

이에 양지아문은 〈양전조례量田條例〉, 〈양지아문 시행조례地衙門施行條例〉 등 각종 법령을 정비하면서 준비 작업에 착수했다.[자료3] 특히 〈시행조례〉에서는 전국적인 양전을 앞두고 양전의 원칙과 시행 방식을 구체적으로 규정했다.[자료4] 첫째, 실제의 토지 상태를 고려하고 배미와 두락을 파악하고자 했다. 이는 조선 후기 이래 수확량을 기준으로 각 등급의 면적을 정하는 결부제結負制를 폐기하고 객관적인 토지 면적 단위인 두락제를 채택했음을 의미한다. 둘째, 양안에 수록될 농지의 범위를 일단 한정하고 있었다. 즉 토지를 측량할 때 본래 양안에 수록된 환기전, 가경전, 신기전, 화속전 등의 명목을 구분하지 말고 금년에 경작하고 있는 농지 일체를 수록하도록 했다. 셋째, 토지의 경영 및 소유권과 관련되어 있는 당사자로서 전답주인 시주時主와 작인인 시작時作을 동시에 조사하고자 했다. 양안에 작인의 성명이 기록됨으로써 작인의 경작권을 보호하고 조세를 안정적으로 수취할 수 있었다. 다만 시주가 편의에 따라 실명實名 대신에 호명戶名이나 마름의 이름을 올려도 무방했다. 전답주가 실명을 사용하든 대록명代錄名을 사용하든 향촌에서는 해당 토지의 실질적인 소유자가 누구인지를 알고 있어 자신의 토지에 대한 토지 소유권을 행사하는 데 전혀 문제가 되지 않았기 때문이다.

이어서 정부는 1899년 여름부터 양전 사업에 돌입했는데 측량 방식과 시행 목적을 고려하여 크게 두 지역으로 나누었다. 한성부와 그 밖의 지방이었다. 우선 한성부에서는 서양의 측량 기술에 의거하여 측량하되 갑오개혁 이전에 이미 실시했던 가계家契 발급 제도를 확대하여 시행함으로써 외국인의 토지 소유 확대를 저지하고 토지 주권을 확보하는 방향이었다. 그리하여 1899년 4월 1일 숭례문에서 양전을 처음 시작하여 1년 후인 1900년 5월 무렵까지 측량을 마무리할 예정이었다.

또한 양지아문은 은결이 가장 많다고 알려진 충청남도 아산군을 시범으로 삼아 6월 20일부터 9월 13일에 걸쳐 양전을 실시했다. 이어서 아산군의 양전 성과를 토대로 삼아 각도 단위로 전국적인 양전 사업을 추진했다. 그리하여 큰 흉년이 들어 중단된 1901년 12월 말 현재, 경기 15군, 충북 16군, 충남 22군, 전북 13군, 전남 16군, 경북 27군, 경남 10군, 황해 3군 등 전국적으로 총 122군이었다.

지계 사업의 추진과 관계 발급

한편 양전 사업을 통해 토지의 소유권자를 확인하여 양안에 기재함으로써 그 토지의 소유권을 확인해 주었지만, 그 후의 변동 관계에 대한 제도적 확인 장치 즉 국가의 토지 관리권에 대한 제도 정비가 아직 미흡한 실정이었다. 당시에는 농민층 분화 현상이 진전되면서 매매 등을 통한 소유권 변동과 궁방의 민전民田 침탈, 도매盜賣, 외국인에 대한 잠매潛賣 등의 부정한 방법을 통한 소유권 변동이 빈번히 일어나고 있었다. 특히 외국인에 대한 잠매 행위는 국법으로 금지하고 있었으나 이에 대한 제도 보완이 시급한 형편이었다.

이에 따라 토지 소유권자나 관리들은 토지 소유권의 확인과 변동의 공인公認을 요구했고, 정부는 그 요구를 수렴하여 1901년 10월 20일에 〈지계아문직원급처무규정地契衙門職員及處務規程〉을 반포하고 지계아문地契衙門을 창설했다. 또한 그해 11월 11일에는 이 〈처무규정〉을 개정하면서 지계 발급의 대상을 농지에 한정하지 않고 전국의 모든 산림과 토지 전답 및 가옥까지 포괄하게 했다. 명칭도 지계 대신 관계官契로 바꾸었다. 또한 종전에는 규정하지 않았던 외국인의 토지 소유를 금지하는 조항을 명시하여 삽입했다.[자료5] 나아가 지계아문은 1902년 1월부터 양전아문의 사업을 인수하여 관계의 발급과 함께 토지의 측량을 담당했다. 지계아문의 담당 관리는 지계 감독, 지계 감리, 지계 위원 등으로 구성되었다. 지계 감독은 각 도의 관찰사가 맡

오늘날의 토지등기증명서에 해당하는 전답관계田畓關契 (1903). 일명 지계地契라고도 한다. 토지 소재지 및 토지 소유자 이름을 적어 넣었으며, 인쇄된 양식지를 사용함으로써 전국적으로 통일된 토지 소유권을 파악할 수 있었다.

아 양전과 관계 발급 사업을 총괄했고, 지계 감리는 양전과 관계 발행의 실무 책임자로서 각 도에 1명씩 파견되어 각 군의 지방관을 통솔하면서 양전을 실시하고 관계를 발행하는 모든 업무를 실질적으로 관장하게 했다.^[자료6·7]

이에 따라 1902년 말부터 강원도 전 지역에 관계가 발급될 수 있게 되었다. 아울러 1903년 11월부터는 충청남도 직산부터 시작하여 충청남도 전역에 확대 실시될 예정이었다. 1902년과 1903년 2년 동안에 전국적으로 94개 군에서 양전이 마무리되었으며, 종래 양지아문에서 양전한 지역까지 합치면 218개 군으로서 전국적으로 2/3에 이를 정도였다. 그 밖에 한성부 지역에서도 아직 양전이 실시되지 않았던 지역을 대상으로 하여 전답과 가사家舍를 측량하기 시작했으며 이어서 관계 발급 사업을 추진할 예정이었다.

양전 · 지계 사업의 의의와 한계

대한제국 정부가 이처럼 1898년부터 1904년까지 6년 여 동안 추진한 양전 · 지계 사업은 근대적인 토지 조사 사업이었다. 즉 양전 사업을 통해 개별 토지와 토지 소유자를 확인하는 단계, 토지 소유자의 변동 유무를 서류 증빙을 통해 사정하는 단계, 나아가 토지 소유권자를 국가가 확정짓고 관계를 발급하는 단계를 거치면서 토지 소유권을 근대적인 법과 형식으로 공인하는 과정을 밟았던 것이다.

그러나 한반도와 만주에서 전개된 러일전쟁으로 말미암아 양전이 채 끝나지 못하고 지계가 다 발행되기도 전에 일본의 압력으로 이 기관은 해체되고 양전 · 지계 사업은 중단되었다. 일본은 관계 발급으로 인해 자국민의 불법적인 토지 거래가 전면적으로 금지되고 장래 토지 소유권 자체를 환수당할 위기에 빠졌다고 판단하여 광무 정권의 관계 발급 사업에 강력하게 반발했던 것이다. 즉 일본은 대한제국 내에서 일본인의 토지 소유를 확대하는 농업식민農業殖民을 통해 한국의 농업 기반을 아래로부터 장악하려 했으며, 그 때문에 방해가 될 수밖에 없는 양전 · 지계 사업을 결코 그대로 둘 수 없었다.

비록 양전·지계 사업이 일본의 압력으로 중단되었지만 이 사업은 한말의 토지 제도·농촌 경제가 내포하는 모순과 폐단을 해소·조정하면서 농민 경제와 국가 재정을 안정시키려는 방안이자, 구래의 소유권을 근대의 소유권으로 추인함으로써 지주자본地主資本을 근간으로 근대 주권 국가 건설을 지향했던 광무 정권의 자주적인 근대 국가 건설 방략을 보여주는 대표적인 개혁 조처였다. 따라서 이 사업은 한국의 토지 제도 발전 과정에서 중세 사회를 최종적으로 해체시킴과 동시에 근대 주권 국가 건설에 필요한 경제적 토대를 제공할 수 있었던 미완의 사업이었다.

자료1 토지 측량에 관한 청의서

전국의 지방을 나누어 구역을 정하고 구역의 지질을 측량하여 조리條理가 분명하게

함은 나라의 큰 정치[大政]입니다. 대저 우리나라는 구역이 크지 않은 것이 없고 토지

가 아름답지 않은 것이 없습니다. 그러나 강계疆界에 나눔[分定]만 있고 지질의 측량

이 자세하지 않아, 원야原野의 광착廣窄과 천택川澤의 장단長短과 산령山嶺의 고저高低

와 임수林藪의 활협闊狹과 해빈海濱의 창탄漲灘과 견무畎畝의 비척肥瘠과 가옥의 점지占

趾와 토성土性의 조습燥濕과 도로의 이험夷險 등을 살피기에 매우 어려우니, 지금에 이

르러 정치를 유신維新한 때에 어찌 일대 결함이 아니겠습니까. 곰곰이 생각하건대 금

일의 급무急務가 토지 측량보다 우선하는 것이 없기에 이 일을 의정부 회의에 상정합

니다.

광무 2년 6월

의정부 찬정 내부대신 박정양朴定陽

의정부 찬정 농상공부대신 이도재李道宰

_ 「각부청의서존안各部請議書存案」6

자료2 각 도의 양무 감리量務監理를 도내의 군수 중에서 산술算術에 밝고 업적이 있는

자로 임명하여 우선 시행할 일에 관한 청의서

지금 전국의 토지를 측량[量田]하기 위해 양지아문을 설치하고 외국인 기사를 초빙하

여 견습생을 교수하고 있으나주1 양전 실무자를 양성하는 일이 수 년 내에 성취되기를

기약하기는 어려울 듯합니다. 또 현재 탁지부度支部에 들어오는 국고의 토지세를 각

부군府郡에서 각종 명목으로 허위 보고하여 결손액이 매년 증가하니, 토지 측량을 일

찍 하면 할수록 국고國庫가 그만큼 충실해질 것입니다. 따라서 각 지방 군수 중에서

중국과 서양의 산술算術을 잘 알고 업적이 이미 현저한 자를 가려 뽑아서 그 도의 양무

감리로 임명하여 양전 실무자를 양성하게 하고, 이들 양무 감리로 하여금 해당 군에

서 양전을 시험하여 성과를 본 후에 다른 각 군에서도 실시하도록 하여야 합니다. 또

양전의 소요 비용은 우선 해당 군에서 마련하도록 하는 규정을 분명히 하고, 결총結總

주2에서 경작 여부에 관계없이 누락된 토지가 없도록 하는 것이 지금 시점에서 타당할

주1 광무 2년(1898)에 마련된 〈양

지아문직원급처무규정量地衙門職

員及處務規程〉에 따르면, 측량을

실무적으로 담당하는 외국인 수기

사首技師 아래 기수보技手補 10인

을 두고 있는데, 이들 기수보가 영

어 · 일어 학교 학생 20명으로 보

충된 견습생들에게 측량 업무를 가

르치게 되어 있다.

주2 결총結總 : 토지 대장인 양안

量案에 기재된 토지의 총 면적.

것이라 사료되어, 규칙 8조를 첨부하여 이 건을 의정부 회의에 상정합니다.

광무 3년 4월

양지아문 총재관 이도재李道宰

_ 『각부청의서존안各部請議書存案』 10

자료3 양전 조례量田條例

주3 양지 사무量地事務 : 토지를 측량하는 일. 곧 양전 사업.

一. 양지아문에게 13도의 양지 사무量地事務주3를 관할시킬 것.

一. 각 도의 양지 사무는 해당 관찰사에게 관리하게 하되 양지아문의 명령을 따를 것.

一. 각 군의 양지 사무는 해당 군수가 주간하게 하되, 관찰부의 지휘를 따를 것.

一. 양지아문은 토지 측량에 밝은 사람을 선택하여 각 도에 1명씩 파견하여 이들이 양지 사무를 지도 · 규찰하게 하고, 각 도의 양지 규정이 동일하게 조처할 것.

一. 각 군은 유생과 서리 중에서 글을 해독하고 산법算法에 밝은 자를 5명, 소읍은 3인씩 뽑아 서기書記로 삼을 것.

주4 습산習算 : 수학적인 지식.

一. 각 면面에서는 품관品官과 유사儒士 중에서 공정 · 근면하며 습산習算주4을 익힌 자를 1명씩 뽑아 감관監官으로 삼을 것.

一. 서기와 감관이 군청에 먼저 모여 양지 사무를 서로 상의하고 그 방침을 강구하게 한 후에 양전을 거행하게 할 것.

一. 매 리里에서 농사에 밝은 노인 수 명을 가려 뽑고 이들의 자문을 받아 토지의 품등을 정할 것.

一. 양전 시에 소요되는 종이 등 각종 경비는 해당 군에서 자세하게 그 내용을 책으로 만들어 양지아문에 보고하게 하여 지급받되, 그 경비를 줄이는 데 힘쓸 것.

一. 양전 전에 각 군 및 각 리에 훈령하여 해당 전주田主로 하여금 토지에 성명을 쓴 표식을 세우게 하여 경계를 판별하게 함으로써 번잡한 폐단이 없게 할 것.

주5 토지 측량 과정에서 요구되는 보조 업무를 일컬음.

一. 양전 시 줄을 잡는 등의 일[執繩等事]주5은 해당 동임洞任과 전부田夫에게 담당시킬 것.

一. 양전에 부정확이 있으면 감색監色과 전주田主를 모두 법에 따라 처벌할 것.

一. 양전이 끝난 뒤 양안量案 5건을 만들되, 하나는 본 아문에 보고하여 탁지부에 보관하게 하고 해당 도 · 군 · 면 · 리에 각각 1건씩을 둘 것.

一. 양안量案의 끝 부분에 해당 관찰사 · 군수 · 서기 · 감관이 서명 날인하게 할 것.

_ 「전안식田案式」

자료4 양지아문 시행조례

1. 성책식成冊式은 다음 항목을 따를 일.

모도모군시기전답자호배미두수락성책某道某郡時起田畓字號夜味斗數落成冊 △모면, 모평, 혹칭원, 혹칭리, 의전일양안某面, 某坪, 或稱員, 或稱里, 依前日量案 △모자전, 기배미 혹칭좌기두기승락, 일경식경시주^{주6}성명, 시작성명某字田, 幾夜味或稱座幾斗幾升落, 日耕息耕時主姓名, 時作姓名……

주6 시주時主 : 현 소유자.

2. 전답은 원결환기가결신기화속原結還起加耕新起火粟^{주7}을 가리지 말고 다만 지금부터 경농하여 일체 등재하여 한 배미 한 좌座도 빠뜨리지 말며 만약 진천陳川 등의 전답은 비록 작년에 경농했더라도 금일 진천이어든 입재入載하지 말 일.

6. 전답 시주時主가 아침저녁으로 변동하며, 일가一家의 경우에도 이산異産 즉 분호별 산分戶別産의 경우가 많은데, 이를 치밀하게 조사하는 것은 물의를 일으킬 수 있으므로 이를 가급적 민인들의 편의에 따르도록 한다.

_ 「시사총보時事叢報」 1899년 5월 11일, 5월 13일

주7 원결환기가결신기화속原結還起加耕新起火粟 : 지목의 종류로 원결은 원래의 결수結數, 환기는 자연 재해로 황폐화된 토지를 다시 전답으로 개간한 전답, 가경은 새로 개간했으나 아직 토지 대장에 올라 있지 않은 논밭, 신기는 새롭게 경작하게 된 논밭, 화속은 땅이 나빠서 농사를 해마다 지을 수 없던 화전火田을 각각 가리킴.

자료5 개정 칙령 제21호 〈지계아문직원급처무규정〉 주요 내용

제1조. 지계아문은 한성부와 13도 각 부군府郡의 산림 · 토지 · 전답 · 가옥의 계권契券^{주8}을 정리하기 위하여 임시로 설치한다.

주8 계권契券 : 산림 · 토지 · 전답 · 가옥 등에 대한 소유권 증서.

제2조. 지계아문에는 총재 1인, 부총재 3인, 감리 13인, 위원 4인, 주사 6인을 둔다.

제6조. 감리는 총재 또는 부총재의 지휘 · 감독을 받아 13도에 파견되어 도내의 지계 사무를 법에 의거하여 관장하는데, 해당 지방관 중에서 감리를 겸임시킬 수도 있다.

제10조. 대한제국 인민이 아닌 사람은 산림 · 토지 · 전답 · 가옥의 소유주가 될 수 없다. 단 개항장은 이 규정의 제한을 받지 않는다.

제11조. 산림 · 토지 · 전답 · 가옥의 소유주가 관계官契를 발급받지 않았다가 적발되

었을 때에는 그 가격의 4/10에 해당하는 벌금을 물리고 관계를 발급한다.

_ 「관보」 1901년 11월 11일

자료 6 〈지계감리응행사목地契監理應行事目〉 주요 내용

제1조. 감리는 관찰사와 대등하게 조회하고 목사 · 부윤 · 군수에게는 훈령으로 지령

하고, 목사 · 부윤 · 군수는 감리에게 보고하여 여쭐 것. 단 해당 관찰사가 감독

을 겸임하는 경우에는 감리 이하 각 원이 감독의 지휘를 받을 것.

제2조. 주임위원은 감독과 감리에게 보고하고 목사 · 부윤 · 군수에게는 대등하게 조

회하되 관찰사와 관련된 사항은 감리에게 보고하여 알릴 것.

제3조. 목 · 부 · 군 관리가 지계와 양지量地 사무에 대하여 감리의 지시를 따르되 혹

위반하는 폐가 있으면 본 아문으로 사실을 들어 보고할 것.

제8조. 지계 업무를 소관 지방으로 가서 실시하되 전답 · 산림 · 천택 · 가옥을 모두

조사 측량하여 결부結負주9와 사표四表주10의 분명함과 간 수 및 척량의 적확함과

시주時主 및 구권舊券의 증거를 반드시 확인한 후 발급할 것. 혹여 해당 전답 ·

산림 · 천택 · 가옥으로 인하여 소송이 발생하거나 시주 및 구권이 근거가 없

는 경우에는 현재의 소유자를 본 군 공적公籍에 기재한 후에야 관계官契를 발급

할 것.

제9조. 전답 · 산림 · 천택 · 가옥의 시주가 관계를 원치 않거나 구권을 은닉하거나

시주의 이름을 바꿨다가 적발되는 경우에는 본 아문에 보고하여 지시를 기다

려 조처할 것.

제13조. 결수를 정하는 규정은 본조의 옛 장전에 따라 전답의 면적이 만 척尺이면 1등

은 1결結, 2등은 85부負, 3등은 70부, 4등은 56부, 5등은 40부, 6등은 25부로 하여

15부씩 줄여나갈 것.

제14조. 정전正田 · 정답正畓은 해마다 경작하는 전답을 가리킴이니, 정전 정답 이외에

지질이 척박하고 곡식이 잘 여물지 않는 땅은 화속火粟, 속강續降이라 칭하고

별도로 3등을 정하여 면적이 만 척이면 1등은 12부, 2등은 8부, 3등은 6부로 정

하여 농민에게 남징濫徵하는 원한이 없게 할 것.

주9 결부結負 : 면적.

주10 사표四表 : 사방의 표식. 곧 토지나 건물의 경계를 확인할 수 있는 표식.

제18조. 전답의 등급을 정할 때는 토질과 물줄기와 좌지坐地를 상세히 살피며 전답의 가격과 소출량을 조사하고 지심인指審人주11의 평론을 참고하며 구 양안의 등급을 참조하여 고하高下를 정할 것.

제25조. 각 공토公土도 사유지의 예에 의거하여 등급에 따라 결수를 정할 것.

제26조. 각 공해公廨와 민가를 아울러 측량하되 기와와 초가, 칸수, 호주 성명을 상세히 기록할 것.

_ 『완북수록完北隨錄』

주11 지심인指審人 : 양전 대상 지역의 주민으로, 토지의 비옥도 등을 양전 관리에게 자문하는 사람.

자료7 전답 · 산림 · 천택 · 가사家舍 관계官契 세칙

제1조. 대한제국 인민으로 전답 · 산림 · 천택 · 가옥을 가진 자는 이 관계官契를 반드시 갖되, 구권舊券은 하나도 빠짐없이 감리소監理所에 납부할 것.

제2조. 전답 · 산림 · 천택 · 가옥 소유주가 해당 전답 · 산림 · 천택 · 가옥을 매매하거나 양도하는 경우에는 관계를 반납하며, 혹 저당잡힌 경우에는 해당 지방 관청에 허가를 얻은 후에 시행할 것.

제3조. 전답 · 산림 · 천택 · 가옥 소유주가 관계를 받지 않거나, 매매 · 양도 시에 관계를 주지 않거나, 또한 저당잡힐 때 관허가 없으면 해당 전답 · 산림 · 천택 · 가옥을 모두 몰수할 것.

제4조. 대한제국 인민 외에는 전답 · 산림 · 천택 · 가옥의 소유주가 될 권리가 없으니, 외국인에게 명의를 빌려주거나 사사로이 매매 · 저당 · 양도할 경우에는 법에 따라 처벌하고 해당 전답 · 산림 · 천택 · 가옥은 원주인의 소유를 인정하여 일체 몰수할 것.

제5조. 관계를 물에 빠뜨리거나 불에 태우거나 잃어버린 경우에는 소유자가 해당 지방 관청에 보고하여 증거가 적확한 후에 다시 발급하되, 만약 증거가 없이 발급했다가 탄로나면 해당 전답 · 산림 · 천택 · 가옥에 해당하는 금액을 그 당시 지방관에게서 징수할 것.

제6조. 전답 · 산림 · 천택 · 가옥의 관계는 3장을 만들어 제1장은 본 아문에 보존하고, 제2장은 소유자에게 부여하고, 제3장은 해당 지방관청에서 보존할 것.

_ 『순창군훈령총등淳昌郡訓令總謄』

■ 출전

『각부청의서존안各部請議書存案』 : 1896년부터 1904년 사이에 각부에서 의정부로 올린 모든 청의서請議書를 모아
놓은 책. 공문 원본이 아니며 의정부에서 보관용으로 기록해 둔 것이다. 현재 서울대학교 규장각이 소장하고 있다.

『전안식田案式』 : 1897년부터 대한제국의 중추원이 전직 관료 및 양반 유생으로부터 받은 상소문을 모아 초록한 문
서. 주로 토지·조세 제도에 관련된 내용이 많다. 국사편찬위원회가 소장하고 있다.

『완북수록完北隨錄』 : 전라북도 관찰부觀察府가 여러 군에 보낸 훈령문으로 1902년 12월 4일부터 1903년 2월 30일
까지의 공문이 수록되어 있다. 현재 서울대학교 규장각이 소장하고 있다.

『순창군훈령총등淳昌郡訓令總謄 1』 : 1902년(광무 6) 12월과 1903년(광무 7) 2월부터 12월까지 전라남도 순창군에 도
착한 훈령을 모아 옮겨 적은 책이다. 현재 서울대학교 규장각이 소장하고 있다.

■ 찾아읽기

김용섭, 『한국근대농업사연구증보판』, 상·하, 일조각, 1988.

김홍식 외, 『대한제국기의 토지제도』, 민음사, 1990.

김용섭, 『한국근현대농업사연구』, 일조각, 1992.

최원규, 「한말 일제초기 토지조사와 토지법 연구」, 연세대학교 박사학위 논문, 1994.

한국역사연구회 토지대장연구반 엮음, 『대한제국의 토지조사사업』, 민음사, 1995.

리진호, 『한국지적사』, 바른길, 1999.

신영우 엮음, 『광무양안과 진천의 사회경제변동』, 혜안, 2007.

신영우 엮음, 『광무양안과 충주의 사회경제구조』, 혜안, 2010.

한국역사연구회 토지대장연구반 엮음, 『대한제국의 토지제도와 근대』, 혜안, 2010.

4 상공업을 진흥시키자
식산흥업책

1876년 국교 확대 이후 고종 정부는 주권 국가 수립에 필요한 물질적 기초를 다지기 위해 식산흥업殖産興業에 힘을 기울였다. 이후 대한제국의 수립과 더불어 이러한 노력이 본격화되는 가운데 회사 설립과 사회간접자본 시설의 확충 등 가시적인 성과들이 나타났다. 그러나 당시 자본과 기술 등 산업의 발달을 위한 여건이 아직 초보 수준에 머물러 있는 데다가 정국이 자주 요동치면서 정부의 식산흥업 정책은 많은 어려움에 당면해야 했다.

식산흥업의 필요

조선 후기 이래 농촌에는 경영 부농을 비롯한 새로운 계층이 성장하고 있었지만, 아직 농업의 자본주의화가 본격화한 것은 아니었다. 또 농촌 수공업의 중요 부분을 이루던 면포 생산도 농가의 부업으로 경영되는 것이 일반적이었다. 유기鍮器 제조업을 비롯한 일부 수공업 및 광업 분야에서 공장제 수공업 형태가 상당히 늘어나고 있었지만 아직 전체 공업을 지배할 정도는 아니었다. 이러한 상황을 타개하고 상공업의 급속한 발전을 이루기 위해서는 무엇보다 외국의 선진 기술을 수용하면서 국내의 상공업을 보호·육성하는 일이 필요했다. 식산흥업은 이를 말한다.

1880년대부터 시작된 이러한 움직임은 일제의 대한제국 강점으로 좌절될 때까지 계속되었다. 그리하여 미약하게나마 상회사가 설립되고 공장이 지어져 근대 자본

1900년 전후 종로 거리의 풍경. 길가에는 전신주가 동일한 간격으로 늘어서 있고 그 한편으로 전차가 달리고 있다. 종로는 1899년 5월 17일에 서대문—종로—동대문—청량리 간 전차가 개통되면서 상업 중심 지역으로 다시 발돋움할 수 있게 되었다.

주의로 나아가는 기반이 조성되었다. 정부가 주도한 상공업 관련 관공서, 기업, 학교 등의 시설 마련, 민간 차원의 근대 상회사 설립, 각종 공업 시설 마련, 그리고 상권商權의 자주성 확보 노력 등이 단적인 예이다. 이러한 움직임은 스스로의 힘으로 부국강병을 실현하여 서구 및 일본의 침탈에 맞설 수 있는 물질적 토대를 마련하려는 의도가 있었기 때문에 민족 운동의 일환으로 평가할 수 있다.

대한제국 이전 식산흥업 정책

조선 정부는 일찍부터 식산흥업을 통해 상공업의 근대화를 달성하려고 힘을 기울였다. 선진 기술을 익히고 새로운 문물을 수용하기 위해 1880년 전후부터 일본과 중국에 시찰단을 보내는 한편, 각종 근대 시설을 마련해 나갔다. 1883년 기기국機器局과 전환국典圜局, 1884년 잠상공사蠶桑公司 · 농무목축시험장, 1885년 직조국 · 종목국種牧局, 1887년 전보국 · 조지국造紙局 · 광무국鑛務局, 1894년 농상회사農桑會社 등을 설립했으며, 그와 함께 기기창機器廠 · 조폐 공장 · 모범직조 공장 등 정부 직속의 공장들을 세웠다.

정부의 식산흥업 노력은 갑오개혁으로 전기를 맞았다. 〈홍범 14조〉에 '국중의 총명하고 재주 있는 자제를 널리 파견하여 외국의 학술, 기예를 견습토록 한다'는 방침을 천명했다. 1896년에는 국가의 부강을 위해 개혁책을 강구하라는 조칙을 내렸다.[자료1] 이러한 방침에 따라 일본에 유학생을 보내 방직, 제지, 인쇄, 양잠 기술 등을 배워 오도록 했다. 또한 우편 제도도 시행했다.[자료2]

한편, 근대 상회사가 1880년대부터 정부의 식산 장려 방침과 민간 상인들의 참여에 힘입어 본격 설립되기 시작했다. 이 무렵 개화파 인사들도 무역이 확대되고 외국 상인의 침투가 늘어나는 상황에 대처해 근대적 산업 및 기술을 도입하여 부국강병을 실현하는 것이 시급한 과제임을 강조했다. 이러한 배경에서 민간 회사는 자본을 모아 합자 형태로 설립되는 경향이 갈수록 늘었으며, 그중 경영, 판매, 생산 조직과 설비 등을 근대화하는 경우도 많았다.

대한제국기 식산흥업 정책과 회사의 증가

정부의 식산흥업 방침과 민간 상인의 참여에도 불구하고 정국의 잦은 변동과 법령 · 제도의 미비로 인해 식산흥업 정책의 가시적 성과가 드러나지 못했다. 오히려 외국 상인들이 아무 제한 없이 마구 들여오는 자본주의 생산품은 도시와 농촌의 구석까지 깊이 침투했으며 이에 따라 막대한 국내 재화가 유출되었다. 따라서 이미 생활필수품이 된 이들 수입 공산품을 국내에서 생산하지 않고서는 무역상 적자와 국내 산업의 파탄을 면할 수 없었다.

이에 정부 관료들과 민간의 식자층 사이에서는 공업 생산품을 자급하기 위해서는 무엇보다도 공장 설립이 시급하다는 주장이 힘을 얻어가고 있었다.[자료3] 아울러

1890년 숭례문(위)과 1904년 숭례문(아래). 이 기간에 길이 넓혀지고 전차가 부설되었음을 확인할 수 있다. 비숍은 이런 모습을 보고 감탄했다.

이러한 공장 설립은 국내 유휴 노동력의 고용을 늘리고 대외 수출품을 증가시켜 많은 이익을 보게 될 것이라는 점도 강조했다.[자료4]

정부는 식산흥업에 대한 이러한 여론과 민간의 적극적인 참여에 힘입어 식산흥업 방침을 재차 수립하고자 했다. 그리하여 1898년 민인을 편안히 하고 나라에 도움이 될 방도를 추구한다는 내용의 조칙을 내리고 식산흥업에 힘을 기울였다.[자료5]

우선 정부는 관민공동회의 건의를 받아들여 학교 교육을 진흥하고 상공학교商工學校 개설에 착수했다.[자료6] 상공학교의 취지는 상업과 공업에 필요한 실학을 교육하여 상공업자를 양성한다는 것이었는데,[자료7] 즉시 설립되지 못하고 1904년에 농상공학교로 이름을 바꾸어 문을 열었다.[자료8]

또한 1900년을 전후로 근대 상공업자를 양성하기 위해 각종 교육 기관을 설립했다. 양잠업과 관련하여 농상공부에 잠업과가 설치되었고, 인공양잠전습소와 지방의 잠업 시험장이 설립되어 양잠업 기술자를 양성했다. 또 광산 기술자 양성을 위한 광무학교,[자료9] 염직공·제지공·금공金工·목공 등의 공업 기술자 양성을 위한 직조 학교와 공업 전습소가 설립되었다. 정부뿐 아니라 민간 제조 공장도 기술자 양성소를 부설하는 경우가 있었다.

다음 정부는 화폐 제도의 정비[자료10], 전화 시설 마련[자료11], 중앙은행 설립[자료12], 새로운 도량형제의 제정[자료13] 등을 비롯한 각종 근대화 시책을 마련하고 추진했다. 특히 정부는 한성을 근대 산업 도시로 개조하기 위해 도로와 하천을 정비하고[자료14] 전기·수도·전차·철도 등을 부설함으로써 산업화에 필요한 사회 간접 자본을 확충하고 용산 지대를 산업 시설 지역으로 설정했다.[자료15] 나아가 정부는 외국 자본의 이권 침투를 방지하기 위해 '관선사관제管船司官制'를 비롯한 각종 법령을 제정했다.

그 결과 1899년 '대한국 국제' 제정을 전후하여 다수의 기업 회사들이 새로이 설립되었다.[자료16] 이 중 제조업과 운수업 부문에서 회사 설립이 두드러졌다. 제조업의 경우, 직포와 연초 등 수입 대체 품목을 생산하는 회사들이 주로 설립되었다. 국가로서는 극심한 수입초과로 인한 재정 곤궁을 타개할 필요가 있었고 민간 자본가들 사이에서도 수입품의 시장 확대를 지켜보면서 생산의 필요성을 절감했다.[자료17] 그 결과 일부 품목의 경우, 외국에 수출하여 인정을 받기도 했다.[자료18] 다음 운수업의 경우, 정부의 연안항해권 보호 정책에 힘입어 대한협동우선회사大韓協同郵船會社를 필두로 설립되어 많은 운수 회사들이 해운업 부문에서 두각을 나타내기 시작했다. 또한 국내 해운업이 이처럼 발전하면서 이에 따른 석탄 수요가 증가하자 경성매광회사鏡城煤礦會社와 매광합자회사煤礦合資會社 등의 광업 회사들이 출현했다.

한편, 민간 주도의 식산흥업 운동이 은행과 각종 회사 설립으로 구체화되었다. 민간 은행은 1896년 처음으로 조선은행이 설립된 이후[자료19], 1897년 한성은행[자료20]과 대한천일은행, 1906년 한일은행 등이 설립되었다. 각종 회사는 다수의 자본을 모집할 수 있는 주식회사 형태로 조직되는 경향이 높았다. 그러나 이처럼 활발히 전개되던 식산흥업 운동은 러일전쟁 이후 큰 타격을 입었고, 정부 차원의 움직임은 거의 중단될 수밖에 없었다.

반면에 민간에서는 식산흥업 운동이 오히려 확산되어 갔다. 계몽 운동가들은 국권을 수호하는 길은 국가의 부강을 실현함으로써 가능하다고 생각하여 식산흥업을 강조했다. 각종 계몽 운동 단체들은 산하에 '실업부' 등의 식산흥업을 실행할 조직을 갖추고 활동을 전개했다. 이리하여 상공업 관련 회사나 공장이 민간 주도로 다수 설립되었는데, 평양의 자기제조 주식회사磁器製造株式會社, 개성의 종삼회사種蔘會社, 군산의 호상관상회湖上館商會 등이 대표적인 회사다.

상권 수호 운동의 전개

이러한 식산흥업 운동이 성공하기 위해서는 국제 정세와 국내 역량의 많은 어려움을 극복하는 일과 함께 외국의 상품과 상인의 침투를 저지하는 일이 반드시 필요했다. 그런데 국교 확대 이후 개항장뿐만 아니라 서울과 지방 각지에 일본 상인과 청국 상인 등 외국 상인들이 적극 침투했다. 그에 따라 국내 상인의 상권은 크게 위축될 수밖에 없었다. 이 때문에 국내 상인들의 처지는 더욱 곤란해졌고 위기의식도 갈수록 높아졌다. 상권 자주성 확보 운동은 이러한 사태를 극복하고 국내 상권을 지키려는 노력이었다.

서울을 비롯한 중요 도시에 상전을 갖고 있던 상인들, 경강을 비롯한 각지의 강이나 바닷가의 포구 및 개항장의 객주들, 지방 각지를 전전하며 행상하던 보상과 부상 등 각종 상인들은 일본 상인과 청국 상인의 침투가 날로 심각해지자 여러 형태로 대응을 모색했다. 서울 상인들은 철시 투쟁을 벌이거나 황국중앙총상회 등을 결성하고 조직적으로 외세와 외국 상인들의 침탈을 규탄하며 상권 수호 운동을 전개했다. 아울러 독립협회 등 각종 단체들도 열강의 이권 탈취를 폭로하고 규탄하면서 상권 수호 운동을 지원했다.

자료1 조칙주1 국가의 부강을 위하여 개혁책을 더욱 강구하는 건

짐이 우리나라 500년에 커다란 변화의 기회를 당면해 세계 만방萬邦의 개명의 기운을 즈음하여 힘써 정성을 다해 부강의 방책을 강구한 지가 여러 해에 이르렀으나, 국가에 여러 어려움이 있어 그 효과가 아직 없는지라. 지금으로부터 나라에 이익이 되고 국민을 편안히 할 방도를 더욱 강구하여 우리 백성들이 함께 문명의 세계에 도달하고 평안한 복을 누리리니 …

1896년 2월 16일

__ 대한민국 국회도서관, 『한말근대법령자료집』 II, 1971

주1 조칙詔勅 : 천자나 국왕의 명령을 적은 문서.

자료2 칙령주2 제16호 국내우체규칙國內郵遞規則

제1조. 우체사郵遞司는 농상공부 대신의 관리에 속함이라.

제2조. 우체총사郵遞總司는 한성 우체사로 함이라. …

제10조. 다음의 우표는 표면에 인정한 전액을 준조하여주3 각 우체사와 우체물 영수소와 농상공부의 허가를 거친 우표 매하소주4에서뿐 매하賣下함이라.

　　　　5분표는 녹색, 1전표는 청색, 2전 5분표는 홍색, 5전표는 자색

　　　　단 상항上項 각종 우표를 해該 표면의 정액대로 수매주5하되 별로히 저앙低昻함을 허치 아니함이라. …

건양 2년(1897) 3월 16일

__ 서울대학교 규장각, 『의안 · 칙령 上議案 · 勅令 上』 1991

주2 칙령勅令 : 황제가 내리는 것으로 일반 행정에 관한 가장 중요한 사안에 대한 법령. 1894년 11월 '공문식公文式'이 제정되었는데, 그에 따르면 법률과 칙령은 상유上諭로 공포하며 의정부가 기초하거나 각 아문 대신이 의정부에 안을 제출하면 의정부 회의를 거쳐 총리대신이 상주上奏케 했다. 법률과 칙령에는 국왕이 친서親署한 후 어새御璽를 찍었고, 총리대신이 연월일을 적으며 총리대신과 관계 아문의 대신이 부서副署했다. 법률과 칙령, 부령部令 등 새로운 법 체계는 1894년 말 이른바 제2차 갑오개혁으로 이루어졌다.

주3 인정印定한 전액錢額을 준조準照하여 : 새겨서 정해 놓은 돈의 액수를 비추어서.

주4 매하소賣下所 : 판매소

주5 수매售賣 : 팔다, 즉 판매와 같은 뜻

자료3

… 세계에 부강한 나라들은 농사도 힘쓰려니와 제일 힘쓰는 것이 물건 제조와 장사라. 조선서는 이런 사정을 다 알고 앉았으니 정부에서 아모쪼록 어리석은 백성들을 가르쳐 물건도 제조하고 장사도 경계 있게 하도록 하여 주어야 할 터이라. 아직 조선이 물건을 제조하여 외국에 수출하여 외국 제조소들과 겨루어볼 수는 없으나 아모쪼록 물건을 넉넉하게 싸게 만들어 조선 사람들이 쓸 것을 외국것 아니라도 넉넉히 견디게 하여 주어야 외국으로 돈이 나가지를 아니할 터인데 지금 조선서 그중 많이 쓰

는 옷감이 모두 2/3는 외국 것을 사서 입고 켜는 기름이 외국 기름이요 쓰는 성냥이 외국 성냥이요 조선 종이는 비싸기도 하려니와 판으로 박는 데는 쓸 수 없이 만드는 고로 각처 신문사와 그 외 종이 많이 쓰는 데서들 외국 종이를 여러 천 원어치씩을 해마다 사다 쓰며 조선 사람이 유리 등 외국 사람들 같이는 쓰지 않으나 조금씩 쓰는 것이라도 모두 외국 것을 사다 쓰며 심지어 사기까지라도 외국 것을 모두 쓰니 국중에 사람 몇 백 명이 농사 말지기나 하여 쌀섬 콩말이나 만들어 생계를 하게 하나 그 돈이 모두 매일 행용하는 물건 사 쓰기에 다 없어지니 어찌 국중에 돈이 많이 있으리오.

_ 「독립신문」 1897년 8월 7일 논설

자료 4

대한 정부에서 국중 인민을 위하여 급선무로 가르쳐서 사무를 확장할 일은 첫째는 공장이오 둘째는 상업이라. 공장을 힘쓸 것 같으면 제조물이 생길 것이오, 제조물이 생기고 보면 상업이 흥왕할 터인데, 지금 전국 인민 중에 벌이하고 먹는 사람을 통계하여 말하거드면 1백 사람 중에 하나 둘이 겨우 되고 그 나머지 98~99명은 다 놀고먹는 사람이니 어떻게 빈궁지환을 면하리오. 백성이 빈궁한즉 나라도 따라서 가난할지라. 이때를 당하여 사람마다 무슨 일이든지 재주 한 가지씩 가지고 벌어먹어야 그 사람이 자주 독립한 사람이 되고 또 국중에 각색 장색[주6]이 많이 생겨서 다른 나라 물건을 사서 쓰지 않고 각색 물건을 만들어 대한 사람에게 사서 쓰게 될 것이오. 그 제조한 물건을 또 외국으로도 수출하여 이를 볼 터이니 그 이해를 헤아리고 보면 국중에 장색이 많이 있게 만드는 것이 제일 긴요하고 큰 사업이 될 것이오.

_ 「독립신문」 1899년 5월 22일 논설

주6 장색 : 농기구, 놋그릇, 가구, 도자기, 옷·신 등을 만드는 수공업에 종사하던 사람들을 이르며, 장인과 같은 말임.

자료 5 조칙 편민리국便民利國하는 정치를 행하는 건

민은 오직 나라의 근본이라. 근본이 굳어야 나라가 평안한 것이다. 근본을 굳게 하는 방도는 제산制産 안업安業하여 항심恒心이 있게 하는 것이니 누가 그 직책을 맡는 것인가 하면 정부일 뿐이다. 오호라 승평[주7]하여 근심 없을 때도 오히려 마땅히 부지런히 하여 오직 편민리국을 강구할 것인데 하물며 지금 경장更張이 귀에 붙어 민의 뜻이 정

주7 승평升平 : 편안하고 태평함.

해지지 못했으니 정치를 담당한 신하가 마땅히 배나 힘을 기울일 것이어늘 …

광무 2년(1898) 10월 8일

_ 대한민국 국회도서관, 『한말근대법령자료집』, II, 1971

자료6   조칙 학교 교육 진흥 · 상공학교 개설에 관한 건

국가에서 학교를 개설하고 인재를 양성하는 것은 장차 지견주8을 넓히고 진익進益을 구하여 써 개물성무주9하고 이용후생하는 기본이 되게 함이라. 지금 세계 각국 중 날마다 향상되어 부강하고 적이 없는 나라는 다른 것이 있는 게 아니라 격치주10하는 학문에 종사하여 물리의 심오함을 구해주11하여 아는 바가 정精하되 더욱 그 정함을 구하고 기계가 이미 공교주12하여도 더욱 새로운 것을 내어놓는 데 불과한지라. 국가의 요무주13가 어찌 이보다 앞서는 것이 있겠는가. 우리나라의 인재가 반드시 외국보다 못하다고는 할 수 없지만 가르치는 데 있어 근본이 없는 때문에 인민의 지견이 열리지 못하고 농상업이 일어나지 못함으로써 민산이 날로 줄어들고 국계주14가 날로 어려워지며 신설한 학교는 겨우 문구주15에 그치며 전혀 교육하는 방도에 어두워 5~6년래로 조금이라도 나아지는 효험이 없으며 상공학교에 이르러서는 더욱 급선한 일이 되어 일찍 지난해에 하칙주16이 있었음에도 아직 개설코자 하는 의논이 없으니 이같이 심설주17하고서 무슨 일을 만들 수 있으리요 자못 개연주18한지라. 정부에서 해당 부서에 특별히 신칙주19하여 종전처럼 인순주20치 말고 한결같이 인진변리주21하여 기어코 작성개진주22하는 공이 있게 하라.

광무 3년(1899) 4월 27일

_ 대한민국 국회도서관, 『한말근대법령자료집』, II, 1971

자료7   칙령 제28호 상공학교商工學校 관제

제1조. 상공학교는 상업과 공업에 필요한 실학을 교육하는 곳으로 정함이라.

제2조. 상공학교에 상업과와 공업과를 나누어 둠이라.

제3조. 상업과와 공업과에 수업 연한은 4개년으로 정하여 초 1년은 예과에 이습주23하고 후 3년은 본과에 졸업함이라. …

제10조. 교관은 혹 외국인을 고용하여 채울 수 있으나 그 원수員數는 학부대신이 종의

타정주24함이라. …

제12조. 지방 정황에 따라서 상공학교를 지방에도 설함이라.

제13조. 지방에 공사립 상공학교를 설치함도 종의從宜하여 허함이라. …

광무 3년(1899) 6월 24일

__ 서울대학교 규장각, 『의안 · 칙령 史議案 · 勅令 上』, 1991

자료8 칙령 제16호 농상공학교農商工學校 관제

제1조. 농상공학교는 농업과 상업과 공업에 필요한 실학을 교육하는 곳으로 정함이라.

제2조. 농상공학교에 농업과와 상업과와 공업과를 나누어 둠이라.

제3조. 농업과와 상업과와 공업과에 수업 연한은 4개년으로 정하되 초 1년은 예과에

이습하고 후 3년은 본과에 졸업함이라. …

제9조. 시의時宜에 따라서 혹 외국인을 교사로 고빙하여 채울 수 있으니 그 원수員數는

학부대신이 종의타정함이라.

제10조. 지방 정황에 따라서 농상공학교를 지방에도 설립함이라.

제11조. 지방에 공사립 농상공학교 설치함도 종의하여 허함이라. …

광무 8년(1904) 6월 8일

__ 대한민국 국회도서관, 『한말근대법령자료집』, Ⅲ, 1971

자료9 칙령 제31호 광무학교礦務學校 관제

제1조. 광무학교는 광업礦業에 필요한 실학을 교육하는 곳으로 정함이라.

제2조. 광무학교에 수업 연한은 3개년으로 정할 것.

제3조. 광무학교에 학과 및 정도와 기타 규칙은 학부대신이 정할 것. …

제11조. 실지 견습에 따라서 본국 소관 개광開礦 각처 중에 지학교支學校를 설치할 수도

있을 것. …

광무 4년(1900) 9월 4일

__ 대한민국 국회도서관, 『한말근대법령자료집』, Ⅲ, 1971

자료 10 칙령 제4호 화폐 조례

제1조. 화폐의 제조와 발행의 권權은 정부에 속할 사.

제2조. 금金 화폐의 순금양목주25은 2푼分으로써 가격의 단위로 정하고 이를 환圜이라 칭할 사. 단 화폐산칙주26은 50전을 반환이라 칭하고 100전을 1환이라 칭할 사. …

제6조. 금 화폐는 그 액에 제한이 없이 법화주27로 삼고 은화폐 10환까지와 백동 및 적동화폐 1환까지 한하여 법화를 삼아 통용하되 단 여수자가 호상긍락하는주28 경우에는 이 같은 제한이 없을 사. …

제8조. 화폐의 형식이 분명치 못하거나 사조주29한 화폐는 통용치 못할 사. …

광무 5년(1901) 2월 12일

__ 대한민국 국회도서관, 『한말근대법령자료집』, Ⅲ, 1971

자료 11 칙령 제5호 전화규칙電話規則

제1조. 한성과 인천 간에 전화기를 설시주30하고 각 항구와 대도회처에도 점차 설치함이라.

제2조. 각 항구와 대도회처에 전화기 설치하는 시에는 각기 직선으로 가설함이라. …

광무 6년(1902) 4월 24일

__ 대한민국 국회도서관, 『한말근대법령자료집』, Ⅲ, 1971

자료 12 칙령 제8호 중앙은행조례

제1조. 중앙은행은 유한한 책임이니 본 은행에서 책임을 지고 변상할 때에는 깃금주31 총수를 한할 사.

제2조. 중앙은행 본점은 황성皇城에 설하고 지점과 분지소는 각 부와 각 항과 기타 긴요한 지방에 설치하고 또 타 은행과 거래하는 체약주32을 득得하되 그 이유와 현행하는 규칙은 탁지부대신 인가를 받을 사. …

제4조. 중앙은행 자본금은 300만 환으로 정하고 6만 깃에 나누어 1깃에 금 50환으로 정할 사. 단 깃주주33의 결의로 깃금 증가도 할 사. …

제9조. 중앙은행 영업은 다음과 같다.

주25 순금양목純金量目 : 순수한 금의 함량 정도.

주26 화폐산칙貨幣算則 : 화폐의 액수를 계산하는 원칙.

주27 법화法貨 : 법정통화라고도 한다. 화폐가 일반적 교환 수단으로서 유통이 가능하기 위해서는 일반적으로 받아들여질 수 있는 성질을 가지고 있어야 한다. 금화와 같이 화폐 가치가 같은 액수의 소유 가치를 갖는 경우라면 문제가 없다. 그러나 명목화폐와 같이 소유 가치가 없어도 화폐로 인정되려면 공식적인 인정이 반드시 필요하다. 이를 위해 국가가 그 명목화폐를 자기 나라의 화폐임을 선언하고 그것에 강제적 통용력을 부여한 화폐가 법화이다.

주28 여수자與受者가 호상긍락互相肯諾 : 주고받는 사람들 서로가 받아들여서 허락함.

주29 사조私造 : 국가의 공식적인 허가 절차 없이 사사로이 몰래 불법으로 만들어냄.

주30 설시設始 : 처음 시설함.

주31 깃금衿金 : 나누어 각기 자기 앞으로 돌아오는 몫의 금액.

주32 체약締約 : 계약을 맺음.

주33 깃주衿主 : 자기 몫의 자본금을 담당한 주인으로, 주주에 해당함.

주34 수봉收俸 : 세금을 거둔다는 뜻으로 수쇄收刷라고도 함.

주35 관유關由 : 조선 시대에 상급 관청에서 하급 관청으로 보내던 공문서인 관문을 따름을 이름.

주36 태환금권兌換金券 : 지폐를 정화正貨인 금으로 서로 바꿀 수 있는 문서.

주37 환표換標 : 먼 곳에 있는 사람과 금전 거래를 할 때, 자기가 지정한 제3자에게 돈을 내주라고 써 보내는 편지.

1. 국고금 출납과 해관세 및 기타 제반 세금 수봉주34의 일체 사무를 담당하되 탁지부에 관유주35할 사.

2. 태환금권주36 발행하는 권權은 본 은행에 전임 담당할 사. 단 태환금권조례는 따로 정할 사.

3. 정부가 발행하는 금은표, 환표주37 기타 상업표를 매입 및 내감대여內減貸與할 사.

4. 금은을 매매하며 신구 화폐를 교환할 사.

5. 여러 임금任金을 회계하며 화폐 및 여러 증권류 임치를 보호도 할 사.

6. 공채증서와 정부가 발행하는 각종 증서를 전당하고 임시나 정기로 대여할 사. …

광무 7년(1903) 3월 24일

__ 대한민국 국회도서관, 『한말근대법령자료집』 Ⅲ, 1971

자료13 조칙 신제新制 도량형을 실시하는 건

주38 평식원平式院 : 대한제국 정부가 1902년 궁내부에 설치한 도량형을 담당한 관청이다. 관원으로는 칙임관인 총재 · 부총재 각 1명, 주임관인 과장 2명, 주임관인 기사 1명, 주사 4명, 기수技手 2명을 두었다. 1904년 폐지되고 그 사무는 농상공부로 이관되었다.

주39 반사頒示 : 반포하여 알림.

조칙詔하여 말하기를 도량형을 획일케 하는 것은 나라의 선무先務로 … 이에 평식원주38에 명하여 신구제新舊制에서 좋은 점을 참작하여 규칙을 만들어 반시주39하고 새로 만든 바, 두斗 · 승升 · 형衡 · 척尺을 이제 활용할 것이니 먼저 한성 및 각 항시港市 대도회로부터 촌리村里에 이르기까지 두루 미치게 하여 이로써 답습한 오류를 씻어 모두가 대동大同하게 해야 할 것이다. …

광무 7년(1903) 9월 1일

__ 대한민국 국회도서관, 『한말근대법령자료집』 Ⅲ, 1971

자료14 비숍의 한성부 견문

한국의 발전은 단지 넓은 도로를 만드는 것에만 있었던 것은 아니다. 수없이 많은 좁은 길들이 넓혀지고, 도로는 포장되어 자갈이 깔리고 있다. 그리고 돌을 재료로 한 배수구는 그 양쪽 측면을 따라 만들어지고 있다. 이러한 많은 작업과 함께 자극적이고 혐오스럽던 서울의 악취는 사라졌다. 위생에 관한 법령이 시행되었고, 집 앞에 쌓인 눈을 그 집 식구들이 치우는 것이 의무일 정도로 한국의 문화 수준은 높아졌다. 그 변화는 너무 커서, 나는 1894년이었다면 서울의 특징을 나타내는 한 장면이라고 해서 사진을 찍었을지도 모를, 그 특징적인 빈민촌을 발견할 수가 없었다.

_ 이사벨라 버드 비숍, 『한국과 그 이웃 나라들』, 이인화 옮김, 살림, 1994

자료15 독일 기자 겐테의 대한제국 견문

서구와 중국 사이에 통상협정이 체결된 지 많은 시간이 지난 지금에도 문명국이라고 자처하는 서양인들이 자기들과 뻔질나게 교역을 하고 있는 중국에서는 아직도 전래적인 운수 방법인 인력거를 타고 관광을 해야 하는데, 아직도 잠에서 깨어나지 않은 줄로 여겼던 고요한 아침의 나라 국민은 서구 신발명품을 거침없이 받아들여 서울 시내 초가집 사이를 누비며 바람을 좇는 속도를 달리는 전차를 타고 여기저기를 구경할 수 있다니 어찌 놀랍고 부끄럽지 않으랴!

_ 지그프리트 겐테, 『독일인 겐테가 본 신선한 나라 조선, 1901』, 권영경 옮김, 책과함께, 2007

자료16 1895~1904년 회사 설립 현황

업종 / 연도	금융업	농림업	제조업	광업	상업	운수업	수산업	청부·토건업	기타	계
1895			2		2		8			12
1896	2		3		6	3			1	15
1897	1	1	1		2	3			2	10
1898	2					3		1	8	14
1899	4	2	5	2	13	8		2	4	40
1900		3	2	3	15	3	1	3	4	32
1901	1	2	3		4	1	1	4	8	24
1902		3		1	16	2		3	6	31
1903	1	1		1	10	3	1		2	20
1904		4	3	2	3	1		1	5	19
계	11	16	20	9	69	27	11	14	40	217

전우용, 『한국회사의 탄생』, 서울대학교 출판문화원, 2011, 130쪽

자료17 직포 생산의 필요성

직공은 민생과 가장 크게 관계되는 것이다. 막혔던 바닷길이 터지자 부녀자의 길쌈질이 점점 시들해지고 베틀이 모두 텅 비어 서양목의 수입에 오로지 의지하니, 나라가 가난해지지 않으려 하고 백성이 헐벗지 않으려 한들 어찌 그리되겠는가. 직포 산업을

일으킬 방법을 생각하여 백성을 이끄는 것이 지금의 급한 일이다. 기계를 제작하고 간편하고 빠른 기술로 옷감을 짜내어 집안을 일으킨다면 나라를 부강하게 할 수 있을 것이요, 백성도 재산을 살찌울 것이다.　　　　　　　　　　　— 「황성신문」, 1899년 10월 4일 논설

자료 18 1900년 파리 박람회에 출품된 한국관의 상품

당시 한국관을 보고 난 외국인들은 전시된 공예품을 보고 감탄을 금치 못했다. 다양한 형태의 신발과 모자, 중국이나 일본이 감히 흉내 내지 못하는 붉은색의 비단을 본 프랑스 상인들은 이것을 응용해 상품을 개발하겠다고 말했다.

— 「르 프티 주르날」, 1900년 12월 30일

자료 19 대조선은행 창립소 광고문

조선은행의 자본금은 20만 원으로 정하여 4천 깃에 분배하고 매 깃에 50원씩 하여 3차로 나누어 내시되 초차에 20원, 재차에 15원, 삼차에 15원으로 정했사오니 초차 20원은 본월 25일부터 7월 회내로 도취하겠사오니 기한 내에 정동 벽돌집 은행 창립소로 보내시고 재차 삼차는 은행 사무 취서되는 대로 추후 다시 광고하겠음.

건양 원년 6월 25일 조선은행 창립소

— 「독립신문」, 1896년 5월 26일 광고

자료 20 한성은행 광고

본 은행을 중서 광통방^{주40} 전 교환소로 정하고 자본금은 4천 고까지 한하여 1고^{주41}에 은화 50원으로 했사오니 제 군자는 입참하시기를 바라오며 식리^{주42}하는 방법은 타인의 금액을 유변^{주43}으로 임치^{주44}도 하며 가권이나 답권^{주45} 외에 금은과 기타 확실한 물건을 전당하고 대금도 하며 보증인이 실하면 전당 없이 대금도 하며 가령 상업인이 1만 원에 지하는 물건을 매매할 터인데 자본금이 2천 원뿐이라도 그 물건 저치표를 은행에 전당하면 8천 원을 대여 할 터이오니 원근 인원은 일체로 양실^{주46}하시압.

1897년 3월 한성은행 발기인

— 「독립신문」, 1897년 3월 25일 광고

출전

『의안·칙령 상議案·勅令 上』: 서울대학교 규장각이 갑오개혁기에 설치되었던 군국기무처에서 의결한 일련의 개혁안인 의안과, 1894년 11월부터 1910년 8월까지 공포된 칙령을 모아 영인한 책의 상권이다.

「르 프티 주르날Le Petit Journal」: 프랑스의 대표적인 화보畵報 신문.

찾아읽기

강만길, 「대한제국시기의 상공업문제」, 『아세아연구』 16-2, 고려대학교 아세아문제연구소, 1973.

사계절 편집부 엮음, 『한국근대경제사연구 — 이조말기에서 해방까지』, 사계절, 1983.

김용섭, 『증보판 한국근대농업사연구』 상·하, 일조각, 1984.

김용섭, 『한국근현대농업사연구』, 일조각, 1992.

김경태, 『한국근대경제사연구』, 창작과비평사, 1994.

류승렬, 「한말·일제초기 상업변동과 객주」, 서울대학교 박사학위 논문, 1996.

이태진, 『고종시대의 재조명』, 태학사, 2000.

김윤희, 「대한제국기 서울지역 금융시장의 변동과 상업발전 — 대한천일은행 및 대자본가의 활동을 중심으로」, 고려대학교 박사학위 논문, 2002.

오미일, 『한국근대자본가연구』, 한울아카데미, 2002.

전정해, 「대한제국의 산업화 시책 연구: 프랑스 차관 도입과 관련하여」, 건국대학교 박사학위 논문, 2003.

이승렬, 『제국과 상인: 서울·개성·인천 지역 자본가들과 한국 부르주아의 기원, 1896~1945』, 역사비평사, 2007.

전우용, 『한국 회사의 탄생』, 서울대학교 출판문화원, 2011.

양정필, 「근대 개성상인의 상업적 전통과 자본 축적」, 연세대학교 박사학위 논문, 2012.

5 두 얼굴의 철마

철도 부설

철도는 국민 경제의 형성과 민족 국가 수립에 필요한 사회 간접 자본 시설이다. 그래서 1899년에 우리나라 최초의 철도인 경인선이 개통되었다. 이후 대한제국 정부는 자력으로 철도를 부설하려 했다. 그러나 철도는 일제의 침략을 받아 수탈의 동맥으로서, 대륙 침략의 통로로 기능했다.

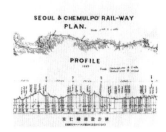

철도 부설의 문명성과 침략성

철도 부설敷設은 도로 정비, 항만 수축, 전신 · 전화 가설 등과 더불어 교통 · 운수망을 정비하는 일로 근대화의 필수 요소다. 그렇지만 제국주의 열강은 식민지를 침탈하는 유력한 수단으로 이용하기 위해 이러한 시설들을 이권으로 삼고 수단과 방법을 가리지 않고 이를 차지하려고 했다.

조선 정부가 일본과 서구의 신문물을 시찰하기 위해 일본과 구미 등지에 관료들을 파견했을 때 이들 관료에게 가장 경이롭게 다가온 교통 수단은 철도였다. 그것은 짧은 시간에 여객과 화물을 운송하는 기차의 속력 때문이었다. 1876년 강화도 조약 체결 직후 일본을 방문했던 수신사 김기수 일행은 기차의 빠른 속도에 경탄을 금하지 못했다.[자료1] 또한 주미 공사를 지냈던 이하영李夏榮은 1889년 귀국에 즈음하여 세밀한 철도 모형을 가지고 와서 고종을 비롯한 관료들에게 관람시키며 철도의 효용성과 필요성을 역설했다. 이에 조선 정부는 재정·화폐 개혁을 통해 재원을 확보하면 철도 등을 부설하고자 했다. 특히 산업화 과정에서 철도의 효용성이 알려지면서 이러한 열기는 높아갔다.[자료2]

그러나 조선인들에게 이처럼 근대 문명의 총아로 다가온 철도는 결코 여기에만 그치지 않았다. 외세는 철도 부설을 통해 이권을 장악하고 조선에 대한 영향력을 강화하려고 했다. 이런 가운데 일본은 이를 통해 조선을 점령하고 대륙을 침략하기 위해 일찍부터 철도 부설권을 탈취하는 데 힘을 기울였다. 1894년 7월 일본은 일본군을 동원하여 경복궁을 포위·점령한 상태에서 조선에 대한 정치적인 주도권 확보와 경제 침탈의 발판을 마련하기 위해 철도 및 전신선 부설권 탈취가 명시된 「잠정합동조관」을 강요했다.[자료3] 이후 1898년 9월 한국 정부와 「경부철도합동 조약」을 맺기까지 4년여 동안 일본은 경부 철도 부설권과 소유지 및 영업권을 둘러싸고 치열한 외교전을 벌였다.[자료4] 특히 잠정적으로 경부철도 부설권을 확보한 일본은 이를 완전히 장악하려고 갖은 책략을 동원하여 여러 차례 조선[대한제국] 정부에 압력을 가했다.

이러한 일제의 책동에 맞서 조선[대한제국] 정부는 1896년 경인 철도와 경의 철도 부설권을 각기 미국인과 프랑스인에게 양도했다. 경인 철도 부설권을 확보한 미국인 모스는 청일전쟁 이전부터 미국 공사 알렌의 소개로 조선 정부에 대해 조선 전국에 걸친 간선 철도 건설 공사 청부 운동을 벌였다. 그 후 일시 중지했던 미국은 을미사변으로 일본에 대한 한국인의 감정이 나빠지자 운동을 재개했다. 그 결과 조선 정부로부터 1896년 3월 29일부로 경인 철도 부설에 관한 특허를 받았다.[자료5] 경의 철도의 경우, 프랑스 피브릴Fives Lile 사가 본국 정부의 지원을 받아 철도를 부설하게 되었다.

우리 힘으로 철도를 놓자

우리 힘으로 철도를 부설하기 위한 움직임도 활발히 전개되었다. 1896년에 「국내 철도규칙」[자료6]이 제정되면서 철도 부설을 위한 준비에 들어갔다. 나아가 대한제국 수립 이후 각종 근대화 시책과 함께 철도 부설을 위한 노력이 본격화되었다. 철도사 鐵道司라는 관청이 설치되고[자료7] 서울—목포 사이의 철도 부설,[자료8] 영남 지선 철도 부설[자료9] 등이 계획되었다.

철도사를 이은 철도원은 종래 농상공부의 소관이었던 경부선과 경인선 철도의 감독 사무를 넘겨받았다. 또 이용익 등이 계획한 경의선과 경원선 철도 부설과 궁내부 직영안이 고종 황제의 재가를 받았다. 박기종은 대한철도회사를 발기했고, 이용익은 궁내부에 서북철도국을 설치했다.

특히 이용익은 국가 주도로 자본을 동원하는 방식으로 서울~개성 사이의 토공 공사를 시행하면서 철도를 건설하기 위해 애썼다. 당시 철도를 자주적으로 건설하려는 의지는 서북철도국이 건설에 착수하려는 데 당면하여, 프랑스는 해관세를 담보로 하여 건설 자금의 공급을 신청했지만 대한제국 정부가 후일의 번거로움을 고려하여 이를 거절한 데서 잘 살필 수 있다. 이처럼 대한제국과 민간이 힘을 합하여 철도를 자주적으로 건설하기 위해 노력했지만 자본 조달이 여의치 못해 정체 상태에 빠졌다.

일본은 이 틈을 이용해 1903년 대한철도회사와 경부철도차관조약을 체결하고 철도 부설권과 운수 영업권을 차지했다. 그 후 러일전쟁을 도발한 일본은 임시군용철도감부를 설치하고, 경부선과 경의선 철도를 일본군이 사용할 군용 철도로 건설했다. 이는 대한제국의 주권을 탈취하는 일이자 군사 침략의 제일보였다.

그러나 한국인들은 일제의 탄압이 가중되는 상황에서도 스스로의 힘으로 철도를 부설하려는 노력을 계속했다. 대한운수회사 총사무장 서오순을 비롯한 전직 관료들이 앞장서 경부 철도 간선에 연락할 지선으로 직산에서 강경을 거쳐 군산에 이르는 철도 및 공주·목포 사이의 호남 철도 부설권을 철도원에 청원하여 1904

1901년 부산 초량의 경부선 기공식 모습. 철도는 교통 혁명을 가져온 대표 발명품으로 근대 문명의 총아였다. 이제 한국인들은 하루 만에 한반도 각지를 갈 수 있게 되었다. 그러나 철도 부설 과정에서 한국인들의 피해는 적지 않았다. 일제는 2천만 평이 넘는 철도 부지를 거저 빼앗고 연인원 1억 명 이상으로 추산되는 한국인들을 동원하여 하루 12시간 이상 마구 부렸다.

년 6월 8일부로 인허를 받았다.[자료10] 그리고 특허를 얻자 일부 구간을 답사하는 등 1904~1908년에 걸쳐 호남 철도 부설에 온 힘을 기울였다.[자료11] 그러나 자본 조달이 여의치 않아 일본 자본에 크게 의존한 데다 일제가 시종 집요하게 방해 공작을 폈기 때문에 실패했다.

일제의 한국 철도 침탈

일제는 경부선과 경의선 철도를 건설하면서 갖은 폭력을 동원하여 토지를 비롯한 각종 자원과 함께 한국인의 노동력을 수탈했다. 한국 회사들은 공사 청부에서 완전 배제되었고, 2천만 평에 달하는 철도 용지와 막대한 양의 철도 공사용 재료 목재, 침목 등 및 우마 · 식량 · 가옥 · 묘지 등을 약탈했다.[자료12]

또 철도 공사를 위해 연인원 1억여 명에 달하는 한국인들이 노동자로 동원되어 살인적인 중노동을 강요당했다.[자료13] 아울러 철도가 건설되는 주변 지역의 한국인들은 막대한 토지와 가옥을 빼앗기고 유랑해야 하는 운명에 놓였다.[자료14 · 15]

철도 파괴죄로 처형되는 한국인들. 1905년 1월 경부선 철도를 파괴하려 했다는 죄목으로 처형되는 모습이다. 일제는
한반도와 대륙을 침략하기 위해 경부선을 부설하였다. 이에 한국인들은 일제의 침략과 토지 약탈을 막기 위해 여기저
기서 철도를 공격하였다. 일제는 한국인들의 이러한 저항을 누르기 위해 온갖 만행을 저질렀다.

　　이러한 사태에 당면하여 경부선과 경의선 철도 주변의 주민들과 동원된 노동자
들 및 의병들은 공사 현장과 부근 각지에서 철도 공격, 열차 운행 방해, 일본인 및 부
일附日 분자 습격 등 각종 형태의 저항 운동을 광범하게 전개했다.[자료16] 이러한 투쟁
은 일제 강점까지 줄기차게 계속되었다. 다만 식자층 일각은 철도 부설의 침략적 성
격을 인식하지 못하고 오로지 기차의 속도와 상호 소통의 문명적 성격에만 주목하
기도 했다.[자료17]

　　일제는 한국인들의 저항을 누르기 위해 1904년 무렵 이미 철도와 전신선이 통과
하는 지역에 일본군이 적용할 수 있는 형벌을 발포하고, 철도 부설을 방해하거나 철
도·전신선을 훼손·파괴하는 사람들을 군사 재판에 넘겨 사형·감금·추방·태
형 등에 처했다.[자료18·19] 한국인들의 저항 운동이 강화될수록 일제의 탄압은 더욱
난폭해졌다.

자료1

차 칸마다 모두 바퀴가 있어 앞차의 화륜이 한번 구르면 여러 차의 바퀴가 따라서 모두 구르게 되니 우레와 번개처럼 달리고 바람과 비처럼 날뛰었다. 한 시간에 삼사백 리를 달린다고 하는데 차체는 안온해 조금도 흔들리지 않았다. 다만 좌우에 차창으로 산천, 초목, 옥택屋宅, 인물이 보이기는 하나 앞에 번쩍, 뒤에 번쩍하므로 도저히 걷잡을 수가 없었다. 담배 한 대 피울 동안에 벌써 신바시에 도착했으니 즉 구십 리나 왔던 것이다.

_ 김기수, 『일동기유日東記遊』

자료2

각 나라마다 종횡하는 철로가 다달이 더해지고 해마다 늘어나, 여객을 싣고 화물을 운송하며 동서남북으로 달리니, 기차는 육지의 좋은 배와 같아졌다. 각지에 있고 없는 물산을 교역하여 물가를 고르게 하고, 도시와 시골을 간편히 오가게 하며, 인정을 서로 통하게 했다. 그래서 사회적인 교류와 상업이 한층 발전하게 되었다.

_ 유길준, 『서유견문』

자료3 잠정합동조관暫定合同條款

1. 이번 일본 정부는 조선 정부의 내정 개혁을 희망하고 조선 정부도 또한 그것이 급무임을 깨달아 권고에 따라 힘써 시행할 것인 바 각 구절은 순서에 따라 시행할 것을 보증한다.

1. 내정 개혁 절목 중 경성–부산 및 경성–인천 사이에 철도를 부설하는 일은 조선 정부의 재정이 아직 윤택하지 못함을 염려하여 일본 정부 또는 일본의 어떤 회사와 계약을 체결, 시기를 보아 기공할 것을 원하지만 현재 우여곡절이 있어 일의 추진이 어렵다. 그러므로 좋은 방법을 생각해 내 가능한 빨리 계약을 체결하여 공사가 추진되도록 함이 긴요하다.

1. 이미 일본 정부가 경성–부산 및 경성–인천 사이에 가설한 군용 전신선은 적절한 시기를 참작, 조관주을 체결하여 그 존치를 도모해야 한다. …

주1 조관條款 : 조약상의 조목.

_ 『주한일본공사관기록』 기밀 제73호 「조선 정부와의 가조약 체결 건」 1894년 8월 25일

자료4 경부철도합동조약

제1조. 한국 정부는 경성–부산 사이에 철도를 부설 사용하는 건 및 경과하는 곳의 강과 내에 다리를 놓는 권리로써 일본의 경부철도회사 발기인에 허가하고 …

제10조. 본 계약 조인일로부터 3개년 내에 속히 회사를 조직하고 공사를 기공해야 하며 이 기한 내 만약 기공하지 않을 때는 다시 계약할 수 없으며 본 계약은 아무 소용이 없음. …

제12조. 철도 낙성 후 제15년의 끝에 한국 정부가 만약 그 철도를 전유專有하려는 의사가 있으면 즉 제3항의 인원에 공평한 평가를 받아 매수할 수 있다. 만약 매수할 수 없을 때는 10년을 연기함. 그 10년의 끝에 다시 매수할 수 없을 때는 또 10년을 연기함. 연기는 매 10년으로써 기한으로 함.

제13조. 언제라도 한국 정부의 재정 수입이 정돈되어 그 철도를 경영할 수 있는 경우에 이르면 그 정부는 그 철도로써 한일간의 공동 사업으로 할 취지로 다시 그 회사와 협의하여 본 계약을 개정할 수 있음. …

대한 광무 2년(1898) 9월 8일

__조선총독부 철도국, 『조선철도사 창시시대創始時代』 1937

자료5 경인철도 허가서

조선국 정부는 다음 각 항을 제정 재결함

제1조. 조선국 정부는 미국인 제임스 알 모스 및 그 양수인讓受人에 대해 다음 조건 하에 조선국 경성–제물포(인천) 사이에 철도의 건설 · 운전 · 보존 및 한강에 철도교 가설의 권을 허가함. …

제2조. 조선국 정부는 그 철도 전 연선에서 철도의 건설 및 운전상 필요한 용지 즉 정거장 · 창고 및 공장부지 · 운전용지 · 측선용지를 포함한 상당 면적에 대해 교통권을 특정함. …

제11조. 본 철도 완성 후 15년을 경과할 경우 조선국 정부는 본 철도 및 그 전 재산을 당시의 시가로써 매수할 수 있음. 그 가격은 제10조 소정의 위원회에 의해 결정하는 것으로 함. 만약 15개년의 기한이 경과하더라도 아직 조선국 정부에서

매수할 수 없을 때는 본 허가는 다시 10개년간 계속하는 것으로 함. 그리고 그 10개년 후에도 또한 조선국 정부는 매수의 선택을 할 수 있음. 이하 매 10개년 으로써 기한으로 정함. …

제13조. 본 허가 및 그 조건에 관해서는 영문 원문으로써 효력을 갖는 것으로써 간주 하며, 또한 중국어 번역문을 첨부해 두는 것으로 함.

1896년 3월 29일

조선국 경성 외부대신 이완용

농상공부대신 조병직

__ 조선총독부 철도국, 「조선철도사 창시시대」, 1937

자료6 칙령 제31호 국내 철도 규칙

제1조. 국내 인민 왕래와 물품 출입의 편리함을 위하여 국내 각 지방에 철도를 설치함.

제2조. 국내 각 지방 철도의 척량尺量을 균일케 하여 이곳 철도 윤차輪車가 저곳 철도 에도 호상 통행하여 장애가 없게 함.

제3조. 국내 각 지방 철도의 너비를 외국의 현행 입규立規를 따라 철선鐵線 설비한 양 사이를 영국 자 4척 8촌 반으로 확정함.

제4조. 관립官立한 철도 기차의 왕래인 푯값과 출입물 운반비는 농상공부대신이 정함.

제5조. 본국인이나 외국인이 철도 회사를 국내 각 지방에 설치할 시에도 이 규칙을 일 체 준행하고 푯값과 운반비도 농상공부와 협의하여 타정妥定함. …

건양 원년(1896) 7월 15일

__ 대한민국 국회도서관, 「한말근대법령자료집」 II, 1971

자료7 칙령 제26호 철도사鐵道司 관제

제1조. 국내 철도를 장차 부설하겠기로 철도사를 설치하고 다음의 직원을 둠이라. …

제2조. 감독은 농상공부대신의 지휘 명령을 받아 철도에 관한 일체 사무를 감독함이 라. …

제6조. 철도사 사무는 다음과 같다.

1. 관설官設 철도의 부설 보존 및 운수에 관한 사항

2. 사설 철도 허부許否 및 관리에 관한 사항

3. 관설 철도 세입 세출 예산 결산 출납과 수용 물품 구매 보관 및 출납에 관한 사항 …

광무 2년(1898) 7월 6일

_ 서울대학교 규장각, 『의안·칙령 상議案·勅令 上』 1991

주2 주본奏本 : 임금에게 올리는 글.

주3 청의請議 : 다수의 의견으로 의결하기를 요구하는 것

주4 성재聖裁 : 임금의 재가裁可.

자료8 주본주2 경성·목포 간 철도를 부설하는 건

의정부 참정 윤용선 참찬임시대행 외부대신서리 신 유기환이 삼가 아룀. 금년 6월 19일에 농상공부대신 이도재가 청의주3한 경성·목포간 철도 부설하는 일로 이미 회의를 거쳐 표제의 가부를 특별히 부치고 아울러 원안을 올리니 엎드려 성재주4를 바랍니다.

광무 2년(1898) 6월 19일

_ 대한민국 국회도서관, 『한말근대법령자료집』 II, 1971

주5 지선철도支線鐵道 : 철도의 본선本線·간선에서 갈려 나간 선.

자료9 영남지선철도주5 계약서

대한국 영남지선철도회사 사장 이재완은 본 회사 영남지선 마산항으로부터 밀양·삼랑진에 이르는 철도 건설에 관해 대일본제국인 다카기 마사요시高木正義와 다음의 계약을 체결함.

제1조. 갑[이재완]자는 본 회사에서 본국 정부의 인허를 득한 후 본 회사의 총회 결의를 거친 마산항·밀양·삼랑진간 지선 철도 건설에 요하는 일체의 자금 및 본 회

주6 차수借受 : 다른 사람으로부터 빌림.

사 사용 경비를 을자로부터 차수주6할 것.

제2조. 을자는 그 철도 건설 자금 및 동 회사 사용社用에 관한 일체의 경비를 소요에 따라 갑자에 대여할 것.

제3조. 그 차용 금액을 청산하기까지는 갑자는 그 철도 건설 및 운전에 관한 일체의 공무工務를 을자에 위탁할 것. …

제9조. 본 계약 체결 후 5개월 이내에 측량에 착수하고 그 종결 후 1개월 이내에 기공한다. 그리고 본 철도 선로 기타 일체를 기공 후 3개년 이내에 준공할 것. …

__ 조선총독부 철도국, 「조선철도사 창시시대」 1937

자료 10 호남철도 부설권 인허

1. 자본을 모아 속히 실시를 기할 것.

1. 권리를 타에 양도하는 등의 폐단을 일으키면 인허가 무효로 됨은 물론 청원인은 법
   률에 비추어 처벌을 받을 것임.

1. 준공 연한은 상세한 규정을 만들어 계출^{주7}할 것.

주7 계출届出 : 신고서를 제출함.

1904년 6월 8일

__ 조선총독부 철도국, 「조선철도사 창시시대」 1937

자료 11 철도지선 답사

호남철도회사 총사무장 서오순 씨가 농상공부에 청원하되 본 회사에서 연기 조치원
으로 강경포까지 이미 측량을 마쳤으나 지금 다시 실시하겠고 또 강경포에서 전주까
지 연속 측량하겠기에 이에 청원하니 살핀 후 철도국 기사 중 1원을 본 회사에 파송하
여 측량상 기수로 간무^{주8}케 하고 철도국에 소재한 측량 기계들을 전과 같이 차급^{주9}하
여 곧 기공케 하며 연기 여산 공주 익산 노성 전주 연산 은진 등 각 군에 훈령을 보내 측
량하는 주변 도로에 포함된 지역을 정장색^{주10}하여 본사 파원과 함께 답사케 하라 함.

__ 「황성신문」 1906년 5월 15일

주8 간무幹務 : 중요한 임무를 맡아봄.

주9 차급借給 : 물건을 빌려 주는 것으로 차여借與라고도 함.

주10 정장색定將色 : 담당하는 관리를 지정함.

자료 12 대구민소大邱民訴

대구군 민인 등이 내부에 호소하되 본군 북문 밖에서 철도를 부설하는데 마을이 철
도와 거리가 상당히 멀거늘 정거용지라 이르고 마을 가운데로 넘어 들어와 민가 400
여 호에 표를 세우기로 마을 사람들이 본 군에 호소함에 군수가 몸소 심사하고 설령
정거장 기지라 하더라도 전후좌우가 광활함으로 여러 차례 담판했으나 가옥을 헐려
고 거주민을 위협하니 수천 명 인구의 생사가 걸린 문제라. …

__ 「황성신문」, 1904년 4월 20일

주11 철역민폐鐵役民弊 : 철도 공사에 동원되는 강제 부역에 따른 민간의 폐단과 피해.

주12 예경禮經 : 유교의 경전으로 오경五經의 하나. 예禮에 관한 해설·이론을 서술한 책임.

주13 고가雇價 : 모군. 즉 공사판 따위에서 삯을 받고 품을 파는 사람에게 주는 품삯.

주14 수응酬應 : 남이 요구하는 것에 따름.

주15 아양구첩峨羊九疊 : 높고 험한 것이 겹겹이 쌓였다는 뜻으로 갈수록 사태가 더욱 악화됨을 이름.

주16 지단地段 : 땅을 몇으로 나누어 가른 한 부분.

자료 13 철역민폐주11

내부에서 정부에 조회하되 현재 평안남북도 민인 등의 소장을 접한즉 나라에 큰일이 있으면 민이 부역함은 당연한 바이라 누가 감히 응하지 않으리오. 그러나 민을 동원함에 때를 가림은 공자의 가르침이요 민에게 일을 시킴에 3일을 기한으로 한다 함은 『예경』주12에 나타난 바라. 전하는 바에 의하면 일본국은 개명한 나라라 하는데 삼남의 철도 공역에는 별다른 민폐가 없다더니 오직 우리 평안도 철도 공역에는 어찌 그와는 서로 다른가. 인부를 혹사하여 한시도 쉬는 일이 없고 하루의 공역에 반나절의 고가주13도 지급하지 않으니 민이 어찌 기뻐하여 공역에 응할 것인가. 이럼으로 여러 군에 배정하여 억지로 인부를 끌어와 가가호호 염출하여 스스로 양식을 부역소로 가져오니 이것이 하루 이틀의 공역이 아니라 오랜 세월에 민들이 어찌 감당할 것인가. 이것이 과연 성인의 가르침에 이르는 민을 동원함에 때를 가리는 것이며 민을 시킴에 3일을 기한으로 한다는 뜻에 합당하다 할 것인가. … 또 일본인 일꾼들이 강변 각 곳에 산재하여 소나무산을 억지로 팔게 하고 시가의 1/10도 지급하지 않으면서 인부로 하여금 억지로 나무를 베어 운반해 각 시장에서 전매하여 모리 행위를 함을 일삼으니 어찌하여 일본인은 모리를 하고 한국인은 강제 노역을 감당해야 하는가. 또 일본인 역부가 있는 곳 근처의 닭이나 야채도 위협하여 강제로 탈취함에 값을 달라 하면 도리어 협박함이 이를 데 없으니 불쌍한 우리 평안도 민인들은 어떻게 살아갈 것인가. … 우리가 억울함을 이기지 못해 이에 감히 소장을 올리니 통촉하신 후에 현재의 부역에 따른 폐단을 영원히 없도록 하기 바라며 … 몇 년 동안 외국인 병사들이 내왕함에 허다한 수응주14이 이미 백성의 피폐함을 극에 이르게 한 바 지금 이 철도 부역에 고가를 제대로 지불하지 않아 무리함이 지극하거든 또한 나무를 베어 운반함에 아무 근거 없이 사역하고 민들의 물자를 강제로 빼앗으니 민들의 억울함을 이기지 못하는 심정이 말로 다할 수 없기에 …

— 「황성신문」 1906년 3월 27일

자료 14 아양구첩주15

지단주16을 획정하니 문전 옥토 쓸 데 없다 / 군용철도 경계를 나누었다는 소리에 산천

초목이 슬퍼한다 / 저 농부가 호미 놓고 도로를 방황하여 볼 수 없다 / 시르렁 둥덩실

— 「대한매일신보」, 1908년 1월 11일

자료 15

농부가 삽을 메고 / 원怨하나니 시국이라 / 군용·철도 부설하니 / 땅 바치고 종질이라 /

1년 농사 실업하니 / 유리개걸[주17] 눈물일세   — 「대한매일신보」, 1908년 2월 7일

자료 16

경부 철도 빠른 륜거 나오느니 일병이요 / 이골 저골 곳곳마다 일어난 게 의병일세 /

울리나니 총소리요 들리나니 울음이라   — 「경향신문」, 1907년 11월 22일

자료 17 「경부철도가」

우렁차게 토하는 기적 소리에 / 남대문을 등지고 떠나 나가서 / 빨리 부는 바람의 형세

같으니 / 날개 가진 새라도 못 따르겠네 / 늙은이와 젊은이 섞여 앉았고 / 우리 내외 외

국인 같이 탔으니 / 내외친소 다 같이 익혀 지내니 / 조그마한 딴 세상 절로 이뤘네

— 최남선, 「육당전집六堂全集」

자료 18 군용전선 및 군용철도 보호에 관한 군령

1. 군용전선 및 군용철도를 가해하는 자는 사형에 처할 것.

2. 지정은닉자[주18]는 사형에 처할 것.

3. 가해자를 포나[주19]케 한 자에게는 금 20원元을 상여할 것.

4. 가해자를 밀고하여 포나케 한 자에게는 금 10원을 상여할 것.

5. 촌내에 가설한 군용전선 및 군용철도선의 보호는 그 촌민이 담책[주20]하되, 촌장을
   수좌首座로 정하고 위원을 두어, 매일 약간 명씩 교대 보호할 것.

6. 촌내에서 군용전선 및 군용철도선이 접촉하고, 가해자를 포나치 못한 경우에는 당
   일 보호위원을 태벌[주21] 또는 구류에 처할 것. …

— 「구한국 외교 문서」, 「일안日案」, 1904년 7월 5일

자료 19 일제의 철도 부역 참상

부근 농민들과 부녀자들, 심지어는 어린이들까지 아무런 보수 없이 이 사업에 동원되
었으며, 철도 가설 작업에 채찍으로 혹사당했다. 최근에 차마 볼 수 없는 사건이 발생
했다. 어떤 소년이 몽둥이를 가지고 철로 위에 놀다가 철도 위에 몽둥이를 하나 남겨
두었다. 일본인들은 소년을 붙들어서 총살시켰다. 이 범죄자는 겨우 7살이었다. 이
이상의 야만성과 잔인성이 있을 수 있겠는가?

＿윤병석, 『이상설전李相卨傳 : 헤이그특사 이상설의 독립운동론』, 일조각, 1984

출전

『주한일본공사관기록』 : 고종 31년(1894)년부터 1910년까지 17년간 주한 일본 공사관 통감부와 일본 외무성, 각 영사
관 사이에 교신한 비밀 문서 및 전보, 그리고 한국 외부와 수발한 공문 등을 수록하고 있다. 국사편찬위원회가 1988
년~1994년에 영인하여 간행함.

『조선철도사 창시시대朝鮮鐵道史創始時代』 : 조선철도사 편찬위원회가 편하여 조선총독부 철도국이 1937년 펴낸
책으로, 경부선과 경의선 개통까지 일제가 한국의 철도를 침탈한 내용이 수록됨.

『구한국 외교 문서舊韓國外交文書』 : 개항 이후 조선 정부 및 대한제국 정부가 미국, 영국, 중국, 일본, 프랑스, 독일
등 각국과 외교 교섭한 사항들을 각국별로 분류하여 시기 순으로 모아놓았다. 『일안日案』은 일본과 관련된 자료들
을 모은 것이다.

찾아읽기

문일평, 『한미오십년사』, 조광사, 1945.

양영환, 『한국철도사』 3, 철도청, 1979.

이병천, 「구한말 호남철도부설운동(1904~08)에 대하여」, 『경제사학』 5, 1981.

철도청, 『한국철도사』 5 상·하, 1994.

나애자, 『한국근대해운업사연구』, 국학자료원, 1998.

정재정, 『일제침략과 한국철도(1892~1945)』, 서울대학교 출판부, 1999.

정재정, 「일본의 대한對韓 침략정책과 경인철도 부설권의 획득」, 『역사교육』 77, 2001.

이현희, 『한국철도사』, 한국학술정보, 2003.

전정해, 「대한제국의 산업화 시책 연구 : 프랑스 차관 도입과 관련하여」, 건국대학교 박사학위 논문, 2003.

박천홍, 『매혹의 질주, 근대의 횡단 : 철로로 돌아본 근대의 풍경』, 산처럼, 2003.

VI

일제의 침략과
국권 수호 운동

1 한·중, 한·일 영토 분쟁

간도와 독도

간도와 독도는 조선에 이어 대한제국이 한청통상조약 체결과 '대한국 국제' 제정 등 주권 국가 체제의 근간을 마련하면서 국가 주권을 행사했던 영토이다. 간도의 경우, 대한제국 정부는 관리를 파견하여 한국인들을 보호하고 관할권을 행사했다. 그리고 독도의 경우, 일본의 불법 침탈에 맞서 칙령을 제정하여 독도를 관할했다. 그러나 일제가 대한제국의 주권을 강탈하고 이를 임의처분함으로써 이후 한·중, 한·일 영토 분쟁이 야기되었다.

간도 문제와 정부의 관리사 파견

간도間島는 압록강 북쪽의 송화강松花江과 토문강土門江의 동쪽 지역으로, 현재 중국의 길림성 동남부에 위치한다. 간도를 포함한 이른바 만주滿洲 지역은 일찍이 고조선이 이곳에 자리한 이래, 부여-고구려-발해로 이어지면서 우리 민족 여러 국가의 무대였다. 발해 멸망 이후 민족사의 주요 무대가 한반도로 축소되었으나 그 뒤에도 간도 지역에는 다수의 조선인이 월경하여 거주하는 등 여전히 조선의 영역으로 간주되었다.

한편, 17세기 초 여진족 추장 누르하치가 세운 후금(후일 국호가 청으로 바뀜)이 중원을 장악하면서 이 지역을 봉금封禁 지대로 설정하고 신성시하면서 사람들의 출입을 금지시켰다. 그러나 산삼 채취나 사냥을 위한 조선인들의 월경越境은 계속되었고, 그중 일부는 이 지역에 정착하기도 했다. 이 과정에서 조선과 청 사이에 국경 분쟁이 자주 일어났고, 마침내 숙종 38년(1712) 양국 간의 합의에 따라 백두산에 정계비定界碑가 세워지면서 국경선이 확정되었다.[자료1] 양국의 국경을 서쪽으로는 압록강鴨綠江, 동쪽으로는 토문강土門江을 경계로 한다는 내용이었다.

그런데 19세기 중엽에 들어와 청나라의 봉금封禁과 조선의 월경 금지가 소홀해지고 함경도민들의 두만강 월경 농사가 늘어나면서 이 지역을 둘러싸고 조선과 청 사이에 다시 영유권 분쟁이 야기되었다. 특히 19세기 후반 러시아의 남하와 영국의 침략에 위협을 느낀 청이 내몽골·티벳·신장 등과 함께 만주를 직성화直省化, 즉 중국화를 추진하면서 양국의 갈등은 증폭되어 갔다. 관건은 정계비상의 토문강 해석 문제였다. 청에서는 토문강을 도문강圖們江, 즉 두만강이라고 주장했고 조선에서는 송화강의 지류인 분계강(오늘날 해란강)이라고 반박하며 간도가 우리 영토임을 주장했던 것이다. 양측이 여러 차례 교섭했으나 협상은 이견으로 말미암아 번번이 무산되고 말았다. 나아가 1880년대 후반에는 청국의 내정 압박이 심해지자 조선 정부는 간도 문제를 더 이상 제기하지 못했다. 그러나 간도에 이주해 간 한인들은 생존 차원에서 청국의 통제가 강화될 때마다 조선 정부에 보호를 호소했다.

1897년 대한제국 수립을 전후하여 정부는 간도 문제 해결에 적극 나섰다. 먼저 간도의 현황을 파악하기 위해 1897년과 1898년 2차례에 걸쳐 현지에 조사단을 파견하여 상세한 답사와 보고를 하도록 조처했다. 그 결과 대한제국 정부 관리들은 토문강이 두만강과는 다른 물줄기이며 송화강으로 이어진다는 것을 확인했다. 나아가 이들은 대한제국의 영토 경계가 토문강-송화강-흑룡강임을 전제로 한국이 비워 둔 땅을 청이 러시아에 임의로 할양했다고 주장하며, 이 지역과 유관한 대한제국·청·러시아 3국이 공동으로 조사하여 국제법에 입각하여 국경선을 획정劃定 짓자는 견해를 개진했다.[자료2]

이런 가운데 1900년 중국에서 의화단 사건이 일어나자 이듬해인 1901년 대한제국 정부는 회령에 변계경무서邊界警務署를 설치하여 간도에 행정권을 펴기 위한 태세를 갖추었고, 1902년에는 이범윤李範允을 간도시찰원에 임명하여 간도의 실태를 조

간도 이주민의 타작하는 모습(왼쪽)과 간도 이주민(오른쪽). 19세기 중반 이래 많은 조선 농민들이 살길을 찾아 압록강과 두만강을 건너 간도에 한인촌을 건설했다. 그러나 이주 한인들은 중국인의 수탈과 학대를 받았다. 이에 정부는 관리를 파견하여 실태를 조사하고 한인들을 보호하고자 하였다.

사하게 했다. 당시 간도 한인들은 청국의 변발역복辮髮易服 강요와 무력 통제에 맞서 함경도에 주둔하는 진위대나 경무서보다 진전된 형태의 간도 주재 관리 파견을 요구했기 때문이다. 당시 국내 여론도 부정적으로 인식했던 간도 월간越墾을 이민移民 또는 식민殖民으로 간주하면서 적극적으로 인식하던 터였다. 이에 그는 청나라가 임명한 향장鄕長을 포박하고 간도는 한국 영토이므로 청나라에 납세할 의무가 없다고 선언했다. 그는 이듬해 5월까지 호적부 52권을 편제하여 정부 관서인 내부로 올렸는데, 27,400여 호에 남녀 10만여 명이었다. 나아가 정부는 1903년 8월 이범윤을 북변간도관리사로 임명하여 간도 주민에 대한 직접적인 관할권을 행사하도록 했다. [자료3] 이범윤은 간도 주민을 보호하기 위해서는 무력으로 하되, 본국의 군대가 출동하면 국제 분쟁이 야기될 우려가 있다고 판단하고 사병을 모아 병영을 이루어 실력으로 간도의 조선인들을 보호하는 데 주력했다.

한편, 일본은 러일전쟁 승리를 계기로 1907년에 조선통감부 간도 파출소를 설치하면서 간도 문제에 개입하기 시작했다. [자료4] 이 조처는 비록 간도가 대한제국 영토임을 승인하고 난 뒤의 행정 조처였지만 한반도를 거점으로 만주에 세력을 뻗치려는 일제의 대륙 침략 구상에서 이루어진 것이었다. 즉 일본은 표면적으로 한인들을 보호한다는 형식을 취하면서 그들의 간도 통치를 기정사실화하는 데 중점을 두었다. 그러나 청나라가 자국의 발상지임을 내세워 일본의 방침에 반발하면서 양국 간의 분쟁이 빈번해지는 가운데 구미 열강이 이 분쟁에 관여할 가능성이 높아지자, 간도가 역사적으로나 국제법적으로 한국의 영토라고 주장했던 간도 파출소의 반대에도 불구하고 일본은 기존의 간도 영토화 작업을 중지했다. 대신에 일본은 간도 영토를 중국 정부에 양보하는 한편 만주 현안을 자국에게 유리하게 해결한다는정치적 결정을 실행하고자 했다. 그리하여 일본은 1909년 9월 7일 대한제국 정부를 배제한 채, 청과 독단으로 이른바 '간도협약'을 체결했다.[자료5] 이 간도협약과 이어서 체결된 '만주 5안건 협약'을 통해 일본은 길장선(길림-장춘 연결 철도)의 연길 남쪽으로의 연장, 무순·연대 탄광의 채굴권, 안봉선(안동-봉천 연결 철도)의 개축 사업 참여 등 만주 진출을 위한 상당한 이권을 청으로부터 획득하는 대신에, 간도를 청의 영토로 확인하여 주었던 것이다. 그 결과 청은 대한제국과의 영유권 분쟁으로 말미암아 동요했던 간도에 대한 통치권을 장악할 수 있었다. 이런 점에서 간도협약은 일본의 불법적인 조선 영토 할양 행위를 입증하는 국제 문서인 셈이다.

일본의 독도 침탈과 정부의 대응

독도獨島는 우리나라 동해 최동단에 있는 울릉도의 부속 도서이다. 신라의 이사부가 울릉도를 정복한 이래 울릉도와 더불어 우리의 국토로 인식되었고, 이는 고려와 조선에서도 마찬가지였다. 조선 건국 이후 울릉도 주민을 육지로 옮기는 공도空島 정책을 실시함에 따라 사람의 내왕이 많지는 않았으나 『세종실록지리지世宗實錄地理志』·『동국여지승람東國輿地勝覽』·『동국문헌비고東國文獻備考』·『만기요람萬機要覽』 등 역대 관찬 기록물만이 아니라 신경준의 『강계고彊界攷』나 정상기의 『동국지도東國地圖』와 같은 사찬 기록물에서도 독도를 언급하고 있는 데에서 보듯이 분명하게

독도의 모습. 현재 독도의 주소는 경상북도 울릉군 울릉읍 독도리 1번지다. 독도는 신라 지증왕대 이사부가 현재의 울릉도와 독도 일대에 있던 우산국을 정벌하여 신라에 복속시킨 이래 우리나라 영토였다. 그러나 일제는 러일전쟁 와중에 독도를 불법적으로 일본 시마네 현에 편입시켰다. 해방 이후 우리 정부는 독도를 되찾아 오늘에 이르고 있다.

우리의 영토로 인식하여 왔던 것이다. 17세기 말엽 숙종 대의 안용복安龍福은 울릉도와 독도에 출어를 위해 와 있던 일본 어민들을 쫓아내고 일본에 가서 울릉도와 독도가 우리의 영토임을 재확인하기까지 했다.

19세기 중엽에 들어 일본 어민들의 불법 침범이 늘어나자 조선 정부는 일본에 서계를 보내 항의하는 한편, 고종 18년(1881)년에 울릉도 및 그 부속도서에 대한 공도空島 정책을 중단하고 1883년부터 육지 주민을 정식으로 이주시키고 관리를 파견하여 개척을 모색했다. 그리하여 1882년에는 도장島長을 두었다가 1898년에는 도감島監으로 개칭했다. 이어서 1899년 12월 내부는 울릉도 시찰사 우용정禹用鼎을 파견하여 그 후 울릉도 현지 사정을 보고받았다. 그리고 1900년 10월에는 칙령 제41호로 '울릉도를 울도鬱島로 개칭하고 도감을 군수郡守로 개정하는 건'을 제정하여 1900년 10월 27일 「관보」 제1716호에 실었다. 이는 대한제국이 주권 국가로서 영토 주권을 행사하는 가운데 울릉도와 독도의 영유권을 근대법적으로 분명히 했음을 의미했다. 여기서 울릉도와 함께 독도를 가리키는 석도石島가 관할 구역으로 규정되었다. [자료6]

한편, 일본 역시 바쿠후 시기 이래 울릉도와 함께 독도를 조선의 영토로 인정하고 있었다. 이는 메이지유신 이후에도 마찬가지여서, 1877년 일본의 태정관太政官은 자국의 지적地籍을 편찬하면서 이 두 섬이 조선의 영토임을 다시금 확인했다.[자료7] 그러나 일본은 러일전쟁이 한창이던 1905년 1월 28일 내각에서 무주지선점론無主地先占論을 내세워 독도를 '다케시마竹島'로 명명하고 시마네 현에 편입시킬 것을 결정한 뒤,[자료8] 2월 22일 이를 대한제국 정부에 통고하지 않은 채 시마네 현 고시 제40호로 고시했다. 이는 러일전쟁의 도발과 함께 일본의 대륙 침략이 본격화하는 과정에서 취해진 것으로, 국제법상 명백한 무효이자 대한제국 영토 강점의 서막이었다. 당시 대한제국 정부는 1906년 3월 말 독도를 거쳐 울도군청을 방문한 시마네 현 관리로부터 이 사실을 전해 듣고 일본 정부에 항의하는 한편, 독도가 대한제국 영토임을 다시 분명히 했다.[자료9] 이상의 여러 정황에 비추어볼 때 일본의 독도 편입은 역사적 사실이나 국제법 어느 면에서도 명백한 불법 침탈이었다.

대한제국은 이처럼 주권 국가로서 간도와 독도에 대한 권리를 확인하고 행사했다. 그러나 일본이 대한제국을 강점해 가는 과정에서 간도는 청에 불법적으로 귀속되었고, 독도 또한 자국의 영토에 강제 편입시켜 1945년 해방 이후에도 한·일간에 외교쟁점화하여 오늘에 이르고 있는 것이다.

자료1 백두산 정계비문定界碑文 내용

청나라 오라총관 목극등穆克登주1이 성지聖旨를 받들고 변경을 답사하여 이곳에 와서 살펴보니, 국경이 서쪽은 압록鴨綠이 되고 동쪽은 토문土門이 되므로, 분수령 위의 돌에 새겨 기록한다.

— 「유하집柳下集」 14, 「백두산기白頭山記」

주1 목극등穆克登 : 숙종 38년 (1872)에 조선과의 영토 문제를 획정하기 위해 파견된 청나라 관리.

자료2 사계파원査界派員이 함북관찰사 이종관에게 올리는 보고서

정계비의 동서쪽에 위치하는 분수구학分水溝壑은 마치 팔八자 모양과 같습니다. 그러므로 지남침指南針으로 방위를 살펴보았더니 서쪽이 압록강의 도랑, 동쪽이 토문강의 도랑임이 명확하고 의심이 없어 털끝만큼도 어긋나지 않습니다. 비퇴碑堆와 두만강 상류의 거리는 90여 리이며 애초에는 토문강의 발원과 접하지 않습니다. 그러한 즉 두만강을 가리켜 토문강이라 함은 구차한 주장으로써 성립될 수 없는 것입니다. 비碑가 있는 자리에서 동쪽 도랑을 따라 3~4촌보寸步의 간격으로 이따금씩 돌을 쌓아 20리쯤 더 가면 대각봉이 있습니다. 여기서부터는 토퇴를 쌓아 동쪽으로 비스듬히 뻗쳐 70리에 이르는데, 무더기는 180여 둔屯이 되며 무더기 위에서 저절로 자라서 고목이 된 나무는 모두 이미 아름드리가 됩니다. 흙을 쌓은 중간에 문처럼 마주선 토벽土壁이 수십 리 이어집니다. 그래서 이미 '토문土門'이란 명칭을 얻었으니, 이는 만고에 걸쳐 바뀌지 않을 경계입니다. 한계限界의 표지가 저처럼 적확한데 하필 이 토문의 참 근원을 버리고서 논의를 북증산北甑山·하반령下畔嶺에서 발원하는 물에다 둡니까. 비碑의 동쪽 토문강의 수원水源은 석퇴와 토퇴를 지나서 삼포杉浦에 이르러 물이 비로소 솟아나와 비스듬히 북증산北甑山의 서쪽 능구·황구수陵口·黃口水, 태사허太沙墟, 소사허小沙墟, 구등허九等墟, 양양구兩兩溝 등지에 이르기까지 5, 6백리 정도를 흘러 송화강과 합류하여 동쪽으로 흑룡강에 이르러 바다에 들어갑니다. 토문강의 상원上源에서 하류의 바다에 들어가는 곳에 이르기까지 이동以東이 진실로 한계 안의 땅인데도 우리나라는 당초 변경에서의 분쟁을 우려하여 유민을 엄금하고 드디어 그 땅을 비워 두었습니다. 그래서 청국은 자기네 영토라 하여 먼저 점거하여 러시아에게 1천여 리의 땅을 양도하기에 이르렀습니다. 당시 토문을 한계로 경계를 정한 것으

로 본다면 이 같은 일은 용납할 수 없지만 애초 정한 한계도 아직 원만한 감정勘定을 못 보고 있어 민생이 이로써 곤경을 당하고, 이에 따라서 변경 문제가 또 더욱 불어나, 국가 간의 교제란 점에서 헤아려 보면 이는 실로 합당한 상태가 못 되고 있으나, 이 두 나라의 화호和好를 약정하는 때에 미쳐서 우리 강토를 우리가 다스림도 또 그칠 수 없습니다.

_ 김노규金魯奎 엮음, 「북여요선北輿要選」

자료3 의정부 참정 김규홍金奎弘의 상소

북간도北間島는 바로 우리나라와 청나라의 경계 지대인데 지금까지 수백 년 동안 비어 있었습니다. 수십 년 전부터 북쪽 변경 연변의 각 고을 백성들로서 그 지역에 이주하여 경작하여 지어먹고 살고 있는 사람이 이제는 수만 호에 10만여 명이나 됩니다. 그런데 청인淸人들의 침어侵漁를 혹심하게 받고 있습니다. 그래서 지난해에 신의 부部에서 시찰관視察官 이범윤李範允을 파견하여 황제의 교화를 선포하고 호구를 조사하게 했습니다.

이번에 해당 시찰관 이범윤의 보고를 접하니, '우리 백성들에 대한 청인들의 학대가 낱낱이 진달하기 어려우니, 특별히 굽어살펴 즉시 외부外部에 이조移照하여 청나라 공사와 담판을 해서 청나라 관원들의 학대를 막고, 또한 관청을 세우고 군사를 두어 많은 백성을 위로하여 교화에 감화되어 생을 즐기도록 해야 할 것입니다.'라고 하면서 우선 호적戶籍을 만들어 수보修報한 것이 1만 3천여 호戶입니다.

이 사보査報에 의하면, 우리나라 백성들이 이 땅에서 살아 온 것은 이미 수십 년이나 되는 오랜 세월인데 아직 관청을 설치하여 보호하지 못했으니 허다한 백성들이 의지할 곳이 없습니다. 한결같이 청나라 관원들의 학대에 내맡기니 먼 곳을 편안하게 하는 도리에 있어서 소홀함을 면치 못합니다. 우선 외부外部에서 청나라 공사와 상판商辦한 후에 해당 지방 부근의 관원官員에게 공문을 보내어 마구 재물을 수탈하거나 법에 어긋나게 학대하는 일이 없게 해야 할 것입니다.

나라의 경계에 대해 논하는 데 이르러서는, 전에 분수령分水嶺 정계비定界碑 아래 토문강土門江 이남의 구역은 물론 우리나라 경계로 확정되었으니 결수結數에 따라 세稅

를 정해야 할 것인데, 수백 년 동안 비워 두었던 땅에 갑자기 온당하게 작정하는 것은 매우 크게 벌이려는 것 같습니다. 그러니 우선 보호할 관리를 특별히 두고 또한 해당 간도 백성들의 청원대로 시찰관 이범윤을 그대로 관리로 특별히 차임하여 해당 간도間島에 주재시켜 전적으로 사무를 관장하게 함으로써 그들의 생명과 재산을 보호하게 하여 조정에서 간도 백성들을 보살펴 주는 뜻을 보여 주는 것이 어떻겠습니까?

하니, 윤허했다.

_ 「고종실록」, 고종 40년(1903) 8월 11일

자료4 간도 파출소의 운용 방침

1. 생략

2. 통감부 파출소의 권한에 관하여

   통감부 파출소는 교통이 불편하고 미개발 오지의 땅에 위치하고 특종의 임무를 가지고 있으므로 가급적 그 권한을 확장하고 시정에 적합한 임기 재량의 여지가 있게 함이 좋을 것이며, 당분간은 한국 정부로부터 간도가정구역내間島假定區域內의 한국 인민을 통할하는 일체의 권한을 위임받을 것과 전기 구역 내에 있는 일본 신민에 대하여는 이사청理事廳의 권능과 동일한 권능을 갖게 하여 긴급한 사태에는 부득이한 경우 최근의 일본 수비대에 출병을 청구할 수 있게 할 것.

3. 재간도在間島 관헌에 관한 건

   현하의 상태에서 당분간 청국 정부와 현재의 시정을 쟁론치 말고 가급적 회유의 방침을 위하여 임기응변적으로 아我[주2]의 지위를 신장할 방침을 취할 것과, 간도는 한국의 영토임을 전제로 해서 일에 임할 것.

주2 일본.

_ 「통감부임시간도파출소기요統監府臨時間島派出所紀要」

자료5 간도에 관한 청일 협약

대일본제국 정부와 대청국 정부는 선린의 호의에 비추어 도문강圖們江[주3]이 청한淸韓 양국의 국경임을 서로 확인함과 아울러 타협의 정신으로써 일체의 변법辨法을 상정

주3 도문강圖們江 : 두만강豆滿江을 가리킴.

商定함으로써 청한 양국의 변민으로 하여금 영원히 치안의 경복을 향수享受하게 함을 욕망하고 이에 좌의 조관條款을 정립訂立한다.

제1조. 청일 양국 정부는 도문강을 청한 양국의 국경으로 하고 강원 지방江源地方에 있어서는 정계비를 기점으로 하여 석을수石乙水로써 양국의 경계로 할 것을 성명聲明한다.

제2조. 청국 정부는 본 협약 조인 후 가능한 한 속히 좌기의 각지를 외국인의 거주와 무역을 위하여 개방하도록 하고, 일본 정부는 이 지역에 영사관 또는 영사관 분관을 배설配設할 것이다. 개방의 기일은 따로 이를 정한다.

제3조. 청국 정부는 종래와 같이 도문강 이북의 간지墾地에 있어서 한국민 주거를 승인한다. 그 지역의 경계는 별도別圖로써 이를 표시한다.

제4조. 도문강 이북 지방 잡거 지역 역내 간지墾地 거주의 한국민은 청국의 법권에 복종하며 청국 지방관의 관할 재판에 귀부한다. 청국 관할은 우右 한국민을 청국민과 동등하게 대우하여야 하며 납세 기타 일체 행정상의 처분도 청국민과 동일하여야 한다. 우 한국민에 관계되는 민사 형사 일체의 소송 사건은 청국 관할에서 청국의 법률을 안조按照하여 공평히 재판하여야 하며, 일본국 영사관 또는 그의 위임을 받은 관리는 자유로이 법정에 입회할 수 있다. 단 인명에 관한 중안重案에 대해서는 모름지기 먼저 일본국 영사관에 지조知照해야 한다. 일본국 영사관에서 만약 법률을 고안考案하지 않고 판단한 조건이 있음을 인정했을 때는 공정히 재판을 기하기 위하여 따로 관리를 파견하여 복심할 것을 청국에 요구할 수 있다.

제5조. 도문강 이북 잡거 구역 내의 한국민 소유의 토지 가옥은 청국 정부가 청국 인민의 재산과 같이 보호하여야 한다. 또 해강該江의 연안에는 장소를 선택하여 도선渡船을 설치하고 쌍방 인민의 왕래를 자유롭게 한다. 단 병기를 휴대한 자는 공문 또는 호조護照없이 월경할 수 없다. 잡거 구역 내 산출의 미곡은 한국민의 판운販運을 허가할 수 있다.

제6조. 청국 정부는 장래 길림吉林 철도를 연길 남경에 연장하여 한국 회령에서 한국 철도와 연결하도록 하며, 그의 일체 변법은 길장 철도와 일률一律로 하여야 한

다. 개변開辦의 시기는 청국 정부에서 정형을 참량酌量하여 일본국 정부와 상의한 뒤에 이를 정한다.

제7조. 본 조약은 조인 후 즉시 효력을 발생하며 통감부 파출소 및 문무의 각원은 가능한 한 속히 철퇴를 개시하며 2개월 이내에 완료한다. 일본국 정부는 2개월 이내에 제2조 신약新約의 통상지에 영사관을 개설한다.

　　　　　　　　　　　　　　　　　　— 「간도영유권관계발췌문서間島領有權關係拔萃文書」

자료 6

칙령 제41호 울릉도鬱陵島를 울도鬱島로 개칭하고 도감島監을 군수郡守로 개정한 건

제1조. 울릉도를 울도라 개칭하여 강원도에 부속하고 도감을 군수로 개정하여 관제 중官制中에 편입하고 군등郡等은 5등으로 할 것.

제2조. 군청 위치는 태하동台霞洞으로 정하고 구역은 울릉전도鬱陵全島와 죽도竹島, 석도石島주4를 관할할 것.

　　　　　　　　　　　　　　　　　　　　　　주4 석도石島 : 독도의 다른 이름.

제3조. 개국 504년 8월 16일 관보중의 관청사항란 내 울릉도 이하 19자를 삭거하고 개국 505년 칙령 36호 제5조 강원도 26군의 6자는 7자로 개정하고 안협군 하에 울릉도 3자를 첨입할 것.

제4조. 경비는 5등군等郡으로 마련하되 현재는 이액吏額이 미비하고 서사초창庶事草創하기로 해도 수세收稅 중에서 고선姑先 마련할 것.

제5조. 미진한 여러 조는 본도 개척을 다한 차제에 마련할 것.

　　　　　　　　　　　　　　　　　　— 「관보」 광무 4년(1900) 10월 27일

자료 7

일본해주5 내에 있는 울릉도 외 일도一島주6를 지적 편찬地籍編纂에 넣을 것인가에 대한 품의

울릉도를 관할로 할 것인가에 대해 시마네 현으로부터 별지와 같이 질의가 있어서 조사해본 결과, 울릉도는 1692년 조선인이 입도한 이후 별지 서류에서 요약 정리한 바, 1696년 정월 제1호 구 정부[바쿠후]의 평의, 제2호 역관에의 통보서, 제3호 조선에서 온

주5 동해東海를 일본에서 일컫는 명칭.

주6 곧 독도를 이른다.

주7 판도版圖의 취사取捨 : 영토의 편입과 제외 여부. 여기서는 독도를 일본의 영토에 편입시킬지의 여부를 가리킨다.

서한, 제4호 이에 대한 우리나라[일본]의 답서 및 보고서 등과 같이, 우리나라[일본]와 관계없는 곳이라고 들었습니다. 그러나 판도版圖의 취사取捨는 중대한 사건이므로 별지 서류를 첨부하여 확인하기 위해 품의합니다.

1877년 3월 17일

내무경內務卿 오쿠보 도시미치大久保利通

대리내무소보 마에지마 히소카前島密

우대신 이와쿠라 도모미岩倉具視 전殿

주8 이 부분은 일본 최고의 국가 기관인 태정관에서 시마네 현과 내무성이 상신한 울릉도와 독도의 일본 영토 편입 여부에 대하여 내린 유권해석 내용이다.

질의한 바의 울릉도 외 일도는 우리나라[일본]와 관계없다고 명심할 것. 주8

1877년 3월 29일 태정관太政官

_ 「공문록公文錄」

자료 8

별지 내무대신이 청의한 무인도 소속에 관한 건을 심사해 보니, 북위 37도 9분 30초, 동경 131도 55분, 오키시마隱岐島에서 서북으로 85리에 있는 이 무인도는 타국이 이를 점유했다고 인정할 형적이 없다. … 메이지 36년 이래 나카이 요자부로中井養三郎란 자가 해도에 이주하고 어업에 종사한 것은 관계 서류에 의하여 밝혀지며, 국제법상 점령의 사실이 있는 것이라고 인정하여 이를 본방 소속으로 하고 시마네 현 소속 오키도사島司의 소관으로 함이 무리 없는 것이라 사고하여 청의대로 각의 결정이 성립되었음을 인정한다.

_ 「공문유취公文類聚」, 제29편 1

자료 9

울릉군수 심흥택의 보고서는 다음과 같습니다. "본군 소속 독도가 본부 바깥 바다 1백여 리 밖에 있는데, 본월[4월] 초4일 진시辰時 가량에 윤선輪船 1척이 군내 도동포道洞浦에 내박來泊하여 일본 관인 일행이 관사에 이르러 스스로 말하길 '독도가 지금 일본 영토가 된 까닭으로 시찰차 왔다' 하온 바 … 이에 보고하오니 살펴 헤아리시기를 엎드려 바라온다." 했습니다. 이에 보고하오니 살펴 헤아리시기를 비옵니다.

광무 10년(1906) 4월 29일

강원도관찰사 서리 춘천군수 이명래

의정부 참정대신 각하

보고는 잘 받아보았다. 독도의 일본 영토설은 전혀 사실무근이니, 해도該島의 형편과 일인日人이 어떻게 행동하는지를 다시 조사해서 보고하라.[주9]

— 『각관찰도거래안各觀察道去來案』 1, 광무 10년(1906) 4월 29일

출전

『유하집柳下集』 : 조선 숙종 대의 문인 홍세태(洪世泰, 1653~1725)의 문집. 조선과 청나라 사이에 국경 분쟁이 일어나 백두산에 정계비를 세울 당시 통역관으로 참가했던 역관 김경문에게 들은 내용이 「백두산기」에 기록되어 있다. 간도 문제 연구를 위한 기본 사료 가운데 하나다.

『간도영유권관계발췌문서間島領有權關係拔萃文書』 : 국회도서관에서 1975년에 간도 관계 문서들을 모아 간행한 자료집.

『공문록公文錄』 : 메이지 초기(1868~1882)의 주요 사료를 모아놓은 책. 일본 국립공문서관이 소장하고 있다.

『각관찰도거래안各觀察道去來案』 : 1906년(광무 10)부터 1910년(융희 4) 사이에 각도 관찰사와 외사국外事局 사이에 오간 보고서 및 훈령을 외사국에서 모아 놓은 책이다. 서울대학교 규장각이 소장하고 있다.

찾아읽기

신기석, 『간도영유권에 관한 연구』, 탐구당, 1979.

이일걸, 「간도협약에 관한 연구」, 성균관대학교 박사학위 논문, 1990.

김명기 엮음, 『간도연구』, 법서출판사, 1999.

한국정신문화연구원 엮음, 『독도연구』, 1996.

신용하, 『독도의 민족영토사 연구』, 지식산업사, 1996.

김춘선, 『'북간도' 지역 한인사회의 형성 연구』, 국민대학교 박사학위 논문, 1999.

시노다 지사쿠, 『간도는 조선땅이다: 백두산 정계비와 국경』, 신영길 옮김, 지선당, 2005.

호사카 유지, 『일본 고지도에도 독도 없다』, 자음과모음, 2005.

최장근, 『간도 영토의 운명 : 일본 제국주의와 중국 중화주의의 틈새에서』, 백산자료원, 2005.

은정태, 「대한제국기 '간도문제'의 추이와 '식민화'」, 『역사문제연구』 17, 역사비평사, 2007.

박병섭 · 나이토 세이추, 『독도=다케시마 논쟁:역사자료를 통한 고찰』, 호사카 유지 옮김, 보고사, 2008.

동북아역사재단 엮음, 『독도와 한일 관계:법 · 역사적 접근』, 동북아역사재단, 2009.

동북아역사재단 엮음, 『독도 · 울릉도 연구:역사 · 고고 · 지리학적 고찰』, 동북아역사재단, 2010.

정병준, 『독도 1947:전후 독도문제와 한 · 미 · 일 관계』, 돌베개, 2010.

송병기, 『울릉도와 독도, 그 역사적 검증』, 역사공간, 2010.

윤유숙 외, 『역사와 지리로 본 울릉도 · 독도』, 동북아역사재단, 2011.

신용하, 『개정증보 독도영유권에 대한 일본주장 비판』, 서울대학교 출판문화원, 2011.

예영준, 『독도실록 1905』, 책밭, 2012.

와다 하루키, 『동북아시아 영토문제, 어떻게 해결한 것인가』, 임경택 옮김, 사계절, 2013.

2 이날을 목 놓아 크게 우노라
을사늑약과 민족의 저항

일제는 1905년 9월 러일전쟁에서 승리하자 여세를 몰아 같은 해
11월 9일 군대를 동원하여 궁궐을 포위한 뒤, 고종과 대신들을 위
협하여 강제로 이른바 을사늑약을 체결하고 조선을 '보호국'으
로 만들었다. 이에 고종은 조약이 무효임을 주장하면서 국내 여
론과 국제 사회에 호소했다. 또한 국내 여론도 그 불법성을 폭로
했고 일반 민인들은 이 조약의 무효를 주장하며 철시 투쟁을 벌
였고 전현직 관료와 양반 유생들은 순국하거나 상소 운동을 벌
였다.

러일전쟁 발발과 을사늑약 체결

러시아와 일본의 대립은 1896년 베베르·고무라 각서 교환 이래 완화되는가 하
더니만 얼마 안 되어 한반도와 만주 분할 문제로 인해 긴장 관계로 치달았다. 이에
대한제국 정부는 유럽에 특명전권공사를 파견하거나 국제 회의에 적극 참가하면서
오랫동안 준비해 왔던 대한제국의 국외 중립을 러일전쟁 직전인 1904년 1월 21일에
선언했다. 그러나 일본은 1904년 2월 8일에 선전포고도 없이 중국의 뤼순旅順을 기습
공격하여 러시아 전함 2척과 순양함 1척에 피해를 주었다. 이어서 9일에는 인천항에
정박 중인 러시아 군함을 격침시킨 뒤, 2월 10일 러시아에 선전 포고를 했다. 당시 일
본은 러시아의 남하를 저지하는 데 온 힘을 기울였던 영국과 영일동맹을 체결한 터
였다. 여기에 미국 역시 일본 지지로 돌아선 까닭에 일본은 러일전쟁에 적극 나설

을사늑약 원본. 조약이 갖추어야 할 요건이 많이 빠져 있다. 우선 조약 이름도 부여하지 못할 정도로 졸속으로 작성하여 강제로 체결하였으며 고종의 위임장이 첨부되어 있지 않다. 그리고 고종이 비준하지 않아 효력을 발휘할 수 없는 문서이다. 일제는 이러한 결점을 가진 조약임에도 국제 사회를 호도하고 한국민을 기만하여 통감부를 설치하였다.

수 있었다. 이어서 일본은 대한제국 정부의 국외 중립 선언을 무시하고 서울을 점령한 후 한일의정서를 강요하여 한반도 내 군사 거점을 확보하는 한편, 내정 간섭의 발판을 마련했다.[자료1] 그리고 전쟁에 이용할 목적으로 경부선과 경의선 철도 부설을 강행했다.

러일전쟁은 주변국의 예상과 달리 일본에 우세하게 진행되었다. 영국과 미국은 전쟁 경비를 빌려주는 등 일본을 적극 지원했다. 한편 봉황성鳳凰城 · 랴오양遼陽 · 펑톈奉天 · 뤼순 등이 일본군에게 점령당하자 러시아는 유럽에 있던 발트 함대를 데려와 대세를 만회하려 했지만 대한해협에서 일본군에 참패당했다. 때마침 러시아에서는 5월 혁명이 일어나 전쟁을 계속할 수 없게 되었다. 이에 일본은 재빨리 미국에 중재를 요청했다.

당시 러시아의 남하를 막기 위해서는 일본의 한국 점령이 오히려 적절하다고 생각하고 있던 미국은 이 기회를 이용하여 일본과 밀약을 체결했다. 즉 미국이 일본의 요구를 들어주는 대신 일본도 미국의 필리핀 점령을 승인한다는 내용의 가쓰라 · 태프트 밀약을 1905년 7월에 맺었다.[자료2] 이는 영일동맹과 마찬가지로 약육강식의 논리에 바탕한 제국주의 열강의 나누어먹기 거래였다. 또한 일본은 1905년 8월 영국과 제2차 영일동맹을 맺어 한국에 대한 침략을 외교적으로 보장받았다. 이러한 상황 속에서 1905년 9월 미국의 중재로 러 · 일 간에 포츠머스 강화 조약이 체결되었다.

이제 대한제국은 제국주의 열강의 뒷거래에 의하여 짓밟힐 운명에 놓이게 되었다. 미국과 영국이 일본의 한국 침략을 이미 승인했고, 패전국인 러시아도 포츠머스 조약으로 이를 인정한 것이다.[자료3] 이러한 여건 속에서 일제는 당초의 의도대로 강점 공작을 단계적으로 실천으로 옮겼으며 드디어 1905년 11월 18일 오전 2시 무렵 대한제국 정부를 강압하여 을사늑약乙巳勒約을 체결했다. 이에 일본을 비롯한 각국 정부는 자국 공사관을 폐쇄하거나 철수시켰다. 이 중 일본 다음으로 조선 정부와

대안문 앞의 일본 군사들. 을사늑약 체결 당시 일본군이 경운궁(오늘날 덕수궁)의 정문인 대안문을 삼엄하게 경비하고 있다.

외교 관계를 수립했던 미국이 서구 국가 중 가장 먼저 국교를 단절했다. 이러한 행위는 자국의 이익을 앞세워 약소국을 파멸시키는 국제 정치의 냉엄한 현실을 보여 준다.[자료4]

을사늑약, 왜 문제인가

을사늑약의 내용은 다음과 같다. 첫째, 일본 외무성이 한국의 외국에 대한 관계와 그 사무를 감리 지휘하고 둘째, 한국 정부는 일본 정부를 거치지 않고는 어떠한 국가와도 조약이나 약속을 하지 못한다. 말하자면 한국의 외교권을 완전히 탈취해 버린 것이다. 그리고 한국에 통감 1인을 두어 한국의 외교에 관한 사항을 관리한다고 했는데, 그 조약상의 문면에 따르면 "전적으로 외교에 관한 사항을…"이라고 했으나 한국의 모든 내정을 관장했다. 이리하여 한국은 독립 국가로서의 국제적인 지위가 말살되다시피 했다.[자료5]

이러한 늑약은 형식상, 절차상, 문서상 여러 측면에서 결격과 결함을 가지고 있

을사오적. 왼쪽부터 농상공부대신 권중현, 외부대신 박제순, 군부대신 이근택, 학부대신 이완용, 내부대신 이지용.

다. 첫째, 을사늑약은 조약 체결에 관한 대한제국측의 입법 규정을 전혀 지키지 않았다. 대한제국 황제와 대신들 절대 다수가 반대 의사를 표명하여 채택이 불가능한 상황에서 이토 특사가 한국주차군駐箚軍을 동원해 위협 분위기를 조성한 가운데 이토 자신이 8명의 대한제국 대신 각자의 의견을 강압적으로 물어 찬성 의견이 다수인 것처럼 조작하여 외부대신의 직인을 가져오게 하여 강제로 날인 처리했다. 둘째, 을사늑약이 대한제국의 외교권을 넘기는 중대 사안을 다루고 있음에도 불구하고 한 장의 협정문만으로 종결되고 전권 위임장과 비준서가 없다. 셋째, 고종은 조약 협상의 결과를 수용하지 않고 거부했음에도 불구하고 사료 조작을 통해 대내외적으로 고종이 협상 결과에 동의했다고 선전하고 후일의 근거 자료로 삼고자 했다.

따라서 당시 언론도 조약이라는 명칭 대신 '늑약勒約'으로 표현했다. 고종도 을사늑약에 대해 끊임없이 이의를 제기했고, 국제 사회에 을사늑약이 무효임을 알리고자 했다. 또한 1906년 프랑스의 저명한 국제법학자 프란시스 레이Francis Rey도 을사늑약이 무효라는 주장을 제기했다. [자료6]

민인들의 여론 투쟁과 고종의 주권 수호 외교

일본의 이러한 침략에 대한 민족의 통분은 크게 넘쳐 흘렀고 여러 가지 형태로 민족적인 저항이 전개되었다. 을사늑약의 강제 체결을 알린 신문은 「황성신문」이

장지연(왼쪽)과 「황성신문」 1905년 11월 20일자에 실린 장지연의 논설 〈시일야방성대곡〉(오른쪽). 일제의 기만적인 침략 책동과 을사오적을 규탄하고, 국권 수호를 위해 국민이 떨쳐 일어서야 한다고 호소하며 여론을 들끓게 하였다.

었다. 특히 11월 20일에는 장지연의 논설 〈시일야방성대곡是日也放聲大哭〉을 게재하여 거족적인 항쟁을 불러일으켰다.[자료7] 일본의 검열에서 삭제당할 것을 우려하여 장지연은 검열을 무시하고 신문에 게재했다. 결국 「황성신문」은 무기 정간을 당했다. 언론기관의 반대 운동과 함께 여러 형태의 민족적 저항 운동이 전개되었다. 수천 명의 군중이 경운궁 앞에 와서 늑약의 반대와 무효를 주장했으며 종로 상인들은 철시 투쟁을 벌였다.

또한 민인들의 분노에 힘입어 전현직 관료와 양반 유생들의 상소와 자결 투쟁이 이어졌다. 특히 민영환의 죽음은 온 국민에게 큰 충격을 주었으며 항일 운동을 격화시킨 원동력이 되었다. 그는 순국하기 전 5통의 유서를 남겼는데, 그중에서도 국민에게 남긴 유서[자료8]가 「대한매일신보」에 게재되어 많은 국민에게 읽혔고, 국민들의 항일 의식을 북돋우는 커다란 계기가 되었다.

한편 고종 황제는 이 늑약의 체결이 자신의 의사와 관계없이 강제로 이루어진 것임을 내세우고 국민들이 이에 저항할 것을 호소하기로 했으며[자료9] 비밀리에 미국인 헐버트Hulbert에게 을사늑약이 무효임을 미국 정부에 전달할 것을 부탁하기도 했다.[자료10] 나아가 처음부터 을사늑약이 무효임을 강력히 주장한 고종 황제는 이러한 사태에서 벗어나기 위한 방안의 하나로 1907년 6월 네덜란드 헤이그에서 개최되는

3명의 헤이그 특사. 왼쪽부터 이준, 이상설, 이위종. 헤이그에서 세 사람은 회의 참석을 요청했으나 한국이 일본의 보호국이어서 독자적인 외교 활동이 불가능하므로 참석 자격이 없다는 이유로 거절당했다. 그러나 이들은 여론 활동을 통해 을사늑약의 불법성을 알리는 데 힘을 기울였다.

제2회 만국평화회의에 특사를 파견하여 일본의 부당성을 세계 여론에 호소하고자 하는 계획을 세웠다.

이어서 의정부 참판을 역임한 이상설李相卨, 평리원의 검사 출신인 이준李儁과 러시아 주재 공사관 참사관이던 이위종李瑋鍾 등 3인은 특사 자격의 신임장을 받고 밀파되었다. 세 사람은 헤이그에 도착하여 회의 참석을 요청했으나 한국이 일본의 보호국이어서 독자적인 외교 활동이 불가능하므로 회의에 참석할 자격이 없다는 이유로 거절당했다. 그러나 당시 이들 특사는 여론 활동을 통해 을사늑약의 불법성을 알리는 데 힘을 기울였다.[자료11]

이때 한국에서 활동하던 미국인 헐버트도 이곳에 와서 특사의 회의 참석을 주선했으나, 특사들의 회의 참석은 일본의 방해로 결국 불가능했다. 특사들은 머물고 있던 호텔에 태극기를 게양하고 독립 국가의 대표임을 나타내었으며, 이위종은 국제 협회라는 단체에서 일본의 불법적인 침략 행위를 공개하고 을사늑약의 무효를 주장하는 연설을 했다. 이위종의 연설문은 각국의 신문에 게재되어 한국의 실정을 알리는 데 크게 기여했으며 한국 문제에 대한 국제 여론을 환기시켰다. 그러나 일본의 집요한 방해와 세계 열강의 무관심으로 인해 이들 특사는 만국평화회의에 참석하지 못했으며 이준은 울분 끝에 병을 얻어 현지에서 순국했다.

자료1 한일의정서(1904. 2)

제4조. 제삼국의 침략이나 내란으로 인해 대한제국 황실의 안녕과 영토의 보전에 위험이 있을 경우에는 대일본제국 정부는 속히 정황에 따라 필요한 조치를 취할 수 있다. 그러나 대한제국 정부는 앞에 말한 대일본제국의 행동이 용이하도록 충분히 편의를 제공한다. 대일본제국 정부는 앞 항의 목적을 이루기 위해 군략상 필요한 지점을 정황에 따라 차지해 이용할 수 있다.

제5조. 대한제국 정부와 대일본제국 정부는 상호 승인을 거치지 않고는 앞으로 본 협정의 취지를 위반하는 협약을 제삼국과 맺을 수 없다.

_최덕수 외, 『조약으로 본 한국근대사』, 열린책들, 2010

자료2 가쓰라 · 태프트 비망록 요약(1905. 7)

제1조. 필리핀은 미합중국에 의해서 통치되어야 하며, 일본은 필리핀을 침공할 의도가 없음을 밝힌다.

제3조. 한국은 러일전쟁의 원인이므로 전쟁의 결과 한반도 문제의 완전한 해결은 매우 중요하다. 전후 한국을 그대로 두면 한국은 그 관습대로 앞일을 생각하지 않고 타국과 조약을 체결하여 국제적 분쟁을 재현시킬 것이다. 이와 같은 상황에서 일본은 조선에 대해 확고한 입장을 취해야 한다.

_최덕수 외, 『조약으로 본 한국근대사』, 열린책들, 2010

자료3 포츠머스 조약(1905. 9)

제2조. 러시아제국 정부는 일본국이 한국에서 정치 군사상 및 경제상의 탁월한 이익을 갖는다는 것을 인정하고 일본제국 정부가 한국에서 필요하다고 인정하는 지도 보호 및 감리의 조처를 하는데 이를 저지하거나 간섭하지 않을 것을 약정한다.

_국회도서관입법조사국 엮음, 『구한말조약휘찬舊韓末條約彙纂』, 국회도서관, 1964

자료4   을사늑약 이후 미국의 태도

성조기는 공평과 정의의 표상이 되었으며 미국 국민은 자기에게만 도움이 되는 이익만을 오로지 추구하는 이기주의자가 아니라 정의 — 거기에 힘이 수반되든지 그렇지 않든 간에 — 의 편에서 싸워온 국민이라고 각계각층의 미국인들은 4반세기[1882년 수호통상 조약~1905년 을사늑약] 동안이나 장담해 왔다. 그러나 자신의 입장이 난처하게 되자 우리가 언제 그런 적이 있었더냐는 듯이 고별의 인사 한 마디 없이 가장 오만한 방법으로 한민족을 배신하는 데 제일 앞장을 섰다.

_H. B. 헐버트, 『대한제국 멸망사』

주1 을사늑약 : 흔히 '을사보호조약'으로 부르지만 실제 원본에는 이런 명칭이 기재되어 있지 않다. 일제가 대한제국의 반대로 국제 공신력을 얻는 데 실패하자 기만적으로 처리하기 위해 조약 이름을 쓰지 못하고 공란으로 처리했기 때문이다.

자료5   을사늑약 주1

제1조. 일본국 정부는 동경에 있는 외무성을 경유하여 금후에 한국이 외국에 대하는 관계 및 사무를 감리 지휘함이 가하고 일본국의 외교 대표자 및 영사는 외국에 거주하는 한국의 신민 및 이익을 보호함이 가함.

제3조. 일본국 정부는 그 대표자로 하여금 한국 황제 폐하 밑에 한 명의 통감을 두되 통감은 전적으로 외교에 관한 사항을 관리함을 위하여 경성에 주재하고 친히 한국 황제 폐하에게 내알內謁하는 권리를 가짐.

제4조. 일본국과 한국 사이에 현존하는 조약 및 약속은 본 협약 조관에 저촉하는 것을 제외하고는 모두 그 효력을 계속하는 것으로 함.

제5조. 일본국 정부는 한국 황실의 안녕과 존영을 유지함을 보증함.

_ 최덕수 외, 『조약으로 본 한국근대사』, 열린책들, 2010

자료6

그런데 극동의 소식통에 따르면 이 11월 조약은 일본과 같은 문명국이 도덕적으로 비열한 방법과 물리적인 강박에 의하여 한국 정부에 강요되어 체결되었다고 한다. 조약의 서명은 전권대사인 이토 후작과 하야시가, 그들을 호위하는 일본 군대의 압력 아래에서 대한제국 황제와 대신들로부터 얻었을 뿐이다. 이틀 동안 저항한 후, 대신 회의는 체념하고 조약에 서명했지만, 황제는 즉시 강대국, 특히 워싱턴에 대표를 보내

가해진 강박에 대하여 맹렬히 이의를 제기했다.

서명이 행해진 특수한 상황을 이유로 우리는 1905년의 조약이 무효라고 주장하는 데에 주저하지 않는다. 공법에도 사법상의 원칙이 적용되는 결과, 전권대사에 대하여 폭력이 행사되는 경우에는 폭력은 조약을 무효로 하는 의사 표시의 결함에 해당한다는 것이 일반적으로 인정되고 있는 바, 이는 강대국이 약소국에 대하여 강박을 행사하는 경우 강박이 합의를 완전히 깨뜨리지 않는 것과는 다르다.

_ 프란시스 레이, 「대한제국의 국제법적 지위」, 「국제공법」 XIII, 1906

자료7 이날을 목 놓아 크게 우노라

지난 번 이또오가 한국에 옴에 우리 인민들이 서로 말하기를 이또오는 동양 3국의 정족鼎足의 안녕을 담당하여 주선하던 인물이라. 금일 내한함이 필시 우리나라 독립을 공고히 부식할 방약을 권고하리라 하여 경향간에 관민 상하가 환영했더니, 천하의 일이 측량하기 어렵도다. 천만 뜻밖에도 5조약을 어떤 이유로 제출했는고. 이 조약은 비단 우리나라만 아니라 동양 3국이 분열하는 조짐을 나타낸 것인 즉 이또오의 본래 뜻이 어디에 있느냐. 그러나 우리 대황제 폐하께서 강경하신 거룩한 뜻으로 거절하고 말았으니 이 조약의 불성립함은 상상컨대, 이또오가 스스로 알 수 있을 바이어늘 오호라! 개, 돼지 새끼만도 못한 외부대신 박제순과 각 대신은 족히 책망할 여지도 없으려니와 이름을 소위 참정대신이라 하는 자는 정부의 우두머리로서 겨우 '부좀' 자로 책임을 면하여 이름을 남기고자 꾀했는고. 청음 김상헌金尚憲[주2]이 책을 찢고 곡함도 이기지 못하겠고 동계 정온鄭蘊[주3]이 할복함도 이기지 못하겠으니, 편안히 살아 세상에 남아 무슨 면목으로 강경하신 황상 폐하를 대하며 무슨 면목으로 2천만 동포를 대하겠느냐. 오호라 찢어질 듯한 마음이여! 우리 2천만 동포들이여! 살았느냐. 죽었느냐. 단군 기자 이래 4천 년 국민 정신이 하룻밤 사이에 졸연히 망하고 멈추지 않았는가. 아프고 아프도다. 동포여 동포여!

_ 「황성신문」, 1905년 11월 20일, 〈시일야방성대곡〉

주2 김상헌金尚憲 : 호는 청음清陰. 병자호란 때 척화를 주장하다 강화된 후 심양으로 잡혀간 정치가.

주3 정온鄭蘊 : 호는 동계桐溪. 정묘호란 때 왕을 호종하였고 병자호란 때 후금과의 강화를 반대하고 할복하여 순국하려 했음.

자료8 민영환이 국민에게 남긴 유서

오호라! 국치 민욕이 이에 이르니 우리 인민은 장차 경쟁에서 진멸될 것이로다. 무릇 살려고 하는 자는 반드시 죽고 죽음을 기약하는 자는 삶을 얻으리니 여러분 이를 양해하라. 영환은 한번 죽음으로써 황은에 보답하고 2천만 동포에게 사죄하노니 영환은 죽어도 죽지 않음이라. 구천에서도 여러분을 기필코 조력하겠으니 우리 동포 형제는 천만 번 더욱 분투하여 뜻을 굳게 하고 학문을 익히며 힘을 합하여 우리의 자주 독립을 다시 찾으면 죽은 자는 황천에서도 기꺼워하리라. 오호라! 실망하지 않고 우리 2천만 동포에게 삼가 이별을 고하노라.

_ 「대한매일신보」 1905년 12월 1일

자료9 을사늑약 조인에 대한 고종의 태도

이와 같이 중요한 조약을 그와 같이 용이하게 급격히 체결을 보게 된 것은 천재千載의 유한遺限이라. … 대신 등의 무능·무기력은 마음으로부터 견딜 수 없다. … 각 대신은 일본과 동복同腹이 되어 짐을 협박하여 조약을 조인했으니 짐의 적자는 일제히 일어나 이 슬픔을 함께 하라.

_ 「주한일본공사관기록」 이토후 내한伊藤候來韓에 대한 제6회 보고, 1905년 11월 20일

자료10 고종의 주권 수호 외교

짐은 총칼의 위협과 강요 아래 최근 한일 양국 간에 체결된 소위 보호 조약이 무효임을 선언한다. 짐은 이에 동의한 적도 없고 금후에도 결코 아니할 것이다. 이 뜻을 미국 정부에 전달하기를 바란다.

대한제국 황제

_ H. B. 헐버트, 「일본의 동아침략사」

자료11 제2회 만국평화회의 제출 공고사[주4]

헤이그 만국평화회의의 대표 자격으로 대한 제국 황제 폐하에 의해 특파된 전 의정부 참찬 이상설, 전 평리원 예심판사 이준[주5], 성 페테르스부르크 주재 대한제국 공사관

주4 공고사控告詞 : 항소하는 글. 이 글은 고종 황제의 특사를 통해 1907년 6월 27일자로 네덜란드의 수도 헤이그에서 제2회 만국평화회의 의장과 각국 대표 위원들에게 보낸 것이다. 일본의 침략상을 역사적으로 조리 있고 생생하게 표현했으며, 한국 독립의 정당성을 명백히 밝히고 있다. 현재 네덜란드 국립 문서보관소에 3인의 특사가 서명한 원본이 보관되어 있다.

주5 이준의 대한제국 관원 이력서를 보면 예심 판사 역임 기록이 없다. 검사의 오기誤記로 보인다.

의 전 서기관 이위종은 우리나라 독립이 여러 강국에 의해 1884년에 보장되고 승인되었음을 각국 대표 여러분에게 알려드림을 영광으로 생각합니다. 그뿐만 아니라 우리나라의 독립은 여러분들의 나라에서 지금까지 인정하여 왔습니다.

1905년 11월 17일, 이상설은 의정부 참찬으로 있었던 까닭에 일본이 국제법을 무시하고 무력으로 우리나라와 여러분들의 나라와의 사이에 당시까지 유지되고 있던 우호적인 외교 관계를 우리에게 강제로 단절케 한 일본의 음모를 목격했던 것입니다. 당시 일본인이 사용한 방법을 각국 대표 제위에게 알려드리고자 합니다. 일본인들은 이 목적을 달성하기 위하여 폭력으로 위협하고, 인권과 국법을 침해하는 데 주저하지 않았습니다. 좀 더 명확을 기하기 위하여 본인은 우리들의 규탄 이유를 아래 3가지 경우로 분리하겠습니다.

① 일본인들은 황제 폐하의 재가 없이 한일협상조약[을사늑약]을 체결했습니다.

② 그들의 목적을 달성하기 위하여 일본인들은 대한 제국의 조정에 대하여 무력을 행사했습니다.

③ 일본인들은 모든 국법과 관례를 무시하고 행동했습니다.

이상 열거한 3가지 사실이 국제 관례를 침해했는지의 여부는 대표 여러분들의 공정한 판단에 맡기겠습니다.

일본의 이러한 간교가 우리나라와 우방 국가 사이에 지금까지 존재하는 우호적인 외교 관계를 단절케 하고, 항구적인 극동 평화를 위협하게 되는 것을 우리들이 독립 국가로서 어떻게 용납할 수 있겠습니까?

헤이그 만국평화회의 참석을 목적으로 한 황제 폐하의 사절임에도 불구하고, 일본인들이 바로 우리나라의 권리를 침해했기 때문에, 이 회의에 참석할 가능성을 박탈당한 데 대하여 우리들은 심히 유감으로 생각합니다. 우리들은 우리들이 출발하던 날까지 일본인들이 행사한 모든 방법과 범죄 행위의 개요를 본 공한에 별첨하오니, 우리나라에 대하여 지극히 중대한 본 문제에 여러분들의 호의적인 배려를 바랍니다. 여러분들이 보충 자료가 필요하시거나 또한 우리들이 대한제국 황제 폐하로부터 전권을 위임받았다는 사실을 확인하고자 하신다면 우리들에게 이를 알려주시기 바랍니다. 우리는 대표 여러분들에게 제반 편의를 제공하는 영광을 갖겠습니다.

대한제국과 우방국의 외교 관계 단절은 한국의 의사에 의한 것이 아니라 일본이 우리
나라의 권리를 침해한 결과라는 점에 비추어, 우리들이 만국평화회의에 참석하여 일
본인들의 음모를 폭로하며 우리나라의 권리를 주장할 수 있도록 대표 여러분들의 호
의적인 중재를 간청하면서 여러분에게 호소하는 바입니다.

각국 대표 여러분! 우리들은 미리 감사드리며 높은 경의를 표합니다.

이상설 서명   이준 서명   이위종 서명

__ 윤병석尹炳奭, 『이상설전 : 헤이그 특사 이상설의 독립운동론』

찾아읽기

최영희, 「을사조약 체결을 전후한 한국민의 항일 투쟁」, 『사총史叢』 12 · 13 합집, 1968.

윤병석, 『이상설전 : 헤이그 특사 이상설의 독립운동론』, 일조각, 1984.

이태진 편저, 『일본의 대한제국 강점』, 까치, 1995.

이태진 엮음, 『한국병합, 성립하지 않았다』, 태학사, 2001.

현광호, 『대한제국의 대외정책』, 신서원, 2002.

서영희, 『대한제국 정치사 연구』, 서울대학교 출판부, 2003.

독립기념관 한국독립운동사연구소, 『헤이그 특사와 한국독립운동』, 새미, 2007.

이태진 외, 『100년 후 만나는 헤이그 특사』, 태학사, 2008.

이태진 · 이상찬, 『조약으로 본 한국 병합 : 불법성의 증거들』, 동북아역사재단, 2010.

국립고궁박물관 엮음, 『대한제국 : 잊혀진 100년 전의 황제국』, 민속원, 2011.

서영희, 『일제침략과 대한제국의 종말』, 역사비평사, 2012.

박은식, 『한국통사』, 김태웅 역해, 아카넷, 2012.

3 '대동'과 '홍익인간'

유교구신과 대종교

유교구신儒敎求新과 대종교大倧敎 운동은 한말 진보적 유학자
들이 동학란과 갑오개혁, 을미사변을 겪으면서 구래의 성리학으
로는 시세의 변화에 대처할 수 없다는 인식에서 유교 사상의 변
화와 민족 종교의 수립을 모색한 운동이었다. 이는 기존 유학에
대한 비판과 민족 대단합을 통해 국권을 수호하는 데 목표를 두
었다.

박은식 · 신채호의 유교 개혁

유교의 개혁을 주장했던 박은식朴殷植은 유교구신론의 대표적인 인물로, 초기에
는 전형적인 위정척사 계열의 유학자였으나 근대 개혁기를 거치면서 기존의 유교
를 전면 비판하면서[자료1] 문제점을 지적했다. 우선 유교파의 정신이 오로지 제왕帝
王 편에 서 있고 인민 사회에 보급할 정신이 부족했다. 다음 유교는 문만 닫고 사람
들이 배우러 찾아오기만을 기다리니 인민 사회에 대해 교화가 보급되지 못할 뿐더
러 자기의 견문도 고루해져서 물정과 세상의 이치를 전혀 알지 못하게 되었다. 끝으
로 한국의 유가에서는 지리하고 한만汗漫한 공부만을 숭상했다.[자료2]

신채호도 유교의 개혁을 주장했다. 유자의 각성을 촉구하면서[자료3] 박은식의 유
교구신론을 적극 지지했다.[자료4] 그리고 '허위', '허학', '형식'을 버리고 '실학'을 힘쓰

박은식(1859~1925)(왼쪽)과 대종교 인사들(오른쪽). 박은식은 양명학자이자 언론인으로 유학의 개혁을 주장하며 일제 침략을 비판하고 국민들의 국권의식을 고취시켰다. 특히 국사 연구에 온힘을 기울였다. 『한국통사』와 『독립운동지혈사』는 대표 저서로 '나라는 잃을지라도 국혼國魂이 멸하지 않으면 부활할 수 있다'고 주장하였다. 대종교 인사들은 '홍익인간'과 '이화세계'를 교의로 삼아 민족 운동을 전개하였다.

며 '소강'小康을 버리고 '대동'大同으로 나아가야 한다고 역설했다.[자료5] 유자儒者들의 이러한 유교 비판은 자기 전통과 유학 사상에 대한 신뢰에서 나온 것으로 단순한 유교 비난이 아니었다.

대종교, 단군 신앙의 탄생

고조선 이래 오랫동안 한국인들에게 영향을 끼쳤던 단군 자손 의식은 조선 말기에 사회 문제가 분출되고 외세의 침략이 가중되면서 다시 떠올랐다. 이 중 일부 지역에서는 이필제 난처럼 변란과 연루되기도 했으며 민중 신앙으로 발전하기도 했다.[자료6]

이런 가운데 1905년 을사늑약으로 국망이 눈앞에 닥치고 민족의 위기의식이 만연해가자 일부 식자층들은 민족의 결집력을 강화하기 위해 단군을 국조로 존숭하기 시작했다.[자료7] 나아가 이러한 존숭 열기는 민족 종교 운동으로 발전했다. 민족의 시조로 숭앙되던 단군에 대한 신앙을 체계화한 대종교가 성립한 것이다.

대종교를 창시한 나철(羅喆, 1863~1916)은 전직 관료 출신으로 초기에는 한 · 일 · 청 삼국동맹론에 입각한 외교적 방법을 통해 대한제국의 국권을 유지하고자 노력했다. 그러나 이러한 노력이 을사늑약으로 수포로 돌아가자 진보적 유학자들과 더불어 을사오적을 처단하는 의열 투쟁을 벌였으며 이 역시 허사로 돌아갔다. 이에 장기적인 전망 아래 민족 의식을 고양시키고자 하는 계몽 운동을 벌이는 과정에서 민족 종교의 필요성을 절감하고 1909년 1월 오혁吳赫과 함께 단군교檀君敎를 개창했으며 1910년에는 대종교大倧敎로 명칭을 바꾸었다.[자료8] 이들은 '널리 인간을 이롭게 하고, 이치로써 세상을 다스린다弘益人間 理化世界'를 교의로 삼아 그 구현을 통해 지상낙원을 세우자고 주장했다. 그리고 단군 설화에 등장하는 환인 · 환웅 · 단군을 받드는 삼신일체三神一體 신앙을 근본 내용으로 삼았다.[자료9]

대종교의 등장은 일본의 침략에 저항하는 민중 세계의 의사가 반영된 것이었다. 따라서 대종교는 어느 세력보다 치열하게 반일 운동을 전개했고, 일제 강점 이후에는 교단의 총본사를 간도 지방으로 옮겨 항쟁을 계속하여 당시 항일 독립 운동가들에게 지대한 영향을 끼쳤다.

유교구신과 대종교 운동은 이처럼 진보적 유학자들을 중심으로 국권 회복 운동의 일환으로 전개되었고, 이후 민족 운동의 강력한 정신적 이념적 기반으로 작용하고 있었다.

자료1

오늘날 우리 한국 사회의 일반 여론에 의하면 완고하고 고루하여 옛 관습을 고집스럽게 지키고 시대 상황에 어두운 자를 유림파(儒林派)라 하며, 은둔하기를 좋아하여 청결한 몸만을 숭상하고 배경과 국가를 잊는 자를 유림파라 하며, 일생토록 부지런히 옛 책만을 공부하고 새로운 이치를 연구하지 않는 자를 유림파라 하며, 교만하여 스스로 중히 여기며 의리를 공담하고 경제를 강론하지 않는 자를 유림파라 하여 개명 시대에 큰 장애물이 되는 세력으로 생각하고 배척하니 슬프도다. 우리 유가(儒家)의 본래 종지(宗旨)가 어찌 일찍이 이 같았겠는가.

― 「박은식전서(朴殷植全書)」 하下, 〈하오동문제우(賀吾同門諸友)〉

자료2

나는 대한의 유교계의 한 사람이다. 우리 조상과 또 나의 평생이 공자의 은혜를 받은 것이 몹시 컸었는데, 현재 공자의 교가 날로 암담해지고 날로 더욱 쇠해가는 정경을 보니 비단 늠연히 두려울 뿐만 아니라 실로 척연(惕然)히 땀이 날 정도이다. 그런 때문에 그 원인을 거슬러 연구하고, 잘못된 일을 추측해 보니 유교계에 세 가지 큰 문제가 있는 것을 알 수가 있다. 이 세 가지 문제에 대해 개량하여 새로운 것을 구하지 않는다면, 우리 유교는 흥왕하지 못할 뿐만 아니라 필경에 가서는 아주 멸망하는 것을 면할 수 없을 것이다. 그러니 하늘이 만일 사문[斯文, 유교]을 아주 없애고자 하지 않을진대, 이 문제에 대해 개량하여 새로운 것을 구할 호걸스러운 선비가 나오게 될 것이다. … 소위 세 가지 큰 문제란 무엇인가? 하나는 유교파의 정신이 오로지 제왕의 편에 있고 인민 사회에 보급할 정신이 부족한 것이다. 또 하나는 여러 나라를 돌면서 천하의 주의들을 강구하려 하지 않고, 내가 어린이를 구하는 것이 아니라 어린이가 나를 구한다는 주의만을 지키는 것이다. 다음 하나는 우리 한국의 유가에서는 간이하고 직절(直截)한 방법을 쓰지 않고 지리(支離)하고 한만(汗漫)한 공부만을 오로지 숭상하는 것이다. … 우리 한국 유자들의 습관은 개량이라고 하면 잘못된 일로만 인정한다. 하지만 천하의 모든 물건이 크고 작은 것을 막론하고 오래되면 반드시 폐단이 생기고, 폐단이 생기면 반드시 고쳐야 하는 것이니, 만일 폐단이 생겼는데도 고치지 않는다면 끝내 멸망하고 마는 것이다. 어찌 이것을 생각지 않을 수 있으랴. 또 새로운 것을 구한다고 하면 별난 일로 생각하지만 '신新'이라는 한 글자는 우리 도에 있어서 본래부터 있는 광명인 것이다. 공자는 '온고지신溫故知新'이라 했고, 장자張子[주1]는 '옛 것을 씻어서 새로운 뜻을 오게 한다' 했다. 도덕이라는 것은 날로 새로워져서 빛을 발휘하고, 국가의 생명은 오직 새로워서 더욱 장구해지는 것이다. 그러니 새로운 것을 구하는 뜻은 밖으로부터 오는 것이 아닌 것이다. 아아! 우리 유림 제군들이여!

_ 『박은식전서』 하下, 〈유교구신론〉

주1 장자張子 : 북송 시대의 신유학자 장재張載를 가리킴.

자료3

각성하라, 유자儒者여. 다시 돌아오라, 유자여. 제공諸公이 시세時勢도 이용하며 시무時務도 연구하면 유림이 퍽 다행하고 국가가 퍽 다행이거니와, 만일 이런 고등 지식이 있고 상류사회 최다수 부분에 있는 유림이 지금 깨닫지 못한다면 한국에 대하여 야심을 품은 외인의 도약跳躍이 더욱 심해지고 못된 사람을 부추기어 악한 짓을 하게 하는 사이비 유자가 기염을 더욱 펼쳐, 끝내는 나라가 망하고 종족이 멸하는 경우에 이를 것이니, 이렇게 되면 제공들은 어디에서 종교를 보전하려는가. 국가를 위하여 다시 돌아올지라. 동포를 위해 다시 돌아올지라. 자손을 위하여 돌아올지라.

_ 『신채호전집』 별집, 〈경고 유림동포警告 儒林同胞〉

자료4

근일 박은식 씨가 유교의 개량을 목적하여 〈유교구신론〉을 지어 대중의 눈에 비추어 준다 하니, 내가 아직 그 글을 자세히 보지 못한지라 그 효과의 여하를 확실히 논하기는 어렵거니와, 해씨該氏는 원래 유문연원儒門淵源의 적온積蘊[주2]이 있고 겸하여 신진세계의 고견을 갖춘 자라. 과연 해씨該氏의 논이 세인의 신앙을 얻으면 거의 유교계에 새로운 광선이 일어날까 하노라.

_ 『신채호전집』 별집, 〈유교계에 대한 일론〉

주2 적온積蘊 : 쌓음.

주3 소강小康 : 잠시 무사하여 조금 편안함.

주4 대동大同 : 온 세상이 번영하여 화평하게 됨.

자료5

소위 유교 확장가여. 유교를 확장코자 하면 유교의 진리를 확장하여 허위를 버리고 실학에 힘쓰며, 소강小康주3을 버리고 대동大同주4에 힘써 유교의 빛을 우주에 비출지어다.

__ 『신채호전집』 하, 〈유교 확장에 대한 론〉

자료6 이필제의 단군 인식

나 역시 천명天命을 받은 사람이다. 내가 또한 말하건대 옛날에 단군의 영靈은 유방劉邦에 화생化生하고 유방의 영은 주원장朱元璋에 화생하며, 지금의 세상에서 단군의 영이 다시 세상에 나타나 하루에 아홉 번 변한즉 천지가 개벽했으니 그것이 바로 나이다.

__ 『도원기서道源記書』

자료7

오호라. 한국 동포여! 공등公等이 사천 년 신성한 역사를 가진 자가 아닌가. … 공등이 문명한 단군 묘예苗裔가 아닌가. 공등이 의례의 국가로 자칭하는 조선국인이 아닌가. 공등이 수천 년 전에 문명이 이미 열려 일본을 교도하던 삼한민족이 아닌가.

__ 『대한매일신보』, 〈한인가교불가교韓人可敎不可敎에 대한 일론一論〉, 1908년 7월 28일

자료8

대종교는 그 전 이름을 단군교라 칭하고 메이지 42년(1909) 음력 정월 15일 조선 경성부에서 나철이 자고로 조선 민족 간의 신앙에 있어 조선 민족의 시조이며 국조라고 전승하여 온 단군을 숭봉하며 이에 귀일함으로써, 조선 민족 정신의 순화醇化 통일과 조선 민족 의식의 앙양을 도모함과 동시에 조선 민족 결합이 강화에 의하여 독립 국가로서 조선의 존속을 목표로 하고, 다수 동지와 함께 결성하여 스스로 제일세 교주라고 한 단체로서, 그 교리라는 것은 유일무이의 천신이 우주만물을 창조하고…

__ 대종교 총본부 엮음, 『임오십현 순교실록壬午十賢 殉敎實錄』, 1971

자료9

한얼은 한임과 한웅과 한검이시니 … 나누면 셋이요, 합하면 하나이니 셋과 하나로써 한얼자리가 정해지니라.

— 『신이대전神理大全』

출전

『도원기서道源記書』: 동학의 역사서 중 최고最古의 문헌임. 동학의 창시자 최제우의 탄생을 비롯하여 동학 경전인 『동경대전』의 간행 과정 등이 기술되어 있다.

『신이대전神理大全』: 대종교 경전의 하나로 하느님에 대한 내용을 담고 있다.

찾아읽기

신용하, 『박은식의 사회사상연구』, 한국문화연구소, 1982.

박영석, 『일제하독립운동사연구: 만주·노령露嶺 지역을 중심으로』, 일조각, 1984.

강영한, 『한국 근대 신종교운동의 성격과 회사변동: 동학·증산교·대종교·원불교를 중심으로』, 경북대학교 박
　　　사학위 논문, 1994.

박성수, 『독립운동의 아버지 나철』, 북캠프, 2003.

삿사 미쓰아키, 『한말, 일제시대 단군신앙운동의 전개: 대종교, 단군교의 활동을 중심으로』, 서울대학교 박사학위
　　　논문, 2003.

정숭교, 『한말 민권론의 전개와 국수론의 대두』, 서울대학교 박사학위 논문, 2004.

노관범, 『대한제국기 박은식과 장지연의 자강사상 연구』, 서울대학교 박사학위 논문, 2007.

이민원, 『조완구 – 대종교와 대한민국 임시정부』, 독립기념관, 2012.

이규성, 『한국현대철학사론』, 이화여자대학교 출판부, 2012.

4 대한제국, 돈줄이 마르다

일제의 재정 · 화폐 장악

일제는 1905년 러일전쟁에서 승리하자 여세를 몰아 대한제국을 신영토로 만드는 데 필요한 기초 작업을 진행했다. 그중에서 무엇보다도 대한제국의 재정과 화폐 유통 체계를 장악하는 데 골몰했다. 그리하여 일제는 대한제국의 경제 체제를 일본제국 경제 체제에 편입시킬 수 있었다.

대한제국 재정 장악

일제는 조선에서 통치 비용을 마련하기 위해 메가타 다네타로目賀田種太郎를 재정 고문으로 내세워 대한제국의 재정을 장악하고자 했다. 특히 경비 절감을 이유로 대한제국의 군비를 축소시켜 주권을 침탈할 여건을 조성했고, 나아가 추가 재원과 이권을 확보하고자 노력했다. [자료1] 메가타는 대한제국의 재정 고문에 부임하자마자 재정에 대한 실권을 장악하고 일본 화폐 제도의 도입과 국고의 장악 등 한국의 재정을 일제에 예속된 재정으로 재편하기 시작했다. [자료2]

우선 대한제국의 재정이 문란하다는 이유를 들어 일본 다이이치第一은행 경성 지점을 국고國庫로 삼아 모든 재정 지출과 수입을 통제하고 징세 기구를 대폭 개편했다. 국고 · 회계 제도를 확립하고 징세 제도를 근대화한다는 것이 구실이었지만, 실

1906년에 준공된 탁지부 신청사. 일제는 대한제국 강점의 경제 기반을 구축하기 위해 1904년 말 재정 고문을 파견하였고 1907년 탁지부 차관을 일본인으로 임용케 하였다. 초기에는 대한제국 정부의 지출을 통제하기 시작하였고, 1907년 이후에는 징세 기구를 장악하기에 이르렀으며 끝내는 황실 재정을 해체하였다.

제로는 재정권 장악과 함께 세금 증수를 통해 조선 통치의 경제 기반을 다지고자 했던 것이다. 나아가 1906년 일제는 철저한 호구조사를 통해 세금을 받아낼 수 있는 호수를 두 배로 늘렸다. 1907년에는 세금의 가장 큰 몫을 차지하던 지세地稅를 늘리기 위해 토지에 대한 기초 조사 작업도 추진했다. 이 밖에도 가옥세, 연초세, 주세酒稅 등 각종 명목의 세금이 계속 늘어갔다.

황실 재정의 국유화와 화폐 정리 사업

일제는 황실 재정을 해체하여 국유화하려 했다. 그것은 막대한 황실 재정을 장악할 뿐만 아니라 대한제국 강점의 걸림돌인 황실의 물적 기반을 붕괴시키려는 의도에서였다. 그리하여 1907년 고종의 강제 퇴위를 계기로 일제는 황실 소속의 각종 수입과 권리를 국고 또는 정부로 이관하거나 폐지했다.[자료3] 역둔토驛屯土 도조賭租 수입과 홍삼 전매 사업 등을 국고로 이관한 끝에 1908년 6월에는 마침내 황실 재정을 국유화시켰다.

또한 일제는 대한제국 화폐를 모두 없애고 일본 화폐만 쓰도록 하여 조선의 화폐 금융 체계를 일본 경제에 완전히 예속시켰다.[자료4] 1905년에 시작하여 1909년에 끝난 화폐 정리 사업으로 대한제국 화폐는 하루아침에 고철이 되어 버려 많은 한국인이 재산을 잃은 대신에 그만큼의 재산이 일제의 손아귀에 넘어갔다. 이 과정에서 백동화 정리는 교환, 공납公納, 매수買收의 3가지 방법으로 단행되었다. 1905년 7월 1일부터 서울·평양·인천·군산 등지에 교환소를 설치하고 감정인을 두어 형체와 모양이 정가正價와 같은 백동화는 갑종으로 하여 본래 값인 2전 5푼으로 평가하고, 이보다 질이 떨어지는 백동화는 을종으로 감정하여 1전으로 평가했다. 질이 더 나쁜 돈은 병종으로 판정하여 교환 대상에서 제외하여 폐기했다. 그러나 화폐 정리 사업 직전까지만 하더라도 백동화 1매가 그 품종 여하를 막론하고 2전~2전 5리로 유통되고 있었으며 이 기준에 따라 지세地稅도 받고 있던 실정이었다. 따라서 종래의 상업 관습에 따른 어음 거래가 갑자기 중단되고 을종, 병종으로 감정된 백동화가 그 값이 떨어지거나 폐기되어 도산하는 상인이 속출했다.[자료5]

결국 대한제국 강점을 위한 기초 작업의 하나였던 재정·화폐 정리 사업은 이후에 실시될 토지 조사 사업과 함께 일본측의 자본 축적과 경제 침략에 크게 기여한 반면, 조선의 산업 자산층 및 농촌 기업적 부농의 성장을 철저히 봉쇄한 결과를 가져왔다.

1910년 한국은행과 그 주변의 모습. 한국은행은 1909년 10월에 설립한 우리나라 최초의 근대적 중앙은행이다. 자본 구성에서 발행 주식 10만 주 중에서 3만 주를 대한제국 정부가 소유하였다. 그러나 총재를 비롯하여 이사, 감사가 일본인으로 구성되었다. 그리하여 일제는 한국은행 설립을 계기로 대한제국의 금융·화폐 부문을 완전히 장악하였다. 1911년 3월 〈조선은행법〉이 제정, 공포되면서 한국은행은 조선은행으로 개칭되었다.

자료1

한국 행정이 한결같이 개선을 필요로 하지 않는 것이 없다 하더라도 만약 급격히 개혁을 행한다면 상하 일반의 반항을 초래하여 공연히 실패로 돌아갈 것이기 때문에 시기를 헤아려 서서히 착수해야 할 것이다. 그러나 특히 재정만은 하루도 이를 등한히 해둘 수 없다. 왜냐하면 한국 재정은 목하 이미 문란을 극하여 내외 민인 모두 그 폐에 고통을 당하고 있을 뿐만 아니라, 재정이라는 것은 모든 행정의 기초이기 때문에 이를 정리함으로써 행정 각 부의 폐해를 고치는 것은 시정 개선의 실을 거두는 데 가장 편이한 방법이다. 그러므로 가능한 한 빨리 우리나라 사람 중에서 적당한 고문관을 들여와 당장은 지금보다 재정이 더 문란해지는 것을 막고, 나아가 징세법의 개량, 화폐 제도의 개혁 등에 착수하여 마침내 한국 재무의 실권을 우리 손아귀에 거두도록 기약해야 한다.

한국 재정 문란의 원인은 원래 하나가 아니지만 군대 때문에 과다한 비용을 요하는 것이 주된 원인이다. 지금 작년도의 예산을 보건대 경상 세출 총계 969만 7천원 안에 412만 3천원은 군대의 비용에 속하는데, 병사 수는 1만 6천에 달한다고 한다. 그러나 장래 한국의 방비는 우리나라가 담당해야 하기 때문에 한국 군대는 친위대를 빼고는 점차 그 수를 줄여야 할 것이다.

한국을 위해 새로이 재원을 얻고 아울러 우리 이권 확장의 목적을 위해 제국 정부 관리 아래 한국에서 식염食鹽, 연초 등의 전매를 일으켜야 할 것이다. 그 방법으로 직접 한국 정부로 하여금 이를 행하게 할 것인가 또는 한 개인의 이름으로 특약을 맺어 이를 행할 것인가에 대해서는 더 강구할 필요가 있다.

_ 『일본 외교 문서』 37

자료2

한국의 재정은 폐제幣制주1의 문란, 궁중宮中 · 부중府中주2의 혼동, 세출의 남발 및 세입 기관의 부정 등에 의하여 오랫동안 혼돈 속에 놓여 있고, 재정 기관은 이름만 있을 뿐 그 실제를 갖지 못하고 있다. 개국 504년(1895) 회계법이 제정되었으나 거의 공문空文이나 마찬가지이고 세출입의 현계現計 역시 완전히 불분명한 상태에 놓여 있다. 광무

주1 폐제幣制 : 화폐 제도.

주2 궁중宮中 · 부중府中 : 왕실과 정부.

8년(1904) 8월 조인한 한일협정서에 따라 같은 해 11월 재정 고문을 초빙한 이래 해당 고문은 통감의 지도 하에 세제 정리, 금고 설립, 화폐 정리, 금융 기관의 설립, 징세 제도의 개선, 항만 수도의 설비 등 극력 재정 정리에 힘쓴 결과 이들 시설이 점차 본궤도에 오르게 되었다. 광무 11년(1907) 7월에 체결한 한일신협약의 결과로 재정 고문직은 사라지고 이어 융희 2년(1908) 1월 한일인의 합동으로 조직될 각부各部 개정관제가 실시되어 해당 국가 행정 기관의 조직에 더욱 새로운 국면이 열리기에 이르렀다. 필경 신관제는 종래의 고문 제도에서 한 걸음 더 나아가 일본인을 한국 관리로 임용하여 직접 책임 있는 지위를 갖게 하는 것이리라. 다시 말해 종래 막후에서 감독하던 것을 표면으로 드러낸 것임과 동시에 행정 조직의 통일 및 기관의 연락에 필요한 정리를 기한 것이다.

해당 신관제에 따른 재무 여러 기관 조직의 대요를 설명하자면,

1. 구 재정고문부에서 관장하던 사무는 탁지부로 이관한다.

2. 탁지부에 관방官房, 사계국司計局, 이재국理財局을 둔다.

3. 종래 재정고문부에서 관장한 재원 조사 사무는 확장될 탁지부의 한 국局으로 신설한다.

4. 종래 탁지부의 한 국이었던 검사국은 회계 검사의 엄중한 시행의 필요에서 새로이 탁지부 대신의 관리에 속하는 독립 관청으로 된다.

5. 수도시설 사무는 탁지부의 소관을 떠나 내부로 이속한다.

6. 종래 특별회계 하에 한국 관세關稅 사무를 독립적으로 관장하던 총세무사청은 폐지하고 관세국關稅局이라는 명칭 하에 탁지부대신의 관리에 속하는 독립 관청이 된다.

7. 종래의 지방 징세 기관을 폐지하고 내국 세무 및 지방 재무 감독 기관으로서 전국에 5개소의 재무감독국과 아울러 집행 기관으로서 재무서 231개소를 설치한다.

_「한국재정정리보고서韓國財政整理報告書」

자료3 궁중혁정宮中革政의 5대 강목

1. 황실비는 정액으로 하고 그 내용을 탁지부에서 사정하지 않는 대신 황실 소요 일체의 경비는 궁내부가 지불하고 이후 정부에 부담을 전가시키지 않을 것.

2. 영업의 면허, 특허, 기타 일반 행정 관청의 소관 사무에 대해서는 궁내부가 일체 관여하지 않을 것.

3. 궁내부 소관의 경지·건물 등으로서 정부의 소관이 되어야 할 것은 정부로 이관할 것. 이를 위해 황실 국유재산조사회를 설치하여 소관을 결정할 것.

4. 인삼 전매는 정부로 이관할 것. 더불어 지방의 무명잡세, 기타 과세와 유사한 것은 일체 폐지하고 모두 정부의 징세권 내에 둘 것.

5. 궁내부와 정부에 관련된 사항으로서 정부로부터 경비의 지불을 요하는 것이 있을 때에는 예산을 정하여 미리 탁지부와 교섭하여 승인을 받은 것이 아니면 여하한 사유가 있을지라도 정부는 하등의 부담을 책임지지 않을 것.

_ 「남작 메가타 다네타로男爵目賀田種太郎」

자료4 구 백동화舊白銅貨 교환에 관한 건

제1조. 구 백동화 교환에 관한 사무는 금고로 처리하게 하여 탁지부대신이 이를 감독함.

제2조. 교환을 위하여 제공한 구 백동화는 모두 화폐 감정역鑑定役[주3]으로 이를 감정케 함. 화폐 감정역은 탁지부대신이 이를 임명함.

제3조. 구 백동화의 품위品位, 양목量目, 인상印象, 형체形體가 정화正貨에 준할 수 있는 것은 매개每個에 대하여 금金 2전 5리의 비가比價로 신화新貨로써 교환함이 가함.

_ 「관보」 1905년 6월 29일

주3 감정역鑑定役 : 감정인

자료5

부상대고富商大賈 각 전주各廛主도 일조일석 거판擧板[주4]하고 전답문서, 가옥 문권이 있는 대로 외인에게 전당하고, 고변高邊,[주5] 중체重替를[주6] 출용하다가 자가自家 문권이 부족하면 친구에게 차권借券하여 전채錢債하기 분분하니 목금 상황이 성내 성외를 막론하고 가옥전토문권마다 있는 대로 모두 외인의 수중에 전집典執[주7]했으니 필경은 전토 가옥이 다 외인 물건이 되겠다고 항설이 분분하여 토지 가옥 없어지면 인민은 무엇을

주4 거판擧板 : 판을 들어버림. 곧 장사를 그만둔다는 뜻.

주5 고변高邊 : 고리대.

주6 중체重替 : 할인율이 무거운 어음.

주7 전집典執 : 저당 잡힘.

영업하고 살겠는가. 일언폐언 왈 전국 인민이 다 망할 수밖에 없다 하니 오호라 참 망하고 말는지.

__ 「황성신문」, 1905년 11월 17일

출전

『한국재정정리보고서韓國財政整理報告書』: 대한제국 정부의 재정 고문 메가타 다네타로目賀田種太郎가 1904년 10월 재정 고문에 취임한 이래 한국 재정 정리에 착수하고 정리한 성적을 보고한 책자.

『남작 메가타 다네타로男爵目賀田種太郎』: 메가타 다네타로 전기편찬위원회가 1938년에 발간한 메가타 다네타로 전기로, 메가타의 수학 과정과 활동 내용을 상세하게 기록하고 있다.

찾아읽기

김광진, 「이조 말기 조선의 화폐 문제李朝末期に於ける朝鮮の貨幣問題」, 『보전학회논집普專學會論集』 1, 1934.

김재순, 「러일전쟁 직후 일제의 화폐금융정책과 조선 상인층의 대응」, 『한국사연구』 69, 1990.

이상찬, 「일제침략과 '황실재정정리' 1」, 『규장각』 15, 1992.

이윤상, 「1894~1910년 재정 제도와 운영의 변화」, 서울대학교 박사학위 논문, 1996.

이영호, 『한국근대 지세제도와 농민운동』, 서울대학교 출판부, 2001.

이경란, 『일제하 금융조합연구』, 혜안, 2002.

김태웅, 「대한제국기 남대지南大池 수보修補 문제와 지역사회의 동향 – 1909년 '남대지사건'을 중심으로」, 이상찬 엮음, 『대한제국기 황실재정공문서 자료집』, 민창사, 2012.

5 술·담배 끊어 나랏빚을 갚자

국채 보상 운동

국채 보상 운동은 융희 원년(1907) 2월 대구에서 시작하여 전국
각지로 확산된 국권 수호 운동으로 민인들은 이를 통해 일본에
대한 국채 1,300만 원을 갚고자 했다. 이때 국민들은 담배와 술을
끊고 패물 등을 내어 성금을 만들었다. 비록 일제의 탄압과 운동
주도 세력의 소극적인 대처로 실패로 돌아갔지만 이후 민족 운
동의 본보기가 되었다.

일제의 대한제국 침탈과 국채의 증가

1904년 러일전쟁을 도발한 일제는 대한제국에 대한 침탈을 본격화했다. 무엇보
다 일제는 제1차 한일협약과 을사늑약 체결을 계기로 대한제국의 국권을 무력화하
는 한편, 침략의 경제적 기반을 다지기 위해 대한제국 경제의 재편에 착수했다.

그런데 일제는 경제 재편에 필요한 자금을 확보하고 대한제국의 재정을 예속시
키기 위해 대한제국 정부에게 연 6.5%라는 고율로 빌려주는 차관을 받도록 강요했
다. 우선 재정 고문 메가타 다네타로는 1905년 6월 문란한 화폐를 정리한다는 구실
을 내세워 관세 수입을 담보로 일본 다이이치은행으로부터 300만 원을 차입했다. 또
구채 상환舊債償還을 구실로 국고금 수입을 담보로 일본에서 공채로 모집한 200만 원
을 들여왔다. 이어서 12월에는 천일은행·한성은행 보조 대부와 금융조합 창립 자

금으로 150만 원을 차입했다.

이듬해 2월 일제는 통감부를 설치하자 차관 공세를 본격적으로 강화하기 시작했다. 1905년 한 해에만 일본으로부터 650여만 원의 차관이 도입되었고, 1907년 2월까지 대한제국이 일본으로부터 짊어진 외채는 모두 1,300만 원에 달했는데 이는 대한제국 1년 예산에 해당하는 거액이었다.[자료1] 당시 대한제국의 예산 규모는 세입과 세출이 각각 약 1,319만 원이었음을 감안한다면 대한제국 정부로서는 이러한 규모의 차관을 도저히 상환할 수 없었다.

이러한 차관의 대부분은 일제가 대한제국의 재정 · 금융 · 화폐 부문을 장악하는 데 지출되었으며 그 밖에 일본인 거류지 시설과 통감부의 자의적 사용으로 지출했다. 또한 차입금 가운데 상당액은 이전 채무를 상환한다고 명목만 바꾼 것으로 실제로는 도입되지 않고 이미 들어와 있던 것을 바꿔치기한 데 지나지 않았다.

국채 보상 운동의 대두

일제의 경제적 침탈에 의한 국권의 약화와 경제 종속의 심화는 한국인들에게 국권 상실과 경제적 몰락이라는 위기의식을 고조시켰다. 빈약한 국고로는 거액의 국채를 상환할 수 없다는 여론이 점차 확산되기 시작했다.

물론 1907년 이전부터 일부 식자층이 근대 다른 나라의 쇠망 원인을 알게 되면서 국채로 말미암아 국가가 멸망할 수 있다는 우려를 표명하였다.[자료2] 그러나 이 시기에는 대다수 식자층과 민인들이 일제의 침략을 명확하게 인식하지 못했던 터라 국채의 심각성을 자각하지 못했다. 다만 일찍부터 국권 수호 운동에 참여한 일부 관료와 식자층 그리고 일본인 상인의 경제 침탈에 직접적인 피해를 받은 상인들이 관심을 기울였다. 이 중 경상도 지역에서 동래 경무관과 삼남찰리사를 역임한 김광제金光濟와 상무사 임원이자 경상도 징세관이었던 상인 출신의 서상돈徐相燉이 국채 문제를 해결하는 데 힘을 쏟기 시작했다.

국채 보상 모집금 조사. 1907년 8월 일제가 조사, 보고한 국채 보상금의 모집 금액표이다. 경제 자립 운동의 하나로 전개된 국채 보상 운동은 온 국민의 호응으로 3월부터 6월 말까지 단기간에 걸쳐 27만여 원의 성금을 모으는 성과를 거두었으나 일제의 탄압과 친일 단체의 방해로 실패로 돌아갔다. 이 중 약 15만 원은 일제에게 빼앗겼다.

이들은 1907년 1월 29일 교육계몽 운동을 벌이기 위해 조직했던 대구 광문사廣文社에 딸린 광문사문회廣文社文會의 명칭을 이날 특별회에서 대동광문회大東廣文會로 개칭하는 한편 부사장 서상돈은 동래 상인들의 국채 보상 운동國債報償運動 주창에 동조하여 국채 보상 운동을 제안했다.[자료3] 그리고 이때 서상돈은 800원을 의연금으로 내놓았다. 당시 쌀 한 말 값이 약 1원 80전이었음을 감안한다면 서상돈의 의연금은 거액이었다. 이어서 2월 21일 상공회의소의 일종이라 할 대구민의소가 단연회斷煙會를 조직했으며 창립 총회에서 500원이 갹출되었다. 그리고 대구민의소는 국채 보상 모금을 위한 대구 국민대회를 개최하고 여기서 김광제와 서상돈이 국채 보상 운동의 취지를 발표했다.[자료4] 민간 차원에서 국민들의 애국심에 기대어 국채를 상환함으로써 국망을 면하고 국가 경제의 근간을 튼튼히 하자는 취지였다.

국채 보상 운동의 전개

대구에서 시작된 국채 보상 운동은 삽시간에 전국으로 확산되었다. 상인들과 일반 민인들이 1905년 을사늑약 이후 본격화된 일제의 경제 침략 실상을 목도하던 터에 일본으로부터 빌린 차관이 국망을 초래할 것을 절감했기 때문이다. [자료5]

이에 「대한매일신보」, 「황성신문」, 「제국신문」 등 민간 신문사들이 이 운동을 적극적으로 보도하고 지원했다. 일반 민인들 역시 국채 보상 운동 소식을 접하자 적극 동참하여 국채 보상 운동은 순식간에 전국으로 확대되었다. [자료6·7]

서울에서는 2월 22일 이 운동에 호응하여 국채보상기성회가 설립되었다. 이어서 각 지방에서도 도, 군, 면 단위로 운동을 찬동 지지하는 취지서를 발표하고 국채보상회를 설립했다. 그리하여 각지의 일반 민인들은 이 운동에 호응하여 남자는 담배를 끊어 저축한 돈을, 부녀자는 비녀나 가락지 등을 팔아 모은 돈을 모금했고 고종 황제도 담배를 끊을 뜻을 밝혔다. 또한 객주를 비롯한 상인들도 단체를 결성하여 적극 동참했다. 그 밖에 학생과 하층민, 노동자들도 담뱃값을 거두어 국채 보상금으로 의연하기도 했다. 국외에서도 적극 찬동하는 움직임이 커졌다. 일본에 유학중인 학생 800명은 절약한 담뱃값을 모아 보냈다. [자료8·9] 그 결과 국채 보상 운동이 시작된 지 3개월 만에 모아진 성금은 27만여 원에 이르렀다.

그런데 이러한 운동은 국채 보상 차원에 머물지 않았다. 비록 형태상으로는 국채 보상에 초점을 맞추었지만 궁극적으로는 일본의 경제·재정 침탈로부터 벗어나 자립적인 민족 경제의 수립에 목표를 두었다. [자료10] 당시 민인들 사이에서 불렸던 〈담박고타령〉은 이를 잘 보여준다. [자료11] 여기에는 담배 수입으로 일반 민인들의 곤경에 처했음을 경고함은 물론 외국인들에게 토지를 팔지 말 것을 강력하게 주장하면서 자주적인 부국을 꿈꾸었다.

일제의 탄압과 운동의 중단

국채 보상 운동은 상인들과 일반 민인들의 광범한 참여로
전국으로 확산되었지만 일제의 조직적 탄압과 운동 주도 세력
들의 소극적 대처로 1908년 이후 점차 쇠퇴하기 시작했다. 특히
일제는 이 운동의 목표가 국권의 회복에 있다는 사실을 눈엣가
시처럼 여겨 온갖 방법으로 방해하고 탄압했다. [자료12] 통감부
는 「대한매일신보」가 보관하고 있던 성금을 멋대로 사용했다
는 구실을 내세워 양기탁을 구속했다. 또한 일제는 신문사 사
주였던 베델을 국외로 추방하기 위한 공작을 끈질기게 폈다.
네 차례 공판 결과 양기탁은 무죄로 석방되었으나 일제의 계속
된 방해로 국채 보상 운동은 더 이상 진전되지 못했다. 한편 일
부 식자층과 자산가층은 이 운동의 효과를 회의적인 시선으로
바라보면서 참여를 주저하거나 심지어 방해하기까지 했다. [자료
13·14] 결국 국채 보상 운동은 일제의 탄압과 운동 자체에 대한
한국인 내부의 인식 편차로 말미암아 중단되고 말았다.

국채 보상 운동을 벌인 서상돈徐相敦(1851~
1913)의 모습. 그는 대구에서 지물紙物 행상과
포목상으로 성공하였다. 정부의 검세관檢稅官
이 되어 정부의 조세곡을 관리하기도 하였다.
1907년 정부가 일본에 빚을 많이 져 국권을
상실한다고 생각하여 대구 광문사 사장 김광
제와 함께 대구에서 금주와 금연으로 나라의
빚을 갚자는 대구국채담보회를 조직하고 국채
보상 운동을 벌였다.

국채 보상 운동은 비록 일제의 방해로 실패로 돌아갔지만 대다수 일반 민인들과
다수 상인들의 자발적인 애국 정신이 발휘되었던 국권 수호 운동으로서, 지역과 남
녀의 구별 없이 전개되었다는 점에서 이후 민족 운동에 영향을 미쳤다. 나아가 이
운동이 경제 운동과 연결되어 민족 경제의 기반을 중시했다는 점에서 이후 민족 운
동과 경제 운동이 결합할 수 있는 여지를 넓혔다.

자료1 제3회 차관 문제

　… 지금 한국에 제1회 300만 원 차관은 어디에 쓰였으며, 제2회 1천만 원 차관은 또한 어디에 쓰였는가. 나는 일개 경제 사업이 이로 말미암아 발기한 것을 보지 못했다. 또 다시 이번에 제3회 1천만 원 차관의 설이 있으니 그것이 장차 어떤 경제에 소비될 것인가. … 슬프다! 일본은 빈한한 나라라. 외국의 빚을 꾼 것이 또한 이미 막대하거늘 백방으로 유혹하고 위협해 한국에서 전당문권[주]을 장악하여 억압에 억압을 더하고 구박에 구박을 더한다. 이에 한 점의 생맥[주2]도 남아나지 못하니 그 마음씀과 머리씀이 참혹하도다. 무릇 우리 조정 대신은 누구도 오직 이에 따라가기를 오히려 미치지 못할까 두려워하여 몰래 나라를 팔아먹는 것이 이보다 심할 수 있으리오. …

_ 「대한매일신보」 1906년 10월 18일

주1 전당문권典當文券 : 물건을 담보로 돈을 꾸어 주거나 꾸어 쓰는 데 사용하는 문서

주2 생맥生脈 : 살아 있는 기운, 생명.

자료2

저 구미인이 이[이집트 왕의 서구 문물 흠모 – 지은이]를 기화奇貨로 간주하여 종종 이로운 말로 이집트 왕을 유혹하여 말하길 국가의 이익을 확장코자 하면 반드시 외채를 모집한다고 하는데 이집트 왕이 그 말을 신용信用하니 슬프도다! 이집트 왕이여. 금일 차관의 계약이 타일 매국賣國의 문권文券이 됨을 지각치 못했도다. 이에 국채 금액의 이식利息이 매달 증가하여 드디어 얼마 안 되어 이집트 일국이 빚의 숲 속에 빠졌으라.

_ 박은식, 『애급근세사埃及近世史』 서序, 1905년 10월

자료3

국채 일천 삼백만 원을 갚지 못하면 장차 토지라도 허급할 것인데 지금 국고금으로는 갚지 못할지라. 우리 이천만 동포가 담배를 석 달만 끊고 그 대금을 매달 1명당 이십 전씩만 수합하면 그 빚을 갚을 터인데 혹 말하기를 우리나라 인종이 강단과 열심이 없어 일제히 담배를 끊기 극난하다 하나 그렇지 않은 것은 우리가 충의를 숭상하던 바라. 힘 아니 드는 담배 석 달이야 못 끊을 자 어디 있으며 설혹 사람마다 못 끊더라도 일원으로 천, 백 원까지 낼 사람이 많을지니 무엇을 근심하리오. 나부터 팔백 원을 내노라.

_ 「제국신문」, 1907년 2월 16일

자료4 국채 보상 취지문

… 지금은 우리들이 정신을 새로이 하고 충의를 떨칠 때이니 국채 1,300만 원은 바로 우리 한제국韓帝國의 존망에 직결된 것이라. 갚아 버리면 나라가 존재하고 갚지 못하면 나라가 망하는 것은 대세가 반드시 그렇게 이르는 것이다. 현재 국고에서는 이 국채를 갚아 버리기 어려운즉 장차 3천리 강토는 우리나라와 백성의 것이 아닌 것으로 될 위험이 있다. 토지를 한번 잃어버리면 다시 회복하기 어려운 것이다. … 노력을 크게 들이지 않고 손해도 보지 않고 의연금을 모아서 이것을 갚아버리는 한 가지 방법이 있다. 2천만 인이 3개월을 한정하여 담배의 흡연을 폐지하고 그 대금으로 매 1인마다 20전씩 징수하면 1,300만 원이 될 수 있다. 설령 그만큼 차지 않는 경우가 있다 할지라도 1원부터 10원, 100원, 1,000원을 출연하는 자가 있어 채울 수 있을 것이다. … 우리 2천만 동포 중에 참으로 조금이라도 애국 사상을 가진 이는 말과 글로써 서로 전하고 서로 경고하여 한 사람도 모르는 이가 없도록 하여 기어이 이를 실시해서 3천리 강토를 유지하게 되기를 간절히 바라는 바이다.

_ 「대한매일신보」, 1907년 2월 22일

자료5 외채가 국가 폐막 중 가장 큰 것이다

옛날에는 군대를 가지고 나라를 멸망시켰으나 지금은 빚으로 나라를 멸망시킨다. 옛날에 나라를 멸망케 하면 그 명호주3를 지우고 그 종사宗社와 정부를 폐지하고, 나아가 그 인민으로 하여금 새로운 변화를 받아들여 복종케 할 따름이었다. 지금 나라를 멸망케 하면 그 종교를 없애고 그 종족을 끊어버린다. 옛날에 나라를 잃은 백성들은 나라가 없을 뿐이었으나, 지금 나라를 잃은 백성은 아울러 그 집안도 잃게 된다. … 국채는 나라를 멸망케 하는 원본이며, 그 결과 망국에 이르게 되어 모든 사람이 화를 입지 않을 수 없게 된다. …

주3 명호名號 : 명목名目과 같은 뜻으로 이름을 말함.

_ 변영주, 〈외채국막지대자外債國瘼之大者〉, 「서우西友」, 제6호, 1905년 5월

자료6 국채보상지원금 총합소 공함주4

… 근일에 국채 보상 한 가지 일은 아한我韓 일반 인민의 충의가 넘친 바에서 나온 것

주4 공함公函 : 공적인 일로 주고 받는 편지.

으로 경향京鄕을 물론하고 곳곳에서 발기하여 단체를 조직하고 서로 힘써 장려하여 비록 부인이나 어린이라도 즐거이 돕지 않는 이 없이 용감히 나서니 천도天道와 민심이 통함을 이에서 볼 만하니 목적을 성취하게 될 것은 마땅히 기약한 바이라. … 우리 나라가 존재하지 않으면 어느 집에서 장차 살 것이며 집이 존재하지 않으면 몸을 장차 어디에 의탁할 것인가. 지금이 참으로 충신 지사가 죽기로 힘을 다할 때이다. 사람이 그 몸이 있으면 그래도 장차 의연할 것이니 하물며 돈을 가지고 의연하지 않을 수 있겠는가. 그러나 시작은 부지런히 하고 나중에는 게을리 함은 참된 것이 아니요 배회하고 관망함은 의로움이 아니다. 오직 우리 동포는 처음부터 끝까지 한마음으로 앞을 다투어 힘을 내 기필코 대사를 완수하기를 바라마지 않는다.

광무 11년(1907) 3월

— 「대한매일신보」 1907년 3월 28일

자료 7　국채 보상탈환회 취지서

대저 하나님께서 내신 바 사람은 남녀가 일반이라. 우리는 한국의 여자로 학문에 종사치 못하고 다만 방적紡績에 골몰하고 반찬에 분주하여 사람의 의무를 알지 못하옵더니 근일에 들리는 말이 국채 1,300만 원에 전국 흥왕이 갚고 못 갚는 데 있다고 떠드는 말을 듣고 … 대저 2천만 중 여자가 1천만이요, 1천만 중에 지환[주5] 있는 이가 반은 넘을 터이오니 지환 매 쌍에 2천 원씩만 셈하고 보면 1천만 원이 여인 수중에 있다 할 수 있습니다. … 이렇듯 국채를 갚고 보면 국권만 회복할 뿐 아니라 우리 여자의 힘이 세상에 전파하여 남녀 동등권을 찾을 터이니 …

— 「대한매일신보」 1907년 4월 22일

주5 지환指環 : 손에 끼는 가락지로 금 모으기 운동의 일환임.

자료 8

국채 보상에 대하여 권고 동포(심의철)

근일 대구 서상돈 씨 등 취지서에 담배 끊어 국채 1,300만 원 갚자는 일에 대하여 본인이 얼만큼 감사하고 얼만큼 다행하여 두어 변변치 못할 말로 우리 2천만 동포에게 고하오니 잠시 시간 허비함을 아끼지 마시고 보아주시기를 바라나이다. … 혹 어떠한 사람들이 말하기를 그 돈을 내가 썼나 남이 썼더라도 한 푼이나 누가 구경했나 왜 우리더러 물라는가. 무슨 돈을 1,300만 원이나 차관하여서 다 무엇에 썼나. 우리가 추렴^{주6} 내어 물어주면 재미가 있어 또 차관만 하게 할 것이다. 그 사람들의 말이 혹 그럴 듯하나 조금 잘못 생각한 듯하오. … 설령 그 세간살이하던 사람이 미워서 갚고 싶지 않더라도 가옥 전토를 다 빼앗기고 보면 그 부모와 집안 식구를 다 어디다 두며 제 몸은 어디다 담으며 무엇을 먹고살겠소. 그렇게 되고 보면 그 자식들이 어디 가서 사람이라고 행세할 수 있소. 지금 국채 일체도 그와 비슷하오. 우리나라 사세事勢를 가량하여 보면 10년 동안에 어디서 돈이 나서 1,300만 원을 갚겠소. 더 쓰지나 말면 다행이지요. 그런즉 우리가 일심하여 갚아보자고 하여볼 밖에 수가 없소. 나라의 토지를 빼앗긴다든지 재산을 빼앗긴다든지 하면 우리가 어찌 생활할 수 있소. 대한 사람이라고 어느 나라에 가서 행세할 수 있소. 서상돈 씨 말에 담배 끊자고만 했지만 내 생각 같으면 술도 끊으면 어떻겠소. 또 비단옷 입은 사람은 보병옷^{주7} 하여 입고 밥 먹던 사람은 죽 쑤어 먹고 타고 다니던 사람은 걸어 다녀서 그렇게 모아서 빚 좀 갚아보면 어떻겠소. 보병옷 입고 죽 먹고 걸어 다니고 술 담배 다 끊어도 아무 어려운 일도 없고 아무 해로운 일도 없소. … 이 일이 성공하고 보면 천하 만국에 그만큼 빛날 일이 없고 국권도 회복할 날이 있소. 이 일을 못하고 보면 2천만 동포를 일시에 모두 모아 하늘을 덮어도 다시 할 수 없소.

— 「대한매일신보」 1907년 2월 28일

주6 추렴 : 출렴出斂과 같은 뜻으로, 비용으로 여럿이 얼마씩 돈이나 물건을 나누어 내는 것을 말함.

주7 보병옷 : 보병것이라고도 하여 보병의 옷감으로 백성이 바치던 거칠고 올이 굵은 무명옷을 이름.

자료9 국채 보상 문제로 유학생이 보낸 편지의 대개留學生來函大槪

동경에 재류하는 유학생이 본국 동포가 국채 보상의 방침으로 단연斷烟 동맹하고 대황제 폐하께옵서 담배를 말아 피우지 아니하심을 듣고 유학생 총회를 열어 단연할 뜻으로 동의를 제출하여 이르기를 무릇 경제는 국가에 가장 중요하고 크게 긴급한 문제라. 다만 법률로만은 국가를 이루지 못하나니 법률이 고명한 로마국도 경제를 결여하여 마침내 망했으니 지금 우리나라가 이처럼 비참한 경우에 떨어져 경제상 이익을 꾀하지 못하고 있다. 국권 회복을 희망하는 자라면 이는 영원히 앞으로 나아가지 못하고 뒷걸음치는 것이니 어찌 깨우치지 않을 수 있겠는가. 우리 유학생으로 말하더라도 근 800인이라. 날마다 아침에 한 줌씩 아끼더라도 한 사람이 매일 6전이오, 한 사람이 1달에 1원 80전이니 800인이 1달이면 1,440원이라, 1년을 합계하면 17,280원이다. 이처럼 800인을 합해도 1년 담뱃값이 적지 않거늘 하물며 전국인을 다하면 어떻겠는가. 음식물을 끊으면 죽겠기로 할 수 없거니와 해만 있고 무익한 연초를 끊기가 무슨 어려움이 있겠는가. 우리는 일제히 단연하여 국채 보상의 만 분의 일의 도움이 되자 하고 결심동맹決心同盟이라 하였더라.

— 「서우」제6호, 1907년 5월

자료10 통곡고대한실업가痛哭告大韓實業家

세계상에 가장 크고 가장 긴급하고 지극히 참담하고 지극히 극적인 것은 실업實業 경쟁이다. … 오호라! 대한 동포여. 금일에 이르러 비로소 놀라고 분발하는 사상이 있어 때로 교육 발달에 주의하며 때로 사회 결합에 협력하며 나아가 국채 보상에 의연義捐이 계속 이으니 가히 국가를 충애하는 인민이라 이를지라. … 지금 대한 인민이 양전良田 옥토沃土와 가옥과 기지基地를 무단히 외국인에 매도함이 날로 더하고 달로 늘어 외국인들이 소유하지 않은 곳이 없으니, 장차 어느 곳으로 옮겨가야 농업도 경영하며 거처도 얻을 수 있을지를 알지 못하겠다. … 전국 재정이 외국인의 장악에 돌아간 다음부터 금융이 고갈하여 경제가 곤란함으로 일반 상업이 종종 철폐하는 경우에 임박했고 외국인의 상점은 날로 늘어나고 확장되어 바늘 끝 만한 이익도 싹 쓸어버리니 …

— 「대한매일신보」1907년 3월 27일

자료11 담박고 타령

담박고야 담박고야 동래나 건너 담박고야

너 이국은 엇더타고 우리 대한에 나왓난야

금을 주러 나왓난야 은을 주러 나왓난야

금도 은도 주기난커나 보난 것마다 다 빼앗네

큰일낫네 큰일이 낫네 우리들 살기 큰일이 낫네

여보시오 형님네들 눈을 뜨고 살펴를 보오

팔지 말고 팔지를 말소 집이나 땅을낭 팔지들 말소

집도 팔고 땅도 팔면 우리난 장차 어데서 살고

하날로도 갈 수 업고 땅으로도 갈 수가 업네

조상 백골 어데다 뭇고 부모와 자손은 어데서 살고

하날로도 갈 수 업고 땅으로도 갈 수가 업네

조상 백골 어데다 뭇고 부모와 자손은 어데셔 살고

내 나라를 사랑커든 외국 사람게 팔지를 마세

더 사람 손에 한번만 가면 백만금 주어도 못 물너나네

새 졍신을 차리어셔 사롱공상에 힘을 써셔

어셔사사 부국이 되여 세계의 상등국이 되여들보세

__ 「대한매일신보」 1907년 7월 5일

자료 12

지금 경성[현 서울]에는 국채보상기성회라는 것을 발기하는 자가 있다. 그 뒤에는 청년회, 기독교청년회, 자강회, 대한자강회 등의 단체가 있고, 궁중에서도 암암리에 동정을 보내는 것 같다. 「대한매일신보」도 크게 고취하고 있어 일반의 인심은 이를 크게 환영하여 의연금을 내는 자가 많다. 그 목적은 현 한국 정부가 부담하고 있는 일본의 국채 1천 3백만 원을 보상하는 데 있다고 표방하나, 내용은 국권 회복을 의미하는 일종의 배일 운동排日運動임은 말할 나위도 없다.

__ 「주한일본공사관기록」 1907년 3월 2일

자료 13

… 그러나 도시, 지방은 물론 소위 귀하고 큰 집안이니, 살림이 넉넉한 집과 돈 있는 늙은이라고 하는 사람들은 그러한 나라의 은혜를 받는 것도 저쪽 백성이 아니고, 재산이 풍부한 것도 저쪽 궁핍한 초가집에 사는 사람들이 아닌데, 다만 돈 꾸러미와 옥으로 만든 망건 관자를 가지고 관직의 길에 달려 나가며 곡식과 돈을 쌓아두어 자본을 깊이 감추어두고 국가 예산에 관한 기부는 하찮게 대하고 비웃어 반대로 옆 사람

까지도 방해한다. 그리하여 이와 같은 부귀의 흐름은 광고상에서 짧게 끝냈으니 어찌
수전노守錢虜의 비웃음을 벗어나 국민의 의무로써 책망하리오.

_ 「황성신문」 1907년 12월 4일

자료 14

이 운동은 들불처럼 번져나갔고, 우리 민족이 이성적이기보다는 감성적이라는 사실
을 다시 한 번 증명했다. 당시 존재했던 「제국신문」, 「황성신문」, 「대한매일신보」 등
여러 신문사에는 여기저기 성금이 답지했다. 특히 베델이라는 영국인[유대인]이 사장
으로 있는 「대한매일신보」는 반일로 유명해서, 조선인 대중으로부터 가장 많은 신뢰
와 성원을 받았다. 사람들은 대한매일신보 사에 각기 다양한 액수의 돈을 보냈다. 아
녀자들은 패물을 보내기도 했다. 그러나 사람들이 1,300만 원이라는 액수를 거둔다는
게 너무나 엄청난 일이라는 걸 알게 되면서 운동 열기는 점차 식어갔고, 성금도 점차
기대에 못 미치게 되었다.

_ 「윤치호일기」 1921년 2월 4일

출전

「서우西友」 : 인재 양성과 민중 계몽을 목적으로 1906년 조직된 서우학회의 기관지. 서우학회는 주로 평안도와 황해
도 출신 지식인을 중심으로 조직되었는데 회원은 1,000여 명에 달했다. 1908년 한북흥학회와 통합해 서북학회로 확
대되었다.

찾아읽기

신용하 외, 「일제경제침략과 국채 보상 운동」, 아세아문화사, 1994.

김도형, 「한말 대구지역 상인층의 동향과 국채보상운동」, 「계명사학」 8, 1997.

김태웅, 「대한제국기 군산 객주의 상회사 설립과 경제·사회운동」, 「지방사와 지방문화」 9-1, 2006.

조항래 엮음, 「국채 보상 운동사」, 아세아문화사, 2007.

국채 보상 운동기념사업회·대구흥사단 엮음, 「국채 보상 운동 100주년 기념자료집」 1~5, 2007.

이송희, 「대한제국기의 애국계몽 운동과 사상」, 국학자료원, 2011.

김형목, 「김광제, 나랏빚청산이 독립국가 건설이다」, 선인, 2012.

6 국민을 계몽하자

계몽 운동

계몽 운동은 1905년 을사늑약 이후 전개된 민족 운동으로 국권 수호와 근대 주권 국가 건설을 목표로 삼았다. 주로 개화파를 계승한 식자층, 대한제국의 관료, 개신 유학자들이 주도했으며, 국민을 계몽하고 실력 양성을 도모하는 데 역점을 두었다. 그리하여 이들은 문화 운동과 교육 사업에 힘쓰는 한편 산업 진흥에 앞장섰다.

운동의 배경

러일전쟁을 계기로 대한제국의 주권이 위기를 맞자 독립협회 운동 이래 전개된 계몽 운동啓蒙運動은 민권의 실현보다 국권의 수호에 중점을 두기 시작했다. 그리하여 민권 운동을 주도했던 식자층은 국권 수호를 위한 대중 계몽 운동을 전개했다. 이들은 민인들을 깨우쳐 일제의 경제 침탈을 막고 산업을 진흥시켜 국권을 수호하고자 했다.

개명 관료층, 식자층, 자산가층 등이 중심이 되어 전개한 계몽 운동은 개화파의 문명 개화론, 개화 자강론의 전통을 잇고 있었다. 그래서 을사늑약 이전만 하더라도 이들은 독립협회 운동을 계승하여 입헌군주론을 주장하며 민권의 신장에 진력했다. 심지어는 러일전쟁 와중에 광무 정권의 위기를 틈타 민회民會를 결성하여 정부를 압박하기도 했다. 하지만 일부에서는 일본의 대한對韓 정책의 방향에 대해 의구심을 표하면서 조심스럽게 민권보다는 국권을 우선하기 시작했다. 특히 러일전쟁이 발발한 뒤 전세가 일본에게 유리하게 전개되는 가운데 일본이 황무지 개간을 핑계로 막대한 토지를 탈취하려 하자 일부 계몽 운동가들의 일본에 대한 의구심이 더욱 커져갔다. 그리하여 이들은 보안회保安會를 조직하여 이를 적극 반대했다. 비록 일본의 강요로 보안회는 해산되었지만 이러한 운동은 종전에 추구했던 민권 운동의 방향에 변화를 가져왔다.

대한흥학회 해외 유학생 (1908)

대한학회 해외 유학생 (1908)

서북학회 평안 (1908)

관동학회 강원 (1908)

기호학회 경기 (1908)

호서학회 충청 (1907)

교남학회 경상 (1908)

호남학회 전라 (1907)

학회의 설립

계몽 운동 단체들의 등장

우선 독립협회 계열의 이준李儁, 윤효정尹孝定 등이 헌정연구회憲政研究會를 조직했다. 여기에는 황무지 개간권 요구에 맞서 반대 운동을 전개했던 개신 유학자들이 참여했다. 그 밖에 개신교 계열과 동학 계열의 인물들도 참여했다. 따라서 이들 회원은 그 성향과 기반이 다양하지만 당시 일본과 연계되어 정치 운동을 벌였던 일진회一進會와는 달리 계몽 운동에 주력하면서 일반 민인들의 정치 사상 고취, 민권 신장 등에 힘을 기울였다.

이런 가운데 1905년 11월 을사늑약이 체결되고 일진회가 노골적으로 친일 노선을 표명하고 적극적인 친일 활동에 들어가자 헌정연구회를 비롯한 계몽 단체들은 상호 결합하여 1906년 3월 대한자강회大韓自强會를 조직했다. 서울에 본부를 둔 대한자강회는 전국에 33개의 지회를 설립하고 2,000여 명의 회원을 확보하는 한편 각지를 돌면서 강연회를 열고 계몽 활동을 펼쳤다. 특히, 새로운 지식을 가르치는 교육 활동과 근대적인 공장·회사 등 민족 산업을 키우는 일에 적극적이었다. 그러나 정미 조약 직후인 1907년 8월 일본인 고문 오가키 다케오大垣丈夫에 의해 해산되었다.[자료1] 이어서 1907년 11월 대한협회로 재조직되었는데 1908년 지회 수만 60여 개에 회원도 수만 명에 이르렀다. 그러나 대한협회는 그 지도부가 일진회와 연합을 획책하는 등 다분히 친일적 성격을 띠었으며 1910년 8월 일제의 대한제국 강점 직후 해산되었다.

이러한 정치 단체 이외에 지방 차원에서 서우학회·한북흥학회·호서학회·호남학회·관동학회·기호학회·교남학회·청년학우회 등의 각종 학회들도 조직되었다. 이들 학회는 기관지를 펴내고 민립 학교를 설립하면서 학술·계몽과 교육 활동 등을 전개했다. 지방 차원에서의 이러한 활동은 이전에는 볼 수 없었던 현상으로 계몽 운동의 저변이 확대되고 있음을 보여준다.

특히 1906년 10월 박은식을 비롯한 11명의 발기로 조직된 서우학회西友學會는 많은 학회 설립의 도화선 구실을 했다. 정운복·김명준·박은식·이갑·유동열·노백린 등 평안도와 황해도 출신 인사들이 중심이 되었으며, 나중에 미국에서 돌아온 안창호도 가담했다. 친목과 교육 사업, 주권 회복을 위한 민족의 대동단결을 목적으로 했다.[자료2] 또 청년학우회는 1909년 안창호가 발기하여 조직한 청년 수양 단체로 흥사단의 전신이 되었다.[자료3]

계몽 운동의 전개

계몽 운동을 주도한 식자층은 대개 경쟁 위주의 현실 인식을 갖고 있었다.[자료4] 그들은 이러한 인식을 바탕으로 교육의 보급과 산업의 발달을 통해 실력을 양성하고 자강自强을 이루어 국권을 수호하려 했다.[자료5]

계몽 운동가들이 가장 역점을 둔 부문은 교육을 통한 계몽 활동이었다. 그들은 학교 설립을 통해 국민 전체의 의식 수준을 높이면 국권을 회복할 수 있으며 인권도

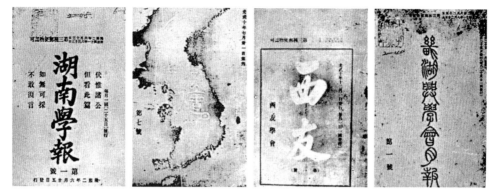

각종 학회가 발행한 회보들. 1905년 을사늑약 이후 각종 학회들이 국권을 수호하고 민중을 계몽하기 위해 간행한 학회지이다. 여기에는 일제의 침략을 비판하고 근대 문물을 소개하는 글들이 많이 실렸다. 그러나 일제의 극렬한 탄압으로 1910년 무렵에는 모두 폐간되었다.

신장할 수 있다고 전망했다.[자료6·7]

그리하여 당시 각지에는 짧은 기간에 수많은 민립 학교가 설립되었다. 일제의 탄압 때문에 많은 학교가 문을 닫고 난 후인 1909년에도 정부의 인가를 받은 학교 수가 모두 5,722개 교에 이르렀으며 그 상당수가 민립 학교였다. 그 밖에 인가받지 못한 민립 학교를 감안하면 학교 수는 훨씬 많았을 것이다. 이 중 다수의 민립 학교는 계몽 교육 단체에 의해 설립되었다. 서우학회와 기호흥학회畿湖興學會는 일본 통감부에 의해 단절된 사범학교의 전통을 잇기 위해 각각 서우사범학교西友師範學校와 기호학교畿湖學校를 설립했다. 또 서북학회는 서북협성학교[西北協成學校, 후에 오성학교伍星學校로 개명]를 설립했으며 대한동인회大韓同寅會는 동인학교를 설립했고, 여자교육회는 신학원新學院을 설립했다. 그 밖에 많은 학교들이 향촌 주민들이나 독지가들의 기금으로 설립되었다.

교육 계몽 운동은 민족의 언어와 역사를 수호하고 보급함으로써 자주 및 독립 정신을 고취하려는 의도를 품고 있었다.[자료8] 이렇듯 민립 학교가 국권 수호 운동의 근거지가 되고 있다는 사실을 알아차린 일제는 갖가지 방법으로 민립 학교의 설립을 막았다. 1909년 2월 「기부금품모집취체[단속]규칙」을 공포하여 기부금이 중요한 운영 자금이었던 민립 학교에 커다란 타격을 준 데 이어 4월에 「지방비법地方費法」을 공포하여 지방 재산과 시장세 및 잡세에 의존하고 있던 지방 민립 학교들을 폐교로 몰고갔다.

한편 계몽 운동가들은 신문·잡지 등을 통해 애국심을 고취하고 함양하는 데 큰 관심을 보였다. 이에 앞장선 신문으로는 「대한매일신보」, 「황성신문」, 「만세보」, 「제국신문」 등이, 잡지로는 각종 학회지 및 「소년」 등이 있었다. 특히 일제 통감부는 매우 까다롭게 신문 검열을 했으나, 영국인이 경영하는 것으로 되어 있던 「대한매일신보」는 그들의 통제에서 어느 정도 벗어날 수 있었다. 심지어 신문사 정문에 '일본인 출입 금지'라고 써서 붙여놓고 일본의 침략 행위를 규탄했다. 이 중 신채호·박은식 등은 논설을 통해 일본의 침략 행위와 이완용이나 일진회 등의 매국 행위를 날카롭게 공격했다. 아울러 의병의 활동 상황도 낱낱이 소개했다. 또 자신은 을사늑약을 승인한 적이 없다고 한 고종 황제의 친서를 싣기도 했다. 이런 까닭으로 신문이 큰 호응을 받고 판매 부수가 늘어나는 데 대해 통감부는 크게 당황했다.

이에 일제는 「경성일보」 등을 발간하도록 했다. 나아가 「대한매일신보」가 외교고문 스티븐스 암살 사건을 대대적으로 보도한 것을 들어 '보호 정치'의 전복을 선동했다며 신문을 압수하고, 베델의 추방을 영국 정부에게 요구했다. 베델은 영국 법률에 따른 재판을 받고 상하이에서 3주일 동안 연금당했다. 서울로 돌아온 베델은 신문 경영을 영국인 비서 만함(萬咸, Alfred Marnham)에게 인계했으며, 1909년 5월 1일 별세했다. 이러한 어려움 속에서도 양기탁은 계속 신문을 간행했다. 그러나 일제는 강점과 함께 신문을 탈취하여 이름을 「매일신보」로 바꾸고 조선총독부의 한글판 기관지로 삼았다.

계몽 운동의 또 하나의 큰 줄기는 국부國富를 육성하기 위한 산업 장려 운동이었다. 일본의 경제 침탈에 따른 위기 상황에 대처하여 한국과 한국인의 부를 수호하기 위해서는 경제적 실력을 길러야만 한다고 생각했다. 구체적 방안으로는 민족 산업을 일으킬 수 있도록 자본을 모으고, 한국인들이 스스로 각종 기업과 회사를 설립하도록 장려했다. [자료9]

그러나 대다수 계몽 운동가들은 문명개화론에 기반하여 교육 운동과 식산흥업에 중점을 둔 나머지 의병 전쟁에 대해 적대적 태도를 취했다.[자료10] 그래서 때로는 이들이 이끄는 계몽 단체와 의병이 대립하여 갈등을 빚기도 했다.

국수보전론의 대두와 계몽 운동의 분화

1907년에 들어와 일제의 침략이 본격화하고 통제와 검열이 강화되자 일부 식자층은 법의 테두리 안에서 일본의 감시를 받으며 이루어지는 계몽 운동의 한계를 절실히 느끼고 1907년 4월에 비밀 조직인 신민회新民會를 만들었다. 신민회는 국내에서 정치 · 경제 · 문화 · 교육 등 각 방면에 걸쳐 국권 수호를 위한 움직임을 전개했다. 특히 1907년 7월 고종이 강제로 퇴위당하고 대한제국 군대가 해산되자 신민회는 국망을 염두에 두고 중국 만주에 무관 학교를 세우고 독립군을 양성하는 일에 앞장서는 등 국외 독립운동 기지 건설 운동에 앞장섰다. 이는 기존에 계몽 운동 단체들이 중점을 두었던 교육 운동과 식산흥업에서 벗어나 무장 투쟁으로 옮아가기 시작했음을 보여준다.

한편, 이들 계몽 운동가가 자신들의 이념적 기반으로 삼았던 문명개화론 내부에서 균열이 일어나기 시작했다. 「대한매일신보」 계열의 개신 유학자들이 1907년 고종의 강제 퇴위와 군대 해산을 비롯한 일제의 침략을 목도하는 가운데 제국주의의 실상과 일본을 본보기로 한 문명개화론의 허상을 간파했기 때문이다. 그리고 이들은 민권의 원천이 국권에 있음을 주장하면서 민권의 신장과 문명개화만을 강조하는 문명개화론자들을 어리석은 바보[痴物輩]라고 비판했다.[자료11]

따라서 이들 계몽 운동가는 자신들의 이념적 기반을 문명개화론이 아닌 국수보전론國粹保全論에 두었다. 이러한 국수보전론은 제국주의 침략에 맞서기 위한 정치사상적인 의도에서 출발했지만 근원적으로는 서구 외래 문화에 대한 날카로운 통찰과 함께 한국의 역사 및 전통 문화에 대한 주체적인 이해에 입각했다. 따라서 이들 국수보전론자는 국권을 수호하기 위해서는 국민들이 자기의 역사와 문화에 대한 인식 수준을 제고함으로써 국수를 보전함이 선결 과제라고 판단했다.[자료12] 이는 오랫동안 식자층을 사로잡았던 중세적 보편주의·문화관이라 할 중화주의中華主義·사대주의事大主義로부터의 탈피를 의미했다. 나아가 이들은 종전에 취했던 의병에 대한 부정적 태도를 버리고 국권 수호 차원에서 의병 운동을 인식하기 시작했다. 그리하여 「대한매일신보」는 '잡보란' 중에 지방 소식을 마련하여 대부분의 기사를 의병 활동을 소개하는 것으로 채웠다. 심지어 '의병총대장 이인영의 약사略史'라는 기사를 게재하기도 했다. 국수보전론자인 박은식은 훗날 『조선독립운동지혈사朝鮮獨立運動之血史』에서 이 시기 의병을 "우리 민족의 국수國粹요 국성國性"이라고 높이 평가했다.

국수보전론은 이처럼 한국 고유의 역사와 문화를 이해하고 민권 운동의 한계를 극복하는 가운데 일제 침략의 본질을 인식하고 민인 대중의 의병 운동을 긍정적으로 재평가했다. 그리하여 계몽 운동의 일부가 1910년대에 문명개화론과 일제의 동화주의에 매몰되지 않고 항일 민족 운동으로 발전할 수 있었다.

자료1 대한자강회 취지서

무릇 우리나라의 독립은 오직 자강의 여하에 있을 따름이다. 아한我韓이 종전에 자강 지술[주1]을 강구하지 않아 인민이 스스로 우매함에 묶여 있고 국력이 쇠퇴하여 마침내 금일의 간극[주2]에 다달아 결국 외인外人의 보호를 당하게 되었으니, 이는 모두 자강지 도自强之道에 뜻을 다하지 않았던 까닭이다. … 지금 아한我韓은 3천리 강토가 흠이 없 고 2천만 동포가 자재[주3]하니 참으로 자강하기에 분려[주4]하여 단체를 모두 합치면 부강 의 앞길을 바랄 수 있고 국권의 회복을 이룰 수 있을 것이다. … 자강의 방법을 생각해 보면 다름 아니라 교육을 진작함과 식산흥업에 있다. 무릇 교육이 일어나지 못하면 민지民智가 열리지 못하고 산업이 늘지 못하면 국부가 증가하지 못한다. 그러한즉 민 지를 개발하고 국력을 기르는 길은 무엇보다도 교육과 산업의 발달에 있지 않겠는가. 이는 교육과 산업의 발달이 곧 단 하나의 자강지술임을 알려주는 것이다. … 안으로 조국의 정신을 양성하며 밖으로 문명의 학술을 흡수함이 곧 금일 시국의 급무일새, 이것이 자강회의 발기하는 소이다.

_ 「대한자강회월보大韓自强會月報」제1호, 1906년 7월

주1 자강지술自强之術 : 스스로 강 해지는 방책.

주2 간극艱棘 : 곤란困難.

주3 자재自在 : 속박이나 장애가 없이 마음대로인 것을 말한다.

주4 분려奮勵 : 기운을 내 힘씀.

자료2 서우학회 취지서

모든 사물이 고립되면 위태롭고 모이면 강하며 합하면 성공하고 떨어지면 패함은 당 연한 이치라. 지금 세계의 생존 경쟁은 천연[주5]이오 우승열패는 공례[주6]라 이르는 까닭 으로 사회의 단체를 이루고 못 이룸으로써 문야[주7]를 구별하고 존망을 판단하느니 금 일 우리가 이처럼 극렬한 풍조를 당착하여 크게 국가와 작게 신가[주8]의 스스로 보전하 는 방책을 강구하면 우리 동포 형제의 교육을 개도면려[주9]하여 인재를 양성하며 중지 를 개발함이 즉 국권을 회복하고 인권을 신장하는 기초라. 그러나 이 중대 사업을 진 기[주10] 확장코자 하면 공중의 단체력을 반드시 이바지해야 할지니 이는 금일 서우학회 의 발기하는 소이라. …

_ 「서우」제1호, 1906년 12월

주5 천연天演 : 자연스럽게 행해 짐.

주6 공례公例 : 일반에 공통되는 도리.

주7 문야文野 : 문명과 야만.

주8 신가身家 : 자신과 집안.

주9 개도면려開導勉勵 : 깨우쳐 인도하고 힘써 장려한다는 뜻이다.

주10 진기振起 : 떨쳐 일으킴.

위로 선민^{주11}의 유서를 읽어 그 단점을 버리고 그 장점을 보존하며 아래로 동포의 선구를 이루어 그 어려움을 넘고 그 이^{주12}에 나아갈 자는 즉 우리 일반 청년이 그 사람이라. 고로 청년은 일국의 사명이오 일세의 도사^{주13}이어늘 … 목하 문명의 맹조^{주14}가 닫힌 문호의 낡은 꿈을 깨뜨려 놀라게 하여 … 부패한 구속舊俗을 개혁하고 진실한 기풍을 양성하려면 학술 기능으로만 그 공을 거둘 바 아니며 언론 문장으로만 그 효과를 올릴 바 아니오 불가불 유지 청년이 일대 정신단을 조직하여 심력心力을 일치하며 지식을 서로 교환하여 실천을 힘쓰고 전진을 꾀하여 유신維新의 청년으로 유신의 기초를 찾을지라. …

_ 「대한매일신보」1909년 8월 17일

주11 선민先民 : 선철先哲이라고도 하며 옛날 사람을 이른다.

주12 이夷 : 마음이 편안함.

주13 도사導師 : 법회나 장의에서 여러 중을 거느리고 의식을 행하는 중으로 앞장서는 지도자를 이른다.

주14 맹조猛潮 : 맹렬한 사조나 세력을 이름.

자료4 논설(박은식)

… 오호라 천지가 있은 이래로 생물의 종류와 혈기의 종속이 경쟁이 없는 때가 없었으니, 승자는 주인이 되고 패자는 노예가 되었으며, 승자는 영예를 차지하고 패자는 굴욕을 당했으며, 승자는 쾌락을 즐기고 패자는 고통을 받았으며, 승자는 존재하고 패자는 멸망했으니, 그 경쟁의 시대에 처하여 무릇 지각과 운동 성질이 있는 자 중 타인에게 승리할 것을 구하지 않는 자가 있겠는가? 비록 보통으로 나누는 이야기와 간단한 노름일지라도 승리를 좋아하고 패배를 싫어하거늘 하물며 국가 존망의 대 관계에 있음에 있어서랴! … 한 마디로 말하면 이 시대에 처하여 교육이 일어나지 않으면 생존을 얻을 수 없으니, 오직 우리 동포 형제는 상호 분발하고 상호 권면하여 한마음으로 주의를 기울여 자제 교육을 떨쳐 일으켜서 학교 있는 곳이 서로 줄을 이어 계속하면 그 설비의 규모와 교도의 방법은 본 학회가 책임질 것이다. 이 잡지를 발행함에 천 마디 만 마디 말이 모두 우리들의 심혈을 토하는 것이니 오직 우리 일반 사우는 이를 양찰^{주15}하시고 힘쓸지어다.

_ 「서우」제1호, 1906년 12월

주15 양찰亮察 : 밝게 헤아려 잘 살핌.

주16 인항상회仁港商會 : 인천항 상업회의소를 이름.

자료5   논설 – 권고 인항상회주16 제원勸告仁港商會諸員

대개 사회의 사업을 성취하기 위해서는 유지자有志者의 심력心力과 자본가의 재력, 이 두 가지가 반드시 합해 하나로 된 다음에야 이루어질 수 있다. 이런 까닭으로 현재 세계의 문명 부강한 나라의 사업이 증진하는 것은 상회의 공에 의지하는 바가 크다. … 무릇 인생의 쾌활과 국력의 부강이 모두 상업의 흥왕에 있으니 이런 까닭으로 … 대한 국민이 지금 어떠한 경우에 있는가. 만약 국권을 회복하고 인권을 신장하여 타인의 기반주17을 벗어나 자국의 독립을 회복하려 하면 그 책임은 2천만 인 각자의 신상에 있으며, 그 지식과 힘이 발달하여 개명開明 사업을 하기에 충분한 자는 상회商會상 의원이다. 이런 까닭으로 전국의 호상대고주18가 합자하여 날로 성행하고 학교를 설립하여 날로 넓히면 이로 말미암아 민지民智가 개발되고 인재가 양성되어 제반의 사업이 또한 모두 날로 진보할 것이다. 그러한 즉 금일 상회 의원의 책임은 무겁고 크다 할지니 힘쓰고 또 힘쓸지어다.

_「대한매일신보」, 1906년 5월 4일

주17 기반羈絆 : 굴레를 씌우듯 자유를 구속함.

주18 호상대고豪商大賈 : 규모가 매우 큰 상인이나 크게 장사하는 상인

자료6

[일제로서는 – 지은이] 학교 설립 풍조의 발흥은 반가운 현상이나 그 설립 동기가 국권 회복을 주안으로 하는 것으로, 경기 및 충청도의 일부 양반이 자제들에게 신학을 가르치기를 꺼리는 이외에는 각 도는 모두 앞을 다투어 신학을 지망하는 경향이 있음은 국권 회복을 주안으로 하는 학교 설립의 동기와 더불어 주목할 만한 일대 중요 사건이 아닐 수 없다.

_국사편찬위원회 엮음, 「한국독립운동사」1, 정음문화사, 1968

주19 오산학교 : 이승훈이 1907년 12월 평안북도 정주에 설립한 학교로 현재의 오산 중·고등학교로까지 이어지고 있다.

자료7   오산학교주19 개교식의 훈시(이승훈, 1907년 12월 24일)

지금 우리나라 형편은 날로 기울어져 가는데 우리가 그저 앉아 있을 수는 없다. 우리 조선들이 살던 땅, 우리가 자라난 고향, 이것을 원수의 일인日人에게 내어 맡긴다는 것이야 차마 있을 것인가. 총을 드는 사람, 칼을 갈 사람도 있어야 할 것이다. 그러나 그보다도 더 중한 것이 무엇이냐. 우리가 세상일이 어떻게 돌아가는 것인지를 모르고 있으니 그 사람들을 깨우치는 것이 제일 급무다. 우리는 일본 사람을 나무랄 것 없다.

우리가 못생겼으니까 이러한 푸대접을 받는 것이 아니냐. … 내가 오늘 이 학교를 세운 것도 후손을 가르쳐 만분의 일이라도 나라에 도움이 될까 하여 설립한 것이니, 오늘 이 자리에 일곱 명의 학생밖에 없는 것이 유감된 일이나, 이것이 차츰 자라나 칠십명 내지 칠백 명에 이르도록 왕성할 날이 멀지 않아 올 줄로 믿는 바이니, 여러분은 일심 협력하여주기를 바란다.

_ 『나라사랑-남강 이승훈선생 특집호』 제12집, 1973

자료8 국어와 국문을 업수이 여기지 말라(주시경)

전국 인민의 사상을 돌리며 지식을 넓혀 주려면 불가불 국문으로 각색 학문을 저술하며 번역하여 남녀를 물론하고 다 쉽게 알도록 가르쳐 주어야 될지라. 영국, 미국, 프랑스, 독일 같은 나라들은 한문을 구경도 못했지만 저렇듯 부강함을 보시오.

우리 동방도 사천여 년 전부터 개국한 이천만 중 사회에 날로 때로 통용하는 말을 입으로만 서로 전하던 것도 큰 흠절이어늘 국문 난 후 기백년에 사전 한 권도 만들지 않고 한문만 숭상한 것이 어찌 부끄럽지 아니하리오.

지금 이후부터는 우리 국어와 국문을 업수이 여기지 말고 힘써 그 문법과 이치를 탐구하며, 사전과 문법과 독본들을 잘 만들어 더 좋고 더 편리한 말과 글이 되게 할 뿐 아니라, 우리 온 나라 사람이 다 국어와 국문을 우리나라 근본의 주장 글로 숭상하고 사랑하여 쓰기를 바라노라.

_ 「서우」 제2호, 1907년 1월

자료9 마산동 도자기 회사[주20] 창립식의 축사(안창호, 1908년)

… 경제적 파탄을 막는 길이 자작 자급밖에 다시 없다. 그중에도 공업의 진흥이야말로 우리의 생명선이다. 저 현해탄 건너로 일본 제품이 홍수같이 밀려들어와 독점 시장이 되었으니, 애국 동포 여러분, 조국을 살리는 것이 다만 정치만이 아니라 경제력이다. … 산업을 진흥함이 곧 애국이고 구국이라는 것을 잊지 말자. 경제적 침략이야말로 군사적 침략에 지지 않는다는 것을 인식하여야 한다. …

_ 『나라사랑-남강 이승훈선생 특집호』 제12집, 1973

주20 마산동馬山洞 도자기 회사 : 남강 이승훈이 1908년 평안도 지역의 자산가들과 합자로 평양 마산동에 설립한 우리나라 최초의 근대적 도자기 회사이다.

자료 10 의병 제군에게 경고한다

주21 격울激鬱 : 격렬하여 통하지 못하고 막힘.

주22 격발激發 : 격렬히 또는 격렬하게 일어남.

주23 파락호破落戶 : 행세하는 집 자손으로 난봉이 나서 결딴난 사람.

주24 모칭冒稱 : 성명·직업 등을 거짓으로 꾸며대는 것으로 사칭이라고도 함.

주25 비류匪類 : 흉한, 도적, 난민 등의 무리를 이름.

주26 공업功業 : 큰 공을 이룬 업적.

주27 잔해殘害 : 잔인해물殘人害物의 줄인 말로, 사람에게 잔인하게 굴고 물건을 해친다는 뜻임.

주28 충군지사忠君之士 : 임금을 충성스럽게 모시는 선비나 지사.

주29 고구考究 : 깊이 살펴 연구함.

주30 억설臆說 : 근거도 없이 억지로 우겨대는 말.

아아! 국운이 불행하고 민정이 격울주21하여 의병이라는 명칭이 생겼도다. 대개 의義라고 하는 말의 뜻은 어떤 견해이든지 의리를 주장함이 아닌가. … 그러나 제군들은 생각해보라. 실로 충의의 정성에 격발주22하여 의병이라 일어나는 자도 있는 동시에 저 교활한 도적배와 지난날의 부랑 파락호주23의 못된 무리가 때가 왔다고 하면서 의병을 모칭주24하는 자 역시 적지 않을 것이다. 이러한 무리는 이르는 곳마다 만행 폭거만 자행할 뿐이오 한 점의 애국하는 정성이 있으리오. 이러한 무리는 오히려 의병에게 누를 끼칠 뿐 아니라 국가의 모욕을 불러들이는 자이니, 폭도라 비류주25라 하는 나쁜 이름을 면할 수 없을 것이니, 좋은 향기가 나는 풀과 나쁜 향기 나는 풀이 한 그릇에 있는 셈이다. … 군들의 오늘 이러한 행동이 어디까지나 애국의 뜨거운 피를 쓸어 이태리 가리발디의 공업주26을 이루고자 함이나 실은 도리어 동포를 잔해주27하고 조국을 상하게 할 뿐이오 실끝 만치도 실효가 없을지니 어찌 충군지사주28가 행할 바이리오. … 만약 정말 충의의 열성을 어루만져 안정시킬 수 없어 실심實心으로 국권을 만회코자 할진대 눈앞의 치욕을 참고 국가의 원대한 계획을 도모하여 일체 병기를 버리고 각자 향리로 돌아가, 농군은 농업을 열심히 하고, 공장工匠은 공업을 열심히 하여 각기 산업에 종사하여 자산을 저축하고 자제를 교육하여 지성을 계발하며 실력을 양성하면 다른 날에 독립을 회복할 기회를 자연히 기대할 수 있을 것이니, 이것이 실로 오늘 우리들이 힘쓸 정당한 의무요 또 고금 역사상에 밝게 비추어 고구주29할 수 있는 것이라. 어찌 우리들의 억설주30로 끌어 유인하려 함이리오. …

— 「황성신문」 1907년 9월 25일

자료 11 국권이 없고 민권을 꿈꾸는 치물배痴物輩 (신채호)

대저 국권은 민권의 원천이다. 국권이 있어야 민권이 생기며 민권은 국권의 축도다. 국권이 있어야 민권이 만들어지나니 국권이 없으면 어찌 민권이 있으리요.

— 「대한매일신보」 1909년 10월 26일

국수國粹라는 것은 무엇인가. 그 나라에 역사적으로 전래하는 풍속, 습관, 법률, 제도 등의 정신이 이것이라. … 외국문명을 불가불不可不 수입할지나 단지 이것만 의시依恃하다가는 명령 교육을 성할지며 시국풍조時局風潮를 불가불 수응酬應할지나 단지 이것만 좇다가는 마귀 시험魔鬼 試驗에 빠질지니 무겁도다 국수國粹의 보전保全이여. 급하도다 국수의 보전이여. … 얼마 전에 소학교를 본즉 수신윤리修身倫理를 읽는 동자童子가 정암[靜菴, 조광조], 퇴계[退溪, 이황]를 어느 시대 사람인지 알지 못하며 각 학교 졸업생을 본즉 정치 법률을 익힌 학사學士가 본국本國 제도 연혁制度沿革을 까마득하게 모르니, 오호라, 시세時勢가 돌아가는 바를 경험하건대, 병원病源을 파괴함이 어려울 뿐만 아니라 국수를 보전함이 더욱 어렵도다.

— 「대한매일신보」, 1908년 8월 12일

출전

「대한자강회월보大韓自強會月報」 : 1906년에 조직된 정치 단체인 대한자강회의 기관지.

「서우西友」 : 1906년 조직된 서우학회의 기관지.

「한국통사韓國痛史」 : 1915년 박은식이 민족 독립의 방편으로 1864년 고종 즉위로부터 1911년의 이른바 105인 사건 발생까지 47년 동안의 역사를 한문으로 서술하여 중국 상하이에서 출판한 역사책. 대한제국 멸망을 직접 목격하고 독립 운동에 참가한 저자가 민족사에 대한 분명한 역사 인식을 가지고 민족 해방이라는 뚜렷한 목표를 위해 근대사를 정리했다는 점에서 큰 의의를 갖는다.

「해학유서海鶴遺書」 : 해학 이기李沂의 문집이다. 이기는 전북 만경에서 출생했는데, 실학의 학문 전통을 잇고 있다는 평가를 받는다. 대한자강회 조직에도 참가했고, 1907년에는 을사오적을 암살하려고 계획했다 실패하여 체포되기도 했다.

찾아읽기

신용하, 「박은식의 사회사상연구」, 서울대학교 출판부, 1982.

윤건차, 「한국근대교육의 사상과 운동」, 청사, 1982.

윤경로, 「105인사건과 신민회연구」, 일지사, 1990.

최기영, 「대한제국기의 신문연구」, 일조각, 1991.

김항구, 「대한협회(1907~1910) 연구」, 단국대학교 박사학위 논문, 1992.

박찬승, 『한국근대정치사상사연구 : 민족주의 우파의 실력양성운동론』, 역사비평사, 1992.

변승웅, 『근대사립 학교 연구 : 대한제국기 민족계 학교를 중심으로』, 건국대학교 박사학위 논문, 1993.

조항래 엮음, 『1900년대의 애국계몽운동연구』, 아세아문화사, 1993.

김도형, 『대한제국기의 정치사상연구』, 지식산업사, 1994.

전복희, 『사회진화론과 국가사상 – 구한말을 중심으로』, 한울, 1996.

유영렬, 『대한제국기의 민족 운동』, 일조각, 1997

김효전, 『근대 한국의 국가사상–국권회복과 민권수호』, 철학과 현실사, 2000.

윤완, 『대한제국기 민립학교의 교육활동연구』, 도서출판 한결, 2001.

정숭교, 『한말 민권론의 전개와 국수론의 대두』, 서울대학교 박사학위 논문, 2004.

백동현, 『대한제국기 민족인식과 국가구상』, 고려대학교 박사학위 논문, 2004.

신용하, 『한말 애국계몽운동의 사회사』, 나남, 2004.

이지원, 『한국 근대 문화사상사 연구』, 혜안, 2007.

김소영, 『대한제국기 '국민' 형성론과 통합론 연구』, 고려대학교 박사학위 논문, 2010.

김종준, 『일진회의 문명화론과 친일활동』, 신구문화사, 2010.

이송희, 『대한제국기의 애국계몽 운동과 사상』, 국학자료원, 2011.

7 민족의 이름으로 떨쳐 일어서다
의병 전쟁과 의열 투쟁

의병 전쟁은 한말 시기 일제에 맞서서 벌인 척사 유생층과 민인들의 반일 구국 운동이었다. 양반 유생과 평민 의병들이 신분과 처지에 따라 사회 내부의 문제를 보는 시각은 달랐을지라도 둘 다 국권 수호 운동에 진력했다. 아울러 일제의 수뇌부와 친일 앞잡이를 처단하는 의열 투쟁도 전개되었다. 그리하여 의병 전쟁과 의열 투쟁이 일제에 의해 무력 진압되었지만 이후 항일 무장 투쟁을 비롯한 여러 항일 운동의 근간이 되었다.

의병 전쟁의 효시와 전개

의병 전쟁義兵戰爭의 효시는 척사 유생들이 1895년 일제가 자행한 명성왕후 시해와 단발령 등에 불만을 품고 일어난 을미 의병 운동까지 소급된다.[자료1] 대표적으로 춘천의 이소응李昭應 의병 부대와 제천의 유인석柳麟錫 의병 부대를 들 수 있다. 그러나 이들의 의병 운동은 아관파천을 거쳐 고종이 정국을 장악하면서 자진 해산했다.

한말 의병 투쟁의 제2의 파동은 1905년 을사늑약 전후의 투쟁이었다. 1904년 7월 교외의 군인들이 반일 의병 활동을 시작한 가운데, 1905년 4월에 들어와서는 활빈당 등 농민 무장 세력의 주요 활동지였던 경기도, 강원도, 충청도와 경상북도 일대에서 의병들이 봉기했다.

이러한 민중의 반일 의병 항쟁에 자극을 받은 양반 유생들도 각지에서 의병을 조

의병 부대. 일제의 국권 탈취 기도에 맞서 일어난 의병들의 모습이다. 초기 의병은 농민, 포수, 상인, 유생들로 전투력이 대부분 보잘것없었다. 그러나 1907년 군대 해산 이후에는 대한제국 정부의 많은 군인이 의병 대열에 합류하여 전투력이 강화되었다. 이 사진에도 군인이 보인다.

직했다. 1905년 5월 원주에서 원용팔元容八·박정수朴貞洙, 단양에서 정운경鄭雲慶, 지평에서 이문호李文鎬, 광주에서 구만서具萬書 등이 의병을 일으켰다. 그리고 을사늑약이 체결되자 1906년 3월 충남 정산에서는 전 참판 민종식閔宗植이, 6월에는 전북 태인에서 최익현崔益鉉이 의병을 일으켰다. 이때 고종은 민씨 척족을 매개로 최익현 등 양반 유생들에게 밀지密旨를 하달함으로써 이들 의병의 정당성과 합법성을 부여했다.[자료2] 그러나 이들 대부분의 유생 의병장은 휘하 의병들이 오합지졸인 데다가 전술 구사력이 떨어져 일본군과 정부군에 포위당하자 곧 의병 부대를 해산하고 자신도 정부군에게 체포되어 한 차례도 전투를 치르지 못한 채 의병 항쟁을 끝내고 말았다.[자료3]

군대 해산 및 의병 전쟁의 확산

항일 의병 투쟁 제3의 파동은 1907년 8월 군대 해산을 계기로 새로운 전기를 맞았다. 일제가 헤이그 특사 사건을 구실로 삼아 고종을 강제 퇴위시키고 대한제국 군대마저 해산시키자 수많은 군인들이 일제의 해산 조치에 반대하여 의병 대열에 참여했다. 8월 1일 서울 시위대가 해산되던 날 시위 제1연대 제1대대장 박승환朴昇煥은 스스로 목숨을 끊어 일제의 군대 해산에 항거했다. 박승환의 자결 소식에 곧 서울 시위대가 봉기했고 이어서 원주, 홍천, 충주, 강화도 등지의 지방 진위대가 동조했다. 이처럼 해산 군인이 의병에 참여함으로써 의병 전쟁을 전국으로, 전 계층으로 확산시키는 계기가 되었다.

이러한 의병 전쟁이 전국으로 확산되면서 의병 부대의 구성에서도 민중적 성격이 강화되어 갔다. 유생과 농민, 해산 군인 뿐만 아니라 노동자, 소상인, 지식인, 승려, 화적 등 여러 계층의 민인이 참여했고 의병장에도 양반 의병장 대신 평민 의병장이 다수를 차지했다.

일반 민인의 참여와 지지로 의병 항쟁이 이처럼 전국적으로 확산되는 가운데 양반 유생 의병장들은 1907년 12월 이인영李麟榮을 총대장으로 하는 13도연합의병을 결성하여 서울을 공격할 계획을 세웠다. 양주에 집결한 연합 의병은 이듬해 1월 동대문을 통해 서울을 공격하여 일제와 친일파가 장악한 서울을 탈환하여 일제와 담판하고자 하였다. 아울러 이들 13도의병연합부대는 1908년 5월 일제 통감부에 정식으로 30개조 요구 조건을 제시했다. 즉 일제의 주권 침탈은 물론 경제 침략과 군사 점령을 정면으로 비판하고 이를 물리력을 통해 격퇴할 것을 담고 있었던 것이다.[자료4] 그러나 군사장 허위許蔿가 이끄는 부대가 동대문 밖 30리 지점에서 일본군의 선제 공격을 받고 패배함으로써 서울 진공 계획은 실패하고 말았다.

평민 의병장의 눈부신 활약

이들 유생 의병장의 봉기는 전국 각지의 유림과 민중을 자극하여 평민 의병장이 등장하는 계기로 작용했다. 이 의병 투쟁은 유생 의병장의 경우와 달랐다. 강원, 경북, 충청 접경 지대에서는 신돌석申乭石, 정순현, 이하현 등이 그동안 '폭도', '적도'로 불려오던 농민 무장 집단과 결합하여 태백산 줄기에서 맹렬하게 반일 항전을 벌여 나갔다. 특히 평민 출신 신돌석이 이끄는 의병 부대는 농민들의 지원 속에 일월산을 중심으로 영해와 영덕을 누비며 헌병분견소 · 우편취급소 · 세무소 · 광산 등을 파괴했다. 이때 신돌석은 '태백산의 나는 호랑이'라 불릴 만큼 민첩하고 과감하게 유격전을 벌여 일제와 친일 세력의 간담을 서늘하게 했다.

이후 일제의 매수 공작으로 신돌석은 살해되었으나 평민 의병장은 지속적으로 등장했다. 그 결과 1908~1909년에 걸쳐 의병장의 압도적 대다수가 평민 출신 의병장이었다. 이 중 김수민 의병장은 임진강을 넘나들면서 유격전을 전개했으며 보부상을 조직하여 적의 동향을 정확히 파악했다. 또한 홍범도는 함경도 산포수 출신으로 차도선과 더불어 의병들을 이끌었으며 여기에 북청진위대의 해산병까지 포섭해서 의병 부대를 조직했다. 이 부대는 일진회원인 면장을 처단함으로써 의병 전쟁의 봉화를 올렸다. 이후 북청에서 일본군 중대를 섬멸시켰으며 잇달아 일본군과 교전했다. [자료5]

호남 의병 전쟁과 '남한대토벌작전'

서울 진공 계획이 실패한 뒤 호남 지역을 중심으로 의병 운동이 가장 치열하게 전개되었다. 이 지역 의병들이 일본 군경과 벌인 전투 횟수는 1908년 전체 전투 수의 25%에서 1909년에는 47.3%로, 참가 의병 수는 1908년 전체 의병수의 24.7%에서 60.1%로 각각 늘어났다. 또한 호남 의병은 민인들의 광범한 지원 속에서 신출귀몰한 유격전을 적극 활용하여 일본군에게 커다란 타격을 가했다. [자료6]

그 결과 호남 의병의 끈질기고도 강력한 저항은 정예의 일본군을 호남이라는 한 지역에 묶어둠으로써 다른 지역의 의병 활동을 간접적으로 지원하는 역할을 했고 대한제국 강점을 서두르는 일제의 발목을 붙잡았다. [자료7]

이에 일제는 대한제국 강점을 위해서는 호남 의병을 완전히 토벌하는 일이 시급하다고 판단하고 대규모 토벌을 단행했다. 1909년 9월부터 2개월 동안 호남 지방을

1909년에 체포된 의병장들. 앞줄 왼쪽부터 송병운, 오성술, 이강산, 모천년, 강무경, 이영준. 뒷줄 왼쪽부터 황두일, 김원국, 양진여, 심남일, 조규문, 안규홍, 김병철, 강사문, 박사화, 나성화의 모습이다. 일제는 호남 지방 의병들의 끈질긴 저항을 누르기 위해 1909년 9월부터 2개월 동안 이른바 남한대토벌작전을 벌였다. 그 결과 많은 의병장과 의병들이 살해되거나 체포되어 처형당했다. 이들에게는 대부분 살인방화죄라는 죄목이 붙었다.

해안과 육지에서 완전히 봉쇄한 뒤 마치 빗질을 하듯 '남한대토벌작전'을 벌였다.[자료8] 호남 지방은 일본군의 무자비한 살륙 · 방화 · 약탈 등으로 완전히 잿더미가 되었다. 1907년 8월부터 1914년 말까지 일본군이 학살한 의병 수는 1만 6,700명, 부상자는 3만 6,770여 명에 이르는데, 2개월의 토벌 기간에 체포 · 학살된 의병수가 의병장 103명, 의병 4,138명이었다는 데서도 그 잔혹상을 알 수 있다.

1910년에 접어들며 일제의 탄압이 극에 이르면서 의병은 점차 궁지에 몰리게 되었으며 그나마 남아 있는 의병들은 소규모 부대 작전을 펼 뿐이었다. 이 중 1915년 7월 황해도에서 최후의 의병장 채응언이 체포되어 처형됨으로써 국내에서의 의병 전쟁은 종말을 고했다. 그러나 의병 부대의 잔여 병력은 동포들과 후일을 기약하고 만주 · 연해주 지방으로 이주하여 그곳에 독립운동의 새로운 근거지를 마련했다. 만주에는 홍범도, 차도선, 이동휘 등이 연해주에서는 이범윤, 최재형 등의 독립군 세력이 자라게 되었다.

이토 히로부미를 처단하다

1910년 일제의 대한제국 강점을 앞에 두고 침략의 원흉과 하수인들을 처단하는 의열義烈 투쟁도 활발하게 전개되었다. 특히 장인환(張仁煥, 1876~1930) · 전명운(田明雲, 1884~1947) 의사와 안중근(安重根, 1879~1910) 의사의 투쟁은 큰 영향을 끼쳤다.

1905년 일제는 한국의 외교권을 탈취하고 국제 여론을 조작하기 위해 외교 고문으로 미국인 스티븐스를 데려왔다. 그는 1908년 3월 20일 샌프란시스코에 도착하여 일본의 한국 통치를 찬양하고 미화하는 글을 신문에 기고했다. 또 기자회견을 청하여 "한국 황실과 정부는 부패했고 국민들이 우매하여 독립할 자격이 없는 나라다." 라는 등의 망언을 서슴지 않았다. 이에 격분한 샌프란시스코 거주 한국인 교포들은 공립협회共立協會에 모여 대표자를 뽑아 스티븐스에게 항의하기로 결정했다. 대표들이 찾아가 기사의 취소를 요구했으나 스티븐스는 오히려 "한국에는 이완용과 같은 충신이 있고 이토 히로부미와 같은 통감이 있어 한국인들은 행복하다."는 등의 망언을 계속하며 취소할 수 없다고 했다. 이에 대표들 중 한 사람이 그를 구타하고 의자를 집어던지는 등 육탄전이 벌어졌고 혼비백산한 스티븐스는 워싱턴으로 떠나기 위해 오클랜드 정거장으로 향했다.

스티븐스가 역 구내로 들어섰을 때 먼저 전명운 의사가 권총을 쏘았으나 불발이었다. 그러자 장인환 의사가 다시 3발을 쏘아 2발은 스티븐스의 가슴과 허리를 관통했고, 나머지 1발은 전명운 의사의 어깨에 맞았다. 스티븐스는 병원으로 옮겨졌으나 사망했다.

장인환 의사에 대한 재판은 280일 동안 계속되었고 통역은 신흥우가 맡았다. 전명운 의사는 무죄로 석방되었으나 장인환 의사는 2급 살인죄로 25년 금고형을 받았다가 10년으로 감형되어 1919년에 출옥했다. [자료9]

1909년 10월 26일 연해주 독립군 참모중장 안중근은, 러시아 정부와 회담을 갖기 위해 만주의 하얼빈 역에 도착한 이토 히로부미를 저격 · 사살했다. 일제는 현장에

통감부 외교고문 스티븐스를 사살한 장인환 의사의 모습(왼쪽)과 이토 히로부미를 사살한 안중근 의사의 모습(오른쪽). 장인환은 1904년 하와이로 이민하여 사탕수수 농장에서 일했으며 다시 캘리포니아로 이주하여 막노동자로 일했다. 그는 1905년 을사늑약에 통분하던 차에 일본의 대한제국 침탈 행위를 선전하는 데 앞장섰던 스티븐스를 사살하였다. 이는 이후 의열 투쟁의 기폭제가 되었다. 안중근은 1907년 이전에는 교육 운동과 국채 보상 운동 등 계몽 운동을 벌였고, 그 뒤 러시아에서 의병 활동을 하다가 초대 조선통감이었던 이토 히로부미를 조선 침략의 원흉으로 지목하고 1909년 10월 26일 하얼빈 역에서 사살했다. 1910년 2월 14일 사형선고를 받고 3월 26일 뤼순 감옥에서 사형당했다.

서 안중근 의사를 체포하여 1910년 3월 26일 처형했다. 안중근 의사는 재판에서 진정한 동양의 평화를 위해서는 한국, 중국, 일본이 대등한 상태에서 협력해야 하는데 일본이 한국을 침략함으로써 평화가 깨졌다고 강조했다. 따라서 침략의 하수인 이토 히로부미를 처단하는 것은 한국의 국권과 동양의 평화를 회복하기 위한 정의롭고 당연한 거사라는 사실을 최후진술 및 옥중 기록을 통해 당당하게 밝혔다.[자료10]

이어서 12월에는 이재명(李在明, 1890~1910) 의사가 이완용을 처단하려고 하다가 미수에 그쳤다.[자료11]

자료1

주1 국모國母 : 명성왕후 민씨를 가리킴.

오늘 병사를 일으키려는 것은 또한 자위하려는 것이 아니고 국모^{주1}의 원수를 갚으려는 것이다. 대개 어머니의 원수를 갚기 위해 아버지의 군사를 부리는 것은 떳떳한 이치이며 대의大義이다. 만약에 아들이 어머니의 원수가 있으면 아버지의 명을 기다린 후 복수한다고 한다면 이것이 어찌 아들이 어머니의 원수를 갚는 것이겠는가. 지아비도 지어미의 원수를 갚는 것이다. 이것이 내가 재주와 능력을 헤아리지 않고 시세를 살피지 않은 까닭이다. 호연히 결속하여 동지와 더불어 약속하고 마음으로 복수를 맹세할 따름이며 삼가 여기에 게시한다.

_ 「관동창의록關東倡義錄」

자료2

호서는 충의군忠義軍으로, 호남은 장의군壯義軍으로, 영남은 분의군奮義軍으로, 관서는 용의군勇義軍으로 관동은 강의군强義軍으로, 해서는 호의군扈義軍으로, 관북은 웅의군熊義軍으로 삼아 각기 의기를 세우고, 양가良家의 재주 있는 자제들은 모두 소모관으로 삼으라. 각 군중의 인장은 모두 스스로 새겨서 사용하고, 관찰사나 군수로서 명령에 복종하지 않는 자가 있으면 보고에 앞서 먼저 파직 처분을 내려서 그들의 마음을 단일하게 만들라. 경기 1도는 짐이 그 군사와 더불어 사직을 위해 순사할 것이다. 옥새를 찍은 편지를 비밀히 내리는 것이니 이를 참작하라.

을사 11월 22일 밤 기보畿輔에서 발급함

민경식閔景植 · 민병한閔丙漢 · 이정래李正來 · 민형식閔衡植

_ 한국정신문화연구원 · 한민족문화연구소 엮음, 「한말의병 전쟁자료집 : 폭도격문」

자료3 유생 의병장이 이끄는 의병의 모습

최익현은 중망衆望이 있었고 충의가 일세에 뛰어났다. 그러나 군대를 부리는 데 익숙하지 못했고 나이 또한 늙어서 전술이나 계략이 애당초 없었고, 수백 명의 오합지졸은 모두 기율이 없었고 유생으로 종군한 자는 큰 관을 쓰고 넓은 옷소매의 의복을 입어 마치 과거장에 나가는 것 같았으며 총탄이 어떤 물건인지도 알지 못했다.

_ 『매천야록』 권5

의병장 허위의 통감부에 대한 30개조 요구

1. 태황제[고종]를 복위시켜라.

2. 외교권을 환귀還歸시켜라.

3. 통감부를 철거하라.

4. 일본인의 서임敍任을 시행치 말라.

5. 형벌권의 자유를 회복하라.

6. 통신권의 자유를 회복하라.

7. 경찰권의 자유를 회복하라.

8. 정부 조직의 자유를 회복하라.

9. 군대 시설의 자유를 회복하라.

10. 의관을 복고하라.

11. 을미 · 을사 · 정미의 국적을 자유로이 처참게 하라.

12. 내지의 산림 · 천택 · 금 · 은 · 동광을 침해하지 마라.

13. 내지의 부동산을 매매하지 말라.

14. 항해권을 환귀시켜라.

15. 어채魚採의 이익을 침해하지 말라.

16. 교육권의 자유를 회복하라.

17. 출판권의 자유를 회복하라.

18. 군용지를 환귀시켜라.

19. 일본인의 거류지를 환귀시켜라

20. 철도를 환귀시키고 물러가라.

21. 학회 이외를 자유롭게 해산시켜라.

22. 해관세법의 자유를 회복하라.

23. 일본인의 상업을 제한하라.

24. 일본인의 상업 물품을 제한하라.

25. 일본인의 상륙을 제한하라.

26. 국채를 시행하지 말라.

27. 인민의 손해를 배상하라.

28. 일본 은행권을 시행하지 말라.

29. 지방의 일본군 병참을 철거하라.

30. 일본에 현재 있는 망명객 등을 체포하여 보내라.

— 『주한일본공사관기록』, 「경시총감의 보고, 적괴賊魁의 복권 운동」, 1908년 5월 19일

자료 5

홍범도洪範圖는 평안도 양덕陽德 사람인데, 이사하여 함경도 갑산에 우거하면서 사냥
꾼 노릇을 했다. 그는 체격이 훤칠하고 의지와 기개가 당당했으며, 비록 글은 배우지
못했으나 천성적인 의협심이 있어, 남을 돕는 일을 급무로 삼았으므로 사람들이 많
이 따랐다. 1907년 겨울에 차도선·송상봉·허근 등 여러 사람들과 더불어 의병을 일
으켜, 북청의 후치령 전투에서 일본 장교 미야베宮部의 중대를 섬멸시켰으며 잇따라
황수원·삼수 등지에서도 대소의 교전이 있었다. 그러나 마침내 역부족으로 패배하
고 강북[江北, 간도 지방]으로 들어가서 사냥을 생업으로 삼았다. 1919년에 우리 겨레의
독립 운동이 있게 되니, 범도는 그 동지와 함께 다시 의병의 기치를 들고 나와 봉오동
의 대첩을 거두었다.

— 박은식, 『한국독립운동지혈사』

자료 6

연래 폭도[의병]의 횡행橫行이 심하고 지금 진정에 이르지 아니함으로써 일반으로 그
영향을 입지 않은 바 적지 않다. 나아가 지방에 투자 사업을 경영하는 자가 없고, 게다
가 금융의 핍박을 초래하여 각 시장에서의 물자의 집산액에도 영향이 적지 않다.

— 『한국경제월보』, 1909년 2월

특히 임진강 하간河干 지방 즉 황해 동남부 및 경기 서북부 일대, 소백산 즉 강원도·충청북도 및 경상북도의 경계 부근, 그리고 섬진강 이서 지방 즉 전라북도 서남부 및 전라남도에서는 그 출몰이 빈번했고, 그 집단 역시 1백 내지 수백을 헤아리는 자 있었으나, 그 밖의 다른 지방은 거의 진정으로 돌아가 폭도의 세력은 이상 세 지방에 국한된 듯한 느낌이 있었다. 전년[1908] 7월 이후 본년 6월에 이르는 1개년 동안은 매달 충돌한 폭도의 총수는 시종 3천 전후로서 적세賊勢는 거의 고정된 경황을 보일 뿐 아니라 그들의 행동은 연월을 경과함에 따라 더욱더 교묘함을 극했다. 또한 그들의 첩보 근무 및 경계법 등은 놀랄 만큼 진보되고 그 행동도 더욱 더 민첩하여, 때로는 우리 토벌대를 우롱하는 듯한 태도로 나올 때도 있어, 그 세력에 때로 소장消長이 있다 하여도 결코 경시할 수 없으나 과연 어느 때 완전 평정이 되느냐 하는 점에 대하여 우려하게 되었다.

_『조선폭도토벌지』

토벌군을 세분하여 한정된 일국지 안에서 수색을 실행하여 전후좌우로 왕복을 계속하고, 또 기병騎兵적 수단을 써서 폭도로 하여금 우리의 행동을 엿볼 틈을 주지 않는 동시에 해상에서도 수뢰정, 경비선 및 소수 부대로서 연안 도서 등으로 도피하는 폭도에 대비하는 등, 포위망을 농밀하게 하여 드디어는 그들이 진퇴양난에 걸려 자멸 상태에 빠지도록 했다.

_『조선폭도토벌지』

미국인 스티븐스란 자는 1905년 6월 일본 정부의 추천으로 한국 외교 고문직을 맡게 되었으니 각 부의 일본인 고문과 동일한 인물이다. 이토 히로부미가 보호 조약을 체결할 때 외부에 있으면서 극력 알선하여 일본에 충실했다. 한국의 국록을 먹고 한국을 망하게 했으니 그가 한 짓은 즉 인류라면 함께 할 수 없는 한국인의 구적仇敵[주2]이다. …

주2 구적仇敵 : 원수.

스티븐스는 서류를 휴대하고 샌프란시스코에 이르러 여러 신문에 보도했으니, 그것을 요약하면 한국 궁내의 실책이 너무 심하고 정당은 완고하고 인민의 재산을 약탈하며 인민은 우매하여 독립할 자격이 없으니 나라를 일본에게 돌려주지 않을 것 같으면 러시아에 빼앗기게 될 것이라 했으며, 또 말하되 이토 히로부미가 한국을 통치함은 한국에 유익한 것이므로 한국인도 반대하려는 나쁜 감정을 가지고 있지 않다 운운했다. … 이때 이르러 스티븐스가 조국을 모욕하고 원수를 찬양했다는 소식을 듣고 참을 수 없었으니 하물며 그가 본디 우리에게 깊은 원수가 되었음에서랴. 이로써 장인환·전명운의 총성이 있게 되어 북미 대륙을 깜짝 놀라게 했다. … 다음날 스티븐스가 워싱턴으로 가려고 옥란시^{주3} 정거장에 나왔을 때, 한국인 전명운이 달려와서 권총을 꺼내 발사했으나 탄환이 불발이었다. 스티븐스는 깜짝 놀라며 또한 분노하여 전명운과 서로 치고 받고 하는데, 갑자기 총탄이 날아와서 1탄은 전명운에 맞고, 2탄은 스티븐스를 적중했으니, 바로 장본인은 한국 평양 사람 장인환이었다. 대개 두 사람은 각기 스티븐스를 죽이려 했으나 서로 모의하지 못하고 여기에서 우연히 만나서 전명운이 잘못 맞은 것이다. 전명운은 서울 사람이다. … 전명운은 입원 후 완치되어 퇴원했으나, 스티븐스는 상처가 심하여 사망했다. 미국 정부는 공판을 열고 신문함에, 법률에 공분살인자^{주4}는 특감한다는 조문이 있어 장인환이 스티븐스를 살해한 것은 애국 행위에서였으므로 특별히 사형을 감해서 15년 징역에 처했고^{주5} 전명운은 바로 석방했다.

_ 박은식, 「한국통사」

자료 10 안중근의 최후진술

지난날 러일전쟁 당시에 일본 천황 폐하의 선전宣戰 조칙 중에 한국의 독립을 부식하고 동양의 평화를 유지한다고 하는 구절이 있어 한국의 일반 인민이 감격하여 일본군의 승리를 기원하여 수천 리 장도에 군량 기계를 운수하며 도로·교량을 짓고 수리하여, 러·일의 강화가 성립된 결과로 일본군이 개선함에 한인이 자국의 개선과 같이 환영하여 이로부터 한국의 독립은 견고할 줄로 확신했다. 그랬는데 뜻하지 않게 1905년 11월에 이르러 이토 히로부미가 대사로 한국에 와서 국적인 일진회 두령 몇 명에게 금전을 많이 주고 사주하여 소위 선언흉서[주6]를 발표케 하고, 그 병력으로써 황실과 정부를 위협하여 5조약[주7]을 제출케 했다. 이에 우리 황제 폐하는 재가치 아니하시고 참정대신은 조인하지 아니했으나 다만 소위 5적 즉 5대신[주8]만 날인했을 뿐인데, 이런 무효한 조약을 완전히 성립되었다 칭하고 당당한 우리 대한제국의 국권을 약탈하여 4천 년 국가와 2천만 생령이 생명을 부지하지 못하게 했으니 어찌 분개치 않으리오. … 7조약[주9]을 강제로 체결하고 군대를 해산하고 대황제 폐하를 폐위케 하고 사법권을 위임했다 칭하고 빼앗았으며, 국내의 제반 이익을 몰수 약탈하므로 한국 인민은 상하를 불문하고 그 분한 원怨만이 골수에 사무쳐 절치부심하니, 이는 한국의 불행일 뿐만 아니라 동양 전국의 불행이라. 이토의 죄악이 이와 같이 가득한데, 오히려 그 교활한 수단으로 일본의 보호 정책을 한국 인민이 즐겨한다고 각국에 발표하여 세계를 기만하므로 이에 한국 유지자들이 이토의 잔인한 행위와 한인의 불복하는 의사를 발표하기 위하여 다수가 외국에 나온지라. 나는 생각하기를 이토는 원래 일본의 제1급 인물로 비상한 권력이 있음을 알고 우리나라에 대하여 포악한 행동이 극심한 자인즉, 우선 그를 주살[주10]한 후에야 한국의 독립을 회복하고 동양의 평화를 유지할 줄로 인정하고 3년 전에 본국을 떠나 언제나 이 뜻을 품고 해삼위[주11] 부근에 왕래하다가 이제 그 목적을 달성했으니 주욕신사[주12]는 당연하다. 어찌 죽음 역시 한이 있으리오.

_ 「동아일보」 1979년 9월 19~24일

주6 선언흉서宣言凶書 : 일진회가 1905년 11월 17일 을사늑약 체결을 10여 일 앞두고 '한국의 외교권을 일본에 위임함으로써 국가 독립을 유지할 수 있고 복을 누릴 수 있다는 내용의 선언서를 발표했는데 이를 이름.

주7 5조약 : 을사늑약을 이름.

주8 5대신 : 을사늑약에 찬성한 다섯 명의 대신을 이름.

주9 7조약 : 1907년의 정미 7조약 즉 한일신협약을 이름.

주10 주살誅殺 : 베어 죽임.

주11 해삼위海蔘葳 : 러시아의 블라디보스토크.

주12 주욕신사主辱臣死 : 임금의 치욕을 씻기 위하여 신하가 목숨을 바침.

자료11 이재명 의사의 이완용 처단 미수

이재명이 그[이완용의 벨기에 황제 추도식 참석] 소식을 듣고 밤을 구워 파는 행상으로 분장하고 교회당 문 밖에서 밤을 구우며 대기하다가, 이완용이 나오는 것을 보자 인력거를 가로막고 칼을 뽑아 들었으나 가노家奴가 막자 그 가노를 찔러 죽였으며, 땅으로 떨어졌다가 타는 이완용을 칼로 찔러 복부에 깊숙한 상처를 주었다. 그러나 일본 순사들이 급히 달려와 구하고 이재명을 체포하여 감옥에 보냈다. 이완용은 병원에 입원한 지 수 개월 지나 죽음을 면하였고 일본인은 이재명에게 살인죄를 적용하여 교형絞刑에 처했다.

_ 박은식, 「한국통사」

■ 출전

『관동창의록關東倡義錄』 : 1895년 민용호閔龍鎬 의병 부대의 진중일기陣中日記. 강원도 을미 의병을 파악하는 데 귀중한 자료이다.

『한국경제월보韓國經濟月報』 : 1908~1910년에 탁지부 이재국度支部理財局에서 매달 발간한 동향 보고서.

■ 찾아읽기

김의환, 『의병운동사 : 한말을 중심으로』, 박영사, 1974.

박성수, 『한국독립운동사연구』, 창작과비평사, 1980.

신용하, 『한국민족독립운동사연구』, 을유문화사, 1985.

조동걸, 『한국민족주의의 성립과 독립운동사연구』, 지식산업사, 1989.

조동걸, 『한말의병전쟁』, 독립기념관, 1989.

윤병석, 『국외한인사회와 민족 운동』, 일조각, 1990.

김순덕 외, 『한말의병 관계문헌 해제집』, 민음사, 1993.

홍순권, 『한말 호남지역 의병운동사 연구』, 서울대학교 출판부, 1994.

이상찬, 「1896년 의병운동의 정치적 성격」, 서울대학교 박사학위 논문, 1996.

김상기, 『한말의병연구』, 일조각, 1997.

장백일, 『의사 전명운』, 집문당, 1997.

김순덕, 「경기지방 의병운동 연구」, 한양대학교 박사학위 논문, 2002.

홍영기, 『대한제국기 호남의병 연구』, 일조각, 2004.

신용하, 『한국 항일독립운동사 연구』, 경인문화사, 2006.

오영섭, 『고종황제와 한말의병』, 선인, 2007.

황재문, 『안중근 평전』, 한겨레출판, 2011.

8 지주와 제국주의는 가라!

활빈당 · 영학당

1894년 동학란이 일본군과 관군에 의해 진압된 뒤에도 농민들의 반봉건 · 반침략 민중 항쟁이 전국 각지에서 전개되었다. 그중 대표적으로 활빈당과 영학당의 운동을 들 수 있다. 이들은 반봉건 · 반침략을 외치며 지주와 부호를 습격하고 심지어는 관청을 공격했다. 그 밖에 농민과 노동자들이 폭동과 파업을 통해 외세에 저항했다.

활빈당의 활동과 의병 전쟁 참여

활빈당活貧黨이라는 이름은 『홍길동전』에서 따온 것으로 '가난한 사람을 살려내는 무리'라는 뜻을 지닌 의적이었으나 벼슬아치와 같은 양반 지배층이나 지주들이 보기에는 도적떼에 지나지 않았다.[자료1] 활빈당의 규모는 10여 명에서 수백 명에 이르렀는데, 보통 50~80명 안팎이었다.

이들은 원래 농민으로 청일전쟁 이후 곡물의 대량 유출로 지주제가 강화되면서 토지에서 유리되자 19세기 중반 이래 증가한 화적당과 결합하여 전국 규모의 활빈당으로 발전했다. 그리고 1900년 전후 충청과 경기, 낙동강 동쪽의 경상도, 소백산맥 부근의 전라도 등지에서 각 지역을 중심으로 독자 활동을 하면서 때로는 서로 연합하여 부호들의 재물과 지방 관청의 세금을 빼앗아 빈민들이나 소상인들에게 나

누어 주고 탐학한 관리와 양반들을 응징했다.[자료2·3]

당시 이름을 떨친 대표적인 활빈당은 충청·경기도와 지리산 인접 지역의 맹감역파孟監役派와 경상도의 낙동강 동쪽에서 활동했던 마중군파馬中軍派였다. 이들 각각의 활빈당은 평상시에는 개별적으로 활동했지만, 필요할 경우에는 연합하여 대규모로 확대된 조직 역량을 과시할 수 있었다.

활빈당은 1900년 4월 무렵 정부에 자신들이 요구하는 〈대한사민논설 13조목〉을 실천할 것을 천명했다.[자료4] 여기서 이들은 토지의 균등 분배와 쌀 수출에 반대하는 '방곡령 실시' 등을 요구했다. 또 제국주의 자본의 침탈로 나라의 주요한 경제 이권이 침탈되자 이에 대해서도 반대했다. 그중 금광 개발권과 철도 부설권을 다른 나라에 넘기는 것을 극력 반대했고 다른 나라 상인의 활동을 금지할 것을 요구했다.

활빈당은 1905년 을사늑약이 체결되자 일부는 활빈 활동을 계속하는 가운데 다른 일부는 전국 곳곳에서 벌어지는 의병 전쟁에 주도적으로 참여했다. 이처럼 1894년 동학란의 이념을 계승하여 활빈당은 반일 의병 전쟁으로 이어져 갔던 것이다.

영학당의 활동

영학당英學黨은 1898년 12월과 1899년 5월 두 차례에 걸쳐 전라남북도 일부 지역에서 봉기한 무장 농민 조직을 말한다. 영학당은 1894년 농민군의 잔여 세력이 정부의 탄압을 피하기 위해 영국의 종교인 양 '영학英學'이라는 명칭을 써서 붙인 이름이다.

이들은 1899년 봄 전라도의 고부, 흥덕, 고창, 장성, 영광, 무장, 함평 등지에 조직망을 구축한 뒤, 미곡 수출에 따른 물가 폭등과 빈민층의 몰락 문제를 거론하며 1898년 가을 본격적인 활동에 들어갔다.[자료5] 이어서 이들은 1894년 동학란의 한 원인이기도 했던 균전均田을 없앨 것을 강력히 요구하는 농성을 벌였으나 정부군의 탄압으로 해산되었다.[자료6]

이러한 상황에서 1894년 동학란에 참여한 경험이 있는 영학당 지도자들이 농민들을 이끌고 1899년 5월 고부 관청을 습격한 뒤, 봉기를 알리는 격문을 띄우고 외세를 물리치고 나라를 구하자며 봉기했다.[자료7] 이어서 이들은 흥덕, 무장의 관아를 공격하여 점령했다. 또한 고부와 정읍의 영학당도 합세하여 고창을 거쳐 영암의 민란을 지원한 다음 곧바로 광주, 전주를 거쳐 서울로 쳐들어가려 했다. 비록 고창을 공격하는 과정에서 정부군의 우세한 화력 앞에 진압되고 말았지만 이후 활빈당에 참여하는 등 민중 운동의 기폭제가 되었다.

영학당 난민 취조문. 『중범공초重犯供草』에 실린 영학당 난민의 진술서이다. 1898년 12월 영학당이 흥덕군 관아를 습격한 내용을 담고 있다. 『중범공초』는 서울대학교 규장각에 소장되어 있는 문서로 법부法部가 편찬하였다. 여기에는 1895년부터 1899년 사이에 민란을 일으킨 주모자나 기타 중요 범죄자의 진술 내용이 담겨 있다.

농민·노동자의 반침략 투쟁

그 밖에 광산 노동자, 철도 부설 노동자 및 부두 노동자 등의 반침략 투쟁이 적극 전개되었다. 광산 개발은 아무런 배상 없이 근처 논밭을 모두 망가뜨려 농민의 생존권을 위협했고, 광산에 고용된 한국인 노동자는 낮은 임금과 열악한 노동 조건 아래 민족적 멸시를 당했기 때문이다. 1898년 평안북도 운산 금광(미국), 1898년과 1899년 사이 강원도 당현 금광(독일), 1900년 평안남도 은산 금광(영국), 1901년 충청남도 직산 금광(일본)에서 지역 농민과 노동자들이 집단적으로 저항했다. 그리고 철도 부설도 근대 문명의 상징인 양 선전했지만 실은 노동력의 강제 징발을 통해 부설되고 있었던 것이다. 1904년 9월 경기도 시흥군에서 수천 명의 군중이 폭동을 일으켜 친일 군수와 일본인 2명을 죽였다. 같은 무렵 곡산에서도 일본인 청부업자 8명이 주민들에 의해 살해되었다. 또한 1898년에서 1903년 사이 원산항을 비롯한 여러 개항장에서 부두 노동자들이 일본 자본가의 착취와 십장什長들의 중간 수취에 저항하여 동맹 파업을 벌였다.[자료8]

또한 제주도에서는 도민島民들이 1898년에 탐관오리의 수탈에 항거한 데 이어 1901년에는 프랑스 선교사들의 강압적인 선교 활동, 왕실의 사적 수탈, 일본 어선의 침탈 등에 저항하며 봉세관捧稅官과 천주교 신도들을 상대로 항쟁을 벌이는, 이른바 교안敎案이 발생했다. 특히 선교사들의 무리한 포교 활동과 여기에 결탁한 천주교 신도들의 세금 면제로 향촌 사회 질서가 동요하고 대다수 제주도민의 조세 부담이 증가하면서 제주도민의 반외세 의식이 드높아졌다.[자료9]

대한제국기에 민인들은 이처럼 안으로는 양반 지주 및 관리들의 수탈, 밖으로는 제국주의 자본에 맞서서 싸움을 전개했다. 이는 이후 민족 운동의 줄기로서 큰 토양으로 자리 잡았던 것이다.

자료1

수십년 이래로 충청 내포內浦에는 도적이 없어 밤에 문을 닫지 않더니 근일에 적당 100여 명이 조총과 창을 가지고 요민饒民의 가산을 모두 빼앗을 뿐더러 간간 부녀를 겁탈 …

_ 「황성신문」 1898년 10월 8일

자료2

언양군수 최시명 씨의 공보公報에 의거하면 8월 17일 묘시卯時주1 가량에 화적 100여 명이 운문령雲門嶺주2으로부터 와서 일제히 방포放砲하고 각 마을에 흩어져 들어가 일시 방화에 수십 가가 불타고 상해를 입은 인민을 아직 계산하지 못하기로 본 군수가 몸소 가서 본 즉 40~50호가 불탔고 죽을 지경에 이른 자가 5인이오. 다음날 신시申時주3에 본 군에서 10리 떨어진 양산 통도사通度寺에 적당 수백 명이 둔취하여 각각 총과 창을 가지고 한낮에 들어가 마당에 활빈당 깃발을 꽂고 색주를 토식하여 작폐가 많으며 상호 회의하되 언양성에 들어가 전곡과 재물을 탈취하겠다 하니 병사를 보내 진압하라 했더라.

_ 「황성신문」 1900년 10월 1일

주1 묘시卯時 : 오전 5시부터 7시까지의 시각.

주2 운문령雲門嶺 : 경상북도 청도에 소재한 고개.

주3 신시申時 : 오후 3시부터 5시까지의 시각.

자료3

너희가 무슨 까닭으로 우리를 화적이라 칭하느냐. 실로 화적은 근일 관찰이네 수령이네 시찰이냐 대대장이냐 즙포관戢捕官주4이네 하는 명색이 다 진화적眞火賊인 즉, 너희가 재산을 아무리 쌓아두어도 필경 보존치 못하고 저 진화적의 주머니나 채워주게 될 것이니 차라리 우리 활빈당에게 주어서 기한인飢寒人을 구제함이 상책일 것 …

_ 「황성신문」 1903년 3월 19일

주4 즙포관戢捕官 : 죄인을 잡으러 다니는 버슬아치.

자료4 활빈당의 13조목 대한사민논설大韓士民論說

1. 요순堯舜주5의 법을 행할 것.

3. 개화법을 행할 때는 흥국안민興國安民의 법이 될 것이라고 큰소리쳤음에도 흥국안

주5 요순堯舜 : 고대 중국의 요와 순임금을 지칭하는 것으로 태평성대를 의미함.

주6 을미사변을 가리킴.

주7 1898년 8월 러시아 통역관 김홍륙金鴻陸의 일당이 고종과 순종을 죽이기 위해 차에 독을 탄 사건을 가리킴.

주8 이제삼황二帝三皇 : 동아시아 고대에 나오는 요·순堯舜을 비롯한 복희씨伏羲氏, 신농씨神農氏, 황제黃帝를 가리킴.

민이 되지 못하고 뜻밖에 황궁의 변을 당하고주6 천황 폐하와 황태자가 독차 사건을 당한 후 충신 의사가 죽고 백성이 죽는 흉변이 계속 일어나주7 국가의 위기가 날로 더해가거니 무엇이 유익한가. 국민이 기한으로 죽어도 돌보지 않고 선왕의 예법을 밝히지 않고 기강이 퇴패했다. 이 때문에 민간이 화목하고 상하가 원망 없는 정법正法을 행할 것을 간언하는 것이다.

5. 근래 다른 나라로 곡류를 수출하는 것이 매우 많다. 이 때문에 곡가가 올라 가난한 백성들이 굶어 죽어가고 있다. 시급히 방곡을 실시하여 구민법을 채용토록 할 것.

6. 시장에 외국 상인의 출입을 엄금시킬 것.

8. 금광의 채굴을 엄금할 것.

9. 사전私田을 혁파할 것. 이제삼황二帝三皇주8은 세금을 적게 거두고 항상 백성의 춥고 굶주림을 걱정했는데 지금의 소작료는 세금보다 10배나 무겁다. 백성이 춥고 굶주리는데도 정부의 민정 살핌이 이 같으니 무엇으로 백성의 기한을 면하게 할 것인가. 왕토王土가 사전이 되어 백성이 굶어 죽게 되는 것은 목민牧民의 공법公法이 아니므로 사전을 혁파하고 균전均田으로 하여 목민법牧民法을 채용할 것.

10. 풍년에는 백미 1두를 상평통보전 30문으로, 평년에는 백미 1두를 40문으로 흉년에는 1두를 50문으로 법을 일정하게 할 것.

11. 악형의 여러 법을 혁파할 것.

13. 다른 나라에 철도 부설권을 허용하지 말 것.

— 「한성신보漢城新報」 1900년 10월 8일

자료 5

그들 봉기의 원인을 듣건대 그 구실로 한 바는 각 군수 등이 이익을 취하고자 하여 농민으로부터 관력官力으로써 곡류를 헐값에 사들여 이것을 외국인에게 높은 값으로 팔기 때문에 본국의 곡류가 바닥이 났다고 하면서 이 곡물을 탈취하여 양민을 구하고 관리를 처벌하고 나아가서는 외국인을 쫓아버려야 한다고 주장한다.

— 「목포영사관·군산영사관 보고木浦領事館·群山領事館 報告」 1899년 7월 15일

자료6

호남 고부 등 여러 고을에서는 민답民畓이 궁장토宮庄토에 편입되었으므로 서로 모여 억울함을 부르짖더니 무기를 가지고 무리를 불러 모아 크게 반란의 형세가 있 …

_ 『속음청사』9, 광무 3년(1899) 6월 13일

자료7 영학당의 격문

대저 우리들의 큰일은 모두 보국안민의 뜻에 있다. 지금 왜와 양이 함께 우리나라를 침략하여 예의와 염치가 훼손됨이 날로 심하여 달마다 달라지고 해마다 달라진다고 할 수 있다. 고로 분하고 답답함을 참지 못하고 창의하려는 것이다. 관에서는 마음속으로 우리를 옳지 않은 것으로 여기고, 백성들은 수군거리면서 우리들에게 보국안민의 뜻이 없는 것으로 여기고 있으니 이 어찌 한심하지 않으리오.

전 국토의 중민衆民들이 일체로 힘을 합하여 왜양을 몰아낸 뒤에, 한편으로는 국가를 보하고 한편으로는 민인을 편안케 하기를 간절히 바란다. 민간에 돌아다니는 말에 백성에는 두 하늘이 없고 나라에는 두 왕이 없다고 한다. 아, 우리 중민은 화기和氣를 같이 하여 원컨대 한 하늘의 자손, 한 왕의 자손이 되면 천만다행이겠다.

_ 『황성신문』, 1899년 6월 22일

자료8

우리들이 부모의 교훈을 받아들이지 않고, 고향과 친척을 떠나 이 항구에 이르렀거늘 너희 십장들이 어찌 우리들이 술 마시고, 잡기하고, 싸움질하는 것을 막고 나서며, 또 우리들의 임금을 뜯어가는가.

_ 외부外部 편, 『소장訴狀』4, 광무 4년 7월 원산항거 패장 백동식白東植 청원서

자료9 제주 교안教案의 원인

올해 초기, 악마 같은 수단꾼 무리 중 한 명이 황제에게, 몇 년 전에 경감되었던 세금을 포함하여 제주도에서 체불된 세금을 모두 징수하여 황실 내탕금에 필요한 돈을 마련할 것을 제의했다. 제주도에 도착하자마자 그[강봉헌]는 거기에 덧붙여 몇 가지 세

금을 만들어냈다. 도민들이 반대했을 때, 그는 이전에는 자신이 프랑스 선교사의 수행원이었던 것을 기억하고는 다시 천주교도가 되었다. 심지어는 신부들에게 알리지도 않고 그는 원주민 천주교도에 대해서는 세금을 면제해 주겠다고 주장하기까지 했다. 반란이 일어났을 때, 그는 피난해 버렸고, 천주교가 그 싸움의 논쟁이 되었다.

_W. F. 샌즈, 『조선의 마지막 날』 김훈 옮김, 미완, 1986

출전

『목포영사관 · 군산영사관 보고』 : 조선에 주재하고 있는 일본 영사관이 조선의 사정을 조사하여 자국 외무성에 제출하는 보고서.

『소장訴狀』 : 1896년부터 1906년까지 외부 또는 의정부에 접수된 소장 문서로 각종 민원 내용이 기록되어 있다. 현재 서울대 규장각이 소장하고 있다.

찾아읽기

정창렬, 「한말 변혁운동의 정치 · 경제적 성격」, 『한국민족주의론』, 창작과 비평사, 1982.

강재언, 『근대한국사상사연구』, 한울, 1983.

양상현, 「한말 부두 노동자의 존재형태와 노동운동 : 목포항을 중심으로」, 『한국사론』 14, 서울대학교 국사학과, 1986.

1901년 제주항쟁 기념사업회 엮음, 『진실과 화해 : 신축제주항쟁 기념논문집』, 2003.

강만길 외, 『한국노동운동사 1—근대 노동자 계급의 형성과 노동운동 : 조선 후기~1919』, 지식마당, 2004.

이영호, 『동학과 농민전쟁』, 혜안, 2004.

박찬식, 『한국 근대 천주교회와 향촌사회』, 한국교회사연구소, 2007.

박찬승, 『근대이행기 민중운동의 사회사—동학농민전쟁 · 항조 · 활빈당』, 경인문화사, 2008.

조경달, 『민중과 유토피아—한국근대민중운동사』, 허영란 옮김, 역사비평사, 2009.

VII

신교육과
문화 변동

1 근대 국민을 육성하자
신학제와 국학 연구

신학제新學制는 갑오·광무 개혁기에 정부가 시행한 일련의 새로운 학교 교육 제도이다. 그것은 구래의 전통적 유교 교육에 기반을 둔 가운데 서양식 교육을 받아들인 것이다. 한편, 외세의 침략과 민족적 위기 앞에 국학 연구가 본격화되어 근대 국사학과 국어학이 성립되었다.

교육 개혁과 신학제 모색

정부는 1876년 국교 확대 이후 서구와 일본의 침투에 맞서서 근대 주권 국가를 건설하기 위해 교육 개혁을 본격 모색하기 시작했다. 기본 방향은 동도서기東道西器라는 전제 위에서 전통적 유교 이념을 사회 운영 원리로 삼고 서구의 실용 지식을 수용하여 부국강병을 도모하는 것이었다.

먼저 일부 관리와 민간 차원에서 이러한 방향에 초점을 두고 근대식 학교를 설립하고자 했다. 1883년에 서북 경략사 어윤중魚允中, 덕원부사 정현석鄭顯奭 및 덕원부 상인들을 중심으로 설립된 원산학사元山學舍가 그것이다. 즉 경전經典의 학습을 통하여 의리義理에 밝으면서도 시무時務에 대처할 수 있는 인재의 양성에 목적을 두었다.[자료1] 설립 당시 문무의 공통 과목으로는 시무에 긴요한 과목으로서 산수·격치

格致, 물리로부터 기기機器 · 농업 · 양잠 · 광채礦採 등에 이르기까지의 실학을 가르쳤다. 특수 과목으로 문예반은 경의經義를, 무예반은 병서兵書를 가르치도록 했다.

정부도 1880년대에 교육 개혁에 관심을 기울였다. 그것은 크게 두 갈래로 전개되었다. 하나는 서구 교육 수용과 관련하여 학제와 교육 내용을 국내에 소개했으며[자료2] 나아가 여기에 입각하여 서구 문물을 도입하기 위한 일환으로 1883년과 1886년에 각각 동문학同文學과 육영공원育英公院을 설립했다.[자료3 · 4] 비록 통역관 양성에 초점을 두고 주로 양반 자제를 대상으로 가르쳤지만 이후 서양식 교육이 조선 교육에 영향을 미치는 계기가 되었다. 또 하나는 사회 운영의 근본을 유교에 두고 조선 후기 이래 향촌 사회 내부에서 성장하던 서당 교육을 국가 차원에서 법제화하고자 했다. 이는 전통 교육을 계승 · 발전시켜 교육 기회의 평등을 실현하려 했음을 보여준다 하겠다.

신학제 도입

갑오개혁은 이러한 교육 개혁의 정점이었다. 특히 1894년 6월 28일 학무아문의 설치는 교육 개혁의 출발을 의미했다. 학무아문은 외교 · 교육 · 문화 사업을 담당했던 종래의 예조와 달리 교육 행정을 전문적으로 맡는 교육 행정 기구였던 것이다.[자료5] 또한 곧 이어 8월 군국기무처에서는 소학교와 사범학교의 설립 방침을 발표했다.[자료6] 국가가 관리 양성 위주의 기존 교육 방식에서 탈피하여 장차 일반 민인 모두를 근대 국민으로 육성하고자 한 것이다. 아울러 교육 비중을 의리와 시무 양쪽에 똑같이 두어 전통 교육과 신식 교육의 조화를 추구했다.

그럼에도 불구하고 이 과정에서 추진 주체와 정국 변동에 따라 그 주안점이 달랐다. 특히 일본의 간섭이 본격화하는 1895년 2월에 정부가 발표한 〈교육입국조서敎育立國詔書〉는 일본인 고문과 박영효 등 친일 관료의 주도로 만들어진 조서로 근대 국민의 육성을 목표로 하되 전통 교육의 의리는 제외되고 오로지 서구식의 실용과 일

본식의 충효만이 강조되었다.^[자료7]

그러나 삼국개입과 박영효의 망명으로 일본의 영향력이 약화되자 정부는 외국어, 외국사, 외국지리, 이과 과목 등을 부과하여 실용 위주의 교육에 주안을 두면서도 수신, 독서 작문 등을 부과하여 덕성의 함양과 인도人道의 실천을 설정했다. 1895년 7월 19일과 7월 23일에 각각 공포한 〈소학교령〉^[자료8]과 〈한성사범학교규칙〉은 이러한 바탕 위에서 마련되어 이후 교육 개혁의 기본 방침이 되었을 뿐더러 근대 학제의 기초가 구축되었음을 의미했다.

신식 학교 설립

아관파천 이후에도 정부는 이러한 방침을 견지하여 소학교 경비 마련에 대한 세부 규칙을 제정하는 동시에 중학교의 설립, 성균관의 정비, 상공학교와 외국어학교 등의 설립에 진력했다. 이는 전통 교육에 바탕을 두면서 서구의 과학 기술을 적극 수용하여 부국강병을 이루려는 정부 의지의 반영이었다.^[자료9] 즉 유교 경전에 근본을 두고 서구의 과학 기술을 참고하는 이른바 경본예참經本藝參의 실현인 것이다. 그 결과 1905년까지 서울과 지방에 모두 60여 개교의 관공립 소학교가 설립되었으며 중등 교육 기관으로는 최초로 한성중학교(1900)가 개교했다.

한편 정부의 시책과 병행하여 왕실, 전현직 관리 및 일반 민인들이 주도하여 학교 설립을 추진했다. 초등학교로는 흥화학교(1895)를 비롯하여 1,400여 개가 설립되었으며, 중등학교로는 양정의숙(1905), 휘문의숙, 숙명여학교, 진명여학교(1906) 등 1909년 당시까지 모두 17개가 설립되었다. 또한 전문 교육 내지 고등 교육 기관의 설립도 추진되어 보성전문학교(1905)와 한성법학교(1905)가 설립되었다. 또한 일부 민간 여성들이 스스로 여성 운동 단체 찬양회贊襄會를 조직하고 여학교 설립 운동을 벌인 끝에 순성여학교(1899)를 설립했다.^[자료10]

그밖에 조선에 진출한 기독교계 종교 단체들에 의해 선교계 학교도 세워졌다. 대

왼쪽은 한성사범학교 교정으로 추정되는 사진이며 중심건물이 신식 건물인 것으로 보아 학교 후반기에 조성된 듯하다. 오른쪽은 아펜젤러가 배재학당의 본관 신축 공사를 감독하는 장면이다.

표적으로 천주교단의 한영학원漢韓學院, 아펜젤러의 배재학당, 스크랜턴의 이화학당 등을 들 수 있다. 1910년 당시 선교계 학교의 통계를 보면 장로교 510개 학교, 감리교 158개 학교, 천주교 124개 학교, 성공회, 안식교 등의 몇몇 학교를 합치면 총수가 807개에 이르렀다. 이들 기독교계 선교 단체는 조선의 현실과는 동떨어진 방향에서 다만 선교의 목적으로 학교를 설립·운영했다.[자료11] 그래서 배재학당 학생들이 교과 과목을 두고 항의하기도 했다.

한국의 교육은 이처럼 국교 확대 이후 광무 개혁기를 거쳐 근대식으로 개편되었다. 그것은 여러 굴절을 겪으면서도 전통 교육에 바탕을 두고 서구 교육의 제도를 수용함으로써 부국강병을 추구하는 동시에 근대 국민을 육성하고자 했던 것이다. 비록 일제의 침략으로 말미암아 이러한 교육 방향이 왜곡되고 저지되었지만 이후 민족 교육의 근간으로서 영향을 끼쳤다.

국학 연구의 전개

실학에 뿌리를 두고 있는 국학 연구는 일제의 국권 침탈 움직임이 거세지면서 국권 수호 운동 차원에서 진행되었다. 애국지사들은 민족 의식을 높이고 제국주의 침

근대 학교 교과서. 1895년 조선 정부 학부 편집국이 편찬, 발행한 『국민소학독본』으로 우리나라 최초의 근대식 국정교과서이다. 모두 41개의 과로 구성되어 있으며 우리나라 전통 역사 문물과 서양의 신문물을 소개하고 있다. 이전의 『동몽선습』에서는 중국사가 먼저 소개되었지만 이 교과서에서는 우리나라가 먼저 서술되어 있다.

략으로부터 민족 문화를 수호하려는 차원에서 국사와 국어 연구에 관심을 기울였다. 이들은 애국심과 독립 정신을 불러일으키는 데 국사와 국어가 매우 중요하다고 생각했다.

국사 분야에서는 신채호, 박은식 등이 근대 역사학의 토대를 구축했다. 신채호는 「독사신론讀史新論」을 집필하여 왕조 중심의 전통사관을 극복하고 일본의 식민사관을 비판함으로써 민족 사학의 연구 방향을 제시했다. 박은식 등은 우리의 민족혼을 강조하는 민족주의 역사학을 발전시켰다.[자료12] 이들은 외국의 침략에 맞서 싸운 위인들의 전기와 함께 외국의 건국과 흥망에 관한 역사책을 저술하여 애국심과 독립 의지를 고취시켰다. 『을지문덕전』, 『강감찬전』, 『이순신전』 등의 위인전이 간행되었으며[자료13] 미국의 건국을 서술한 『미국독립사』와 월남의 망국 과정을 소개한 『월남망국사』 같은 역사책들이 번역되어 소개되었다.

국어 분야에서는 한글을 사용하려는 움직임이 일어났다. 갑오개혁 이후 각종 공문서와 각 학교의 교과서, 많은 신문 등이 국·한문 혼용체로 쓰였으며 「독립신문」과 「제국신문」은 한글을 전용했다. 문체의 변화에 따라 우리말 표기법을 통일해야 할 필요성이 높아졌다. 지석영, 주시경 등은 1907년 학부 안에 설치된 국문연구소에서 국문을 정리하고 국어의 이해 체계를 확립하고자 했다.[자료14] 특히 주시경은 국문의 연원, 글자체, 발음, 철자법 등을 연구, 정리하여 국어와 국문을 우리나라 근본글로 만드는 데 크게 이바지했다.

자료1

부사 신 정현석鄭顯奭은 장계를 올리나이다. 신이 다스리는 읍은 연해 요충에 있고 겸하여 개항지가 되어 소중함이 가히 여러 고을에 비할 바가 아니오라 그 알리는 바의 도가 있음이 그윽한 도에 합하는 바가 있사오며, 그 요체는 인재를 선용選用함에 있고 인재 선용의 요체는 가르치고 길러냄에 있사옵니다. 그러므로 신이 근일에 원산사元山社주1에 일숙一塾을 설하여 향중鄕中 자제로서 나이가 어리고 똑똑한 자를 뽑아 가르치고 기르고자 하온 즉 일향一鄕의 부로父老가 또한 치화治化의 새로움에 감동하여 모두 구재鳩財를 내서 교사를 두고 생도를 가르치기를 모두 청하옵니다. 그러므로 경經에 밝고 시무時務를 아는 선비를 맞이하여 그 사장師長을 삼고 문사文士에게는 먼저 경의經義주2를 가르치고 무사武士인 즉 먼저 병서를 가르친 연후에 써 함께 시무의 긴요한 것을 산수격치算數格致주3로부터 각종의 기기器機와 농잠農蠶, 광채礦採 등의 일에 이르기까지 함께 가르치어 그들로 하여금 강講하고 익히게 합니다.

— 「덕원부계록德源府啓錄」

주1 원산사元山社 : 함경도 덕원부 소속의 한 어촌 마을.

주2 경의經義 : 경서의 뜻.

주3 산수격치算數格致 : 수학과 물리.

자료2

… 태서제국泰西諸國은 학교를 세우지 않음이 없다. 인민을 가르침에 그 법이 대략 상동하다. 대략 학교는 대, 중, 소 3등으로 나누어진다. 소학교는 여정閭井 사이에 세우고 그 가르치는 것은 보통普通이라 말하는데 모두 생민의 일용에 보탬이 된다. 토지의 광협과 호구의 번조繁凋주4를 보아서 일향一鄕에 학교 하나 혹은 학교 두셋을 둔다. 귀천 남녀를 논하지 않고 5~13세 취학하게 한다. 사고 없이는 안 다닐 수 없으니 학령學齡이라 한다. 재비財費는 그 지방 인민의 출력으로 응판應辦하거나 부자의 재산, 생도 生徒의 사금謝金, 아니면 부현府縣 정부에서 보조한다. 중학교는 부현에서 각기 2, 3처에 세워 14세 이상 소학교 통과자로 취학하게 한다. 농업, 공업, 상업, 양어洋語 등의 제과諸科는 각각 1업業씩 전공하게 하여 생리生利의 바탕으로 삼게 한다. 대학교는 국도國都에 설치하여 이학, 화학, 법학, 의학 등 제과諸科가 있다. 생도는 모두 총명한 재기才器로 치국경세에 뜻있는 자로 한다.

주4 번조繁凋 : 번영과 쇠퇴.

— 「한성순보」 1884년 3월 8일

지금부터 여염마을과 촌동네방들에 편의에 따라 강시講舍를 설치하고 나이 젊은 총
명하고 재능있고 품행이 방정한 자들을 선발하여 학술 교육을 할 것이다. 효제의 도
덕 교양을 하는 것은 집안 글방과 마을 학교들에서 교육을 실시한 옛 제도에 부합되
며 나라에서 유학을 숭상하고 인재를 키우는 것을 즐기는 본의에도 맞는 것이었다.

_ 「고종실록」 고종 23년(1886) 4월 19일

자료 4

육영공원에서 학습하는 전공 분야는 언어, 문자 뿐만아니라 농상, 의학, 공기工技, 상무,
이용, 후생 등 각 방면의 기술 분야를 두루 설치하여 제각기 체계를 갖추도록 명했다.

_ 「육영공원등록育英公院謄錄」

자료 5 학무아문관제

학무아문學務衙門은 국내 교육 학무 등의 행정을 관장한다.

1. 총무국은 아직 설치하지 못한 각 국各局의 서무를 관장한다. …

1. 성균관 및 상교庠校, 서원書院 사무국은 선성사묘先聖祠廟 및 경적經籍 등 사무를 관
   장한다. …

1. 전문학무국은 중학교, 대학교, 기술학교, 외국어학교 및 전문학교를 관장한다. …

1. 보통학무국은 소학교 · 전문학교를 관장한다. …

1. 편집국은 국문 철자 각국문 번역 및 교과서 편집 등에 관한 일을 관장한다.

1. 회계국은 본 아문의 출입 재부財賦를 관장한다. …

_ 「관보」 1894년 6월 28일

자료 6

돌아보건대 시국은 크게 변했다. 제반 제도가 다 함께 새로워야 하지만 그중 영재 교
육이 가장 급한 일이다. 이리하여 본 아문[학무아문]은 소학교와 사범학교를 세워 먼
저 서울에서 행하려 하니 위로 공경대부의 아들로부터 아래로 평민 가운데 우수한 자

까지 다 이 학교에 들어와 경서經書, 자전自傳주5, 육예六藝주6, 백가百家주7의 글을 배우며 아침에 외고 저녁에 익히라. 중요한 것은 장차 업무를 난세를 구하고 내무와 외교에 각각 적용시키려 한다. 진실로 하나의 큰 기회이다. 대학교, 전문학교도 또한 장차 차례차례로 세우려 한다. 무릇 우리 사방의 학자는 경서를 들고 책상을 두드리며 전심으로 교육을 들어 성세盛世를 이루려는 뜻을 저버리지 말라.

— 『박정양전집朴定陽全集』4, 〈고시문告示文〉, 아세아문화사

자료7 교육입국조서

세계의 형세를 보건대 부강하며 독립하여 웅시雄視하는 모든 나라는 다 국민의 지식이 개명했다. 지식의 개명은 교육의 바름을 전제로 되었으니 교육은 실로 국가를 보존하는 근본이다. 그러므로 내가 임금의 자리에서 교육의 책임을 스스로 지노라. 교육은 또 그 길이 있는 것이니 헛이름과 실용을 먼저 분별하여야 할 것이다. 독서나 습자習字로 옛 사람의 찌꺼기나 줍고 시세 대국에 어두운 자는 그 문장이 비록 고금을 능가할지라도 쓸데없는 서생에 불과한 것이다. 이제 내가 교육강령을 보여 헛이름을 버리게 하고 실용을 쓰게 하노라.

— 『관보』, 1895년 2월 2일

자료8 소학교령小學校令

제1조. 소학교는 아동 신체의 발달함에 비추어 국민 교육의 기초와 그 생활상 필요한 보통 지식과 기능을 가르침을 본지로 함.

제2조. 소학교를 나누어 관립소학교, 공립소학교 및 사립소학교의 3종으로 함. 관립소학교는 정부의 설립이오, 공립소학교는 부府 또는 군郡의 설립이오, 사립소학교는 사립의 설립에 관계한 자를 말함.

제3조. 관립소학교에 요하는 경비는 국고에서 지변하고, 공립소학교에 요하는 경비는 부 또는 군에서 부담함.

제4조. 사립소학교는 각 해당 관찰사의 인가를 거쳐 설치함. 사립소학교 인가에 관한 규정은 학부대신이 정함.

제5조. 사립소학교 경비는 지방이재 또는 국고에서 얼마를 보조할 수 있음.

_ 「관보」 1896년 7월 22일

자료9

조서에서 말하길 국가가 학교를 개설하고 인재를 양성하는 것은 장차 견문을 넓히고 공익을 구하여 나라의 대업을 이루고 이용후생利用厚生의 기본을 삼으려 하는 것이다. 오늘날 세계 각국이 날마다 부강해지는 것이 어찌 다른 데 원인이 있으랴. 격치格致의 학에 종사하고 물리의 쌓인 것을 연구 · 해결하여 아는 것이 자세할수록 더욱 자세한 것을 구하고, 기계가 정교할수록 더욱 새로운 것을 내는 데 불과한 것이다. 나라의 주요 업무로서 이보다 먼저 할 것이 있겠는가. 우리나라의 인재가 반드시 외국에 뒤지지 아니할 터인데 다만 원래부터 가르친 자가 없었으므로 백성의 견문이 열리지 못하고 농상의 공업功業이 일지 못하여 국민 생산이 날로 줄고 국가 계획도 날로 꼬여 신설한 학교도 겨우 문구가 될 따름이요, 교육하는 방법이 대단히 어두우니 5, 6년이 지나도 한치만큼도 나아간 효과가 없고 상공학교에서는 더욱 급선무로 되어 있어 일찍이 지난해에 칙서를 내렸건만 이때까지 신설하는 의논이 없으니 이 같이 되어 버리면 무슨 일을 할 수 있겠는가. 진실로 한심하다. 정부로부터 해당 부서를 애써 단속하여 전과 같이 머뭇거리지 말고 진리를 배우고 익혀 개진하는 공이 있기를 꾀하라. 또 조서에서 말하길 세계 만국이 종교를 극진히 존숭함은 다 인심을 맑게 하고 치도를 내게 하는데 있는지라. … 어찌하여 근래에 세급世級이 날로 내려 … 허문虛文을 숭상하고 실학에 어둡더니 … 명교名敎가 소지掃地함에 예방禮防[주8]은 무너지고 이륜彝倫[주9]은 잃어버려 변괴가 날로 생기고 난역이 잇달아 일어났으며 을미의 변에 이르러 극했는지라. … 짐과 동궁이 장차 일국의 유교의 종주가 되어 기자箕子와 공자孔子의 도를 밝히고 성조聖祖의 뜻을 이을 터이니 너희 신료 일백 집사들은 … 학부로 하여금 성균관 관제 장정을 개정하여 들이고 이어 이 조서의 뜻을 13도에 포유하여 모두로 하여금 문지聞知케 하라.

_ 「고종실록」 광무 3년(1899) 4월 27일

주8 예방禮防 : 예법으로써 제한하여 탈법을 막음.

주9 이륜彝倫 : 사람으로서 지켜야 할 떳떳한 도리.

자료 10 찬양회의 여학교 설립 요청 상소문

엎드려 생각하건대 학교라는 것은 인재를 배양하고 지식을 확장하는 곳이라. 고로 옛 날에 국國에 학學이 있으며 당黨에 상庠이 있으며 가家에 숙塾이 있음은 홀로 남자만 교 육할 뿐 아니라 비록 여자라도 또한 교도教導의 방법이 있사와 내칙內則과 규범 등 선 훈善訓이 구비했으며 구미 각국으로 말씀하여도 여학교를 설립하여 각종 재예才藝를 학습하여 개명진보에 이른즉 어찌 아국에만 여학교가 없으오리까.

_ 「황성신문」 1898년 10월 13일

자료 11

1886년에 설립된 미국 메소시스트 교도의 선교단도 아주 활발한 활동을 보이고 있다. 황제는 배재培材 즉 '인재를 양성하는 곳'이라는 이름을 하사하는 등 남다른 호의를 보 였다. 한국 정부는 학교와의 협약을 통해 최고 과정 학생들에게 매달 1달러씩을 지불 하겠다고 약속했다. 또 학생 50명 당 1명씩의 유능한 교사를 배치할 것을 약정했다. … 학과는 전부 메소시스트 선교단이 결정한다. 모든 학생은 의무적으로 예배에 참석 해야 한다.   _ 「꼬레아에 꼬레아니」

자료 12 논설 조선혼이 점점 돌아올 것인가

세계 역사에 어느 나라를 막론하고 그 국민 뇌수腦髓 속에 국혼國魂이 완전히 견실堅實 하면 그 나라가 강하고 그 족속[族]이 번성하는 것이오 국혼이 점점 마멸하면 그 나라 가 망하고 그 족속이 멸망하나니 개인의 성명性命으로 말하더라도 혼魂의 존부存否로 써 그 생사를 판단할지라. …

아한我韓 역사로 증명할지라도 고구려 시대에 을지문덕이 수천 정예병사로 수나라의 백만 대중을 무찔러 죽여 편갑片甲도 돌아가지 못하게 하고 양만춘梁萬春이 탄환 크기 의 작은 성으로 당나라의 육개 사단[六師]에 저항하야 요동 전역을 보전했으니 그 민 족의 굳센 용감함이 천하에 가히 대적할 만한 적수가 없다. 그 국혼의 강하고 왕성함 이 과연 어떠한가. 이와 같이 굳세고 용감한 민족의 국혼이 지금 어디에 있으리요. 아 한我韓은 건국한 지 4천년이오 그 민족은 모두 단군기자檀君箕子의 신성한 후예오, 그

인문人文은 도리의 가르침[倫敎]를 존중하고 의리를 두터이 숭상하던 풍화風化가 고유하니 4천 년에 걸쳐 내려오는 조선혼이 예나 지금이나 어찌 녹아 없어지거나 마멸될 리가 있으리오. …

그렇지만 우리나라의 신성한 종족이 어찌 방황을 끝내고 회복하지 못하리오. 교육계에 본국지지本國地誌와 본국역사本國歷史의 과정이 있어 유년 자제에 먼저 배우게 하니 이는 국혼이 돌아오는 근기根基오, 국문 신문과 잡지, 국문학교가 점차 확장하니 이는 국혼이 발양發揚하는 광선光線이오, 저술가의 소설전기小說傳記에 을지문덕전, 김유신전이 점차 발행하니 이는 그 국혼이 두루 관주貫注하는 기관機關이라. 이로 말미암아 우리 이천만 민족이 각각 그 국혼을 보유 완실完實케 하면 타족속을 숭배하는 나쁜 습관이 저절로 떨어지고 자강자립自强自立의 기초가 점차 혁고鞏固하리니 국혼아 돌아오거라 국혼아 돌아오거라 우리 환호하며 환영하노라.

_ 「황성신문」 1908년 3월 20일, 논설 〈조선혼朝鮮魂이 초초환래호稍稍還來乎〉

자료13 「을지문덕전」 서문

저자가 이 책을 만든 목적은 독자들의 술자리나 찻자리에 이야깃거리로 제공코자 한 것이 아니라 조국의 명예로운 역사를 통해 못난 자를 경계하고 깨우쳐 주려 함이며, 독자의 이부자리에 이야기책을 제공함이 아니라, 선조의 위대한 사업을 칭송하여 국민의 영웅 숭배심을 고취하고자 함이고, 또한 이천여 년 전의 일을 한가로이 읊고자 함이 아니라 열성적, 모범적 위인의 행적을 그려내어 이천 년 후 을지문덕과 맞먹는 인물을 기르고자 함이니 모든 독자는 항상 이에 유념하여 이 책을 읽어야 할 것이다. 도산 안창호는 서한다.

_ 신채호, 「을지문덕전」

자료14 국문연구소의 연구 과제

1. 국문의 연원과 국문 자체 및 발음의 연혁

2. 초성 가운데 'ㆁ, ㆆ, ㅿ, ◇, ㅱ, ㅸ, ㆄ, ㅹ' 8자를 다시 사용할지 여부

3. 초성의 된소리 표기를 'ㄲ, ㄸ, ㅃ, ㅆ, ㅉ, ㆅ' 6자로 정할지 여부

4. 중성 가운데 'ㆍ'자를 폐지할 것인지, 그리고 'ㆎ'자를 창제할 것인지 여부

5. 종성의 'ㄷ, ㅅ' 2자의 용법 및 'ㅈ, ㅊ, ㅋ, ㅌ, ㅍ, ㅎ' 6자도 종성에 통용할지 여부

6. 자모의 7음과 청탁의 구별 문제

7. 사성표四聲票를 사용할지 여부 및 국어음의 고저를 표기할지 여부

8. 한글 자모의 명칭을 정하는 문제

9. 자순字順, 행순行順을 정하는 문제

10. 철자법 _____ 「국문연구의정안國文硏究議定案」

출전

『꼬레아 에 꼬레아니』: 이탈리아 외교관 카를로 로제티가 1904년에 간행한 책. 한말 사회상을 상세하게 묘사하고 있다.

찾아읽기

이만규, 『조선교육사』 상 · 하, 을유문화사, 1947 · 1949.

신용하, 『박은식의 사회사상연구』, 서울대학교 출판부, 1986.

윤건차, 『한국근대교육의 사상과 운동』, 심성보 옮김, 청사, 1987.

정창렬, 「한말 신채호의 역사의식」, 『손보기박사 정년기념 한국사학논총』, 지식산업사, 1988.

신용하, 『한국 근대사와 사회변동』, 문학과지성사, 1989.

변승웅, 「근대사립학교연구 – 대한제국기 민족계 학교를 중심으로」, 건국대학교 박사학위 논문, 1990.

한영우, 『한국 민족주의 역사학』, 일조각, 1994.

유방란, 「한국근대교육의 등장과 발달」, 서울대학교 박사학위 논문, 1995.

우용제 외, 『근대 한국초등교육 연구 : 동몽교육에서 초등교육으로』, 교육과학사, 1998.

박태권, 『국어학사 연구』, 세종출판사, 2002.

배용일, 『박은식과 신채호 사상의 비교연구』, 경인문화사, 2002.

구희진, 「한국 근대개혁기의 교육론과 교육개편」, 서울대학교 박사학위 논문, 2004.

조동걸 외, 『한국의 역사가와 역사학』 하, 창작과비평사, 2004.

김태웅, 『우리 학생들이 나아가누나 : 소학교 풍경, 조선 후기에서 3 · 1운동까지』, 서해문집, 2006.

노관범, 「대한제국기 박은식과 장지연의 자강사상 연구」, 서울대학교 박사학위 논문, 2007.

김경미, 『한국 근대교육의 형성』, 혜안, 2009.

송철의, 『주시경의 언어이론과 표기법』, 서울대학교 출판문화원, 2010.

허재영, 『근대 계몽기 어문정책과 국어교육』, 보고사, 2010.

김주현, 『신채호문학연구초』, 소명, 2012.

이경식 외, 『교학敎學의 세월』, 지식과교양, 2013.

2 신문, 첫선을 보이다
근대 언론

1876년 국교 확대와 함께 서구 문물이 급속히 유입되면서 그 과정에서 신문이라는 새로운 매체가 탄생했다. 이러한 신문은 일반 민인에게 주로 서양의 제도와 문물을 소개하고, 시국 사정을 널리 알리는 등 계몽 활동에 역점을 두었다. 또한 일부 신문들은 외세의 침략과 관료들의 횡포에 맞서서 민족 언론으로서 일반 민인들을 대변하고자 노력하기도 했다.

신문의 탄생

국교 확대 이후 정부와 일부 식자층은 일반 민인들을 계몽하고 근대화 정책을 적극 추진하기 위해 신문 발행의 필요성을 절감했다.[자료1] 물론 이전에도 승정원에서 조보朝報를 발행하여 국왕의 명령과 지시, 유생이나 관리들의 소장疏狀, 관리의 임면 등의 관보적 기사와 함께 일반 사회면 기사에 해당되는 일부 기사도 약간 실어서 한양의 관서와 지방 관서, 상류 계급 사람들에게도 돌렸다. 그러나 이러한 조보는 관료, 양반과 식자층만 구독했으며 일반 서민들은 접하기 어려웠다.

따라서 정부는 일본과 교류가 잦았던 급진개화파의 도움을 받아 박문국을 설치하고 최초의 신문인 「한성순보漢城旬報」를 발간했다. 이 신문이 정부 관보의 성격을 지니고 있었지만 여기 실린 기사들은 관보와 달리 관료들과 일반 민인들에게 미치는 영향이 적지 않았다. 특히 이 신문은 1884년 1월 청군의 횡포를 기사화하여 필화 사건으로 번져갔다. 그 결과 조선 정부가 사과하고 일본인 이노우에가 사임과 동시에 일본으로 돌아갔다. 이는 외세가 국내 언론을 탄압한 대표적인 사건이었다.[자료2]

이후 갑신정변의 실패로 「한성순보」는 폐간되었지만 당시 정부 역시 신문물의 수용, 국내외 정세의 소개와 민인 계몽의 필요성을 인식하여 곧이어 「한성주보漢城週報」를 발간했다. 이 신문은 「한성순보」의 편집 체제를 거의 그대로 따랐으나 몇 가지 새로운 특징들이 부가되었다. 우선 이전의 「한성순보」가 열흘에 한 번 발행되었고 순한문을 사용한 반면에 「한성주보」는 1주일 단위로 발행되었고 국한문 혼용과 한글 기사까지 가끔 게재했다. 이는 이전보다 신속하고 많이 보도할 뿐더러 독자층을 한문 식자층 이외로 확대시키고자 했음을 보여준다. 특히 민간 회사의 광고를 게재함으로써 상업 신문으로서의 성격도 아울러 지니게 되었다.[자료3] 그러나 「한성주보」도 오래가지 못하고 1888년 7월 7일 박문국이 폐지됨에 따라 총 120여 호를 발행하고 폐간되었다.

「독립신문」 창간과 계몽 운동

아관파천(1896) 이후 박정양을 수반으로 하는 신정부는 일본 신문인 「한성신보」의 왜곡 보도에 맞서면서[자료4] 민인들에게 개혁의 필요성과 당위성을 일깨우기 위해 신문을 발행하고자 했다. 이에 신정부는 아관파천으로 일본에 망명한 유길준을 대신하여 서재필에게 정부 예산에서 독립신문사 설립 자금과 서재필의 개인 생계 및 가옥 임대를 위해 총 4,400원을 지급했다. 그리하여 1896년 4월 7일에 창간된 「독립신문」은 관민 합작 신문이었다.

「독립신문」은 창간 당시에 일본의 간섭과 방해에도 불구하고 정부의 전폭 지원을 받아 정부의 개혁 정책을 널리 알리고 민인의 여론을 수렴하여 정부 정책에 반영하려 노력했다. 또한 한글만을 사용하여 서양의 문물과 제도를 민인들에게 소개했

다. 민인을 계몽하여 문명개화를 실현한다는 목표였다.^[자료5·6]

그러나 서재필이 군주권을 제한할 것을 주장하여 정부와 마찰을 빚자 「독립신문」의 논조는 정치적인 성격을 띠면서 정부의 정책을 성토하고 민권의 우위를 내세워 제한군주정을 옹호하는 쪽으로 바뀌었다. 이에 정부의 조치로 1897년 12월 서재필은 정부로부터 고문직에서 해임되어 미국으로 돌아가고 윤치호가 사장 및 주필을 맡았다. 윤치호는 정부와 화합을 도모하면서 민권의 신장과 국권의 강화를 강조했다.

그러나 1898년 12월과 1899년 1월 사이에 독립신문사의 관계 인사들이 만민공동회에 참여하여 반정부 운동을 벌인 나머지 체포되거나 투옥되었으며 윤치호도 이 와중에 정부측의 권유를 받아 원산감리로 서울을 떠나자 독립신문사는 경영 위기에 봉착했다. 이후 선교사 아펜젤러와 엠벌리가 번갈아 독립신문사를 맡아 경영했으나 부실을 면치 못해 1899년 12월 4일자 제4권 제278호로 종간호를 내었다.

「황성신문」과 「대한매일신보」의 논조

「황성신문皇城新聞」은 1898년 9월 5일 사장 남궁억南宮檍, 총무원 나수연羅壽淵 등이 합자회사를 만들어 창간된 신문이다. 초기 주필로는 유근柳瑾, 박은식朴殷植 등이 활약했으며 얼마 뒤 장지연張志淵도 합류했다. 국한문혼용판으로 주로 식자층들이 읽었다.

이 신문은 국권 상실의 위기에 직면하여 광무 정권이 표방한 '구본신참舊本新參'의 원칙에 따라 온건하면서도 점진적인 개혁을 제시했다.^[자료7·8] 민권의 신장을 도모하되 관민의 상화相和를 강조했으며, 서양 문물을 수용하되 제국주의의 침략을 비판했다.

그러나 황성신문사는 1905년 11월 20일 을사늑약을 비판하는 〈시일야방성대곡是日也放聲大哭〉 논설로 신문이 정간 당하고 사장 장지연 등 10여 명의 직원이 체포되자

『독립신문』(위)과 『황성신문』(아래). 『독립신문』은 1896년 4월 7일 정부의 지원을 받아 창간되었다. 『황성신문』은 1898년 9월 5일 남궁억과 나수연이 창간하였다.

경영 위기에 몰렸다. 비록 이듬해 2월 20일에야 신문이 겨우 속간되었으나 항일 논조가 상당히 완화되어 주로 서구 문화의 수용을 강조한다든가[자료9] 의병을 적대시하는 논설들을 게재하기에 이르렀다.[자료10] 1910년 8월 29일 경술국치를 맞아 강제로 『한성신문漢城新聞』으로 바뀌어 8월 30일에서 9월 14일[제3470호]까지 발행되다가 문을 닫았다.

한편 『대한매일신보』는 1904년 7월 18일 영국인 기자 베델을 발행인, 양기탁을 발행 책임자로 창간된 신문이다. 이 신문은 순한글 신문으로 출발했다가 국한문 혼용을 썼다. 일찍부터 반일 논조의 성격을 띠었고, 의병 투쟁에 호의적이어서 독자들로부터 큰 호응을 얻었다.[자료11] 또한 국채 보상 운동을 확산시키는 데 결정적인 역할을 담당했다. 통감부는 베델을 추방하는 공작을 펴고 양기탁을 국채 보상금 횡령 혐의로 구속하는 등 갖은 탄압을 가했다. 그리고 〈신문지법〉을 제정하여(1907) 발행허가제와 사전검열제를 통해 언론 활동을 제약하고 한국 신문의 반일 논조를 억압하고자 했다. 이에 『대한매일신보』는 외국인 발행 신문의 이점을 살려 초기의 반일 논지를 굽히지 않고 통감부의 언론 탄압에 맞서는 한편 국권 수호보다는 실력 양성을 강조하는 문명개화론의 허구성을 폭로하면서 국가 독립의 필요성을 역설했다.[자료12] 그러나 이 신문도 『황성신문』과 마찬가지로 일제의 탄압과 공작으로 경술국치 직후 '대한大韓'이라는 두 글자를 떼어낸 채 『매일신보』가 되어 총독부 기관지로 바뀌었다.

이 밖에 국내에서는 계몽 운동가 이종일李鍾一의 『제국신문』(1898), 천도교 계열의 『만세보』(1906), 천주교 계열의 『경향신문』(1906) 등이 창간되어 국민 계몽과 여론 활동을 통해 국권 수호 운동을 확산시키고 민족 의식을 고취시키는가 하면, 국외에서는 샌프란시스코의 『공립신보共立申報』(1905년 창간, 1909년 『신한민보新韓民報로

F. A. 매킨지 기자가 찍은 「대한매일신보」 편집국 모습. 중앙에 마른 얼굴이 양기탁의 모습이다.

개제)와 하와이의 「신한국보新韓國報」(1909년 3월 1일 창간), 블라디보스토크의 「대
동공보」(1908년 11월 18일 창간) 등이 일본의 침략에 저항하는 논조의 기사를 게재
하며 일제에 저항했다. 반면에 일진회一進會가 1906년에 창간한 「국민신보」는 창간
이래 줄곧 친일 논조의 글을 실었다. 이에 1907년 7월 19일 친일 논조의 글에 불만을
품은 시위 군중들이 신문사를 습격하여 사옥과 인쇄 시설을 모두 파괴하기도 했다.

자료1 국내외 소식을 한눈에

그러므로 우리 조정에서도 박문국을 설치하고 관리를 두어 외국 소식을 폭넓게 번역하고 아울러 국내 일까지 실어, 나라 안에서 열리는 동시에 여러 나라에 반포하기로 했다. 이름을 「한성순보」라 하여 견문을 넓히고 여러 가지 의문점을 풀어 주며 상리商利에도 도움을 주고자 했다. 중국과 서양의 관보官報, 신보申報를 우편으로 교신하는 것도 이런 뜻이다.   _ 「한성순보」 창간사, 1883년 10월 31일

자료2 청군의 만행 보도

한성 내의 한 약방에 청병이 약을 사러 들어갔는데 이전의 채무를 재촉받고 언쟁하던 중 격분한 청병이 약방 주인과 그 아들에게 발포하여 아들을 죽이고 주인은 큰 부상을 입었다.   _ 「한성순보」, 1884년 1월 30일

자료3 덕상 세창양행 고백德商世昌洋行告白

… 독일 상사 세창양행에서 조선에 상사를 개설하고 외국에서 쇠가죽 · 사람 머리털 · 호랑이 발톱 · 자명종 · 뮤직박스 · 서양 천 · 성냥 등 각종 물건을 수입하여 공정한 가격으로 팔고 있으니 모든 귀객과 사상士商이 찾아오신다면 염가로 팔 것입니다. 은양銀洋은 시세에 맞게 계산하여 아이나 노인이 온다 해도 속이지 않을 것입니다. …
_ 「한성순보」, 1886년 2월 22일

자료4

신정부가 이비理非의 구별없이 자기에게 이롭지 않은 것은 삼제芟除하여 거리끼지 않는 당시에는 하물며 유일의 신문으로서 일본인 기관의 눈인 해당 신보漢城新報에 대해서는 물론 그의 감시를 면하려고 하여 신정부는 즉시 반항의 한 수단으로서 「독립신문」이라고 하는 것을 발간시키어 가능한 한의 편리를 줌으로써 해당 신보와 경쟁시키기에 이르렀다. 그러나 그 소기하는 바는 해당 신보로 하여금 발붙일 것을 끊어버리려고 하는 데 있다고 할 수 있다.
_ 「주한일본공사관기록」, '한성신보의 보조금 증액에 관한 건', 1896년 5월 30일

우리가 「독립신문」을 오늘 처음으로 출판하는데 조선 속에 있는 내외국 인민에게 우리 주의主義를 미리 말씀하여 아시게 하노라.

우리는, 첫째 편벽되지 아니한 고로 무슨 당黨에도 상관이 없고 상하귀천을 달리 대접 아니하고 모든 조선 사람으로만 알고 조선만 위하며 공평히 인간에게 말할 터인데, 우리가 서울 백성만 위할 게 아니라 조선 전국 인민을 무슨 일이든지 대언代言하여 주려 함.

정부에서 하시는 일을 백성에게 전할 터이오, 백성의 정세를 정부에 전할 터이니 만일 백성이 정부 일을 자세히 알고, 정부에서 백성의 일을 자세히 아시면, 피차에 유익한 일만이 있을 터이요 불평한 마음과 의심하는 생각이 없어질 터이옴. … 우리가 이 신문 출판하기는 취리取利하려는 게 아닌 고로 값을 헐하도록 했고 모두 언문으로 쓰기는 남녀 상하 귀천이 모두 보게 함이요 또 구절을 띄어쓰기는 알아보기 쉽도록 함이라. 우리는 바른 대로만 신문을 할 터인고로, 정부 관원이라도 잘못하는 이 있으면 우리가 말할 터이오, 사사[사사건건] 백성이라도 무법한 일을 하는 사람은 우리가 찾아 신문을 설명할 터이옴. … 또 한쪽에 영문으로 기록하기는 외국 인민이 조선 사정을 자세히 모른즉 혹 편벽된 말만 듣고 조선을 잘못 생각할까 실상 사정을 알게 하고자 하여 영문으로 조금 기록함.

우리 신문은 빈부귀천을 다름없이 이 신문을 보고 외국 물정과 내지 사정을 알게 하려는 뜻이니 남녀노소 상하귀천 간에 우리 신문을 하루 걸러 몇 달간 보면 새 지각과 새 학문이 생길 걸 미리 아노라.

_ 「독립신문」 1896년 4월 7일

우리 「독립신문」이 생긴 이후로 한 가지 개명된 것은 인민들이 차차 신문이 긴요한 물건인 줄을 알아 이왕에는 신문을 무엇인지도 전에 모르던 것인 고로 덮어 놓고 시비하는 자도 있고 비웃는 자도 있고 당초에 볼 생각을 아니하는 자가 많이 있더니 근일에는 그런 사람들도 차차 신문이 없어서는 세상이 컴컴하여 견딜 수 없었다고 하는 이가 많이 있으니 이걸 보면 다른 것을 그만두고 우선 그만큼 사람들이 열리어 신문 없으면 못쓰겠다는 생각이 나게 되었으니 이것은 우리가 우리를 칭찬하는 것이 동양 풍속으로 말하면 도저히 우스운 일이나 실상을 말하거니와 인민이 이만큼 열린 것은 「독립신문」의 효험이라 할 수 있겠다.

_ 「독립신문」 1898년 4월 12일

자료7 「황성신문」 창간사

대황제 폐하께서 갑오중흥지회甲午中興之會를 적제適際하샤 자주 독립하시는 기초를 정립하시고 일신경장一新更張하시는 정령을 반포하실세 특히 기성箕聖의 유전遺傳하신 문자와 선왕의 창조하신 문자로 병행코져 하셔 공사문첩公私文牒을 국한문으로 혼용하라신 칙교를 내리시니 백규百揆가 직職을 솔率하야 분주봉행奔走奉行하니 근일에 관보와 각 부군의 훈령지령과 각 군에 청원서 보고서가 시是라 본사에서도 신문을 확장하는데 먼저 국한문을 교용交用하는 것은 전혀 대황제 폐하의 성칙을 식준하는 본의오 그 다음은 고문古文과 금문今文을 병전竝傳코자 함이오 그 다음은 첨군자僉君子의 공람供覽하시는 데 편이便易함을 수收함이로다.

_ 「황성신문」 1898년 9월 5일

자료8

사람의 도리를 알면 행실의 개화요, 학술을 궁구窮究하여 이치를 깨달으면 학술의 개화요, 국가의 정치를 정대하게 하여 백성이 태평하면 정치의 개화요. … 정치 이하 여러 개화는 시대에 따라 변개變改도 하며 지방에 따라 다르기도 하므로 옛날에 부합한 것이 이에 부합하지 못한 것도 있으며 저기에 좋은 것이 여기에 좋지 않은 것이 있는 즉 고금의 형세를 참작하며 피차의 사정을 비교하여 좋은 점을 취하고 나쁜 점을 버리는 것이 개화의 대도大道니라.

_ 「황성신문」 1898년 9월 23일

자료9

태서泰西[주1] 문명은 백여 년을 거친 이래 수많은 사람의 필설과 수많은 마음의 심력으로 이에 이를 수 있었고 일본이 태서에서 법을 취함에 불과 20년에 금일이 있으니 우리는 경쟁의 마음으로 경쟁의 장에 진보하여 단점을 버리고 장점을 취함에 많아짐이 날로 올라가면 타일의 속성速成이 10년 20년 내에 없다는 것을 어찌 알리오.

_ 「황성신문」, 1906년 11월 19일

주1 태서泰西 : 서양을 가리킴.

자료10 의병의 우매愚昧를 경고한다

근일 의병의 무리는 모두 나라에 화를 가져다주는 요망한 재앙이요 백성을 해치는 악독한 병이라. 허망한 명분을 빌어 불량한 폭동을 일으키다가 그 결과는 집과 나라에 화를 미치게 하며 민인에게 해를 남기고 그 자신의 아내와 자식이 치욕에 빠지게 할 따름이니.

_ 「황성신문」, 1906년 5월 29일

자료11 「대한매일신보」가 가장 환영받았다

신문으로는 「대한매일신보」, 「황성신문」, 기타 여러 가지 신문이 있었으나, 제일 환영을 받기는 영국인 베델이 경영하는 「대한매일신보」였다. 당시 정부의 잘못과 시국 변동을 여지없이 폭로했다. 관 쓴 노인도 사랑방에 앉아서 신문을 보면서 혀를 툭툭 차고 각 학교 학생들은 주먹을 치며 통론痛論했다.

_ 유광렬, 「별곤건別乾坤」, 1929년 1월

자료12 한인이 마땅히 지켜야 할 국가적 주의主義

대저 독립을 이룸에 실력이 있어 일부 큰 요소로 함은 가할지언정 부강한 후에야 독립을 이룬다 함은 불가한 바라. 시험 삼아 생각해 보라. 옛날부터 독립을 이룬 자가 과연 모두 실력의 부강을 의뢰했는가. 실력이 전혀 없다 함은 불가할지언정 실력의 부강을 요한다 함은 또 불가하니 미국, 이집트, 이탈리아 등 독립사를 시험 삼아 읽어보라. 부강이 독립의 전제를 만든다 함보다 오히려 독립이 부강의 전제 조건이 된다.

_ 「대한매일신보」, 1909년 6월 18일

■ 찾아읽기

신용하, 『독립협회연구』, 일조각, 1976.

정진석, 『한국언론사연구』, 일조각, 1983.

강만생, 「황성신문의 현실개혁구상 연구」, 『학림』 9, 연세대학교 사학과, 1987.

최기영, 『대한제국시기 신문연구』, 일조각, 1991.

여중동, 『고종시대 독립신문』, 형설출판사, 1992.

박찬승, 『한국근대정치사상사연구 – 민족주의 우파의 실력양성운동론』, 역사비평사, 1992.

김민환, 『한국언론사』, 사회비평사, 1996.

채백, 『신문』, 대원사, 2003.

한국언론사연구회, 『대한매일신보연구』, 커뮤니케이션북스, 2004.

채백, 『독립신문 연구』, 한나래, 2006.

최경숙, 『황성신문연구』, 부산외국어대학교 출판부, 2010.

3 커피와 단발

신문물의 수용과 문화 변동

1876년 국교 확대 이후 정부와 일부 민간인들이 신문물 수용에 적극 앞장서면서 문화 전반이 급격하게 변동하기 시작했다. 나아가 이러한 변동은 일반 민인들의 생활 습속에도 영향을 미쳐 한국 사회는 극심한 문화 변동을 겪었다.

신문물의 수용

조선 정부는 국교 확대 이후 일본을 비롯하여 서양 열강을 통해 신문물을 도입하는 데 힘을 기울였다. 우선 일본에 수신사 일행과 조사시찰단朝土視察團을 파견하여 서구화된 일본의 제도를 조사하고 문물을 견문했다. 이어서 조미수호통상 조약을 체결한 직후 보빙사報聘使를 파견했다. 이들 일행은 이 과정에서 박람회를 참관했고 농장, 공장, 병원, 전기회사, 육군사관학교 등을 방문하여 서양의 근대 문물을 직접 확인했다. 그들의 눈에 비친 서양은 멸시의 대상인 오랑캐가 아니라, 과학 기술이 발전한 문명 세계였다. 보빙사의 견문 활동은 1880년대 정부의 근대 문물 수용과 식산흥업 정책에 크게 영향을 미쳤다.

이후 갑오 · 을미개혁과 광무개혁을 거치면서 정부는 서구 문물을 본격적으로

전차 운행. 전차 안팎이 신식 빛깔로 치장되어 있으며 갓을 쓴 노인이 전차에 올라타고 있다.

수용하기 시작했다. 우선 근대 산업의 근간이라 할 철도와 전기에 많은 관심을 두었다. 철도는 1899년에 경인선이 개통된 이후, 경부선(1905), 경의선(1906)이 차례로 개통되었다. 황실은 미국인과 합자로 한성전기회사를 만들고 발전소를 건설했다. 서대문에서 청량리 사이에 처음으로 전차가 운행되었으며 서울 시내 일부에 가로등을 가설했다. 또한 전화는 1899년 처음으로 궁궐 안에 가설되고 서울 시내의 민간으로 확대되었다.

이러한 신문물, 즉 양물洋物은 한국인들에게 당혹감, 놀라움, 낯섦 등으로 다가왔다.[자료1] 그리하여 때로는 신문물의 이로움에 매료되어 호기심을 가지고 몰두하기도 했다.[자료2] 그러나 때로는 이러한 양물에 담겨 있는 서구 문화에 반발하여 배척하거나 공격하기도 했다. 1899년 전차가 개통한 지 1주일 만에 탑골공원 앞에서 5살짜리 어린이가 치여 죽자 성난 군중들이 전차를 불태웠다.

한편 정부는 1885년에 국가 예산으로 최초의 국립 근대식 의료기관이라 할 광혜원[廣惠院, 이후 제중원濟衆院으로 개칭]을 설립하여 국민의 보건 향상에 노력했다. 또한 의학교를 세워 근대 의료인을 양성했으며, 위생국을 신설하고 의료·위생 사업을 실시했다. 서양 의학서를 번역하여 소개하거나 서양 의료 기술을 배우기 위해 유학을 가는 경우도 나타났다. 서양 의술을 배운 의료인들은 단체를 결성하여 의학 발전을 꾀했다. 반면에 일제가 통감부를 설치한 뒤 한방 의료를 공식적인 제도에서 철저히 배제함으로써 전통 의학은 급격히 위축의 길을 걷게 되었다.

신문물의 도입은 이처럼 한국 사회에 큰 영향을 미쳐 근대 사회로 나아가는 데 초석이 되었다. 그러나 이 과정에서 기술과 관리를 외국인에게 의존해야 했기 때문에 경영상에서 많은 부담을 졌다. 또한 제국주의 열강이 정부에 영향력을 행사하여 이권을 챙기고 대한제국의 주권을 제약하기도 했다.

생활 모습의 변화

신문물의 전래는 한국인의 생활에도 영향을 미쳐 의식주를 비롯한 생활 습속이 변화하기 시작했다. 특히 갑오·을미개혁기를 거치면서 이러한 변화는 두드러졌다. 관복이 대폭 간소화되고 서양식 복제가 도입되었다. 관리와 민간인이 입고 다니는 옷의 차별도 없어지고 서양식 복장을 하는 사람이 점차 많아졌다.

이 중 단발령은 시행 두 달여 만에 철회되었지만 강요된 단발의 효과는 컸다. 단발의 편리함과 자유로움을 알게 된 일부 사람들은 자진해서 머리를 깎기도 했다. [자료3] 아울러 신분제가 폐지되면서 머리를 깎는 풍조가 널리 퍼져 갔다. 당시 관립 학생들은 상투를 틀라는 정부의 지시에 반발하여 퇴학하겠다고 저항하기도 했다.

전통 음식 문화와 예절도 서양화되기 시작했다. 크리스트교가 전래되고 선교사를 통해 서양 문화가 들어오면서 서양식 음식과 예절이 자리를 잡아갔다. 일부에서는 기호품인 커피를 비롯한 서양 음식을 즐겼으며 상류층에서는

단발하는 광경. 1895년 전통적인 의복 제도를 서양식 의복 제도로 바꾼 '변복령'의 연장선에서 단발령이 단행되었다.

근대 서양식 건물을 대표하는 덕수궁 석조전 3층 석조 건물로, 18세기 신고전주의 유럽 궁전 건축 양식을 따랐으며 기둥 윗부분은 이오니아식이고 실내는 로코코 풍으로 장식했다.

남녀를 가리지 않고 식사를 함께 하는 광경도 볼 수 있었다.

　신분제를 근간으로 했던 주거 문화도 변화했다. 신분에 따라 주택의 규모와 형태, 집을 짓는 데 사용하는 재료를 제한했던 규정이 없어지고 누구나 경제력에 따라 자유롭게 주택을 지을 수 있게 되었다. 개항장이나 서울 등에서는 서양식 건물이 들어서기 시작했다. 서양식 건물은 처음에는 외국인 공관이나 종교, 상업 시설이 주류를 이루었으나 점차 덕수궁 석조전 같은 서양식 공공 건물도 나타났다. 1890년대에 들어서면서 민간에서도 서양식 건물의 이점을 살려 한옥과 양옥을 절충한 건물을 짓기 시작했다.

　또한 서양 문물이 들어오고 철도와 우편, 전신망 등 교통 통신이 발달하는 가운데 근대적 시간 개념이 생겨나기 시작하여 생활 방식을 바꾸어 놓았다. 특히 철도의 개통으로 운행되기 시작한 기차는 정해진 시각에 맞추어 출발했기 때문에 각 지역의 시각이 기차 시각을 중심으로 통일되었다. 기차시각표는 사람들에게 시간 엄수를 교육시키는 역할을 했다. 관공서, 공장, 학교에서도 예외는 아니었다. 특히 학교는 시간 규범에 따라 인간을 훈육하는 배움터가 되었다. 영어 학교에서 학생의 등교 시각을 매일 9시로 정하고 늦게 오는 학생이 있으면 벌금 10전씩을 물리는 등 등교 시각에 대한 규칙을 엄하게 했다. 이제 한국 사회는 엄격한 시간 규범에 근간하여 움직이는 근대 규율 사회에 진입하기에 이르렀다.

문학과 예술의 새 경향

국교 확대 이후 조선 사회에 나타난 변화는 문학과 예술에도 영향을 미쳤다. 문학 부문에서는 신소설과 신체시가 등장했으며 예술 부문에서도 새로운 변화가 나타났다.

1905년을 전후하여 등장한 신소설은 언문일치 문장을 사용하여 한글로 쓰였다. 소설의 주제는 주로 자주 독립, 여권 신장, 신분 타파, 자유 결혼 등으로 계몽적인 성격이 강했다. 대표적인 작품은 이인직의 『혈의 누』, 이해조의 『자유종』, 안국선의 『금수회의록』 등이었다.

그러나 일부 문인들은 문명개화에 열중한 나머지 의병 투쟁을 비난했으며 더구나 일제의 정치 선전에 적극 가담하여 반민족적인 경향을 드러내기도 했다. 이들이 내세운 표면상의 주제와 달리 실제로는 제 민족에 대한 비판과 경

『금수회의록』의 표지. 이 책은 동물들의 입을 빌려 당대의 인간 사회를 비판하고 인간의 행위를 신랄하게 규탄하는 내용이다.

각심을 강조하다가 일본의 침략을 용인함으로써 자주 의식을 허물어뜨려 국권 수호 운동에 좋지 않은 영향을 끼쳤다. [자료4]

시가 문학에서도 전통적인 한문학이 퇴조하고 자유로운 형식의 신체시가 등장했다. 신체시는 주로 개화 사상, 신교육, 남녀 평등, 자주 독립 등 계몽적인 내용을 다루었다. 최남선의 「해에게서 소년에게」가 최초의 신체시였다. 이들 신체시 중에는 문명 개화를 찬미하는가 하면 부국강병을 노래하고 친일 세력의 매국 행위를 비판하는 것도 있었다.

한편, 이 시기에는 크리스트교 계통의 책과 외국 문학 작품이 번역되어 소개되었다. 그중 『성경』, 『이솝 이야기』, 『로빈슨 표류기』 등이 널리 읽혔다. 이들 작품은 한국인의 서구 문화 인식에 커다란 영향을 끼쳤다.

음악 부문에서는 선교사들의 활동으로 찬송가 등이 널리 보급되면서 서양 음악이 확산되었다. 서양 악기로 연주하는 군악대가 창설되었으며 서양식 악곡에 맞추

어 부르는 창가가 유행했다. 창가는 독립가, 애국가, 권학가 등 애국·독립·교육에 관한 내용이 많았다. 또 일반 민인들 사이에서는 작자 미상의 민요가 유행했다. 이 중에는 일제의 침략을 비판하고 이토 히로부미를 풍자하는 참여적 성격의 민요도 있었다.[자료5] 또한 연극 부문에서는 신극 운동이 일어나 한국 최초의 서양식 극장인 원각사가 세워지고 「은세계」와 「치악산」 등이 공연되었다. 미술 부문에서도 1906년을 전후하여 서양 화풍이 소개되어 서양식 유화가 그려지기 시작했다.

서양 종교의 확산과 재래 종교의 새로운 변화

국교 확대 이후 서양의 종교가 빠르게 보급되었다. 조선 사회에 이미 들어와 있던 천주교는 선교의 자유를 얻어 보육원과 양로원 등을 운영하면서 포교 활동에 힘썼다. 새로이 조선 사회에 들어온 개신교는 학교를 설립하고 고아원을 운영하는 등 육영 사업에 힘을 기울였으며 서양 의술을 전파하는 데 이바지했다.[자료6] 그러나 서양 종교의 이념은 전통적인 가치관과 충돌하여 일반 민인의 반발을 초래하기도 했다. 1901년에 일어난 제주교안은 대표적인 사건이다. 특히 일부 선교사들이 개인의 영혼 구원을 지나치게 강조하여 민족 운동을 약화시키기도 했다.[자료7]

한편, 불교는 갑오개혁 이후 승려의 도성 출입 금지가 해제되면서 억불 정책에서 벗어났다. 그러나 통감부의 간섭과 일본 불교의 침투로 위기를 맞게 되었다. 이에 한용운 등은 조선 불교의 개혁을 주장하며 자주적 근대화를 추진했다.[자료8]

1894년에 동학란을 일으켰던 동학은 제2대 교주 최시형이 체포되면서 위기를 맞았다. 이용구 등 친일파가 동학 조직을 일진회에 합병하자 손병희는 이용구를 쫓아내고 동학을 천도교로 개편하여 근대 종교로 발전시켰다. 천도교는 보성학교 등을 인수하여 근대 교육을 전개하는 한편, 「만세보」를 발간하여 계몽 운동에 참여했다.

또한 외세의 침략과 기존 성리학 질서의 붕괴 속에서 사회 변혁을 목표로 삼았던 동학란이 관군과 일본군의 진압으로 좌절되면서 일부 민인들은 새로운 종교를 갈

구했다. 이에 부응하여 창설된 대표적인 종교가 강일순姜—淳의 증산교甑山教였다. 이 종교는 유 · 불 · 선에 기반을 두고 민족의 개별성과 고유성을 중시하되 올바른 수행과 실천, 신앙 생활을 통해 참극慘劇을 이겨내고 후천개벽을 이룰 수 있다고 전망했다.[자료9] 이후 1916년에는 박중빈朴重彬이 원불교圓佛教를 창시하여 이러한 민족 종교의 맥을 이어갔다.

근대 이산離散의 기원

외세의 침략이 본격화되면서 많은 일본인이 한국에 들어오고 한국인들의 해외 이주도 크게 늘었다. 자연 재해와 전염병도 원인이었지만, 농토를 잃고 궁핍해져 살 길을 찾거나 독립 운동 공간을 마련하기 위해 떠나는 경우가 많았다.

이주민이 택한 지역은 처음에는 주로 역사적으로 한국과 밀접한 간도, 연해주 등지였다. 1907년부터 1910년 사이에 매년 1만 명이 간도로 이주했으며, 연해주 지역 한국인 이주민은 1897년에는 3만 명이었으나 1911년에는 6만 명에 이르렀다. 이들은 농사를 짓거나 수렵, 어업, 상업 등에 종사하면서 어렵게 생활을 꾸려나갔다.[자료10] 이 중 일부 주민은 독립운동에 가담하기도 했다. 그리하여 1905년 이후 만주와 연해주 지역은 일제의 압박에서 벗어날 수 있는 피난처가 되었으며, 한국인의 독립운동 기지로 이용되었다.

미주 지역으로 건너가는 이들도 생겨났다. 최초의 이민은 하와이 사탕수수 농장 이민으로, 1903~1905년 사이에 7,000여 명이 이주했다. 경제적 곤궁을 이기기 위해 멕시코로 재이주하는 경우도 있었다. 이들은 열악한 환경과 조건에서 노예처럼 혹사당했다. 미주 한인들은 어려운 조건에서도 꿋꿋하게 생활하여 한인 사회를 형성했고 훗날 미주에서 독립운동을 벌이는 데 인적 · 물적 지원을 아끼지 않았다.

자료1 한국인들의 기차 형상

그들[한국인] 대부분이 처음 역에 나와 본 것이고, 따라서 기관차도 처음 보는 것이었다. 그들은 기관차의 역학에 대해서는 조금도 아는 바가 없었기에 무슨 일이 일어날지 몰라 대단히 망설이는 눈치였다. 이 마술차를 가까이에서 관찰하기 위해 접근할 때는 무리를 지어 행동했다. 여차하면 도망칠 공간을 확보하기 위하여 서로 밀고 당기고 했다. 그들 중 가장 용기 있는 사나이가 큰 바퀴 중 하나에 손을 대자, 주위 사람들이 감탄사를 연발하면서 그 용기 있는 사나이를 우러러보았다. 그러나 기관사가 장난삼아 환기통으로 연기를 뿜어내자 도망가느라고 대소동이 일어났다.

아손 그렙스트, 「스웨덴 기자 아손, 100년 전 한국을 걷다」, 김상열 옮김, 책과함께, 2005

자료2 서울 시민의 전차 탐방

밤마다 종로에 사람이 바다같이 모여서 구경하는데 전차표 파는 장소를 보니 장안의 남자들이 9시가 지난 후에 문이 미어질 정도로 새문 밖에 갔다. 오는 표를 주시오, 홍릉 갔다 오는 표를 주시오 하면서 다투어가며 표를 사 가지고 일없이 갔다 왔다 하니 …

— 「제국신문」 1900년 4월 14일

자료3 단발령에 따른 이발소 호황

단발령의 시행으로 특히 일본 이발관이 번창하게 되어서 매일 수십 명의 조선 사람이 몰려들고 각 집마다 20원 내외의 수입을 올리고 있다고 한다. 또한 양복, 구두, 모자 그 외 양복 부속품도 평소의 두 배 이상이나 팔렸으며 …

— 일본 「호치신문報知新聞」 1896년 2월 2일

자료4 「혈의 누」 주인공의 민족관

우리나라 일은 깊은 잠 어지러운 꿈과 같아서 불러도 아니 깨이고 몽둥이로 때려도 아니 깨이는 터이라. 어느 때이든 하늘이 뒤집히도록 천변이 나고 벼락불이 떨어지기 전에는 꿈 깨기가 어려우리라.

— 이인직, 「혈의 누」 (1906)

일 일본놈의

이 이등박문이가

삼 삼천리 강산에서

사 사주가 나뻐

오 오대산을 넘다가

육 육철포[율혈포]를 맞고

칠 칠십 먹은 늙은이가

팔 팔자가 사나워

구 구둣발로 채워

십+字街리[열조가리] 났다

_ 임동권 엮음, 『한국민요집 1』, 집문당, 1974

자료6 개신교의 의료 활동

의약은 '그대 가서 병든 자를 고쳐라' 한 복음의 명령을 실천코자 할 때 전도자의 충실
한 시녀 역할을 했다. 다른 방법으로 가까이 할 수 없는 사람들에게도 의사와 간호원
의 성실하면서도 적절한 치료로 그들의 마음을 사로잡은 경우가 많았다.

_H.G. 언더우드, 『한국개신교수용사』, 이광린 옮김, 일조각, 1989

자료7 일부 선교사의 정교 분리 방침 고수

정치 문제에 대해 우리는 옳다고 믿는 대로 행하고 있는 바 … 이토를 중심으로 한 일
본 관리들은 이런 시기에 우리를 자기네 좋은 친구라 생각한다고 재삼 강조하여 왔
다. 미국 총영사는 선교사들이 지혜롭고 신중하게 행동했다고 말했다. 우리 선교사
들은 조선인들이 일본인들에게 복종하는 게 의무라고 밝히되, 자발로 순응할 것을 가
르치고 독립 운동 같은 일일랑 하지 말라고 타일렀다. 그러기에 우리들은 일본인들이
조선에 대해 행하는 개혁을 지지하고 방해하지 않았으며 부당하게 생각하지 않았다.
나는 여러 시간을 허비하면서 일본인들의 통치가 유익하리라는 사실을 교회 일을 맡

은 여러 직원과 학교 교사들에게 설명했다. 그리고 내 생각인데 그러한 정교 분리 정책과 일본 통치에 대한 적극 지지 태도를 기피하여 온 선교사는 한 사람도 없다고 생각한다.

_ '미 북장로교 목사 쿤스가 선교 본부에 보내는 편지', 1908년 2월 14일

자료8 한용운의 조선 불교 유신론

승려 교육에서 급선무가 셋이 있다.

첫째, 보통학이다. 보통학이란 사람의 의복, 음식에 비길 만하다. 양의 동서와 인종의 황백을 따질 것도 없이 사람이라면 다 의복을 입고 음식을 먹어서 살아갈 줄 아는 터이니, 의복을 안 입고 음식을 안 먹는 자가 있다고 하면, 이는 며칠이 못 가서 그가 이 세상과 하직할 것임을 짐작할 수 있다.

둘째, 사범학이다. … 승려 가운데 15세에서 40세까지 조금이라도 재덕이 있는 자를 가려 배우게 하고 그 과정에서 보통학, 사범학, 불교학을 화합 가감해서 적절을 기한다면 가르친 지 4, 5년 안에 소학교의 교사가 모자라지 않을 뿐 아니라, 불교학계의 상황이 다시 사람으로 하여금 한번 보기만 해도 구역질할 생각은 안 느끼게 할 것이다. 이렇게 혁신하여 향상하고 후퇴함이 없다면 장래에 불교가 세계에 큰 광명을 발하게 됨이 오직 이 일에서 생겨날 것이다.

셋째로, 외국 유학이다. 인도에 가 배워서 부처님과 조사들의 참다운 발자취를 찾게 하며, 널리 경론으로서 우리나라에 전해지지 않은 것을 구하여 그 중요한 것을 골라 번역해 세계에 펴게 할 필요가 있다.

_ 한용운, 「조선불교유신론」

자료9 증산도의 창설

주1 오선위기五仙圍碁 : 다섯 신선이 바둑판을 놓고 둘러앉아 바둑을 둔다는 뜻이다.

현하 대세가 오선위기五仙圍碁주1와 같으니 조선은 바둑판이요 조선 인민은 바둑이라, 장차 청국과 일본이 싸우리니 두 신선이 판을 대함과 같고, 서양 사람이 두 쪽이 되어 하나는 청국을 후원하고 하나는 일본을 후원하리니 두 신선이 각기 훈수함과 같고 한 신선은 주인이니 곧 우리나라인데, 어느 편을 훈수할 수 없고 수수방관할 뿐이며, …

음식을 주는 날만 빠뜨리지 않으면, 주인의 책임은 다 하나니 판이 끝나면 바둑판과 바둑은 주인에게 돌려지리라. 옛날 한고조는 말 위에서 천하를 얻었다 하나 우리나라는 좌상座上에서 천하를 얻으리라.

— 『대순전경大巡典經』 3판

자료 10 간도 이주민의 삶

북간도 관리 이범윤 씨가 내부에 보고하되, 청나라 군사 4~5백 명이 우리 조선인 30명을 묶어서 몽둥이로 두들겨 패고 수탈하며, 재산을 빼앗고 하는 말이 조선 사람일망정 청나라 땅에 갈고 먹으면서 어찌 한복을 입을 수 있냐 하면서 흰 초립을 쓴 자는 빼앗아 찢어 없애고 12명을 붙잡아 가서 머리를 깎고 매사에 협박과 공갈을 하니, 간도의 조선인 민심이 떠들썩합니다.

— 『황성신문』, 1904년 3월 3일

출전

『대순전경大巡典經』: 증산교의 기본 경전. 1929년 이상호李祥昊·정립正立 형제가 증산교의 창시자 강일순의 행적과 가르침을 수집, 정리하여 편찬했다.

찾아읽기

현규환, 『한국 유이민사』, 상·하, 삼화인쇄 출판부, 1976.

김윤식·김우종 외, 『한국현대문학사』, 현대문학, 1989.

강돈구, 『한국 근대종교와 민족주의』, 집문당, 1992.

노동은, 『한근대음악사연구 1』, 한길사, 1995.

김윤식·김현, 『한국문학사』, 민음사, 1996.

이만렬, 『한국 기독교 수용사 연구』, 두레시대, 1998.

이중연, 『신대한국 독립군의 백만 용사야 · 일제강점기 겨레의 노래사』, 혜안, 1998.

허동현, 『근대한일관계사연구 : 조사시찰단의 일본관과 국가구상』, 국학자료원, 2000.

박성래 외, 『우리 과학 100년』, 현암사, 2001.

윤선자, 『한국근대사와 종교』, 국학자료원, 2002.

유대영, 『개화기 조선과 미국 선교사 : 제국주의 침략, 개화자강, 그리고 미국 선교사』, 한국기독교역사연구소, 2004.

오인환 · 공정자, 『구한말 한인 하와이 이민』, 인하대학교 출판부, 2004.

강준만 · 오두진, 『고종 스타벅스에 가다 : 커피와 다방의 사회사』, 인물과사상사, 2005.

고부자, 『우리 생활 100년, 옷』, 현암사, 2005.

한복진, 『우리 생활 100년, 음식』, 현암사, 2005.

김광언, 『우리 생활 100년, 집』, 현암사, 2005.

김연희, 「고종 시대 근대 통신망 구축 사업 – 전신 사업을 중심으로 –」, 서울대학교 박사학위 논문, 2006.

김용섭, 『동아시아 역사 속의 한국 문명의 전환 – 충격, 대응, 통합의 문명으로』, 지식산업사, 2008.

김정인, 『천도교 근대 민족 운동 연구』, 한울, 2009.

홍선표, 『한국근대미술사』, 시공사, 2009.

전광하 · 박용일 엮음, 『세월 속의 용정』, 연변인민출판사, 2000.

박광수, 『한국신종교의 사상과 종교문화』, 집문당, 2012.

이은희, 「근대 한국의 제당업과 설탕 소비문화의 변화」, 연세대학교 박사학위 논문, 2012.

전봉희 · 권용찬, 『한옥과 한국 주택의 역사』, 동녘, 2012.

이규성, 『한국현대철학사론』, 이화여자대학교 출판부, 2012.

김호준, 『유라시아 고려인 150년』, 주류성, 2013.

주영하, 『식탁 위의 한국사』, 휴머니스트, 2013.

황상익, 『근대 의료의 풍경』, 푸른역사, 2013.

VIII.

일제의 강점과
기반 구축

1 황제 폐위, 강제 병합

대한제국 강점

일제는 1905년 을사늑약을 체결한 뒤 대한제국의 외교권을 빼앗고 이듬해 1월 통감부를 설치하여 내정 간섭을 본격화했다. 1907년 헤이그 특사 파견 사건이 일어나자 일제는 이를 빌미로 고종을 황제 자리에서 강제 퇴위시키고 정미 조약(제3차 한일협약)을 체결하여 대한제국 국권을 탈취하려는 공작에 들어갔다. 그리고 1910년 8월 22일 이른바 '일한병합조약'을 체결하고 8월 29일 공포했다. 이로써 대한제국은 지구상에서 폐멸되었다.

강점 공작의 본격화

일제는 헤이그 특사 파견 사건을 빌미로 고종 황제의 강제 폐위와 한국 군대의 해산을 서둘렀다. 우선 통감부의 내정 간섭에 최대의 저지 요인이었던 고종 황제를 폐위시키는 데 온 힘을 기울였다. 1907년 7월 6일 이토 히로부미는 내각총리대신이던 이완용을 불러 "황제가 한일협약을 무시하고 일본에 대해 공연히 적대 행위를 하므로 일본은 한국에 대해 선전宣戰할 충분한 이유가 있으니 귀하는 수상인 책임을 지고 황제에 주문奏聞하여 처결을 촉구하라."고 명령했다. [자료1]

일제의 이러한 사주를 받고 이완용은 황제를 물러나게 할 공작을 개시했다. 황급히 모든 대신을 불러놓고 경운궁에 가서 황제에게 어전회의를 강청했다. 이 자리에서 송병준은 황제에게 "이번 일은 그 책임이 폐하에게 있으므로 친히 동경에 가서

삼엄한 호위 속에 순종 즉위식에 참석하러 가는 이토 히로부미. 일제는 고종이 국제 사회에 을사늑약의 불법성을 알리기 위해 네덜란드 헤이그에 특사를 파견하자 이를 구실로 고종을 무력으로 위협하여 황제 자리에서 물러나게 하였다. 이로써 일제는 대한제국 강점에 한 걸음 다가설 수 있게 되었다.

사죄하든지, 그렇지 않으면 하세가와 조선주둔군 사령관을 대한문 앞에서 맞아 면박面縛의 예를 하라."고 윽박질렀다. 이에 고종 황제는 "경은 누구의 신하냐?"고 화를 내며 퇴장했다.

7월 10일 일본 정부는 "지금의 기회를 놓치지 말고 한국 정부에 관한 모든 권력을 장악할 것을 희망한다. 그 실행에 대해서는 실지의 상황을 참작하여 행하는 것이 필요하므로 이를 통감에게 일임한다."는 내용의 '대한對韓 방침'을 결정하여 이토에게 보냈다.

이에 7월 16일에 열린 내각회의에서 마침내 황제 폐위가 결정되었고 이완용이 다시 입궐하여 일본의 외무대신이 서울에 오기 전에 황태자에게 선양하여 일본의 요구를 받아들일 것을 황제에게 강요했다. 결국 7월 19일에 황태자 대리의 조칙이 발표되었고 일제는 7월 20일 오전 9시 환관 2명을 신구 황제의 대역으로 동원하여 서둘러 양위식을 거행했다. 이어서 세계 각국에 이 사실을 알리고 고종의 퇴위를 기정사실화했다. 그리고 일제는 한국인들의 양위 반대 시위를 경찰과 주차군을 동원하여 무자비하게 진압하면서 대한제국 군인들의 저항을 우려하여 서울 시내 화약고를 접수했다.

한편, 러시아는 러일전쟁 후 일본에 대한 복수전을 계획했지만 국내의 혁명 열기가 너무 높아 사정이 여의치 않자 영국과 동맹 관계로 선회했으며 일본과의 긴장 관계를 러일협약으로 풀려고 했다. 이에 일본은 러일협약 체결에 앞서 1907년 7월 24일

한국과 정미 조약을 체결함으로써 러시아로부터 '방해'나 '간섭'을 받지 않으려고 했다. 그 주된 내용은 통감의 권한 강화, 사법권의 일본에의 위임, 한국 군대 해산, 일본인 차관 채용 등으로, 사실상 한국에 대한 일본의 지배권 확립과 대한제국의 폐멸을 의미했다.[자료2] 그러나 일제는 한국인의 저항을 두려워하여 협약의 본문에는 구체적 내용을 명시하지 않고, 한국에 대한 침탈 내용을 자세히 규정한 부속 각서를 따로 만들고 이를 극비에 붙이는 교활한 태도를 보였다.[자료3] 또한 이 조약은 고종 황제의 퇴위 거부와 황태자의 움직임이 없는 상태에서 체결되었기 때문에 전권 위임과 같은 정상적인 절차를 밟을 수 없었다.

일제는 같은 날인 7월 24일 언론의 비판을 봉쇄하기 위해 언론·출판의 자유를 금지하는 〈신문지법〉을 제정·공포했다.[자료4 · 5] 그리고 7월 27일에는 집회·결사를 금지하는 〈보안법〉을 제정 공포했다.[자료6] 이러한 법령은 한국인들의 반일 움직임을 사전에 방지하는 동시에 의병을 토벌하고 계몽 운동 단체를 해산하며 민족지 신문 등을 폐간할 수 있는 법률적 근거로 활용되었다.

그 결과 대한제국의 많은 교육 기관과 계몽 운동 단체가 폐지되거나 해산되었으며 다수의 신문과 잡지가 폐간되고, 숱한 서적들이 압수·판금되었다. 이는 한국인의 입과 눈귀를 막아 암흑의 감옥에 가두는 일이었다.[자료7]

또한, 1907년 7월 30일 일제는 러시아와 제1차 러일협약을 체결했다. 이 협약에 따라 러시아는 일본의 한반도에 대한 우월권을 인정하는 가운데 북만주와 남만주에 대한 특수권익을 러시아와 일본이 각각 나누어 갖는 것을 상호 인정했다. 일본으로서는 러시아의 복수전에서 해방되었을 뿐더러 삼국간섭의 악몽에서도 벗어날 수 있게 된 것이다. 또한 러시아로서도 국내의 혁명 상황을 억제하기 위해서는 극동에서의 우환을 제거할 필요가 있었고 북만주와 외몽골을 세력 범위로 확보함으로써 손해볼 것이 없었다. 이로써 한반도는 일본의 독점적인 영향력 아래로 깊숙이 들어갔다.

한국 군대 강제 해산과 한국 군인들의 저항

일제는 이처럼 고종 황제를 강제로 퇴위시키고 정미 조약과 러일협약을 잇달아 체결한 직후 대한제국 군대를 해산시키고자 했다. 1907년 7월 31일 통감은 일본으로부터 증원 부대가 도착하기를 기다려 비밀리에 한국 군대를 해산하는 조칙을 발포케 했다.[자료8] 이 조칙은 '짐朕이 명한다'고 하여 한국 황제의 뜻인 양 위장했지만 실제는 통감과 이완용 등 친일 세력이 합작하여 조작한 것이다. 이어서 일제는 8월 1일 이른 아침 중앙군인 시위대 해산부터 시작했다. 그러나 절반에 가까운 대한제국 군인들은 강제 해산에 응하지 않고 저항에 나섰다.

우선 해산식에 불참한 시위 제1연대 제1대대와 제2연대 제1대대 군인들은 무장한 상태로 탈영하여 서울 시내 곳곳에서 일본군과 치열한 전투를 벌였다. 특히 시위 제1연대 제1대대장 박승환이 군대 해산에 반대하여 자결하는 모습을 보고 더욱 충격을 받았다. 당시 박승환은 39세 나이로 자결 순국하면서 "군인으로서 나라를 지키지 못하고 신하로서 충성을 다하지 못하면 만 번 죽어도 아까울 것이 없다.軍不能守國臣不能盡忠 萬死無惜"라는 내용의 짧은 유서를 남겼다.

이어서 병영 내에 있던 일본인 교관에 대한 총격을 시작으로, 인근의 제2연대 병사들과 합세하여 병영 밖으로 뛰쳐나와 숭례문 부근에서 일본군과 맹렬한 총격전을 벌였다. 또한 지방 진위대도 해산 명령에 반발하여 원주 진위대의 저항을 시작으로 강화도 분견대가 무장 봉기하고 충주·제천 등 각지 진위대 군인들의 저항이 이어졌다.

해산 군인들의 저항은 8월 이후 전국적인 의병 봉기의 열기로 연결되면서 의병들의 전투력과 기동성을 향상시켰고 평민 의병장의 대두를 촉진했다. 민긍호, 지홍윤, 연기우 등이 대표적인 군인 출신 의병장이었다. 이에 일제는 전국을 뒤흔든 의병 전쟁의 불길을 잡기 위해 많은 병력과 엄청난 화력을 투입하고 무자비한 초토화 살육 작전을 벌였다.

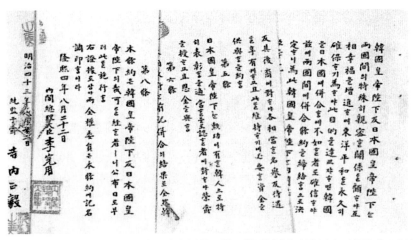

이른바 '일한병합조약' 조약문. 1910년 8월 22일 체결된 한국병합조약韓國倂合條約의 일부이다. 조약문은 제8조에 본 조약은 양국 황제의 재가를 거친 것이라고 명시하였다. 그러나 조약문에 대한 국가 원수의 최종 승인은 별도로 이루어지는 것으로 조약문에 이런 명시가 들어가는 것은 이치에 맞지 않다.

불법 강점의 단행

일제는 한국인들의 국권 수호 운동을 무력으로 진압해 가는 가운데 또 다른 과제에 봉착했다. 그것은 일제가 한반도를 넘어 만주까지 영향력을 행사하려 하자 만주 문호 개방 원칙을 내세우며 만주 진출을 꾀하는 구미 열강과의 대립 문제였다. 이에 일본은 만주에 대한 구미 열강의 불만이 보호국 상태인 대한제국에서 누리는 자국의 독점적 지위에까지 영향을 미칠 수 있다는 판단 아래, 일본 정부는 서둘러 1909년 7월 6일자로 병합 방침을 결정했다.[자료9] 이때 한국은 헌법이 적용되지 않고 천황 대권에 의해 통치되는 차별 지역으로 설정되었다. 아울러 '대한시설대강對韓施設大綱'[자료10]을 내각 회의에서 통과시키고 천황의 재가를 받음으로써 강점을 위한 모든 준비를 마쳤다.

이어서 일제는 정미 조약 체결 이래 대한제국의 사법권을 장악하는 데 필요한 모든 기초 준비를 마친 가운데 1909년 7월 12일 대한제국의 사법 및 감옥 사무를 모두 일본 정부에 위탁한다는 이른바 '기유각서'의 체결을 강요하여 대한제국의 사법권을 탈취했다. 이제 일제는 자신들의 통치에 저항하는 한국인을 체포하여 재판에 회부한 뒤 일본인 간수가 감독하는 감옥에 수감시킬 수 있게 되었다. 대한제국 공권력의 최후 보루였던 사법권마저 일제에게 박탈당한 것이다.

1910년 5월 30일 제3대 통감으로 부임한 데라우치 마사다케寺內正毅는 이전의 병합 공작을 바탕으로 삼아 대한제국을 강점하기 위한 책동을 급속도로 진행시켰다. 그는 1910년 7월부터 전국을 사실상 계엄 상태로 만든 다음, 8월 22일에 사기와 강압으로 병합 조약을 성사시켰다. 그리고 한국인들의 거센 저항을 우려하여 그 내용을 비밀에 부치다가 8월 29일 뒤늦게 공표했다.[자료11] 그러나 조약 체결의 가장 중요한 절차인 '전권위원 임명 → 조인 → 비준'의 모든 과정이 불법과 강제, 그리고 날조로 이루어졌다. 특히 순종 황제가 병합 늑약문과 칙유에 서명하지 않았다. 훗날 순종 황제는 1926년 붕어하기 직전에 남긴 유언에서 자신이 병합을 거부했음을 분명히 밝혔다.[자료12] 따라서 병합 늑약은 유효·무효를 따질 가치도 없는 불법 조약인 것이다.

일제의 강점 책동에 대항하여 한국인들은 줄기차게 항쟁을 계속했다. 이 중에는 일제의 탄압에도 불구하고 의병 투쟁을 지속적으로 전개하는가 하면 금산錦山 군수 홍범식洪範植, 주러시아 공사 이범진李範晉, 승지 이만도李晩燾, 진사 황현黃玹, 환관 반학영潘學榮, 승지 이재윤李載允, 유생 김도현金道賢 같은 일부 식자층과 관료들은 사회 주도층으로서의 책임을 다하기 위해 일제 강점의 부당성을 만천하에 알리고 순국하기도 했다. 그러나 이완용, 송병준 등과 같은 소수 친일 분자들과 일제의 앞잡이 괴뢰 단체들은 일제에게 나라와 민족을 헌납하기에 앞장섰다. 특히 일진회는 고종 황제의 강제 퇴위, 친일 여론 조성 책동 등에 앞장서 왔으며 1909년 12월 4일에는 '합방合邦만이 살 길'이라는 내용의 소위 〈합방 선언서〉를 발표하기까지 했다.[자료13] 그러나 일제는 이렇게 병합에 앞장섰던 일진회조차 강점 직후인 1910년 9월 12일 '집회·결사 엄금'이라는 구실로 해산시켜 버렸다.

자료1 이토 히로부미가 선위^{주1}하라고 고종을 협박함

아! 이번 선위는 고종의 의중에서 나온 것이 아니며 외국인의 압박과 위협에서 연유한 것인즉, 진실로 기변^{주2}이며 대치大恥인데 하물며 다음날 나라까지 넘겨주게 되어 제위帝位가 없어지고 나라가 없어지고 백성의 생명까지 빼앗아 가는 것이었으니 마땅한 것인가? 이에 신민들은 광분 · 질호^{주3}하며 유혈을 사양하지 아니했다.

유독 내각의 여러 신하들은 임금을 보기를 원수같이 하여 잔혹한 마음으로 역적질을 행하며, 오직 가서 빨리 알선해 주지 못할까 겁을 먹고 요청하는 데만 전념하니 어찌 일찍이 고종께서는 저 같은 무리들을 짊어지고 있었을까? 송병준은 시정의 천류 계층으로 갑자기 일본을 업고 활약하고 이로움이 날로 높아갔고 평지에서 뛰어 청운의 위까지 갑작스레 올라갔다. 이토 히로부미에게 충성하고 자기의 군부君父를 배반하고도 또한 아무런 가책을 받지 않았다. 이재곤은 황족이며 이완용 · 임선준 · 조중응 등은 대대로 벼슬하던 이름 있는 집안이며 그 선대부터 임금의 은총을 받고 요직에 앉아서 잘 먹고 지내며 그 혈육들을 길러온 지 5백여 년이며, 그 무리들 또한 모두 일찍이 과거에 급제하여 벼슬해 오며 요직에 자리하여 부귀 · 영화가 평생간을 떠나지 아니하고 터럭 끝까지 다다랐음은 임금이 베푸신 것이 아님이 없는데, 진실로 은혜를 보답한다 하여 몸을 가벼이 하여 어찌 하루아침에 도과회도^{주4}하여 꼭 박축^{주5}하겠다는 것을 그치지 아니하는가. …

__ 박은식, 「한국통사」

주1 선위禪位 : 선양禪讓과 같은 뜻으로 왕위를 다음 임금에게 물려 줌.

주2 기변奇變 : 뜻밖의 난리.

주3 질호疾呼 : 소리를 질러 급히 부름.

주4 도과회도倒戈懷刀 : 아군을 배반하여 적과 통하는 변절 · 반역을 뜻함.

주5 박축迫逐 : 다그쳐서 몰아냄.

자료2 정미 조약[제3차 한일협약]

일본 정부와 한국 정부는 속히 한국의 부강을 도모하고 한국민의 행복을 증진하고자 하는 목적으로 다음 조관을 약정함.

第1조. 한국 정부는 시정 개선에 관하여 통감의 지도를 받을 것.

第2조. 한국 정부의 법령 제정 및 중요한 행정상의 처분은 미리 통감의 승인을 거칠 것.

第3조. 한국의 사법 사무는 보통 행정 사무와 이를 구별할 것.

第4조. 한국 고등 관리의 임면은 통감의 동의로써 이를 행할 것.

주6 용빙傭聘 : 사람을 쓰려고 고용하여 맞아들임.

제5조. 한국 정부는 통감이 추천한 일본인을 한국 관리로 임명할 것.

제6조. 한국 정부는 통감의 동의 없이 외국인을 용빙주6 아니할 것.

제7조. 1904년 8월 22일 조인한 한일협약 제1항[외국인 고문 용빙에 관한 조항]을 폐지할 것.

자료3 부수 비밀 각서

제1. 한일 양국인으로 조직한 재판소를 신설함.

제2. 감옥을 신설함.

제3. 다음 방법에 의하여 군비를 정리함.

　　1. 육군 1대대를 존치하여 황궁수위皇宮守衛를 담당케 하고 기타를 해대할 것.

　　1. 교육이 있는 사관은 한국 군대에 남아 근무할 필요가 있는 자를 제하고 기타는 일본 군대로 부속케 하고 실지 연습케 할 것.

　　1. 일본서 한국 사관을 위하여 상당한 설비를 할 것.

제4. 고문 또는 참여관 명의로 현재 한국에 용빙된 자는 모두 해고함.

제5. 중앙정부 및 지방청에 일본인을 다음의 한국 관리로 임명함.

　　1. 각 부 차관

　　1. 내부 경무국장　　　　　　　　　1. 경무사 또는 부경무사

　　1. 내각 서기관 및 서기랑 중 몇 명

　　1. 각부 서기관 및 서기랑 중 몇 명

　　1. 각 도 사무관 1명　　1. 각 도 경무관　　1. 각 도 주사 중 몇 명

＿ 국사편찬위원회 엮음, 『한국독립운동사』2

자료4 법률 제1호 〈신문지법新聞紙法〉

제1조. 신문지를 발행하려는 자는 발행지를 관할하는 관찰사(경성에서는 관무사)를 경유하여 내무대신에게 청원하여 허가를 받아야 한다. …

제4조. 발행인은 보증금으로 금 300환을 청원서에 첨부하여 내부에 납부하여야 한다. 보증금은 확실한 은행 임치금 증서로 대납할 수 있다. …

제10조. 신문지는 매회 발행에 앞서 먼저 내부 및 그 관할 관청에 각 2부를 납부해야
　　　　한다.

제11조. 황실의 존엄을 모독하거나 국헌을 문란 또는 국제 교의를 저해하는 사항을
　　　　기재할 수 없다.

제12조. 기밀에 관한 관청의 문서 및 의사議事는 해당 관청의 허가를 받지 않고는 그
　　　　상략주7을 불구하고 기재할 수 없다. 특수한 사항에 관해 해당 관청에서 기재
　　　　를 금지할 때도 같다. …

제21조. 내부대신은 신문지로서 안녕 질서를 방해하거나 풍속을 괴란주8케 한다고 인
　　　　정될 때는 그 발매 반포를 금지하고 이를 압수하며 그 발행을 정지 또는 금지
　　　　할 수 있다. …

제36조. 본법의 규정은 정기 발행의 잡지류에도 준용한다.

_ 「관보」 1907년 7월 27일

자료5 법률 제8호 신문지법 개정에 관한 건

제34조. 외국에서 발행하는 국문 또는 국한문 또는 한문의 신문지, 또는 외국인이 국
　　　　내에서 발행하는 국문 또는 국한문 또는 한문의 신문지로서 치안을 방해하거
　　　　나 풍속을 괴란시킨다고 인정될 때는 내부대신은 해당 신문지를 국내에서 발
　　　　매 반포하는 것을 금지하고 해당 신문지를 압수할 수 있다.

자료6 법률 제2호 보안법保安法

제1조. 내부대신은 안녕 질서를 보지하기 위하여 필요한 경우에 결사의 해산을 명할
　　　　수 있다.

제2조. 경찰관은 안녕 질서를 보지하기 위하여 필요한 경우에 집회 또는 다중의 운동
　　　　또는 군집주9을 제한 금지하거나 해산시킬 수 있다. …

제4조. 경찰관은 가로街路나 기타 공개된 장소에서 문서 도서의 게시 및 분포 낭독 또
　　　　는 언어, 형용, 기타의 행위가 안녕 질서를 문란시킬 우려가 있다고 인정될 때
　　　　는 금지를 명할 수 있다.

주7 상략詳略 : 상세하거나 간략
함.

주8 괴란壞亂 : 무너뜨려 어지럽게
함.

주9 군집群集 : 많은 사람이 한 곳
에 떼를 지어 모이는 것.

주10 금옥禁獄 : 옥에 가두어 그 자유를 구속하는 형벌.

제5조. 내부대신은 정치에 관하여 불온한 동작을 행할 우려가 있다고 인정되는 자에 게 그 거주 장소로부터 퇴거를 명하거나, 1년 이내의 기간 동안 특정한 지역에 의 출입 금지를 명할 수 있다. …

제7조. 정치에 관하여 불온한 언어·동작을 하거나, 타인을 선동·교사 또는 이용하 거나 타인의 행위에 간섭함으로써 치안을 방해하는 자는 50 이상의 태형, 10개 월 이하의 금옥주10 또는 2개년 이하의 징역에 처한다.

자료7 한국인의 교육소지敎育掃地

국가의 연약함을 강대하게 만들고 인민의 몽매함을 깨우치는 길은 교육이 아니고서 는 불가능한 것이다. 그러므로 한국의 애국지사는 이것은 급한 일이라 하고 분주히 외치며 힘써 교육에 앞장서자 하며 신문에 글을 써서 경종을 울리고 연설로써 격려했 다. 이에 학회로는 서북학회·기호학회·교남영남학회·호남학회·관동학회·흥 사단이 있었고 … 국내의 소학교·중학교·전문학교의 설립이 3천여 곳에 이르렀으 며, 모두 민간 유지들이 세운 것으로서 학도가 운집했고, 사조가 활발해지고 곳곳에

주11 학종學鐘 : 학교 종소리.

주12 뇌정벽력雷霆霹靂 : 천둥 번 개가 떨어지듯이 엄청나게 무섭고 놀라운 일이 벌어짐.

서 학종주11이 울려 일일천리의 형세로 발흥하니, … 만약 이러한 기세로 수십 년 발전 한다면 문화의 발달과 민지의 통일을 확실히 기약할 수 있었는데, 뇌정벽력주12이 학 계에 떨어져서 싹이 솟아나는 것을 잘라버려 그 발원을 막아버렸으니, 대성학교·오 산학교·안흥학교 등이 강압 폐교를 당하고 나머지 학교들도 또한 엄밀한 감시와 통 제를 받으며, 각종 교과서도 국가 민족과 이상에 관계되는 것을 일체 금지하고, 교사 의 언론과 학생의 행동에 대해서도 정찰·감시하지 않는 날이 없게 되어, 이로 말미

주13 저상沮喪 : 기운을 잃음.

주14 분서焚書 : 책을 불태워버림.

암아 사기가 저상주13되고 학풍이 무너지며 일체의 교육 기관이 쇠퇴하여 깨끗이 없어 졌다. 신문지 14종과 서적 30여 종이 전부 봉쇄·압수되어 분서주14되며, 외국에서 들 어오는 것도 금지하고, 또한 출판 조례를 만들어 비록 정치 문자와 무관한 것이라 할 지라도 자유로운 출판을 불허했으니, 한국인은 마침내 암흑 지옥 속에 갇혀 있는 것 이나 다를 바가 없었다. …

_박은식, 「한국통사」

자료8 한국군 해산 조칙

짐이 생각건대 국사다간[주15]한 때를 당하여 극히 쓸데없는 비용을 절약하여 이용후생 지업利用厚生之業에 응용함이 금일의 급무라. 현재 군대는 용병[주16]으로 조성한 까닭으로 상하가 일치하여 국가를 완전히 방위하기에 충분치 아니할 새 짐은 지금부터 군제 쇄신을 꾀하여 사관 양성에 전력하고 나중에 징병법을 발포하여 공고한 병력을 구비코자 함으로 짐이 이에 유사有司에 명하여 황실 시위에 필요한 자를 선택하고 기타는 일시 해대[주17]케 하노라. …

1907년 7월 31일

_국사편찬위원회 엮음, 「한국독립운동사」 2

자료9 한국 병합 실행에 관한 방침

1. 조선에는 당분간 헌법을 시행하지 않고 대권에 의하여 이를 통치할 것.

1. 총독은 천황에 직예[주18]하며 조선에서의 일체의 정무를 통할하는 권한을 가질 것.

1. 총독에게는 대권의 위임에 따라 법률 사항에 관한 명령을 발할 권한을 줄 것. 단 본 명령은 특별히 법령 또는 율령 등 적당한 명칭을 붙일 것.

1. 조선의 정치는 간이簡易를 주지로 하며 따라서 정치 단체도 또 주지에 따라 개폐할 것.

1. 총독부의 회계는 특별회계로 할 것.

1. 총독부의 정비政費는 조선의 세입으로써 이에 충당함을 원칙으로 하되 당분간 일정한 금액을 정하여 본국 정부로부터 보충할 것.

1. 철도 및 통신에 관한 예산은 총독의 소관에 조입[주19]할 것.

1. 관세는 당분간 현행대로 하여 둘 것.

1. 관세 수입은 총독부의 특별회계에 속할 것.

1. 한국은행은 당분간 현행의 조직을 고치지 않을 것.

(중략)

한국 병합상 제국 헌법은 당연히 이 신영토에 시행할 것으로 해석한다. 그러나 사실에서는 신영토에 대하여 제국 헌법의 각 조장條章을 시행치 않음을 적당하다고 인정하므로 헌법의 범위에 있어서 제외 법규를 제정할 것.

__ 김정명 엮음, 『일한외교자료집성』6하

자료10 대한시설대강對韓施設大綱

한국에 대한 제국 정부의 대방침이 결정된 바 한국에 대한 시설은 합병의 시기가 도래
할 즈음에 다음과 같은 대요의 항목에 의거하여 실행하는 것이 필요하다고 인정한다.

첫째, 제국 정부는 이미 정한 방침에 따라 한국의 방어 및 질서의 유지를 담당하는 데
　　　필요한 군대를 주둔시키고, 또 출병이 가능한 다수의 헌병 및 경찰관을 증파하
　　　여 충분히 질서 유지의 목적을 달성할 것.

둘째, 한국에 관한 외국 교섭 사무는 이미 정한 방침에 의거해 이를 우리 손으로 관장
　　　할 것.

셋째, 한국 철도를 제국 철도원의 관할로 이동시키고 철도원의 감독 하에 남만주 철도
　　　와의 사이에 밀접한 연락을 취하여 우리 대륙 철도의 통일과 발전을 도모할 것.

넷째, 다수의 본국민을 한국으로 이주시켜 우리 실력의 근저를 심화시킴과 동시에 한
　　　일간의 경제 관계를 밀접하게 할 것.

다섯째, 한국 중앙 정부 및 지방 관청에 부임한 본국인 관리의 권한을 확장시켜 한층
　　　민활하게 통일적인 시정의 실행을 도모할 것.

__ 김정명 엮음, 『일한외교자료집성』6하

자료11 한국병합 늑약

일본국 황제 폐하 및 한국 황제 폐하는 양국간에 특수하고도 친밀한 관계를 고려하여
상호의 행복을 증진하며 동양 평화를 영구히 확보하고자 하며 이 목적을 달성하기 위
하여 한국을 일본제국에 병합함이 선책이라고 확신하고 이에 양국 간에 병합 조약을
체결하기로 결정하고 이를 위하여 일본국 황제 폐하는 통감 데라우치 마사타케 자작
을, 한국 황제 폐하는 내각총리대신 이완용을 각각의 전권위원으로 임명했다. 그러
므로 위 전권위원은 합동 협의하고 아래의 여러 조를 협정했다.

제1조. 한국 황제 폐하는 한국 전부에 관한 모든 통치권을 완전 또는 영구히 일본 황

제 폐하에게 양여한다.

제2조. 일본국 황제 폐하는 전조에 기재한 양여를 수락하고 완전히 한국을 일본제국에 병합함을 승낙한다.

제3조. 일본국 황제 폐하는 한국 황제 폐하·황태자 전하 및 그 후비와 후예가 각기의 지위에 적응하여 상당한 존칭 위엄 및 명예를 향유하게 하며 또 이것을 유지하는 데 충분한 세비[주20]를 공급할 것을 약속한다.

제4조. 일본국 황제 폐하는 전조 이외의 한국 황족 및 그 후예에게도 각기 상응하는 명예 및 대우를 향유하게 하며 또 이것을 유지하는 데 필요한 자금의 공급을 약속한다.

제5조. 일본국 황제 폐하는 훈공 있는 한국인으로서 특히 표창에 적당하다고 인정된 자에게 영작[주21]을 수여하고 또 은급[주22]을 부여한다.

제6조. 일본국 정부는 전기 병합의 결과로 완전히 한국의 시정을 담당하고 동지에서 시행하는 법규를 준수하는 한인의 신체 및 재산을 충분히 보호해 주며 또 그들의 전체의 복리 증진을 도모한다.

제7조. 일본국 정부는 성의로써 충실하게 신제도를 존중하는 한국인으로서 상당한 자격을 가진 자를 사정이 허락하는 한 한국에서의 일본 제국 관리로 등용한다.

제8조. 본 조약은 일본국 황제 폐하 및 한국 황제 폐하의 재가를 받은 것으로서 공포일로부터 시행한다.

― 「조선총독부 관보」 1910년 8월 29일

주20 세비歲費 : 국가 기관의 1년 간의 경비, 세용이나 보수, 급여.

주21 영작榮爵 : 영예로운 귀족의 작위.

주22 은급恩給 : 은혜를 베풀어 지급하는 급료, 일종의 연금.

자료12 순종 황제의 유조遺詔

한 목숨을 겨우 보존한 짐은 병합 인준의 사건을 파기하기 위하여 조칙하노니 지난날의 병합 인준은 강린 일본이 역신의 무리와 더불어 제멋대로 하여 제멋대로 선포한 것이며 다 나의 한 바가 아니다. … 여러분이여 노력하여 광복하라. 짐의 혼백이 명명한 가운데 여러분을 도우리라.

― 「신한민보」 1926년 7월 18일

주23 일진회一進會 : 1904년 일제의 사주를 받은 송병준과 윤병시 등이 조직한 친일 민간 단체로, 일제 강점에 이르기까지 친일 활동을 적극 전개했다. 일제는 강점을 달성하여 더 이상 필요가 없어지자 1910년 9월 26일 해체시켰다.

주24 오열伍列 : 대오와 행렬의 줄인 말로 같이 섞인다는 의미임.

주25 시진弑進 : 비로소 앞으로 나아가기 시작한다는 뜻.

자료 13 일진회주23 합방 성명서

··· 이토 히로부미가 인민을 편안히 하며 동궁을 보도輔導하여 우리 한국에 노력을 다한 것을 가히 잊기 어렵거늘 의외의 하얼빈 변사를 일으켜 일본 전국의 여론이 비등하여 대한 정책에 근본적 해결을 주창함이 어떠한 위험을 불러일으킬지 알 수 없음도 우리 한국인이 스스로 취함이니 ··· 우리 황제 폐하와 대일본 천황 폐하의 마음을 움직이는 일단一團 정성으로 애소하여 우리 황실의 만세존숭萬世尊崇하는 기초를 공고히 하며 우리 인민을 일등 대우하는 복리를 향유하여 정부와 사회를 더욱 발전시킬 것을 주창하여 하나의 큰 정치 기관을 설립할지면, 우리 한국의 보호, 열등劣等에 있는 수치에서 벗어나 동등 정치에 있는 권리를 획득하는 것이니, 이는 법률상 정합방政合邦이라 일컫는 문제이다. ···

오호라! 이를 다행히 성립하여 두 날개가 같이 날며 두 바퀴가 같이 구르는 정치 범위 아래 살고자 원하되 삶을 얻지 못하고, 죽으려 하되 죽음을 얻지 못하는 우리 2천만 국민은 노예된 모멸에서 벗어나며 희생된 곤고困苦를 면하고 동등한 오열주24에 한 번 새로이 회생하여 여지를 확립하고 전보를 시진주25하여 실력을 양성하면 전도의 쾌락을 향유하고 훗날의 활약을 가히 얻을 수 있음은 명확한 바이다. ···

_ 국사편찬위원회 엮음, 『한국독립운동사』2

출전

『관보』 : 갑오개혁 이후 조선 · 대한제국 정부가 발행한 관보.

『일한외교자료집성日韓外交資料集成』 : 일본에 재주한 김정명이 강점 이전 한국과 일본 사이의 외교 관계 자료를 수집 · 정리하여 편찬함.

『조선총독부관보朝鮮總督府官報』 : 일제 강점기 조선총독부가 발행한 관보.

찾아읽기

문정창, 『군국일본 조선강점 36년사』상 · 중 · 하, 백문당, 1967.

차기벽 엮음, 『일제의 한국식민통치』, 정음사, 1985.

김운태, 『일본제국주의의 한국통치』, 박영사, 1986.

강창석, 『조선통감부 연구』, 국학자료원, 1994.

모리야마 시게노리, 『근대한일관계사연구』, 김세민 옮김, 현음사, 1994.

강동진, 『한국을 장악하라-통감부의 조선침략사』, 아세아문화사, 1995.

최문형, 『(국제 관계로 본) 러일전쟁과 일본의 한국 병합』, 지식산업사, 2004.

운노 후쿠주, 『한국 병합사 연구』, 정재정 옮김, 논형, 2008.

최덕규, 『제정러시아의 한반도정책, 1891~1907』, 경인문화사, 2008.

이태진 · 사사가와 노리가츠 함께 엮음, 『한국병합과 현대 : 역사적 국제법적 재검토』, 태학사, 2009.

이태진 외, 『대한제국 : 잊혀진 100년 전의 황제국』, 민속원, 2011.

윤대원, 『데라우치 마사다케 통감의 강제 병합 공작과 '한국병합'의 불법성』, 소명출판, 2011.

미야지마 히로시 외, 『일본, 한국병합을 말하다』, 최덕수 옮김, 열린책들, 2011.

서영희, 『일제 침략과 대한제국의 종말』, 역사비평사, 2012.

운노 후쿠주, 『일본의 양심이 본 한국병합』, 연정은 옮김, 새길아카데미, 2012.

오가와라 히로유키, 『이토 히로부미의 한국 병합 구상과 조선 사회』, 최덕수 · 박한민 옮김, 열린책들, 2012.

2 폭압의 권력자, 조선총독부

통치 체제 기반 구축

일제는 대한제국을 강점하자 총칼을 앞세워 통치했다. 그리하여 조선 총독은 조선의 최고 통치자로서 행정권·입법권·사법권과 함께 일본 군대의 지휘권까지 장악했다. 또한 일제는 헌병경찰 제도와 각종 악법을 통해 한국인을 탄압하고 차별했다.

조선총독부 설치

일제는 1910년 8월 29일 대한제국의 주권을 완전히 강탈하고 조선총독부를 설치했다. 그러나 일제는 서구의 '식민지'와 달리 이른바 조선 지역을 일본의 신영토로 편입했다. 즉 일제는 조선을 대만과 마찬가지로 외지外地로 간주하고 지방관이 아닌 총독을 파견하여 조선을 통치했지만, 궁극적으로 한국인을 일본인으로 만들겠다는 목적을 가지고 있었기 때문에 조선을 식민지로 인식하지 않았다.[자료1·2] 그러나 일제는 조선 문화가 낮은 수준이라고 억지로 주장하며 일본제국 헌법이 적용되지 않는 이법지역異法地域으로 설정하고 한국인을 차별하고자 했다.[자료3] 이른바 '포섭과 배제', '차별적 동화'인 셈이다.

조선 내 최고 통치자인 조선총독은 일본 국왕에 직속되어 일본 내각의 통제도 받

남산 기슭에 자리 잡은 조선총독부 청사. 이 건물은 원래 통감부 청사였으며 1910년 일제의 대한제국 강점 이후에는 조선총독부 건물이 되었다. 조선총독부는 조선에 대한 수탈과 억압을 총지휘한 조선 통치의 최고기관이다. 총 직원은 15,113명으로 5,707명이 철도국·통신국·임시토지조사국 등 경제수탈기관에 배치되었고 2,600명이 치안기관에, 1,617명이 사법기관에 배치되었다.

지 않는 특수한 지위를 가지면서, 행정권·입법권·사법권·군대지휘권까지 장악한 막강한 권력자였다.[자료4] 더욱이 반드시 육군이나 해군 대장 중에서만 임명된 조선총독은 일본 군부의 조종을 받으며 엄격한 무단 통치를 행했다. 조선총독은 법률이 필요할 경우에도 그가 발하는 명령을 '제령制令'이란 이름으로 시행했다. 이처럼 조선총독은 세계에 비슷한 예가 별로 없는 특별한 권한을 부여받고 한국인의 생사여탈에 관한 모든 일을 마음대로 결정했다. 따라서 한국인은 명목상 법률이 있다 하더라도 어떤 독재 정치보다도 더욱 가혹하고 전제적인 조선 총독의 지배를 받게 되었다.

헌병경찰 제도의 시행

일제는 강점 직후인 1910년 9월 10일 헌병경찰 제도를 창설했다. 조선에 주둔하는 일본군 헌병 사령관이 모든 경찰을 장악하는 경무총감이 되고 각 도에 배치된 일본군 헌병대장이 경찰부장을 겸임했다. 강점 이전에 주로 도시에 집중 배치되었던 일본군 헌병은 강점 이후 전국 방방곡곡에 분산 배치되었다. 그 결과 1910년에 전국의 헌병 기관은 653개소, 2,019명인 데 반해 1911년에는 935개소, 7,749명으로 1년 사이에 3배 이상으로 크게 늘었다.[자료5] 특히 이들 헌병경찰은 경찰 본연의 치안 유지, 범죄 예방 등의 임무 외에 '조장행정助長行政'이라고 하여 "행정기관의 원조 내지 대리" 업무를 맡아 한국 민간인들의 일상생활에 깊이 관여했다. 이처럼 군인인 헌병이 민간인을 대상으로 하는 경찰 행정을 담당하는 헌병경찰 제도는 세계 어디에도 없는 것이었다.

한편 일반 경찰의 수도 크게 늘었고 그 기능도 헌병과 더불어 군대식으로 한국인을 사찰하는 것이었다.[자료6] 그 조직을 보면 헌병 사령관이 중앙의 경무총감이 되고, 도의 헌병대장이 도 경무부장, 위관이 경시, 하사관이 경부, 사병이 순사의 지위와 역할을 수행했다. 헌병 경찰은 정해진 법적 수속이나 정식 재판 절차를 거치지 않고 멋대로 한국인을 체포하여 벌금·태형·구류 등의 처벌을 가했다.

일제는 헌병경찰에게 일정한 사법관의 특권을 부여하고, 헌병경찰 제도를 뒷받침하는 각종 법령을 마련했다. 1912년에는 1908년 통감부령 제44호로 발표했던 〈경찰범처벌령〉을 강화하여 부령 제40호로 〈경찰범처벌규칙〉을 발표했다.[자료7] 자잘한 사항까지 규제하기 위하여 모두 87개조로 구성된 이 법은 한국인의 항일 투쟁뿐만 아니라 일상 생활에도 엄격히 적용되었다. 또 제령 제10호로 〈범죄즉결례犯罪卽決例〉, 제령 제13호로 〈조선태형령朝鮮笞刑令〉과 〈조선태형령 시행규칙〉을 제정, 공포했다.[자료8·9] 특히 전근대적 형벌인 태형은 1894년 갑오개혁으로 완전 폐지된 형벌인데, 일제는 감옥의 증설에 따른 행형비行刑費의 지출을 줄이고 형벌의 효과를 거두기 위해 한국인에게만 이 형벌을 적용할뿐더러 〈범죄즉결례〉와 연동하여 그들에게 공손하지 않거나 기분에 거슬리는, 또는 독립 사상을 가진 한국인을 탄압하기 위해 되살린 것이다. 그 결과 잔혹한 태형으로 아무 죄도 없는 한국인이 사망하거나 불구가 되는 일도 많이 일어났다. 이처럼 헌병 경찰은 범죄 즉결 처분권, 민사 쟁의 조정권 등의 권한을 가지고, 의병 토벌, 첩보 수집을 비롯하여 일본어 보급, 농사 개량, 세금 징수, 산림·위생 감독 등 각종 행정 업무까지 수행했다.[자료10] 한국인은 언제 어떤 트집으로 헌병경찰에 끌려가 태형을 당하고 처벌을 당할지 모르는 불안 속에 항상 떨어야 했으며, 이 때문에 '순사 온다'라는 말이 가장 무섭게 여겨진 것이다.

일제는 조선총독부의 행정 조직과 더불어 경찰관서와 헌병경찰을 거미줄처럼 엮어 놓고 한국인을 착취하고 탄압했다. 그 결과 헌병 경찰에 체포되어 즉결 처분된 건수를 보면 1918년 1년만 해도 94,640건이나 되었다.[자료11·12] 또한 일제는 조선총독부의 행정 관리와 심지어 학교 교원들까지 제복을 착용하고 대검帶劍케 했다.

그러나 일제는 이같은 조치만으로는 조선을 통치하는 데 불안하다고 여겨 정규 일본군을 한국 전역에 배치했다. 일본 육군 19사단을 나남에 주둔시키고 북부 한국 일대를 지역별로 구분하여 배치했으며, 20사단을 용산에 주둔시키고 중부와 남부 한국의 각지에 배치했다. 이들을 합하여 조선군이라 불렀으며, 조선군 사령부는 용산에 두었다. 아울러 일제는 경상남도 진해와 함경남도 영흥만에 해군 요새 사령부를 설치했다.

한편, 일제는 헌병경찰 제도를 통해 한국인을 폭력적으로 통치하는 가운데 그들 통치의 정당성을 한국인에게 각인시키고 일본인으로 만들기 위해 교육 문화 활동과 정치 선전에도 몰두했다. 이는 우민화 교육의 방침과 구관제도舊慣制度 조사 사업 및 물산공진회物産共進會 개최 등으로 나타났다.

우선 일제는 통치의 목표를 한국인의 민족성 말살에 두고 동화 정책을 실행하는 데 주안을 두었다. 이에 〈조선교육령〉과 〈사립 학교규칙〉, 〈서당규칙〉 등을 통해 우민화 교육을 본격화했다.[자료13] 여기서는 일제 통치의 정당화를 위한 이데올로기 주입과 함께 한국인 민족 교육의 약화를 기도했다. 즉 일제는 천황제 이데올로기를 중심으로 한 일본어, 일본역사, 일본지리 과목과 초보적인 실업 교육을 강조하면서 한국사 교육을 금지하는 한편 한국인 민족 교육의 온상이라 할 민립 학교와 서당 등을 탄압하는 데 온 힘을 기울였다. 그리하여 대한제국기에 융성했던 민립 학교와 서당은 쇠퇴하게 되었다. 그 결과 1908년 2,000여 개였던 민립 학교가 1919년에는 740개

서대문형무소. 1908년 경성감옥
이란 이름으로 준공한 서대문형무
소의 망루이다. 수용 능력은 500
명 정도였다. 그 후 여러 차례 증
축되면서 1912년 일제에 의해 서
대문감옥으로, 1923년 서대문형
무소로 불렸다. 지하에는 감방과
조사실, 고문실이 있다. 그 밖에 사
형집행장이 있어 의병을 비롯한
애국지사들이 순국하였다. 현재
서대문형무소는 서대문구 통일로
251번지에 자리 잡고 있으며 서대
문형무소 역사관으로 탈바꿈했다.

로 급격히 줄어들었다.

또한 일제는 한국의 문화 전통과 생활 세계를 철저히 분석하기 위해 조선 재래의
관습과 제도 등을 조사했다.[자료14] 이 과정에서 규장각 자료를 비롯한 한국 재래의
학술 문화 유산이 왜곡되고 해체되기에 이르렀다. 이는 한국인들을 통치하는 데 시
급히 필요한 〈조선형사령朝鮮刑事令〉·〈조선민사령朝鮮民事令〉의 제정에 그치지 않고
궁극적으로는 한국인을 일본인으로 만들기 위한 점진적 동화주의 방침에서 비롯되
었다.

끝으로 일제가 1915년에 개최한 경성부 물산공진회를 비롯한 여러 지방 공진회
는 강점 이전과 강점 이후의 시기를 각각 야만과 문명의 시기로 설정하고 홍보함으
로써 한국인에게 일제 통치의 정당성을 각인시키려 했다.[자료15] 이러한 공진회는 각
종 문명 이기 시설과 홍보 매체를 진열하여 일제 통치의 성적을 미화하고 부풀려 선
전하는 한편 강점 이전의 사회를 야만적이고 후진적인 사회로 묘사했다.

자료1 일제의 동화 정책 방침

나[유력한 재조선 일본인 – 지은이]의 발언은 전적으로 사견임을 미리 이해하십시오. 그러나 만약 당신이 일본 정책의 결과가 과연 어찌될 것인가를 나에게 개인적으로 묻는다면 나는 당신에게 한 가지 목적을 알려드릴 수는 있습니다. 그 목적을 이루는 데에는 몇 세대가 걸리겠지만 꼭 이루어질 것입니다. 한국인들은 일본인들에게 병탄될 것입니다. 그들은 일본어를 사용할 것이고 일본의 생활 습속대로 생활할 것이고 우리의 일부분을 이룰 것입니다. 식민지 통치에는 오직 두 가지 길이 있을 뿐입니다. 하나는 상대 민족을 외국인으로 그대로 간주한 채로 통치하는 것입니다. 당신의 조국인 영국은 인도에서 이와 같은 방법으로 통치했으며 결국 이와 같은 제국은 오래 견딜 수가 없습니다. 인도는 당신들의 지배를 벗어날 것임이 틀림없습니다. 두 번째 방법은 상대 민족을 동화시키는 것입니다. 우리는 이 방법을 취할 작정입니다. 우리는 한민족에게 일본어를 가르치고 우리의 제도를 이곳에 이식시킴으로써 이들을 우리와 일체가 되도록 만들 것입니다.

_F.A 매킨지, 『한국의 독립운동』

자료2 신영토로서의 조선

조선의 지위는 구미 제국의 식민지에 비하여 완전히 그 취지를 달리한다. 구미의 식민지는 본국과 격절隔絶하고 또 토착민의 인종과 풍속이 도저히 본국인과 혼화渾和하기 어렵다. 이를 타개하여 한 덩어리로 삼음은 불가능한 일에 속하기 때문에 대개 영구히 식민지로 삼아 시종始終해야 할 운명을 가지고 있지만 제국 본토와 조선의 관계는 이와 달라 지세地勢가 상접相接하고 인종이 상동相同하므로 그 융합 동화상 거의 하등의 장애가 있다고 보지 않는다.

_조선총독부, 『조선통치3년간 성적』 1914

자료3

동 반도半島의 민정 풍속과 관습 등은 제국 내지와 뜻을 달리하고, 그 문화의 정도는 내지와 동일하지 않으므로 잠시 동 반도의 통괄에 대해서는 제국 헌법의 조장을 적용

하지 않고 반도인의 생활을 안고安固히 하여 그 행복을 증진시키는 데 적절한 시정을
할 필요에 기초하여 대권大權으로 직접 통치한다는 취지를 조서詔書 중에 언명해 둘
필요가 있다고 인정한다.

__ 야마모토 시로山本四郎 엮음, 「데라우치 마사타케 관계 문서 수상 이전寺內正毅關係文書 首相 以前」
「합병 후 한반도 통치와 제국 헌법의 관계合倂後韓半島統治ㅏ帝國憲法ㅏ ノ關係」(1915.11), 교토여자대학, 1984

자료4 조선총독 관련 규정

제1조. 조선총독부에 조선총독을 두며 총독은 조선을 관할한다.

제2조. 총독은 천황이 직접 임명하며 육군대장으로 이를 충원한다.

제3조. 총독은 일본 천황에 직접 예속되며 위임의 범위 내에서 육해군을 통솔하며 조
선 방비의 일을 관장한다. 총독은 제반의 정무를 통할하며 내각총리대신을 거
쳐 상주上奏하여 재가를 얻는다.

제4조. 총독은 그 직권 또는 특별위임에 의하여 조선총독부령을 발하며 이에 1년 이하
의 징역 또는 금고, 구류, 200원 이하의 벌금이나 과료의 벌칙을 붙일 수 있다.

__ 「조선총독부 관보」, 1910년 9월 30일, 칙령 제354호 〈조선총독부 관제〉

자료5 일제 강점 초기 헌병대 수의 증가

연도	헌병대 사령부	본부	분대	분견소	파견소	출장소	합계
1910	1	13	77	502	61		654
1911	1	13	78	54	410	379	935
1912	1	13	78	57	394	413	956
1913	1	13	78	107	327	443	969
1914	1	13	78	99	317	501	1,009
1915	1	13	78	99	316	528	1,035
1916	1	13	77	96	318	551	1,056
1917	1	13	78	98	288	592	1,070
1918	1	13	78	98	877	43	1,110

「조선총독부통계연보」, 1918년

연도	경무부 및 경찰부	경찰서 및 경찰부서 · 수상경비소	순사주재소	순사파출소	합계
1910	14	107	269	91	481
1911	14	106	456	102	678
1912	14	106	464	109	693
1913	14	106	498	113	731
1914	14	105	508	112	739
1915	14	100	522	102	738
1916	14	99	515	103	731
1917	14	99	529	104	746
1918	14	99	532	106	751
1919	13	251	2,354	143	2,761
1920	13	251	2,354	143	2,761
1921	13	251	2,366	330	2,960

「조선총독부통계연보」 각 연도, 1910~1921년

자료7 경찰범 처벌 규칙

제1조. 다음의 각호에 해당하는 자는 구류주1 또는 과료주2에 처한다.

2. 일정한 주거 또는 생업 없이 이곳저곳 배회하는 자.

4. 이유 없이 면회를 강요하고 또는 강담强談, 협박 행위를 하는 자.

5. 협력, 기부를 강요하고 억지로 물품의 구매를 요구하며, 혹은 기예技藝를 보이거나 노동력을 공급해서 보수를 요구하는 자.

7. 구걸을 하거나 또는 시키는 자.

8. 단체 가입을 강요하는 자.

14. 신청하지 않은 신문, 잡지, 기타의 출판물을 배부하고 그 대금을 요구하거나 또는 억지로 그 구독 신청을 요구하는 자.

19. 함부로 다중多衆을 취합해서 관공서에 청원 또는 진정을 남용하는 자.

20. 불온한 연설을 하거나 불온 문서, 도서, 시가詩歌를 게시, 반포, 낭독하거나 큰 소리로 읊는 자.

21. 남을 유혹하는 유언비어 또는 허위 보도를 하는 자.

32. 경찰관서에서 특별히 지시하거나 명령하는 사항을 위반한 자.

주1 구류拘留 : 1일 이상 30일 미만 동안 구류장에 잡아 가두는 형벌의 일종.

주2 과료科料 가벼운 죄를 지은 사람에게 형벌로 부과하는 벌금.

50. 돌던지기 같은 위험한 놀이를 하거나 시키는 자, 또는 길거리에서 공기총 류를 갖고 놀거나, 놀게 시키는 자.

64. 관서의 독촉을 받고도 굴뚝의 개조, 수선 또는 청소를 소홀히 하는 자.

제2조. 본령에서 규정한 위반 행위를 교사하거나 방조하는 자는 전조에 준하여 처벌 할 수 있다. 단 정상에 따라 그 형을 면할 수 있다.

_ 「조선총독부 관보」, 1912년 3월 25일

자료8 조선태형령朝鮮笞刑令

주3 태형笞刑 : 가시가 있는 작은 형나무 가지 중 반드시 옹이나 눈 부분을 깎아서 만든 몽둥이로 볼기를 치는 형벌.

제1조. 3개월 이하의 징역 또는 구류에 처하여야 할 자는 그 정상에 따라 태형주3에 처 할 수 있다.

제4조. 본령에 의해 태형에 처하거나 또는 벌금이나 과료를 태형으로 바꾸는 경우에 는 1일 또는 1원을 태 하나로 친다. 1원 이하는 태 하나로 계산한다. 단 태는 다 섯 이하여서는 안 된다.

제7조. 태형은 태 30 이상일 경우에는 이를 한 번에 집행하지 않고 30을 넘길 때마다 1 횟수를 증가시킨다. 태형의 집행은 하루 한 회를 넘을 수 없다.

제11조. 태형은 감옥 또는 즉결 관서에서 비밀리에 행한다.

제13조. 본령은 조선인에 한하여 적용한다.

자료9 조선태형령 시행 규칙

제1조. 태형은 수형자를 형판 위에 엎드리게 하고 그 자의 양팔을 좌우로 벌리게 하여 형판에 묶고 양다리도 같이 묶은 후 볼기 부분을 노출시켜 태로 친다.

제11조. 형장에 물을 준비하여 수시 수형자에게 물을 먹일 수 있게 한다.

제12조. 집행 중에 수형자가 비명을 지를 우려가 있을 때는 물로 적신 천으로 입을 막 는다. _ 「조선총독부 관보」, 1912년 3월 18일

자료10 강제 농경

금일 조선을 여행하는 사람은 수리조합 지구는 말할 나위도 없고, 상당한 오지에 이

르기까지 우량 품종이 보급되고 개량 못자리가 만들어지고 정조식주4이 철저히 행해
지고 피 뽑기가 엄격하게 시행되고 있어서, 조선 논농사의 약진적 발전을 경이롭게
지켜볼 수 있다. 그러나 이 발전의 이면에는 관헌의 놀랄 만한 강권적 농업 지도의 역
사가 깔려 있다. 지도자의 올바른 지시에 따르지 않은 못자리는 짓밟혀지고, 정조식
에 응하지 않으면 모가 뽑히고 다시 심도록 강요되었다. 농민들은 통일적인 계획 아
래 수없이 피 뽑기에 강제로 동원되었다. '관官의 지도'에 따르지 않는 자는 경찰의 설
득을 받아 강제로 해야 한다. 재래 품종에 대해서도 똑같이 일정한 장려 품종이 정해
지고, 이의 연차적 보급 · 생산 계획이 계통적으로 정연하게 확립되고, 정해진 품종
이외의 재배는 금지되어 농민의 의욕과 상관없이 강력히 실행되었다. 다시 수확기에
이르러도 경쟁하듯 적기適期 수확이 강행되고, 수확이 끝나면 건조에 대하여, 건조하
면 탈곡기나 멍석의 사용이 강요된다. 벼의 탈곡에 멍석을 깔지 않는 것은 과료科料에
처한다고 하는 간단한 법령에 따라 그 실행을 강요하고, 위반한 사람이 처벌된 사례
는 쌀농사 지대의 각 도에서 이미 경험했다. 이를 요약하면 못자리에 심어야 할 종자
에서부터 탈곡에 이르기까지 미세한 생산 과정의 구석구석까지 지도의 거미줄에 갇
혀 오로지 강권적으로 실시되고 있다.

— 히사마 겐이치久間健一, 「조선농정의 과제」, 1943.

자료 11 민사 · 형사 · 예심 및 검사 수사 사건 접수 건수(1910~1918)

구분 연도	민사 소송	형사 소송	예심 사건	검사 수사사건	민사 잡사건	형사 잡사건	검사국 공조사건	총계
1910	26,079	7,922	232	14,250	10,672	490		59,646
1911	32,015	10,663	258	19,134	13,178	941		76,189
1912	37,195	13,525	434	24,937	27,692	368	1,347	105,498
1913	38,539	16,927	528	31,281	52,542	467	1,627	141,911
1914	36,608	17,819	585	34,834	122,127	547	2,178	214,698
1915	36,805	20,048	580	38,856	244,219	526	2,437	343,471
1916	34,825	23,884	592	46,607	378,176	503	2,548	487,135
1917	35,029	29,142	655	57,375	684,070	678	2,439	809,338
1918	34,939	29,560	664	61,074	925,935	549	2,770	1,055,491

「조선총독부통계연보」 각 연도, 1910~1918

자료 12 범죄 즉결 사건 처단 인원(1911~1918)

연도	처단 총인원	자유형	재산형	체형[태형]
1911	21,387	995	4,728	15,065
1912	13,806	1,534	10,387	18,434
1913	45,848	2,569	23,320	19,959
1914	50,099	3,280	22,464	23,019
1915	60,371	4,452	28,187	26,797
1916	82,121	4,951	36,960	39,226
1917	92,842	4,294	43,651	44,868
1918	94,640	4,528	51,355	38,684

「조선총독부통계연보」 각 연도, 1911~1918

자료 13 칙령 제229호 조선교육령

제1조. 조선에 있는 조선인의 교육은 본령에 따른다.

제2조. 교육은 교육에 관한 칙어에 입각하여 충량한 국민을 육성하는 것을 본의로 한다.

제3조. 교육은 시세와 민도에 적합하게 함을 기한다.

제4조. 교육은 크게 보통교육·실업교육 및 전문교육으로 나눈다.

제5조. 보통교육은 보통의 지식·기능을 부여하고 특히 국민된 성격을 함양하며, 국어[일본어]를 보급함을 목적으로 한다.

제6조. 실업교육은 농업·상업·공업 등에 관한 지식과 기능을 가르치는 것을 목적으로 한다.

제7조. 전문교육은 고등한 학술과 기예를 가르치는 것을 목적으로 한다.

제9조. 보통학교의 수업 연한은 4년으로 한다. 단 지방 실정에 따라 1년을 단축할 수 있다.

제28조. 공립 또는 사립의 보통학교·고등보통학교·여자고등보통하교·실업학교 및 전문학교의 설치 또는 폐지는 조선총독의 허가를 받아야 한다.

— 「조선총독부 관보」, 1911년 8월 23일

현시에 문화의 정도를 달리하고 사회의 상태를 달리하기 때문에 이 조화 동화는 점진적이어야 하지 급진적이어서는 안 된다. 특히 토지 제도가 다르고 토지에 관한 권리, 친족, 상속 등의 관계에서 조금이라도 본국의 법제를 적용해서는 안 되는 것이다. 때문에 시무의 요체는 즉 민족 관습에 적응해야 할 특수 법규의 제정에 있다. 어느 정도에서 본국의 법제를 적용하고 어느 정도에서 특수의 법제를 제정하고 그간의 교섭 운영에서 어그러짐이 없이 결국은 조화 동화의 목적에 도달하는 것은 대개 식민지 법제가의 응당 노력해야 할 요의要義이지 않으면 안 된다.

_ 모치지 로쿠사부로 持地六三郎, 『대만식민정책』, 1912

지료 15 물산공진회 사업의 목적

건전한 사상의 고취와 우리 조선 통치의 대의를 내외에 선포하고 조선의 정치 경제 산물을 내지인[일본인]에게 문지케 하며 또 내지[일본]의 문명을 조선인에게 요해了解케 함은 실로 이때로써 절호한 기회라 하노라.   _ 「매일신보」, 1915년 8월 24일

출전

『조선농정의 과제朝鮮農政의課題』: 일본인 관리였던 히사마 겐이치가 조선 농업의 사정에 대해 쓴 책으로 1943년에 출판되었다.

찾아읽기

국사편찬위원회, 『일제침략하 한국 36년사』1~13, 1966~1978.
문정창, 『군국일본 조선강점 36년사』상 · 중 · 하, 백문당, 1967.
강동진, 『일제의 한국침략정책사』, 한길사, 1980.
차기벽 엮음, 『일제의 한국 식민통치』, 정음사, 1985.
김운태, 『일본제국주의의 한국통치』, 박영사, 1986.
임종국, 『일본군의 조선침략사』, 일월서각, 1988 · 1989.
김태웅, 「1910년대 전반 조선총독부의 취조국 · 참사관실과 '구관제도조사사업舊慣制度調査事業'」, 『규장각』, 16, 1993.

김태웅, 「일제 강점 초기의 규장각 도서 정리 사업」, 『규장각』 18, 1995.

송이랑, 『일제의 한국 식민지 통치 방식』, 세종출판사, 1999.

김태웅, 「1915년 경성부 물산공진회와 일제의 정치선전」, 『서울학연구』 18, 2002.

수요역사연구회 엮음, 『식민지 조선과 『매일신보』: 1910년대』, 신서원, 2003.

강만길 외, 『일본과 서구의 식민통치 비교』, 선인, 2004.

권태억 외, 『한국 근대사회와 문화Ⅱ: 1910년대 식민통치정책과 한국사회의 변화』, 서울대학교 출판부, 2005.

수요역사연구회 엮음, 『일제의 식민지 지배정책과 매일신보: 1910년대』, 두리미디어, 2005.

김동노 엮음, 『일제 식민지 시기의 통치체제 형성』, 혜안, 2006.

권보드래, 『1910년대, 풍문의 시대를 읽다: 『매일신보』를 통해 본 한국 근대의 사회·문화 키워드』, 동국대학교 출판부, 2008.

이승일, 『조선총독부의 법제 정책: 일제의 식민통치와 조선민사령』, 역사비평사, 2008.

김태웅 외, 『규장각: 그 역사와 문화의 재발견』, 서울대학교 출판문화원, 2009.

3 토지 조사와 동양척식주식회사
수탈 체제 기반 조성

일제는 재정 제도의 정비와 토지 조사 사업, 회사령 제정 등을 통해 수탈 체제의 기반을 조성했다. 그리하여 많은 농민이 토지를 잃었으며, 한국인 기업의 성장이 억제되었다. 또한 일제는 이른바 외지인 조선을 일본 본국의 자본주의 발전과 중국 대륙 침략을 위한 식량 및 원료 공급 기지로 바꾸어 각종 산업 자원을 수탈할 수 있는 기반을 조성했다.

'재정독립계획'과 조세 증징

일제는 강점 이전에 이미 대한제국의 재정을 장악했지만 통치 비용을 조선 자체에서 조달하기에는 모자랐다. 더욱이 러일전쟁에 따른 전비의 팽창과 일본 본국 재정의 악화로 1910년 9월 〈조선총독부 특별회계에 관한 건〉이라는 법령이 반포된 터였다. 특히 일제는 통감 통치기에 이미 조선 통치에 필요한 경비를 본국 국민에게서 마련하기보다는 한국인 주민에게서 충당한다는 방침을 세워 놓고 있었다.[자료 1] 이에 일제는 '재정독립계획'을 마련했다. 그것은 조선총독부가 일본 정부로부터 받는 보충금을 1914년부터 1918년 5년 간에 걸쳐 매년 체감하여 1919년에는 본국 정부로부터 전혀 받지 않겠다는 계획이었다. 따라서 조선 내에서 조선총독부 재정을 충당하기 위해서는 세입원을 확대 · 증강해야 했다. 그것은 세입의 대부분을 차지하는 조세 수입 약 27.4%의 증수를 의미했다. 여기에는 국세와 함께 지방비가 포함되었다. 이 중 지세는 전체 조세 수입 중에서 차지하는 비중이 가장 컸으며 1914년, 60.2%, 1911~1919년 사이에 1.6배 인상되었다. 그 밖에 일제는 소비세 등 간접세의 비중을 점차 높여감으로써 조세의 대중과세적大衆課稅的 성격을 점차 강화했으며 지방비 증징과 부역 동원을 통해 지방 통치비와 사회 간접 자본 시설 투자비 등을 확보하고자 했다. 그 결과 1914~1919년 5년간 1호당·1인당 조세 부담은 2배 이상으로 증가했다.[자료2]

토지 조사 사업의 실시

일제가 통치 비용을 확보하고 일본 자본주의의 경제 침투와 이주 농업 식민에 유리한 토지 제도를 구축하기 위해 큰 힘을 기울인 것은 토지 조사였다. 일제는 강점 직전인 1910년 3월에 토지 조사국을 설치하고 '토지 조사 사업'에 착수했다. 물론 이러한 토지 조사는 1910년 강점 이전에 시작되었다. 조선의 경지를 파악하고 조세 징수의 효율성을 극대화하기 위하여 일종의 지세장부地稅帳簿라 할 결수연명부結數連名簿를 작성했다. 그러나 이 장부는 신구 양안 및 기존의 장부책을 바탕으로 작성했기 때문에 매우 불완전했다. 따라서 일제는 강점 직후인 1910년부터 1918년에 걸쳐 지세 부담의 공평, 지적地籍의 확정과 소유권의 보호, 토지 개량과 이용의 자유 보장, 생산력의 증진 등을 내세우며 토지의 면적과 형태, 위치, 경계를 조사하고 해당 토지의 소유권자를 확인하고 토지의 가격을 조사하는 것이었다.[자료3]

그 결과 과세지는 10년 사이에 52%나 증가하고 지세 수입도 1911년에 624만 엔에서 1919년에는 1,152만 엔으로 2배 가량 증가되었다. 이는 당시 지세를 실질적으로 부담하고 있었던 자소작 농민들의 조세 부담을 증가시켜 이들을 몰락시키는 요인이 되기도 했다.

한편, 토지 조사 사업 과정에서 토지 소유권의 확정을 둘러싸고 3만 3천여 건의

일제가 토지를 측량하고 있는 모습이다. 일제는 1912년 〈토지조사령〉을 공포하여 본격적으로 토지 조사 사업에 나섰다. 그 결과 1918년 토지 조사 사업이 끝났을 때 사실상 농민의 소유였던 많은 농토와 공공 기관에 속해 있던 토지, 마을 또는 집안의 공유지로 명의를 내세우기 어려운 동중·문중 토지의 상당 부분이 조선총독부 소유로 넘어갔다.

분쟁이 일어났다. 이 중에서 국유지 분쟁이 65%를 차지할 정도로 비중이 컸다. 그러나 일제는 국유·민유를 먼저 구획한 후 토지를 조사하는 방식을 취함으로써 역둔토驛屯土와 궁장토宮庄土 등에 대한 농민들의 경작권을 비롯한 여러 가지 권리를 부정하고 농민들로부터 많은 토지를 빼앗아 이른바 국유 즉 조선총독부의 사유 재산으로 삼았다. 역둔토의 경우, 총면적은 1912년 현재 133,633정보로 그 해 경지 총면적의 약 20분의 1에 해당할 정도로 방대했다. 또한 이 땅을 경작하는 소작인은 무려 331,748명에 이르렀으니 총농가 호수의 약 10.7%, 순소작농 호수의 약 28.7%에 해당하는 방대한 것이었다.

또한 일제는 1911년 4월에 〈토지수용령〉 등을 공포하였다. 이에 따라 일제는 관공청사 설립, 도로·철도 시설, 국방 군사 및 제철·광산업 등에 필요하다고 여겨지는 토지를 무제한으로 사적 소유를 불문하고 수용할 수 있게 되었다.

그 결과 토지 조사 사업은 조선총독부와 일본인의 토지 소유를 증대시키는 중요한 계기가 되었다. 토지 조사 사업이 종료된 1918년 12월 현재 조선총독부의 소유지는 272,076정보, 일본인의 소유지는 236,586정보에 이르렀다. 당시 사업에 의한 조사 및 사정 실정에 따라 총 면적이 487만 1천 정보인 점을 감안하면 조선총독부 소유지와 일본인의 소유지가 각각 5.6%와 4.9%에 해당했다. 또한 일제는 종래의 국유지에 대한 소작료를 3할에서 5할로, 일반 소작지의 소작료는 5할에서 6할로 각각 인상했다. 이처럼 일제는 근대적 토지 소유 제도를 확립한다는 명분을 내세우며 한국인 소유의 토지를 약탈하고 수탈의 기반을 확립해 나가는 한편 수많은 한국인 농민들은 토지를 잃고 소작농으로 전락하거나 정든 고향을 떠날 수밖에 없게 되었다.

동양척식주식회사의 설립과 운영

일제가 탈취한 막대한 토지는 조선총독부 소유가 되어 국책 회사인 동양척식주식회사로 넘겨지거나 일본인에게 헐값으로 불하되어 고율의 소작료를 착취하는 바탕이 되었다. [자료4] 이 중 1908년에 세워진 동양척식주식회사가 1919년 현재 소유한 토지는 78,520정보에 이르렀을 정도로 농민 수탈의 총본산 구실을 수행했다.

다음 동양척식주식회사의 중요 사업은 농업 이민 사업이었다. 1910년부터 시작된 이 사업으로 매년 1,000호의 일본 농민이 각종 특혜를 받으면서 조선에 건너왔다. 1912년의 3회까지는 주로 남쪽 곡창 지대에 한정되었으나, 이후로는 9,096호가 17회에 걸쳐 함경북도를 제외한 전국 각지에 이주했다. 나아가 동양척식주식회사는 이들 일본인 이주민에게 지주로서 성장하도록 이주비 등을 지원하고 그 밖에도 다른 보호와 원조를 베풀었다.

동양척식주식회사의 이러한 농업 이민 사업은 경제적인 목적보다 정치적인 목

지금의 서울 을지로 입구에 있었던 동양척식주식회사 본사 건물의 모습. 동양척식주식회사는 일제가 대한제국의 토지를 약탈하기 위해 1908년에 설립한 회사로 한국인들의 토지를 약탈하여 조선 최대의 지주로 성장하였다. 조선 각지에 17개의 지점을 두었고 각각에 52개 사의 지점을 설립. 경제적 침략을 꾀하다가 패전과 함께 폐사되었다.

적을 위해 추진되었다. 즉 일본 정부는 이미 일본인이 상당히 침투한 주요 도시뿐만 아니라, 농촌에도 일본인 마을을 만들어 조선 통치의 거점을 삼으려 했던 것이다. 1926년까지 계속된 농업 이민으로 한국인 농민은 토지를 잃고 정든 농토를 떠나 만주 등지로 옮길 수밖에 없었다.

그 밖에 동양척식주식회사는 자금의 융자를 비롯하여 수리 · 토목 · 산림 등을 경영했다. 특히 1920년대 후반기부터는 토지 경영보다는 부동산 담보 대부에 주력했다. 그러다가 1930년대 이후에는 일본 공업의 조선 진출 정책에 따라 투자 사업은 공업 건설 부문으로 옮겨졌다.

결국 동양척식주식회사가 창립될 때 내세웠던 경제 생활의 향상이란 표어는 한낱 구실에 지나지 않았다. 동양척식주식회사는 항상 일제 침략의 선봉이 되어 한국 농민 및 산업을 침탈하는 총본산이었기에 한국인이 원망하는 표적이 되었다.

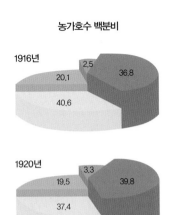

농가호수 백분비

1916년
36.8 / 2.5 / 20.1 / 40.6

1920년
39.8 / 3.3 / 19.5 / 37.4

1932년
52.7 / 3.5 / 16.3 / 25.4

■ 지주 ■ 자작농
■ 자작겸소작 ■ 소작농
(단위 : %)

임야 조사 사업의 실시와 영향

일제는 강점 이전 1908년에 제정된 〈삼림법〉 제19조를 근거로 삼아 대부분의 임야를 국유 임야로 편입했다.[자료5] 당시 임야의 대부분을 차지하고 있던 공동 이용지의 경우, 일반 민인이 고래로 동리와 마을의 자체 기준과 원칙에 따라 각종 임산물을 취집하거나 때로는 산전山田 · 화전火田을 일구어 생계를 영위할 수 있는 공유지였지만, 삼림 · 산야의 사적 소유자가 아니었기 때문에 기한 내에 지적 및 면적의 견적도를 제출할 수 없었다. 그 결과 한국 민중은 이러한 산림을 약탈당하여 임야를 공동으로 이용할 수 없었다. 특히 일상적으로 사용해야 할 연료 채취에도 많은 곤란을 겪었다.

임야 조사 사업을 벌이는 광경. 일제는 1917년부터 임야 조사 사업에 착수하여 1924년에 1차 사정사무를 완료했다.

이어서 1911년에는 〈삼림령〉을 제정하여 임야의 소유권을 제한하거나 심지어 박탈하는 한편 제3자 이용 규정을 두어 일본인 독점자본 등에 대한 대부·양여의 길을 열어 놓았다.[자료6] 다만 조림의 비용을 한국인 민간인에게 전가하기 위해 국유림 편입지 중 임상이 빈약해 경제적 가치가 없는 일부 국유림을 불요존국유림不要存國有林으로 설정하고 민간인들에게 대부·양여하기 시작했다. 또한 1908년 〈삼림법〉에서 인정되지 않았던 촌락공용림 입산의 관행을 용인했다.

이후 국유림에 대한 임야 조사가 불충분하여 소유권을 둘러싼 분쟁이 끊이지 않자 일제는 1917년부터 임야 조사 사업에 착수하여 1924년에 1차 사정사무査定事務를 완료했다. 그 결과 1920년에는 민유림이 증가하고 국유림이 감소하여 각각 639만 8,000여 정보와 936만 9,000여 정보였다. 그러나 한국인들은 자신들이 경작하는 산전山田이 임야로 등록됨으로써 경작을 할 수 없을뿐더러 임야 소유자라는 이유로 강제로 삼림조합에 가입하여 막대한 식림비와 산림조합비를 비롯한 각종 잡세를 감당해야 했다. 또한 일제는 이른바 입회권入會權을 용인한 촌락 공용림마저 곧이어 면유재산面有財産으로 강제 편입시킴으로써 일반 민인의 공유共有·공동이용권共同利用權 등의 여러 권리를 제약·부정할뿐더러 입산료를 부과하고 그 산물을 판매했다.

한편 일제는 압록강과 두만강 유역 등지의 거대하고 질 좋은 삼림을 요존국유림要存國有林으로 설정했다. 그리하여 이후 이 지역의 삼림을 대대적으로 벌채하여 군사상·산업상 절대 필요한 다량의 목재를 안정적으로 조달하고, 막대한 부를 축적할 수 있게 되는 가운데 이 지역의 산림 축적은 1927년부터 1941년까지의 14년간 171,327,000 사이[사이才는 한국과 일본에서 옛부터 사용하는 체적 단위로서 제재製材 제품에 통용되고 있다. 1촌×1촌×12자의 체적을 1사이로 한다.], 다시 말해 57만㎥가 감소되어 북한 총 산림 축적 체적體積의 29%가 사라졌다.

결국 일제의 임야 조사 사업은 토지 조사 사업과 마찬가지로 일제 당국과 일본 자본주의의 요구에 맞춰 한국의 임업을 재편하는 계기가 되었다. 즉 일제는 근대적 소유권 확립을 내세워 민인들의 여러 권리를 부정함으로써 수익성이 높은 임야를 자신들의 사유로 삼아 막대한 부를 축적하는 한편 식림 등에 필요한 비용을 한국인 들에 전가함으로써 개발에 따른 비용을 절감하면서 재정 수익을 극대화했다.

회사령의 시행과 일제의 산업 독점

일제는 대한제국을 강점하자마자 1910년 12월 29일에는 부령 제13호 〈조선회사 령〉을 제정·공포했다.[자료7] 그것은 무엇보다도 조선에 침투한 일본인 자본의 취약 성을 메우는 동시에 일본인 자본을 제외한 한국인 자본을 비롯한 구미 열강의 자본 을 억제하고자 했기 때문이다. 이 법에 따르면 조선에서는 회사를 설립하거나 일본 외 다른 나라의 회사가 조선에 본사를 세우려 할 때는 조선총독의 허가를 받도록 규 정했다. 그러나 〈조선회사령〉은 당시 구미 자본의 침투가 매우 미미함을 감안할 때, 기본적으로 한국인 기업의 설립과 성장·발전을 억압하고, 전통적 도시의 발달을 저지하는 한편, 개항장 도시를 비롯한 여러 도시부에서 일본 자본의 팽창·확대를 촉진하는 데 주안을 두었다. 그 결과 1911~1919년 사이에 늘어난 일본인 회사가 180 개인 데 반해 한국인 회사는 겨우 36개였다. 또 한국인 회사의 납입 자본도 일본인 회사보다 훨씬 적어, 그 규모가 상대적으로 영세했음을 알 수 있다.

그러나 제1차 세계대전으로 일본 자본주의가 급격히 성장하게 됨에 따라 일본 본국의 과잉 자본을 투자할 배출구로 조선을 주목하게 되었다. 이에 1920년 4월 제 령 제7호로 〈회사령 폐지에 관한 건〉을 공포하여 일본 자본의 조선 유입과 투자를 적극 유도하는 조치를 취했다.

한편, 일제는 조선의 광산 자원을 수탈하기 위하여 1915년 12월 24일 〈조선광업

1915년 10월에 설립된 경성상업회의소의 건물. 경성상업회의소는 1915년 7월 〈조선상업회의소령〉이 공포됨에 따라 설립된 민간기관으로 1905년 조선인 서울 상인들이 설립한 한성상업회의소를 흡수하였다. 일제 자본은 서울의 상공업 계뿐만 아니라 조선의 산업과 상공업을 장악하게 되었다.

령〉을 제정, 공포했다. 이로써 전국의 무연탄광, 흑연광, 동광, 아연광, 텅스텐광, 몰리브덴광은 완전히 일본 재벌이 독점하게 되었고, 금광과 은광도 대부분 일본인 이 소유하게 되었다. 그 결과 1920년 현재 일본인 소유 광산은 전체 광산의 80%를 넘 었던 반면, 한국인 소유 광산은 전체의 0.3%에 불과했다.

일제는 어업 부문에서도 1911년 〈조선어업령〉을 시행하여 황실 및 개인 소유의 어장을 일본인 소유로 강탈했다. 이와 함께 일본 본국의 어민을 이주시켜 회사를 조 직케 하고 한국의 황금 어장을 독점했다. [자료8]

그 결과 일제의 이러한 수탈 체제 기반 조성은 조선과 일본의 무역 구조에서도 그대로 나타났다. 1919년 조선에서 일본으로 이출해 간 상품은 원료와 원료용 제품 이 90%를 넘게 차지했다. 이 중 대대수의 상품은 미곡이었다. 수입은 직물류와 경공 업 제품이 전체의 60%를 차지했다. 이는 조선이 일본 제국주의 경제권에 완전히 편 입되어 일본에 원료를 공급하고 일본 상품을 소비하는 외지가 되었음을 의미한다.

자료1

금후 더욱 증가할 한국의 제반 경비를 부담함에 있어 이를 우리 국민[일본인 - 지은이]에게 부과하는 것은 결코 장계長計가 아니다. 따라서 한국 인민으로 하여금 그 자력資力을 증진시키고 한국 경영을 가급적 한국 인민이 스스로 그 비용을 부담하도록 하는 방도를 강구할 필요가 있다.

── 『주한일본공사관기록』, 「발송전신공─내전發送電信控─來電」 1906년 1월 31일

자료2 1910년대 국세 · 지방비 부담액

(단위 : 엔)

구분	연도	1915	1916	1917	1918	1919
국세	부담액	17,501,281	18,868,334	22,679,184	29,202,295	38,529,695
	일호당	5,613	5,957	7,074	9,043	11,819
	일인당	1,074	1,133	1,336	1,712	2,246
지방세	부담액	1,464,176	1,363,232	1,387,390	2,060,980	3,832,960
	일호당	469	430	433	637	1,177
	일인당	90	82	81	120	223
부세府稅	부담액	634,089	651,886	684,709	831,897	981,438
	일호당	5,247	5,168	5,279	6,340	7,160
	일인당	1,241	1,227	1,240	1,483	1,681
면부과금 面賦課金	부담액	2,267,030	2,234,782	2,284,379	3,377,824	5,079,614
	일호당	756	734	712	1,087	1,628
	일인당	143	138	139	204	306
합계	부담액	21,866,586	23,117,234	27,035,662	35,472,996	48,423,707
	일호당	7,013	7,298	8,433	10,955	14,877
	일인당	1,343	1,388	1,593	2,079	2,823

조선총독부, 『조선의 국세와 지방적 조세 부담액朝鮮に於ける國稅と地方的租稅負擔額風』, 1923.

주1 자번호字番號 : 한자 글자로 매긴 번호.

주2 사표四標 : 사방의 경계표.

자료3 토지조사령

제1조. 토지의 조사 및 측량은 본령에 의한다. …

제4조. 토지 소유자는 조선총독이 정하는 기간 내에 주소·씨명, 명칭 및 소유지의 소재, 지목, 자번호[주1], 사표[주2], 등급, 지적, 결수結數를 임시토지조사국장에게 신고해야 한다. 단 국유지는 보관 관청이 임시토지조사국장에게 통지해야 한다. …

제17조. 임시토지조사국은 토지대장 및 지도를 작성하고 토지의 조사 및 측량에 대해 사정으로 확정한 사항 또는 재결을 거친 사항을 이에 등록한다.

_「조선총독부관보」, 1912년 8월 13일

주3 동양척식주식회사 : 1908년 8월 27일 「동양척식주식회사법」이 발포되고, 12월 28일 총재와 부총재가 임명되면서 만들어진 일제 식민지 지배를 위한 국책 회사이다. 대체로 척식회사는 황무지를 개척하여 농업을 증식하는 것을 목적으로 하는데, 일제는 일본의 퇴역 병사들을 조선에 이식하여 일본 본국의 인구 문제를 해결하고 동시에 조선 내의 민족 운동을 저지하면서 한국의 경제를 독점하고 착취하기 위한 목적에서 특수 법인으로 설립했다. 이 회사는 강제로 차지한 막대한 토지를 소작인에게 빌려주고 50% 이상의 고율 소작료를 징수하는 한편, 영세 농민에게 빌려준 곡물에 대해서는 20% 이상의 비싼 이자를 추수 때 현물로 거두었다.

주4 전작佃作 : 원래 전佃이라 함은 밭이나 여기서는 농사를 이름.

주5 전권田券 : 토지 문서.

자료4 동양척식주식회사[주3]

동양척식회사란 것은 한국 토지를 개척하여 일본의 농민을 이식시키기 위해 조직된 것이니, 진실로 일본 농민의 한국 이주 작업을 위해 편리를 주자는 것이었으나 실상 저의는 제대한 군인을 농업에 종사케 함으로써 한국에 대한 정책을 진행함에 속박을 가속화하고 채찍을 가하여 억압하며 우리의 생명을 억제하고 우리의 살아갈 수 있는 기틀을 끊으려는 것으로, 주도 엄밀하게 모멸을 가하려는 것이었다. 그러나 후일의 환난을 염려해서 동양척식회사라는 명칭을 붙여 한국의 황무지를 개척하여 농업을 증산한다고 떠들어댔으니, 실상은 퇴역 병사를 한국에 이식하여 내심 둔전병제를 실시하여 장래 뜻하지 않은 사변에 대비하자는 것이었다. … 역토驛土란 것은 각 역에서 말을 기르는 데 수요를 위한 것이며, 궁토란 것은 각 궁방에 소속된 것으로 내수內需에 충당하는 것이며, 둔토라 함은 역대 양병을 위한 둔전을 말하는 것이다. 이러한 땅은 모두가 일등 옥답으로 우리 국민이 전작[주4] 경영으로 생을 꾸려나가던 것이며 상당히 광대한 양에 달하는데, 이제 그 토지를 그 회사에 들여놓아 우리 국민들의 경작권을 빼앗고 일본인에게 지급하여 또한 한 푼을 허비하지 않고 이렇게 넓은 옥토를 취하게 되었다. 또한 일본인이 재권財權을 장악한 이후 흉년이 날로 심하여 우리 국민은 더욱 생계의 유지가 곤란하여 부득이 그 회사에 빚을 요구했는데, 그 전권[주5]을 저당으로 잡되 반드시 측량·조사하여 지가地價에 1/10에 해당하는 액수만을 지급하며 기한이 지나도록 상환하지 아니하면 드디어 그 회사의 소유가 되며, 민유지를 구입할 때도 원가대로 지급하지 아니하고 가로챈다. 또한 저들 농민들이 한국에 와서 토지를 경작하겠다고 요구해오면 옥토가 아닐 경우 받지 아니하는 까닭에 그들의 요구를 좇아 비록 한국인이 이미 씨앗을 뿌려 맥묘주6가 성장한 땅이라 하더라도 모두 빼앗아 주게 되니, 척식이란 말이 과연 황무지를 개척해서 농업 생산을 증가하자는 목적에서 만든 것이란 말인가.

주6 맥묘麥苗 : 보리와 벼로 곡식을 의미함.

— 박은식, 『한국통사』

자료5 삼림법

제19조. 삼림 · 산야의 소유자는 본 법 시행일로부터 3년 이내에 삼림 · 산야의 지적 및 면적의 견적도를 첨부하여 농상공부대신에게 제출해야 한다. 기한 내에 제출하지 않는 것은 모두 국유로 간주한다.

— 『관보』 1908년 1월 24일

자료6 조선삼림령

제1조. 조선 총독은 국토의 보안, 위해의 방지, 수원水源의 함양, 항행의 목표, 공중의 위생, 어부魚附 또는 풍치를 위하여 필요하다고 인정하는 때에는 삼림을 보안림으로 편입할 수 있다.

제7조. 조선 총독은 조림을 위하여 국유 삼림을 대부받은 자에게 사업이 성공한 경우에 특별히 그 삼림을 양여할 수 있다.

제11조. 조선 총독은 공용 또는 공익사업을 위하거나 이민 단체용으로 필요한 때에는 국유 삼림을 양여할 수 있다.

— 『조선총독부 관보』 1911년 6월 20일, 조선총독부제령 제10호 〈삼림령〉

자료7 조선회사령

제1조. 회사의 설립은 조선총독의 허가를 받아야 한다.

제2조. 조선 외에서 설립한 회사가 조선에 본점이나 또는 지점을 설립하고자 할 때는

조선총독의 허가를 받아야 한다. …

제5조. 회사가 본령이나 혹 본령에 의거하여 발하는 명령과 허가 조건에 위반하거나

또는 공공질서와 선량한 풍속에 반하는 행위를 할 때 조선총독은 사업의 정지,

지점의 폐쇄, 또는 회사의 해산을 명한다. …

__ 조선총독부, 『조선법령집람-제17집 산업』, 1938

자료8 일제 강점 초기 수산업의 민족별 현황

민족별	연도	1912		1916		1920	
		수치	비율(%)	수치	비율(%)	수치	비율(%)
수산업자 호수(호)	한국인	60,455	95.3	82,389	96.5	93,297	96.5
	일본인	2,978	4.7	2,984	3.5	3,358	3.5
	계	63,433	100.0	85,373	100.0	96,655	100.0
어구의 가격 (천엔)	한국인	1,100	66.3	1,903	60.9	6,459	55.7
	일본인	559	33.7	1,220	39.1	5,129	44.3
	계	1,659	100.0	3,123	100.0	11,588	100.0
생산액 (천엔)	한국인	7,948	60.8	13,511	52.5	37,296	52.5
	일본인	5,124	39.2	12,226	47.5	34,074	47.5
	계	13,072	100.0	25,737	100.0	71,370	100.0

히메노 미노루姬野實 엮음, 『조선경제도표朝鮮經濟圖表』, 조선통계협회, 1940

출전

『조선법령집람朝鮮法令輯覽』: 일제강점기에 시행된 각종 법령을 분야 및 산업별로 분류 · 정리하여 편찬한 것.

찾아읽기

김용섭, 「수탈을 위한 측량-토지조사」, 『한국현대사』, 신구문화사 엮음, 신구문화사, 1969.

신용하, 『조선토지조사사업사연구』, 한국연구원, 1979.

손정목, 「회사령연구」, 『한국사연구』 45, 1984.

최윤규, 『근현대 조선경제사』, 갈무지, 1988.

우명동, 「일제하 조선재정의 구조와 성격」, 고려대학교 박사학위 논문, 1996.

권태억, 『한국근대면업사연구』, 일조각, 1989.

김용섭, 『한국근현대농업사연구—한말·일제하의 지주제와 농업문제』, 일조각, 1992.

최원규, 「한말 일제초기 토지조사와 토지법」, 연세대학교 박사학위 논문, 1994.

고바야시 히데오小林英夫 엮음, 『식민지에로의 기업진출—조선회사령의 분석』, 가시와쇼보柏書房, 1994.

정태헌, 『일제의 경제정책과 조선사회 : 조세정책을 중심으로』, 역사비평사, 1996.

류승렬, 「한말·일제초기 상업변동과 객주」, 서울대학교 박사학위 논문, 1996.

배재수, 「일제의 조선산림정책에 관한 연구 : 국유림정책을 중심으로」, 서울대학교 박사학위 논문, 1997.

김홍식 외, 『조선토지조사사업의 연구』, 민음사, 1997.

강영심, 「일제의 한국삼림 수탈과 한국인의 저항」, 이화여자대학교 박사학위 논문, 1998.

이태진 외, 『서울상업사』, 태학사, 2000.

임업연구원 엮음, 『한국의 근·현대 산림소유권 변천사』, 임업연구원, 2001.

이영호, 『한국근대 지세제도와 농민운동』, 서울대학교 출판부, 2001.

배영순, 『한말·일제초기의 토지조사와 지세개정』, 영남대학교 출판부, 2002.

조석곤, 『한국근대 토지제도의 형성』, 해냄, 2003.

권태억 외, 『한국 근대사회와 문화 Ⅱ : 1910년대 식민통치정책과 한국사회의 변화』, 서울대학교 출판부, 2005.

이우연, 「조선시대—식민지기 산림소유제도와 임상변화에 관한 연구」, 성균관대학교 박사학위 논문, 2005.

윤해동, 『지배와 자치 : 식민지기 촌락의 삼국면구조』, 역사비평사, 2006.

이승렬, 『제국과 상인 : 서울·개성·인천 지역 자본가들과 한국 부르주아의 기원, 1896~1945』, 역사비평사, 2007.

최병택, 『일제하 조선임야조사사업과 산림정책』, 푸른역사, 2009.

한국역사연구회 토지대장연구반, 『일제의 창원군 토지조사와 장부』, 선인, 2011.

이윤갑, 『한국 근대 상업적 농업의 발달과 농업변동』, 지식산업사, 2011.

정연태, 『한국근대와 식민지 근대화 논쟁 : 장기근대사론을 제기하며』, 푸른역사, 2011.

한국역사연구회 토지대장연구반, 『일제의 창원군 토지조사와 장부』, 선인, 2011.

허수열, 『일제초기 조선의 농업 : 식민지근대화론의 농업개발론을 비판한다』, 한길사, 2011.

전우용, 『한국 회사의 탄생』, 서울대학교 출판문화원, 2011.

김태웅, 『한국근대 지방재정 연구 : 지방재정의 개편과 지방행정의 변경』, 아카넷, 2012.

이영학, 『한국 근대 연초산업 연구』, 신서원, 2013.

4 피와 열성으로 대항하다

민족·사회 운동의 전개

일제는 대한제국 강점 전후 계엄 통치를 통해 한국인들의 항일 민족 운동을 봉쇄하고자 했다. 그러나 한국인들은 국내외에서 비밀 결사를 조직하거나 항일 독립군을 양성하여 일제의 통치에 저항했다. 이러한 민족 운동은 1919년 3·1운동과 1920년대 민족 운동의 기반이 되었다.

국내 민족 운동

일제는 무단 통치를 하면서 한국인의 모든 항일 조직과 민족 운동을 탄압했다. 일제는 계몽 운동의 계열도 탄압하여 전국을 공포 분위기로 몰아넣으며 통치의 기초를 다져 나갔다. 특히 1911년 일제는 '105인 사건'을 조작하여 민족 운동가들을 검거했다.[자료1]

일제의 감시와 탄압으로 국내에서 활동이 어려워지자, 국내에 남아 있던 의병들은 비밀 결사를 조직하여 독립운동을 전개했다. 이 중 1913년 최익현 의병 부대에 참여했던 임병찬, 곽한일 등 유림 세력이 국권을 회복하려고 대한독립 의군부大韓獨立義軍府를 설립했다. 이러한 비밀 결사 단체는 조선총독부와 일본 당국에 조선에서 물러갈 것을 요구하는 한편, 옛 대한제국의 복구에 목표를 두고 의병 전쟁을 일으킬

이른바 105인 사건의 피의자들. 일제는 1911년 민족 운동을 탄압하기 위해 데라우치 마사타케 총독의 암살미수 사건을 확대 조작하여 애국계몽 운동가 600여 명을 검거, 투옥하였다. 그리고 이미 짜놓은 각본에 맞추어 피의자들에게 진술을 강요하면서 모진 고문으로 거짓 자백을 받아낸 끝에 105인을 기소하였다. 1910년대 무단통치기의 대표적인 사건이었다.

계획을 세웠다.[자료2] 공화주의를 내세우며 독립군을 양성하기 위한 군자금 모집과 무기 구입, 친일 부호의 습격과 처단 등의 활동을 벌인 비밀 결사도 생겨났다. 1915년 대구에서 박상진과 채기중을 중심으로 결성된 대한광복회大韓光復會는 만주에 무관학교를 세우고 만주에 있는 독립 운동가들과 연락을 꾀하기도 했다.[자료3]

또한 교사와 학생 중심의 비밀 결사가 만들어졌다. 이들은 교육을 통해 민족의식을 고취하고 자금을 모아 독립 운동을 후원하기도 했다. 1913년 평양 숭의여학교 기숙사 내에서 조직된 송죽회松竹會의 경우, 회원들이 방학을 이용하여 수예·편물 등으로 자금을 마련, 월회비를 납부토록 하여 적립된 자금을 해외 독립 운동 자금으로 보냈으며, 국내로 잠입해 활동하는 독립 운동가들에게 자금을 제공하기도 했다. 또여성들에게 민족 정신과 독립 정신을 함양하는 계몽주의 활동을 벌였다.

농민들도 생존권을 지키려고 일제에 저항했다. 이들은 토지 조사 사업으로 자신들의 토지 소유권이나 경작권 등의 제반 권리가 크게 흔들리고 한층 강화된 지주제로 인해 처지가 어려워지던 터였다. 특히 도로 부역, 잡종세의 증가 및 산림 이용권의 제한 등 일제의 갖은 수탈과 조세 부담 증가로 생존권이 위협받기에 이르렀다. 이어서 1910년대 후반에는 자연 발생적 경제 투쟁에서 발전하여 주재소·세무소·면사무소와 같은 일제의 통치 기관을 습격하는 등 점차 일제 통치 체제를 반대하는 정치적 색채를 띠어갔다. 그리하여 농민들이 이른바 소요죄라는 대표적인 정치 범죄로 1912년에서 1918년 사이에 81건의 '소요 사건'이 발생했다.[자료4] 이러한 열기는 3·1운동에 이르러 분출했다.

한편, 노동자들은 정치 의식이나 조직 면에서도 초보적 수준에 머물러 있었지만 점차 파업 투쟁과 초보적인 노동자 단체를 만들면서 꾸준히 성장했다. 초기에는 임금 인상을 위한 투쟁에 그쳤으나 점차 일본인 자본가를 감싸고 도는 일제에 맞서 반일 폭동으로 이어지기도 했다. 또한 노동자들의 활동에 힘입어 노동 단체들이 생겨났다. 이들 단체는 대개 서로의 생활을 돕거나 직업을 알선하는 수준을 벗어나지 못했지만, 노동자들이 서로 단결할 수 있는 틀이 만들어졌다. 그리하여 1910년에는 파업 건수와 조선인 참가 인원이 각각 6건과 1,573명에 불과했지만 3·1운동 직전에는 각각 84건과 8,383명으로 증가했다.[자료5] 노동 운동의 이러한 성장은 3·1운동 과정에서 노동자들이 반일 파업 투쟁을 벌이는 동력이 되었다.

국외 민족 운동

국권 피탈을 전후하여 살아남은 의병들과 계몽 운동 활동가들은 중국, 만주, 연해주, 미국, 일본 등으로 망명했다. 특히 국경을 마주하고 있던 서·북간도와 연해주는 독립운동의 새로운 근거지가 되었다. 아울러 이러한 국외 민족 운동은 지역과 이념에 따라 다양한 형태를 띠고 진행되었다.

만주 서간도에서는 신민회 일부 인사의 독립군 기지 건설 계획에 따라 이회영李會榮 등이 유하현柳河縣 삼원보三源堡에서 경학사耕學社를 조직하고 신흥강습소[훗날 신흥무관학교]를 세웠다. 여기서는 독립군 간부 양성에 온 힘을 기울였다. 특히 타 지역과 달리 이회영, 이상룡李相龍 등 혁신 유림들이 이전의 고질적인 파쟁을 극복한 데다가 대한제국 장교 출신과 의병들이 많아 독립운동을 낙관적으로 전망하기도 했다.[자료6] 다만 중국 당국의 비협조와 일제의 감시로 인해 자금 확보에 어려움을 겪었다. 그 뒤 경학사는 부민회·한족회로 발전하여 서간도의 주요한 항일 단체로 성장했고 신흥학교 졸업생 가운데 일부는 장백산으로 이동하여 백산농장을 조성하여 독립군을 양성했다.

이회영(1867~1932). 서울 출신. 신민회의 중앙위원이었으며 집안의 막대한 사재를 털어 독립군을 양성하였다.

북간도에서는 1906년에 설립된 서전서숙瑞甸書塾을 비롯하여 여러 학교들이 항일 교육의 중심지로 성장했고, 용정촌과 명동촌에서는 1911년과 1913년에 각각 설립된 중광단重光團과 간민회墾民會 등이 교육·선전으로 인재를 양성하거나 옛 의병들을 모아 무장 활동을 하려 했다. 특히 간민회는 중국 지방 당국의 관할 내에서 북간도 한인들의 자치적인 조직으로서의 정치적 지위를 인정받았으며 활동 범위를 연길현에서 북간도 전체로 확대했다.[자료7]

상하이 등지에서는 박은식, 신규식 등을 비롯한 망명 인사들이 동제사同濟社를 조직하여(1912), 외교 활동과 민족 교육 활동에 주력했다. 이후 1914년 제1차 세계대전이 일어나자 베이징에 있던 이상설 등과 함께 신한혁명당을 조직했다(1915).

연해주에서는 의병장 유인석, 홍범도를 비롯하여 이범윤, 이동휘 등 많은 독립운동가들이 국경을 넘나들며 한·만 국경의 일본 수비대를 공격했다. 또한 1910년 8월 17일 블라디보스토크에 거주하던 교포들은 일제 강점의 부당성을 각국 정부에 호소하기 위해 성명회聲鳴會를 결성하고 투쟁을 전개했다.[자료8] 그리고 1911년에는 망명 항일 인사들과 연해주 교포들이 권업회勸業會를 조직하여 국권 회복을 목표로 삼아 러시아령 조선인 사회의 경제 이익 증진과 민족 교육을 통한 계몽 활동을 벌였

대조선 국민 군단의 시가 행진(1914). 박용만이 대한인국민회의 사업을 확장하여 하와이에 설립하였다. 국민 군단의 창설 당시 인원은 103명이었으나, 1916년 10월에는 311명으로 늘어났다.

다. 나아가 1914년 이상설·이동휘를 정·부통령으로 하는 대한광복군 정부를 만들어 독립 전쟁을 준비했다.

그러나 이들 지역에서는 일제의 개입과 공작, 중국 및 러시아 당국의 비협조와 탄압으로 인해 많은 민족 운동 단체가 해산되거나 타 지역으로 이동해야 했다. 다만 1917년 러시아 혁명이 일어나면서 연해주에서는 독립운동이 활기를 되찾았다. 한족회·농민동맹 등이 창립되었으며 6월에는 니콜리스크에서 전로全露 한족대표자대회가 열렸다. 이 조직은 전로한족회 중앙총회로 발전하여 독립운동을 새롭게 모색하기 시작했다. 1918년 4월 러시아 극동 지역 하바롭스크에서는 이동휘, 백진순 등이 최초의 조선인 사회주의 그룹인 한인사회당을 만들었다(1918).

한편, 미주 지역에서는 1910년 2월 한인 사회의 주요 단체들이 대한인국민회로 통합된 뒤 이 단체의 하와이 지방총회는 1910년 9월 1일 일제의 대한제국 강점을 부인하며 민족의 독립을 선언하는 공동 대회를 개최했다. 이때 「연합통신」을 통해 각 지방 동포 10명마다 대표 1명씩을 소집하여 왜적倭敵을 성토하고 강점을 반대하는 결의안을 발표했다.[자료9] 이 결의안은 민족 전체의 이름으로 발표된 것은 아니지만 최초의 독립 선언에 해당한다고도 볼 수 있다. 그리고 박용만은 하와이에 대조선 국민군단을 창설하였고, 멕시코에서도 독립군 양성을 위한 숭무학교崇武學校가 설립되었다.

일본에서는 한국인 유학생들이 중심이 되어 동아동맹회, 학우회, 조선학회와 같은 합법·비합법 단체를 조직했다. 재일 유학생들의 이러한 반일 활동은 1919년 2·8독립운동의 기반이 되었다.

자료1 이른바 105인 사건

… 일본인은 안중근 의사의 의거 사건이 있은 후 애국당을 없애려고 누차 커다란 범죄 사건을 일으키더니 … 1백여 인을 체포하여 투옥시켰으며, 또 지방 신사로서 다소 재산과 위세가 있는 자는 비록 이름이 당적에 걸려 있지 않더라도 또한 연루시켜 체포했으니, 그런 까닭으로 황해도 한 도의 명문대가들은 한 사람도 면하지 못했다. …

_박은식, 『한국통사』

자료2

을사년에 소위 5조약[을사늑약]이 체결되어 한국이 일본의 기반을 받음에 이에 분개한 마음을 이기지 못하여 원수와 한 하늘을 같이 이지 않으리라 맹서하고 의병을 일으켜 피와 열성으로 강한 적국을 대항하던 의병장 곽한[郭漢, 곽한일의 오기] 씨는 합병 이후에 일병의 총포가 날로 급함에 얼마간 산곡 간에 도망하여 종적을 감추었다가 근일에 다시 비밀히 동지를 모집하여 크게 거사할 목적으로 대한독립의군부大韓獨立義軍府를 조직하고 충청도 남양 등지에서 의군을 모집 중이더니 마침내 일본 정탐의 탐지한 바가 되어 목하에 잔혹한 취조를 받는 중이며, 일인은 크게 경동하여 각처에 그 여당을 정탐 중이라는데, 지난번 대한문 앞에서 독립 연설을 시작하다가 피착한 이두종 씨는 곧 곽 장군의 동지로 그 명령을 받아 서울 안에서 활동을 시작하여 인심을 한 번 선동한 후에 곽 장군은 그 뒤를 이어 지방에서 거사하기로 상의한 바인데, 불행히 이 씨가 피착한 후에 그 기관이 탄로되어 미처 의병을 모으지 못하고 잡힘이라 하며, 곽 장군을 일찍 본 이가 있어 말하여 왈, 곽 장군은 체격이 심히 웅장하며 또한 장사요 일본이라면 이를 가는 열열한 배일당인데 지금 연배는 40 내외라더라.

_「권업신문勸業新聞」 1913년 6월 15일

자료3 고 광복회 총사령 고헌 박상진 씨의 약력

국조國祚가 왜노에게 그만 멸절되자 씨는 분석憤惜의 마음을 금치 못하여 형제제종을 회합하여 말씀하시기를 실국한 인민이 학교를 졸업한들 어디에 쓰리오. 전 생명을 국가에 바쳐야 된다 하고 가족을 경북 경주 외동면 녹동 구별장에 귀임시키고 씨는 즉

시 중국 안동현 신의주에 여관을 설치하여 독립운동 기관으로 정하고 차를 주도할 인으로 구 독립의군부 간부 신채호 · 양기탁 · 이윤재 · 김좌진 · 손일민 제씨를 정하여 국내외 연락을 하도록 하고 국내의 전 책임은 씨가 담당했다. 만주로 00하여 왕주(往住)에 김대학 · 이상룡 · 이시영 형제가 신흥학교를 경영함을 보고 대규모의 추진을 계획했다. 그 후 길림성 이차구 신흥촌으로 분교함에 각 분교 중 중심교가 되었다. 귀국 후 동지들을 소집하여 보부상을 가장하여 만주로 이주 입군할 것을 선전하여 대성과를 거두었다.

__ 박경중, 『고 광복회 총사령 박상진 씨의 약력』, 1960

자료 4 1910년대 '소요' 사건

연도	검거건수	검거인원
1912	4	·
1913	3	·
1914	10	566
1915	13	725
1916	21	352
1917	9	262
1918	21	567
합계	81	

「조선총독부통계연보」 각년도, 1912~1918

* 1915~1917년도 검거 인원 숫자는 「경찰통계」 각년판에 의거함.

자료 5 1910년대 파업 투쟁 발생 추이

연도	건수	참가 인원			
		한국인	일본인	중국인	계
1912	6	1,573	·	·	1,573
1913	4	420	·	67	487
1914	1	130	·	·	130
1915	9	828	23	1,100	1,951
1916	8	362	8	88	458
1917	8	1,128	20	·	1,148
1918	50	4,443	475	1,187	6,105
1919	84	8,383	401	327	9,111

조선총독부 경무국, 『최근조선치안상황』, 1933, 143쪽.

자료6 서간도 신흥학교의 형편

이곳 형편은 일하기 어렵기도 쉽기도 하고, 또 북간도나 아령[俄領, 러시아령]처럼 당쟁도 없삽고 단합도 잘될 모양이오. 인물도 구비하여 사관 출신도 많고 의병패도 많고 비밀 종교도 많아서 잘될 희망은 많사오나, 금전이 제일 걱정되는 문제올시다.

— 「양기탁이 안창호에게 보낸 서한」 만주 유하현 제3구 고산자가, 1916. 10. 17(음)

자료7 간민회墾民會의 활동

내지에서 생활상 곤란을 인하여 여러 해 동안에 두만강을 건너 북간도 일대에 산재한 동포가 백만 명에 달한 지라. 일찍이 조직된 단체가 없으므로 그곳 동포의 실업과 교육이 완전치 못하더니 모모 신사의 민첩한 수단으로 간민회를 조직한 후 각처에 학교가 더욱 진흥하여 일반 동포가 날로 단합하여 지회를 설립한 곳이 50여 지방이라 함.

— 「국민보」 1913년 11월 12일, '북간도의 새로운 광채'

주1 성명회聲明會 : 이상설이 중심이 되어 1910년 8월 27일 연해주와 간도 등지의 한민족을 규합하여 국권 회복 의지를 결의했던 모임. 이 명칭은 '저들의 죄를 성토하고 우리의 원통함을 밝힌다'는 의미를 가진 '성피지조聲彼之罪 명아지원明我之冤'에서 따왔다.

자료8 성명회주1 선언서

귀 정부도 아시는 바와 같이 한국국민위원회는 한국의 합병에 관하여 귀국 정부에 전문을 발송한 바 있습니다. … 일본은 약속들을 지키지 않았을 뿐만 아니라, 일본의 행위는 불법적이고 독단적이며 불성실한 것입니다. 일본은 자신의 목적을 달성하기 위해 그러한 방법이 야기할 결과는 생각지도 않은 채 한국의 여론에 무서운 압력을 행사했습니다. 한국에 대한 일본의 행동은 국제법을 유린하는 것이며, 배신과 잔인의 낙인이 찍힌 것이었습니다. 일본과의 조약 체결 이후 일본이 자행한 야만 행위들은 헤아릴 수조차 없이 많습니다. … 1905년 일본 대사 이토오[이토 히로부미]는 일본군 사령관 하세가와와 함께 그들의 군인들로 황궁을 포위하고 한국 정부의 총리대신을 체포했으며, 다섯 개의 조항으로 된 조약에 서명하라고 한국 황제에게 강요하여 그들은 자기들의 서명 후 자기들이 옥새를 찍었습니다. 이 조약은 한국 황실에 신임장을 낸 모든 외국 사절들에게 전달되었습니다. 이러한 행위에 직면하여 한국 황제는 미국인 헐버어트를 각국에 순회시켜 한국 정부가 이와 같은 조약을 일본과 체결할 의사가 추호도 없었음을 설명하게 했고, 황제는 또 비밀리에 헤이그 국제 회의에 사람을 보내 일본이 한국에 비열하고 야만적이며 배신적인 태도로 행동하는 증거를 각국 외교 사절에게 제시하게 했습니다. 이 조약의 영향으로 일본은 지난번에 저지른 죄악을 뉘우치지도 않고 1907년에 한국의 황제를 폐위시키고, 한국 군대를 해산시켰으며, 한국의 관리들을 자신들의 권력 밑에 종속시켰습니다. 이런 이유 때문에 압제에 지친 한국인들은 게릴라전을 시작하여 피를 흘렸습니다. 이리하여 한국에는 평온이 없습니다. … 일본인들은 한국인을 억압하고 있습니다. 그들은 한국인들이 국민에게 유익한 단체를 조직하려고 하면 가장 작은 단체라도 만들지 못하게 합니다. 그들은 개인의 편지까지 뜯어보고, 손과 발을 묶고, 한국인이 국경을 지나는 것을 금하고 있습니다. 그들은 한국 국민을 협박과 폭력으로 억압하고 있습니다. 그들은 생존에 가장 가혹한 조건들을 한국인들에게 강요하고 있습니다. 열렬한 애국자들은 교수형에 처해지거나 쇠사슬에 얽매이게 됩니다. … 일본 군대와 경찰이 지나간 곳은 어디에나 황폐뿐입니다. 그들은 마을을 불태우고, 죄인을 찾을 수 없기 때문에 서민들이 혐의를 받게 됩니다. 이러한 수단 때문에 국토는 한국인들의 해골로 덮여 있습니다. 만일 어떤 사람이 혐의를 받게 되면 그에게는 가장 잔인한 형벌이 주어지며, 재판관 앞에서 자신의 무죄를 밝힐 권리가 박탈당합니다. 일본 이주민들은 폭력·협박·비열성·불법을 자행하여 평화스런 한국인들로부터 재산을 빼앗고 있습니다. 그러나 이러한 행동에 대해 일본 정부는 주의를 기울이지 않고 있습니다. … 한국인은 일본과 투쟁하기 위해서 우리의 의무를 이행해야 하며, 우리의 모든 힘과 수단을 규합해야 합니다. 이 목적을 위해서 우리는 일본에 항의문을 발송하고, 성명회[한국국민위원회]를 조직했습니다. … 무슨 일이 닥치더라도 진정한 국민인 한국 국민은 자신의 자유를 획득하기 위해 죽을 각오가 되어 있습니다.

— 『나라사랑-보재 이상설 선생 특집호』, 제20집, 1975

자료9 대한인국민회[주2] 하와이 지방총회의 결의안

1. 우리는 만고의 치욕적인 '한일합방'을 부인하며 그에 관한 왜적[주3]의 일체 행사를 배척함.

2. 우리는 대한민족이오 왜족의 부속민이 되지 않을 것을 맹서하며 소위 '한일합방'은

주2 대한인국민회大韓人國民會 : 장인환·전명운 의사의 의거를 계기로 일어난 재미 한인 단체 통합 운동의 결과 1910년 미국에서 조직된 항일 독립 운동 단체이다. 이후 해외 한국인들을 망라하기 위해 미주에는 북미지방총회, 하와이에는 하와이지방총회, 시베리아지방총회, 만주지방총회 등을 구성했다. 기관지로 『신한민보』를 발행했다.

주3 왜적倭敵 : 일본 제국주의 침략자를 이름.

우리 민족의 의사로 된 것이 아니고 왜적의 위협적 위조인 것을 확인함.

3. 우리는 한국의 국호와 국기를 보장하며 우리 국토에서 왜적을 축출할 때까지는 8월 29일을 '국치일國恥日'로 기념하여서 왜적에게 대한 적개심을 해마다 새롭게 함.

4. 우리는 왜적과 공사간 일체 관계를 단절하며 국제상 관계가 발생될 때는 대한인국민회가 재미 한인을 대표하게 함.

5. 일본 황제와 데라우치 마사타케에게 이 결의문을 보내서 우리의 주장을 명확히 알게 함.

6. 한국과의 조약상 의무가 있는 각국 정부에 공첩주4을 보내서 '한일합방' 부인의 이유와 일본이 우리의 원수인 사실과 국제상 관계가 있을 경우에 대한인국민회가 재미 한인을 대표할 것을 알게 하기로 함.

7. 한인으로서 왜적의 정부기관이나 개인간의 친선 관계를 가지는 자는 민족 반역자로 인정할 것이며 경우와 형편에 따라서 처리하기로 함.

　　　　　　　　　　　　　　　　　　　　　　__ 국사편찬위원회, 『한국독립운동사』2

출전

「성명회선언서聲名會宣言書」 : 성명회가 각국 정부에 보낸 선언문에는 일제 강점에 대응한 한국인의 결의와 독립을 다시 찾기 위한 민족의 결의가 표명되어 있다. 이상설이 기초하고 유인석이 약간 수정했다 하며 러시아어 · 프랑스어 · 중국어로 작성되었다. 선언서의 끝에는 한국민을 대표하여 유인석이 알파벳으로 서명했으며, 그 뒤에 유인석 · 이상설 이하 성명회 회원 8,624명의 서명록이 첨부되어 있다.

찾아읽기

박영석, 『한민족독립운동사』, 일조각, 1982.

신용하, 『한국민족독립운동사연구』, 을유문화사, 1985.

박경식, 『일본제국주의의 조선지배』, 청아출판사, 1985.

조동걸, 『한국민족주의의 성립과 독립운동사연구』, 지식산업사, 1989.

한국역사연구회 · 역사문제연구소, 『3 · 1민족해방운동연구』, 청년사, 1989.

윤병석, 『국외 한인사회와 민족 운동』, 일조각, 1990.

박환, 『만주한인민족 운동사』, 일조각, 1991.

한국독립유공자협회, 『중국동북지역 한국독립운동사』, 집문당, 1997.

서중석, 『신흥무관학교와 망명자들』, 역사비평사, 2000.

이덕일, 『아나키스트 이회영과 젊은 그들』, 웅진닷컴, 2001.

오미일, 『한국근대자본가연구』, 한울아카데미, 2002.

임경석, 『한국 사회주의의 기원』, 역사비평사, 2003.

김희주, 『대한광복단의 민족 운동 연구』, 한국학술정보, 2006.

권대웅, 『대한광복단의 민족 운동 연구』, 독립기념관 한국독립운동사연구소, 2008.

윤병석, 『1910년대 국외항일운동 I – 만주 · 러시아』, 독립기념관 한국독립운동사연구소, 2008.

강영심 · 김도훈 · 정혜경, 『1910년대 국외항일운동 I – 중국 · 미주 · 일본』, 독립기념관 한국독립운동사연구소, 2008.

부록

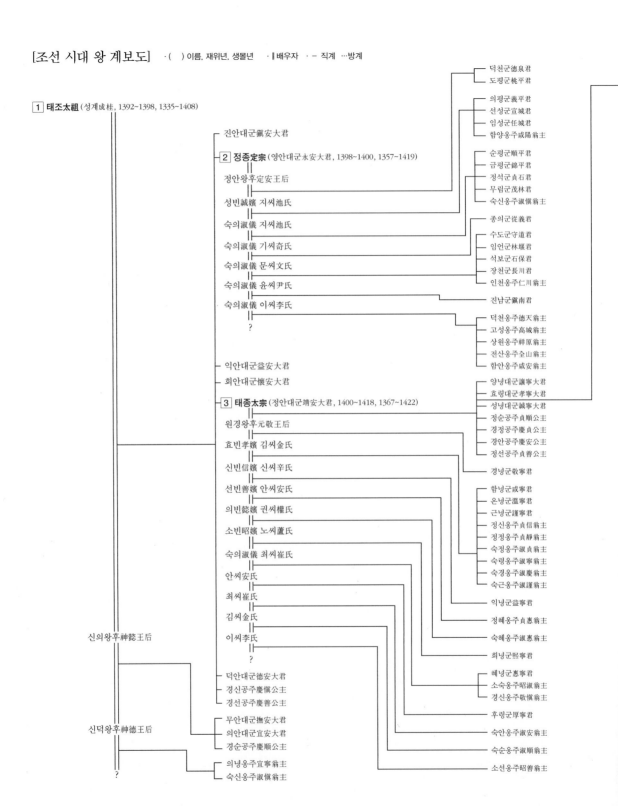

[조선 시대 왕 계보도] ·( ) 이름, 재위년, 생몰년 · ∥배우자 · - 직계 …방계

1 태조太祖 (성계成桂, 1392~1398, 1335~1408)

진안대군鎭安大君

2 정종定宗 (영안대군永安大君, 1398~1400, 1357~1419)
∥
정안왕후定安王后
∥
성빈誠嬪 지씨池氏
∥
숙의淑儀 지씨池氏
∥
숙의淑儀 기씨奇氏
∥
숙의淑儀 문씨文氏
∥
숙의淑儀 윤씨尹氏
∥
숙의淑儀 이씨李氏
∥
?

익안대군益安大君

회안대군懷安大君

3 태종太宗 (정안대군靖安大君, 1400~1418, 1367~1422)
∥
원경왕후元敬王后
∥
효빈孝嬪 김씨金氏
∥
신빈信嬪 신씨辛氏
∥
선빈善嬪 안씨安氏
∥
의빈懿嬪 권씨權氏
∥
소빈昭嬪 노씨蘆氏
∥
숙의淑儀 최씨崔氏
∥
안씨安氏
∥
최씨崔氏
∥
김씨金氏
∥
이씨李氏
∥
?

덕안대군德安大君
경신공주慶愼公主
경선공주慶善公主

무안대군撫安大君
의안대군宜安大君
경순공주慶順公主

의녕옹주宜寧翁主
숙신옹주淑愼翁主

신의왕후神懿王后

신덕왕후神德王后
∥
?

덕천군德泉君
도평군桃平君

의평군義平君
선성군宣城君
임성군任城君
함양옹주咸陽翁主

순평군順平君
금평군錦平君
정석군貞石君
무림군茂林君
숙신옹주淑愼翁主

종의군從義君

수도군守道君
임언군林堰君
석보군石保君
장천군長川君
인천옹주仁川翁主

진남군鎭南君

덕천옹주德天翁主
고성옹주高城翁主
상원옹주祥原翁主
전산옹주全山翁主
함안옹주咸安翁主

양녕대군讓寧大君
효령대군孝寧大君
성녕대군誠寧大君
정순공주貞順公主
경정공주慶貞公主
경안공주慶安公主
정선공주貞善公主

경녕군敬寧君

함녕군諴寧君
온녕군溫寧君
근녕군謹寧君
정신옹주貞信翁主
정정옹주貞靜翁主
숙정옹주淑貞翁主
숙령옹주淑寧翁主
숙경옹주淑慶翁主
숙근옹주淑謹翁主

익녕군益寧君

정혜옹주貞惠翁主

숙혜옹주淑惠翁主

희녕군熙寧君

혜녕군惠寧君
소숙옹주昭淑翁主
경신옹주敬愼翁主

후령군厚寧君

숙안옹주淑安翁主

숙순옹주淑順翁主

소선옹주昭善翁主

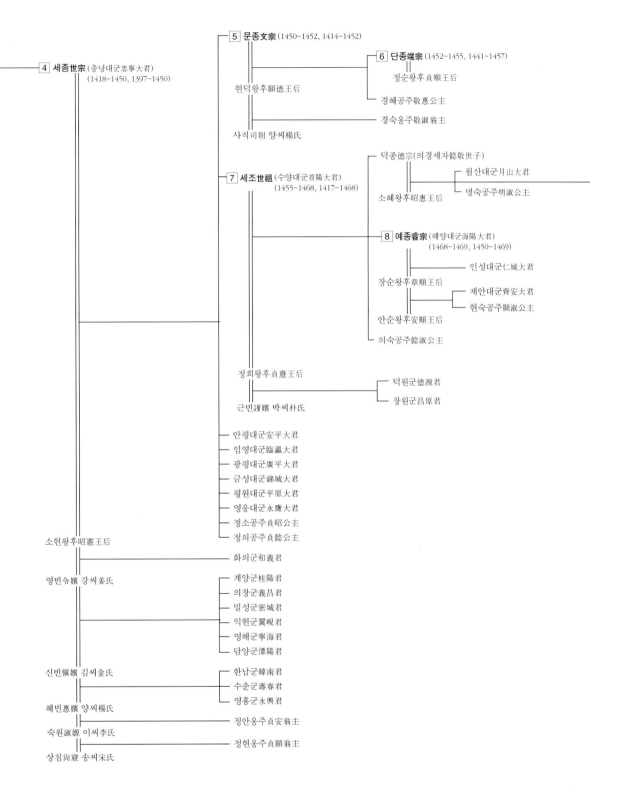

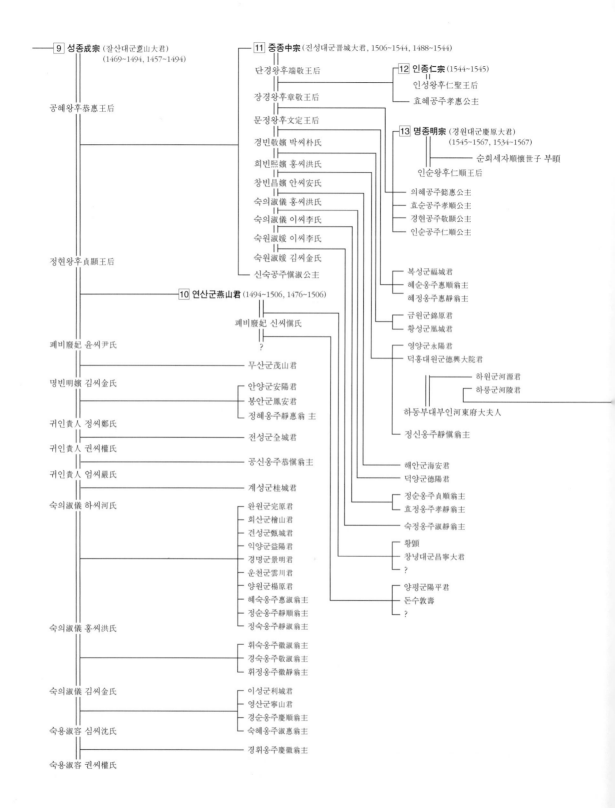

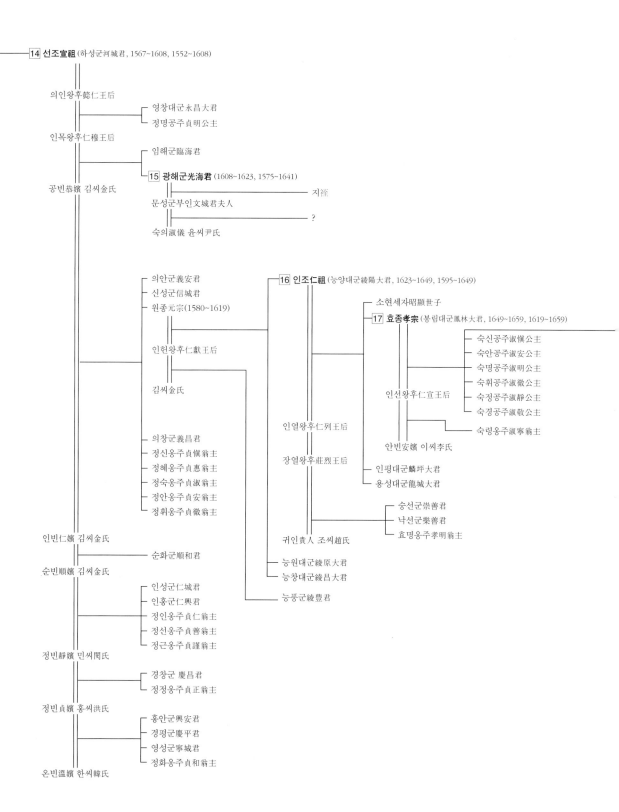

14 선조宣祖 (하성군河城君, 1567~1608, 1552~1608)

의인왕후懿仁王后

인목왕후仁穆王后
├ 영창대군永昌大君
└ 정명공주貞明公主

├ 임해군臨海君
└ 15 광해군光海君 (1608~1623, 1575~1641)

공빈恭嬪 김씨金氏
├─ 지씨 ─ 지정
문성군부인文城君夫人
├─ ?
숙의淑儀 윤씨尹氏

의안군義安君
신성군信城君
원종元宗(1580~1619)
16 인조仁祖 (능양대군綾陽大君, 1623~1649, 1595~1649)

소현세자昭顯世子
17 효종孝宗 (봉림대군鳳林大君, 1649~1659, 1619~1659)

인헌왕후仁獻王后

김씨金氏

인선왕후仁宣王后
├ 숙신공주淑愼公主
├ 숙안공주淑安公主
├ 숙명공주淑明公主
├ 숙휘공주淑徽公主
├ 숙정공주淑靜公主
├ 숙경공주淑敬公主
└ 숙령옹주淑寧翁主

안빈安嬪 이씨李氏

인평대군麟坪大君
용성대군龍城大君

의창군義昌君
정신옹주貞愼翁主
정혜옹주貞惠翁主
정숙옹주貞淑翁主
정안옹주貞安翁主
정휘옹주貞徽翁主

인열왕후仁列王后

장열왕후莊烈王后

귀인貴人 조씨趙氏
숭선군崇善君
낙선군樂善君
효명옹주孝明翁主

능원대군綾原大君
능창대군綾昌大君

능풍군綾豊君

인빈仁嬪 김씨金氏
└ 순화군順和君

순빈順嬪 김씨金氏

인성군仁城君
인흥군仁興君
정인옹주貞仁翁主
정신옹주貞善翁主
정근옹주貞謹翁主

정빈靜嬪 민씨閔氏

경창군慶昌君
정정옹주貞正翁主

정빈貞嬪 홍씨洪氏

흥안군興安君
경평군慶平君
영성군寧城君
정화옹주貞和翁主

온빈溫嬪 한씨韓氏

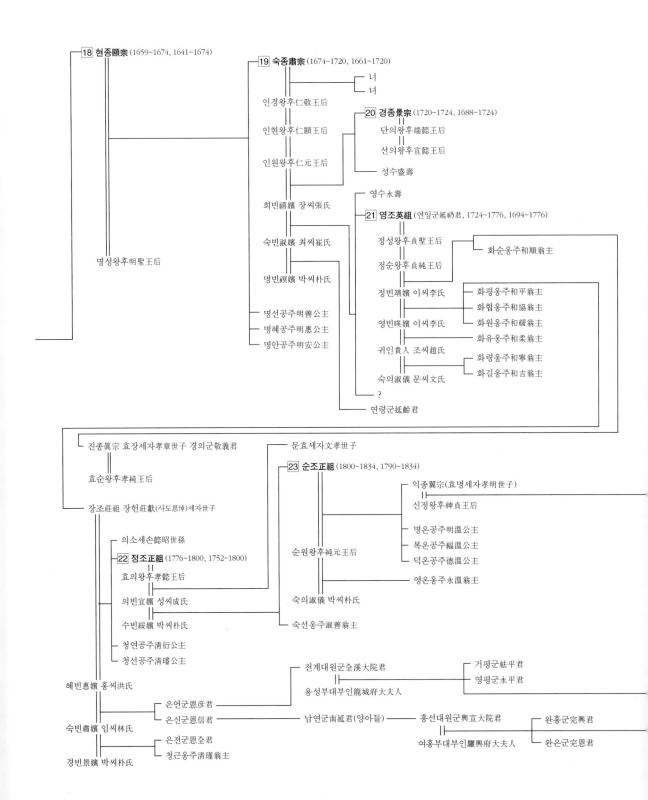

18 현종顯宗 (1659~1674, 1641~1674)

19 숙종肅宗 (1674~1720, 1661~1720)
　너
　너

인경왕후仁敬王后

인현왕후仁顯王后

인원왕후仁元王后

20 경종景宗 (1720~1724, 1688~1724)
　단의왕후端懿王后
　선의왕후宣懿王后
　성수盛壽

희빈禧嬪 장씨張氏
　영수永壽
　21 영조英祖 (연잉군延礽君, 1724~1776, 1694~1776)

숙빈淑嬪 최씨崔氏
　정성왕후貞聖王后
　정순왕후貞純王后
　　화순옹주和順翁主

명빈禛嬪 박씨朴氏
　정빈靖嬪 이씨李氏
　영빈暎嬪 이씨李氏
　　화평옹주和平翁主
　　화협옹주和協翁主
　　화원옹주和緩翁主
　　화유옹주和柔翁主

명선공주明善公主
명혜공주明惠公主
명안공주明安公主

귀인貴人 조씨趙氏
　숙의淑儀 문씨文氏
　　화령옹주和寧翁主
　　화길옹주和吉翁主
　?
　연령군延齡君

명성왕후明聖王后

진종眞宗 효장세자孝章世子 경의군敬義君
　효순왕후孝純王后

문효세자文孝世子

23 순조正祖 (1800~1834, 1790~1834)
　익종翼宗(효명세자孝明世子)
　신정왕후神貞王后
　명온공주明溫公主
　복온공주福溫公主
　덕온공주德溫公主
　영온옹주永溫翁主

장조莊祖 장헌莊獻(사도思悼)세자世子

의소세손懿昭世孫
22 정조正祖 (1776~1800, 1752~1800)
효의왕후孝懿王后
의빈宜嬪 성씨成氏

순원왕후純元王后

숙의淑儀 박씨朴氏

수빈綏嬪 박씨朴氏

청연공주淸衍公主
청선공주淸璿公主

숙선옹주淑善翁主

전계대원군全溪大院君
용성부대부인龍城府大夫人

거평군秬平君
영평군永平君

혜빈惠嬪 홍씨洪氏

은언군恩彦君
은신군恩信君

숙빈肅嬪 임씨林氏

남연군南延君(양아들)
흥선대원군興宣大院君
여흥부대부인驪興府大夫人

완흥군完興君

은전군恩全君
청근옹주淸瑾翁主

완은군完恩君

경빈景嬪 박씨朴氏

24 헌종憲宗(1834~1849, 1827~1849)

효현왕후孝顯王后

명헌왕후明憲王后

궁인宮人 김씨金氏

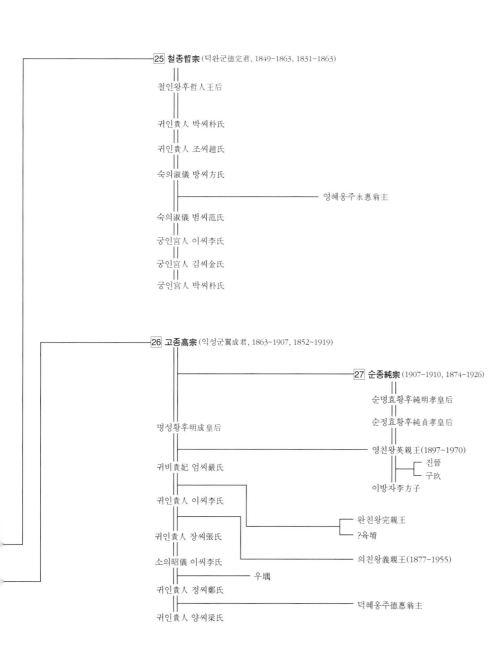

25 철종哲宗(덕완군德完君, 1849~1863, 1831~1863)

철인왕후哲人王后

귀인貴人 박씨朴氏

귀인貴人 조씨趙氏

숙의淑儀 방씨方氏 ——— 영혜옹주永惠翁主

숙의淑儀 범씨范氏

궁인宮人 이씨李氏

궁인宮人 김씨金氏

궁인宮人 박씨朴氏

26 고종高宗(익성군翼成君, 1863~1907, 1852~1919)

27 순종純宗(1907~1910, 1874~1926)

순명효황후純明孝皇后

순정효황후純貞孝皇后

영친왕英親王(1897~1970)
　진晉
　구玖
이방자李方子

명성황후明成皇后

귀비貴妃 엄씨嚴氏

완친왕完親王
?육垍

귀인貴人 이씨李氏

귀인貴人 장씨張氏

의친왕義親王(1877~1955)

소의昭儀 이씨李氏

우堣

귀인貴人 정씨鄭氏

덕혜옹주德惠翁主

귀인貴人 양씨梁氏

주요국 역사 변천				한국사	연표	세계사
서양	중국	일본	한국			
고대	은		한국	70만 년 전 구석기 문화 시작 기원전 7000~6000년경 신석기 문화 시작		450~400만 년 전 인류 등장
						기원전 3000년경 이집트·메소포타미아 문명 시작 기원전 2500년경 인더스·황하 문명 시작
				기원전 2333 단군, 아사달에 도읍. 고조선 건국(『삼국유사』)		
	주					기원전 1768년경 함무라비 왕, 메소포타미아 통일 기원전 1750년경 함무라비 법전 편찬 기원전 1600년경 은殷 건국 기원전 1120년경 주周 건국
				기원전 1100년경 기자조선 성립(『삼국유사』)	기원전 1000	기원전 1000년경 그리스, 폴리스 형성 기원전 770년경 주周 동천東遷. 춘추春秋 시대 시작 기원전 670년경 아시리아, 오리엔트 통일 기원전 600년경 석가모니 탄생 기원전 551년경 공자 탄생 기원전 525 페르시아, 오리엔트 통일 기원전 492 페르시아 전쟁 기원전 431 펠로폰네소스 전쟁 기원전 334 알렉산더 대왕, 동방 원정 기원전 264 포에니전쟁 기원전 221 진秦, 중국 통일 기원전 206 한漢 건국
	춘추전국		초기국가	기원전 400~300년경 한반도 지역 철기 생산		
	진	야마토		기원전 194 위만조선 성립 기원전 108 위만조선 멸망, 한군현 설치 기원전 57 신라 건국		
	한			기원전 37 고구려 건국		기원전 44 카이사르 암살 기원전 27 로마, 제정 시작
				기원전 18 백제 건국		기원전 4 예수 탄생
			삼국시대	3 고구려, 국내성 천도	기원후	8 왕망, 신新 건국 25 후한後漢 성립

주요국 역사 변천				한국사	연표	세계사
서양	중국	일본	한국			
고 대	한	야	삼 국 시 대	28 가락국 시조 수로왕 즉위 53 고구려, 태조대왕 즉위 56 고구려, 동옥저 통합 57 신라, 석탈해 즉위 179 고구려, 고국천왕 즉위 194 고구려, 진대법 실시	200	30 예수, 십자가에 처형됨 45년경 인도, 쿠산 왕조 성립 64 네로, 크리스트교 박해 79 베수비오 화산 폭발, 폼페이 매몰 105 채륜, 제지법 발명 150년 무렵 쿠산 왕조 불교 발흥, 간다라 미술 융성 166 로마 사절 중국에 옴 184 후한, 황건적의 난 발생
	삼 국 시 대	마		242 고구려, 요동 서안평 공격 244 위 관구검, 환도성 습격 260 백제(고이왕), 16관등과 공복 제정 261 신라 13대 미추이사금 즉위(김씨 왕 시조)		220 후한 멸망, 삼국 시대(위·촉·오) 시작 226 사산조 페르시아, 파르티아 멸망시킴 235 로마, 군인 황제 시대 280 진晉. 중국 통일
	진 晉	토	시 대	313 고구려, 낙랑군을 멸망시킴. 한군현 완전 소멸 331 고구려, 고국원왕 즉위 356 신라, 내물마립간 즉위 369 백제, 칠지도 제작 371 백제, 고구려 평양성 공격, 고국원왕 죽음 372 고구려, 전진의 승려 순도에 의해 불교 전래, 태학 설립 백제, 동진에 사절 보냄 373 고구려, 율령 반포 375 백제, 『서기』(고흥) 편찬	300	313 밀라노 칙령으로 크리스트교 공인 316 서진西晉 멸망. 5호 16국 시대 시작. 동진 東晉 성립 320 인도, 굽타 왕조 성립 325 니케아 종교 회의 개최, 아리우스파 추방 결정 375년경 게르만족 대이동 시작

주요국 역사 변천				한국사	연표	세계사
서양	중국	일본	한국			
중세	진 晉	야	삼국	384 백제, 마라난타가 불교 전래 391 고구려, 광개토대왕 즉위 396 고구려, 광개토대왕 백제 공격, 대승 400 고구려, 백제-가야-왜 연합군 토벌하여 신라 구원 405 백제, 일본에 한학 전함 427 고구려, 평양 천도 433 나제동맹 맺음 475 백제 문주왕 즉위, 웅진 천도	400	395 로마 제국, 동서로 나뉨 420 동진東晉 멸망, 송宋 건국 439 북위北魏, 화북 통일(북조 성립) 476 서로마 제국 멸망 479 송 멸망, 제齊 건국 486 프랑크 왕국 건국
세	남북조 시 시 대	마 토	국 시 대	494 부여, 고구려에 완전 흡수 502 신라 지증왕, 순장 금지, 우경 실시 503 신라, 국호를 '신라'로 결정. '왕' 칭호 사용 505 신라 지증왕, 국내의 주군현을 직접 정함 520 신라, 율령 반포, 백관의 공복 제정 525 백제, 무령왕릉 축조 527 신라, 불교 공인 532 신라, 금관가야 통합 536 신라, 연호(건원) 처음 사용 538 백제, 사비(부여)로 천도 545 신라, 거칠부 등이 『국사』 편찬 552 백제, 일본에 불교 전함 　　　우륵, 신라에 음악 전수 　　　고구려 왕산악, 거문고 제작 553 신라, 한강 하류 장악, 나제동맹 끝남 554 백제 성왕, 관산성에서 전사, 신라에 대패 555 신라 진흥왕, 북한산순수비 건립 566 신라, 황룡사 준공	500	502 제齊 멸망, 양梁 건국 529 동로마(비잔틴) 제국, 유스티니아누스 법전 편찬 535 북위, 동서로 나뉨 557 서위 멸망, 북주 건국

주요국 역사 변천				한국사	연표	세계사
서양	중국	일본	한국			
중	수 隨	야	삼 국	589 원광법사, 진陳에서 구법 590 고구려 온달, 아차성에서 죽음	600	569 양梁 멸망, 진陳 건국 579 마호메트 탄생 589 수隨, 중국 통일 593 일본, 성덕태자 섭정 610 이슬람교 창시
				610 고구려 담징, 일본 호류사 금당벽화 그림 612 고구려, 살수대첩에서 수나라 군대 물리침 618 고구려, 영류왕 즉위 624 고구려, 당에서 도교 전래		618 이연, 당唐 건국 622 마호메트, 메카에서 메디나로 이주(헤지라) 　이슬람교 원년으로 정함 629 당 현장, 인도 여행 출발
세	당 唐	마 토	시 대	632 신라, 선덕여왕 즉위 645 고구려, 안시성싸움 승리. 당태종 고구려 　원정 실패 647 신라, 첨성대 건립. 비담·염종의 반란 660 백제 멸망 668 고구려 멸망		634 이슬람, 전 아라비아 통일 645 일본, 다이카大化 개신 646 당 현장, 인도에서 귀국 『대당서역기』 지 　음 655 당 측천무후, 황후 등극 661 이슬람, 옴미아드 왕조 성립 671 당 의정, 불경 구하러 인도 여행
			통 일 신 라	676 신라, 삼국 통일 682 국학 설립, 감은사 창건 685 9주 5소경 설치 686 원효 죽음 687 신라, 문무관료전 지급 689 신라, 녹읍 폐지, 세조歲租 지급 698 대조영, 발해 건국 702 의상 죽음 704 김대문, 『화랑세기』 『고승전』 지음 719 발해, 무왕 즉위 722 신라, 백성들에게 정전 지급	700	690 당, 측천무후 실권 장악. 국호를 '주周'로 　고침 710 일본, 헤이조쿄平城京 천도 712 당, 현종 즉위 716 제지술, 유럽 전파 726 로마 교회, 동로마의 성상 금지령으로 분쟁

주요국 역사 변천				한국사	연표	세계사
서양	중국	일본	한국			
중	당	야마토	통	727 혜초, 당에서 귀국, 『왕오천축국전』 지음 　　　발해, 일본과 국교 737 발해, 문왕 즉위		
				751 불국사와 석굴암 창건		750 이슬람, 아바스 왕조 성립 751 프랑크 왕국, 카롤링거 왕조 성립 755 당, 안녹산의 난 발생
		나라	일 신 라	756 발해, 상경용천부로 천도 757 신라, 녹읍 부활 765 충담사, 「안민가」 지음 771 성덕대왕신종 제작 774 신라, 대아찬 김융 모반 사건 780 신라, 이찬 김지정 반란 사건. 혜공왕 피 　　　살되고 선덕왕 즉위(신라 하대 시작) 788 원성왕, 독서삼품과 설치 794 발해, 성왕 즉위		771 카롤루스 대제, 프랑크 왕국 통일
					800	800 프랑크, 카롤루스 1세가 로마에서 대관 　　　식 거행. 서로마 제국 부활 800년대 이슬람 국력·문화 전성기
		헤 이 안	라 /	822 김헌창의 난 발생 828 장보고, 완도에 청해진 설치 834 백관의 복색 제도 공포 841 염장이 장보고 암살		829 잉글랜드 왕국 통일 843 프랑크, 베르됭 조약으로 왕국 삼분 862 러시아, 노브고로드 공국 성립 870 프랑크 왕국 분열
세	唐		이	874 최치원, 당唐 과거 급제		875 당, 황소의 난 발생
			발 안 해	879 최치원, 당에서 「토황소격문」 지음 886 최치원, 당에서 귀국 887 진성여왕 즉위 888 신라 위홍·대구화상, 『삼대목』 편찬 889 원종·애노, 사벌주(상주)에서 농민 반란 890 신라, 지방 각지 조세 거부. 납부 독촉에 　　　각지에서 봉기		

주요국 역사 변천				한국사	연표	세계사
서양	중국	일본	한국			
중 세	당 唐 5 대 10 국 북 송 (요)	헤 이 안	통 일 신 라 / 발 해 고 려	891 양길 휘하 궁예, 강원 남부 지역 차지 892 견훤, 전주에서 농민 봉기, 무진주(광주) 점령 894 최치원, 「시무28조」 올림 899 최치원, 해인사 은둔 900 견훤, 완산주(전주)에 후백제 건국 901 궁예, 후고구려 건국 905 궁예, 철원 천도 918 왕건, 고려 건국 919 고려, 철원에서 송악으로 천도 926 발해, 거란에 멸망 927 최치원, 『계원필경』 지음. 견훤, 경주 침략해 경애왕 죽임 935 경순왕, 고려에 항복 936 고려, 후삼국 통일. 왕건, 『정계』, 『계백료서』 반포 943 혜종 즉위 945 왕규의 난. 정종 즉위 949 광종 즉위 956 노비안검법 실시 958 과거제 실시 963 귀법사 창건, 제위보 설치 973 균여, 「보현십원가」 지음 976 전시과 실시 982 최승로, 「시무28조」 올림 983 전국에 12목 설치 986 의창 설치 992 국자감 창립 993 거란 소손녕, 고려에 침입(제1차). 서희 강동 6주 획득. 상평창 설치	900	907 당唐 멸망. 5대 10국 시대 시작 916 야율아보기, 거란 건국 936 거란, 연운撚雲 16주 차지 946 거란, 국호를 요遼라 함 949 요, 하북河北 침략 960 조광윤, 송宋 건국 962 오토 1세, 신성 로마 제국 건국, 황제 대관 964 동로마, 수도원 신설, 수도원의 토지 증여. 금지령 포고 978 오월吳越, 송에 항복해 멸망 987 프랑스, 카페 왕조 시작 992 베네치아 상인 동로마 황제한테 무역상 특권 획득

주요국 역사 변천				한국사	연표	세계사
서양	중국	일본	한국			
중세	북송 (요)	헤이안	고려	996 건원중보 주조 997 목종 즉위 1007 월정사 8각 9층탑 세움 1009 강조의 정변 1010 거란 성종, 고려에 침입(제2차), 현종 나주로 피난 1018 거란 소배압, 고려 침입(제3차) 1019 강감찬, 귀주대첩 1025 대식국大食國 사람 100명이 특산물 가지고 옴 1044 천리장성 완성 1049 양반의 공음전시법 제정 1055 최충, 문헌공도 세움 1075 혁련정, '균여전' 지음 1076 전시과 개정, 관제 개혁 1086 흥왕사에 교장도감敎藏都監 설치 1087 『초조대장경』 간행(흥왕사) 1090 의천, 『속장경』 조판 시작 1097 주전도감 설치. 국청사 낙성 1102 해동통보 주조 1107 윤관, 여진 정벌 1108 윤관, 함경도 북부에 동북9성 쌓음 1112 혜민국 설치 1116 청연각 설치 1119 양현고 설치	1000 1100	1013 송, 『책부원구』 완성 1037 셀주크투르크 제국 건국 1042 송宋, 요遼와 화친 1054 기독교, 동서로 나뉨(로마 : 그리스) 1066 노르망디공 윌리엄, 잉글랜드 정복 1069 송宋, 왕안석의 개혁(신법新法) 1076 신성로마제국, 서임권 파동으로 교황과 황제 대립 1077 카노사의 굴욕 1086 송宋, 왕안석 죽고 사마광 집권, 신법 폐지 1095 클레르몽 종교 회의, 교황 십자군 운동 호소 1096 십자군 원정(~1270) 1115 여진, 금金 건국

주요국 역사 변천				한국사	연표	세계사
서양	중국	일본	한국			
중세	북송 (요)	헤 이 안	고 려	1124 서긍, 『고려도경』 완성 1126 이자겸의 난 1132 묘청·정지상 등 서경 천도 건의 1135 묘청의 서경 천도 운동 1145 김부식, 『삼국사기』 펴냄 1159 고려청자 등 도자기 성행 1170 무신정변 발생 1173 김보당의 난 1174 조위총의 난 1176 망이·망소이의 난 1179 경대승, 정중부 죽이고 집권. 도방 실시 1182 전주에서 민란 발생 1190 지눌, 「정혜결사문」 발표 1193 김사미·효심의 민란 　　　 이규보, 『동명왕편』 지음 1196 최충헌 집권 1198 만적의 난 1200 진주에서 공·사노비가 난을 일으킴 1202 경주에서 신라 부흥 운동 일어남 1215 각훈, 『해동고승전』 지음 1219 고려·몽고군이 함께 강동성의 거란군 물리침 1231 몽고 제1차 침입 1232 강화 천도 1234 금속활자로 『상정고금예문』 펴냄	 1200	1122 신성 로마 제국, 보름스협약(성직 임명권 문제 일단락) 1125 금金, 요遼를 멸함 1127 북송北宋 멸망, 남송南宋 건국 1128 독일, 기사단 창설 1147 제2차 십자군 원정 1163 프랑스, 노트르담 성당 건축 시작 1167 영국, 옥스퍼드대학 세움 1170 프랑스, 파리대학 세움 1177 남송 주희, 『사서집주』 완성 1189 제3차 십자군 원정 1192 일본, 가마쿠라鎌倉 바쿠후 성립 1194 셀주크투르크 분열, 멸망 1200 남송, 주희 죽음 1202 제4차 십자군 원정 1206 칭기즈칸, 몽고 통일 　　　 인도, 노예 왕조 성립 1215 영국, 대헌장 제정 1228 제5차 십자군 원정
	남 송 (금)	가 마 쿠 라 바 쿠 후				

주요국 역사 변천				한국사	연표	세계사
서양	중국	일본	한국			
중	(金)	가	고			1234 금金, 원元에 멸망
				1235 몽고, 제3차 침입		1235 몽고, 수도 카라코룸 건설
				1236 『팔만대장경』 조판 시작		
				1241 이규보, 『동국이상국집』 펴냄		1241 신성 로마 제국, 한자동맹 맺음
	남	마				1243 원 오고타이, 칭기즈칸 계승
				1247 몽고, 제4차 침입		1248 제6차 십자군 원정
	송	쿠		1253 몽고, 제5차 침입		
				1254 몽고, 제6차 침입. 몽고군에게 20만여 명 잡혀감		1254 신성로마제국, 대공위 시대
				1258 김준, 최의 죽이고 집권. 화주에 쌍성총 관부 설치		1258 몽고군 바그다드 점령, 아바스 왕조 붕괴
		라		1260 이인로, 『파한집』 펴냄		
				1270 고려, 개경으로 환도		1270 제7차 십자군
				서경에 동녕부 설치		
				삼별초, 진도로 들어감		
				1271 녹과전 지급		1271 몽고, 원元 제국 성립
				1273 삼별초군 탐라에서 진압됨		
				1274 여麗·원元의 제1차 일본 정벌 실패		
		바				1279 남송南宋, 원에 멸망
				1281 몽고, 고려군 동원 제2차 일본 정벌, 실패		
				1285 일연, 『삼국유사』 지음		
		쿠		1287 이승휴, 『제왕운기』 지음		
				1290 동녕부 폐지		
	원					1295 영국, 모범 의회
세			려	1298 정방 폐지, 관제 복구		
						1299 마르코 폴로, 『동방견문록』 펴냄
		후				오스만 제국 건국
					1300	1302 프랑스, 삼부회 최초 소집
				1304 국학 대성전이 완성		
	元			1309 각염법(소금 전매제) 제정		1309 교황, 아비뇽에 유폐
				1314 태조 이래 역대왕 실록 펴냄		
						1321 단테, 『신곡』 완성
		무로마치바쿠후				1337 일본, 무로마치 바쿠후 성립
						1338 영국·프랑스 백년전쟁
				1342 이제현, 『역옹패설』 지음		
				1347 정치도감 설치		1347 전 유럽에 페스트 퍼짐, 인구 대폭 감소

주요국 역사 변천				한국사	연표	세계사
서양	중국	일본	한국			
중세	원元	무로마치	고려	1350 왜구 침입 시작 1356 공민왕이 기철 등 제거 1359 홍건적 침입, 서경 함락 1363 문익점, 원에서 목화씨 가져옴 1365 전민추정도감 설치. 신돈을 판사로 삼음 1376 최영, 왜구 정벌(홍산전투) 1377 최무선 건의로 화통도감 설치 　　　『직지심체요절』 인쇄(청주 흥덕사) 1380 최무선, 진포에서 화포로 왜구 물리침 1388 최영, 요동 정벌 　　　이성계, 위화도회군으로 정권 장악 1389 박위, 쓰시마 섬 정벌 1390 토지 문서 소각 1391 과전법 제정 1392 고려 멸망, 조선 건국		1351 원, 홍건적의 난 발생 1356 금인칙서(황금문서) 발표 1358 프랑스, 자크리 농민 반란 1367 신성로마제국, 한자Hansa 시의 쾰른동맹 1368 원 멸망, 주원장 명明 건국 1369 티무르 제국 성립 1378 교회 대분열(로마 : 아비뇽) 1380 명, 황제 독재권 강화 1388 독일, 쾰른대학 세움 1391 북원北元, 명에 항복하여 멸망 1392 독일, 한자동맹 맺음
근대	명明	치바쿠후	조선	1393 국호를 조선으로 결정 1394 한양 천도 　　　정도전, 『조선경국전』 펴냄 1397 요동 정벌 계획 추진 　　　정도전, 『경제육전』 펴냄 1398 양전 실시. 성균관 문묘, 명륜당 건립. 제 　　　1차 왕자의 난 1400 제2차 왕자의 난, 사병 혁파 1401 신문고 설치 1402 호패법 실시 1403 주자소 설치 1407 관료의 녹과 개정	1400	1397 명, 대명률 반포 1401 무로마치 바쿠후, 최초로 명과 통교 1404 무로마치 바쿠후, 명과 감합勘合 무역 　　　실시 1405 명明 정화, 남해 원정 1408 명, 『영락대전』 완성

주요국 역사 변천				한국사	연표	세계사
서양	중국	일본	한국			
근 대	명 明	무 로 마 치 바 쿠 후	조 선	1411 한양에 5부 학당 설치 1413 조선 8도의 지방 행정 조직 완성, 『태조실록』 펴냄 1418 세종 즉위 1419 이종무, 쓰시마 정벌 1420 집현전 설치 1423 『고려사』 펴냄 1433 4군 설치(1443년 완성) 1434 6진 설치(1449년 완성) 1441 측우기 제작 1443 훈민정음 창제 1446 훈민정음 반포 1453 수양대군, 김종서 죽이고 정권 장악(계유정난) 1456 사육신 처형 1458 『고려사』 완성 1460 신숙주, 여진 정벌 1466 직전법 실시 1475 인수대비, 『내훈』 펴냄 　　『국조오례의』 완성 1478 서거정 등, 『동문선』 완성	1400	1415 로마 교회, 후스 화형 1417 로마 교회, 교황 선거로 교회 대분열 끝냄 1424 터키, 콘스탄티노플 제외한 전 동로마 영토 차지 1431 영국, 잔 다르크 처형 1441 류큐流球, 시마즈島津에 복속 1445 포르투갈 바르톨로뮤 디아스, 희망봉 발견. 이탈리아, 르네상스 번성 　　독일 구텐베르크, 최초 인쇄본 『성경』 펴냄 1453 백년전쟁 끝남 　　투르크, 콘스탄티노플 점령 　　동로마제국 멸망 1455 영국, 장미전쟁 시작(~1485) 1460 터키, 그리스 전 영토 점령 1467 일본, 오닌의 난 일어나 센고쿠戰國 시대 시작 1470 이탈리아 보카치오, 『데카메론』 간행. 잉카제국, 정복 활동 시작 1472 교황청, 면죄부 남발 1474 이탈리아 토스카넬리, 세계 지도 작성 1476 모스크바 공국 이반 3세, 노브고로드 정복. 이탈리아, 메디치 가의 독재 확고해짐 1479 스페인 왕국 성립

주요국 역사 변천				한국사	연표	세계사
서양	중국	일본	한국			
근 대	명 明	무 로 마 치 바 쿠 후	조 선	1481 서거정 등, 『동국여지승람』 지어 올림 1482 폐비 윤씨에게 사약 1484 『경국대전』 완성(1485년 시행) 1491 여진족, 경흥에 쳐들어감 1493 성현 등, 『악학궤범』 완성 1498 무오사화 일어남 1500 과부 재혼 금지 1503 승려의 도성 출입 엄금 1504 갑자사화 일어남 　　　경연 폐지 　　　성현, 『용재총화』 펴냄 1506 중종반정 1510 삼포왜란 1512 임신약조 1518 소격서 혁파 1519 향약 실시. 현량과 실시 　　　기묘사화 일어남	1500	1480 이반 3세, 킵차크한국 멸망시키고 몽고 속박 벗어남 1487 포르투갈 바르톨로뮤 디아스, 희망봉 도착 1492 스페인, 이베리아 반도에서 이슬람 세력 쫓아냄 　　　콜럼버스, 아메리카 항로 발견 1494 이탈리아 메디치 가, 피렌체에서 쫓겨남 　　　중국 나관중, 『삼국지연의』 펴냄 1498 포르투갈 바스코 다 가마, 인도 항로 발견 1499 스위스, 독일과 바젤협약 맺고 스위스동맹 맺음, 독립 1500 인도, 티무르 제국 멸망 1501 명, 타타르족 침략으로 수도 닝샤寧夏 함락 1502 명, 『대명회전』 완성 　　　이란, 사파비 왕조 성립 1503 일본, 조선통신사 요청 　　　알프스 이북에 르네상스 발흥 1506 이탈리아 레오나르도 다 빈치, 「모나리자」 완성 　　　네덜란드 에라스무스, 『우신예찬』 지음 1516 영국 토마스 무어, 『유토피아』 지음 　　　아라비아, 『아라비안 나이트』 완성 1517 루터의 종교 개혁 　　　투르크, 이집트 점령. 칼리프 칭호 사용 1518 스위스 츠빙글리, 종교 개혁 주장 1519 마젤란, 세계일주(~1522) 1524 독일, 농민전쟁 일어남 1526 인도, 무굴 제국 성립 1532 스페인 피사로, 페루 정복 1533 잉카 제국 멸망 1534 영국, 수장령 발표. 로욜라, 예수회 창립

서양	중국	일본	한국	한국사	연표	세계사
근	명	무로마치바쿠후	조	1543 주세붕, 백운동서원 세움 1545 을사사화 일어남 1551 문정왕후, 양종선과 재설치, 도첩제 부활 1554 비변사 설치 1555 을묘왜변 발생, 제승방략 반포 1556 이황, 『주자서절요』 완성 1559 이황·기대승, 사단칠정 논쟁 시작 1560 이황, 도산서원 세움 1561 이지함, 『토정비결』 지음 1562 임꺽정 처형 1565 보우, 제주도에서 처형	1500	1536 칼뱅의 종교 개혁 1541 투르크, 헝가리와 알제리 정복 1542 영국, 아일랜드 왕국 성립 1543 코페르니쿠스, 지동설 발표 1544 로마 교회, 트리엔트 공의회 개최 1555 아우구스부르크 종교 화의, 루터파 신교 공인 1560 일본, 교토에 크리스트교 포교 허용 1562 프랑스, 위그노전쟁 일어남(~1598) 1565 일본, 교토의 선교사 추방. 포르투갈, 마카오 건설 1568 네덜란드, 스페인으로부터 독립 전쟁 일으킴 1571 일본, 나가사키 개항 　　 스페인, 레판토해전에서 투르크에 승리 1573 명明, 장거정의 개혁
대	明	아즈치모모야마	선	1575 동서 분당 1577 이이, 해주향약 실시 1583 이이, 십만양병설 건의 1588 일본 사신, 통신사 요청 　　 정철, 『사미인곡』, 『속미인곡』 지음 1589 정여립 모반 사건 1592 임진왜란 일어남, 한산대첩, 진주대첩 1593 평양 수복, 한성 수복 　　 행주대첩, 훈련도감 설치 1594 속오군 편성 1597 정유재란 1598 도요토미 히데요시 죽은 뒤 일본군 총퇴각 시작 1600 공명첩 발급		1588 영국, 에스파냐 무적 함대 물리침 1589 도요토미 히데요시, 일본 전국 통일 1592 도요토미 히데요시, 조선 침공 1593 영국 셰익스피어, 『로미오와 줄리엣』 지음 1596 무굴 제국, 인도 통일. 일본, 도요토미 히데요시 죽음 1598 프랑스, 낭트칙령 발표 1599 일본, 세키가하라 전투 1600 영국, 동인도회사 세움
					1600	

주요국 역사 변천				한국사	연표	세계사
서양	중국	일본	한국			
근	명 明	에 도 바	조	1607 허균, 『홍길동전』 지음 1608 선혜청 설립, 경기도에 대동법 실시 1609 일본과 기유약조 맺음, 국교 회복 1610 허준, 『동의보감』 지음 　　　김광필·정여창·조광조·이언적·이황 등 　　　5현 문묘종사 1623 인조반정 1624 어영군 모집, 이괄의 난, 총융군 편성 1627 정묘호란 1628 벨테브레, 제주도 표착 1631 정두원이 명에서 천리경·자명종·화포 등 　　　수입 1636 병자호란 1637 인조, 삼전도의 굴욕	1600	1601 마테오 리치, 『곤여만국전도』 지음 1603 일본, 에도 바쿠후 일어남 1605 스페인 세르반테스, 『돈키호테』 지음 1614 프랑스, 삼부회 소집 1616 후금 건국 1618 독일, 30년전쟁 일어남(~1648) 1619 명, 『서유기』, 『금병매』 등 소설 나옴 1620 영국, 메이플라워호 아메리카 상륙 1623 영국, 서인도에 식민 시작 1626 후금, 태종 즉위 1628 영국, 권리청원 제출, 승인 1631 명, 이자성의 반란 1636 후금, 국호를 청淸으로 함 1642 영국, 청교도혁명(~1649) 1644 명 멸망, 청淸 중국 통일
대	청 淸	쿠 후	선	1645 소현 세자, 청에서 과학·가톨릭교 관련 　　　서양 책 가지고 귀국 1652 어영군 수를 늘림 1653 하멜, 제주도 표착, 시헌력 채택 1654 제1차 나선정벌 1658 제2차 나선정벌 1659 호서 지방에 대동법 실시, 제1차 예송논 　　　쟁 1662 제언사 설치 1678 상평통보 주조 1680 경신환국 1682 정초군과 훈국중부별대를 합하여 금위 　　　영 설치		1648 유럽, 베스트팔렌조약 맺음 1649 영국, 찰스 1세 처형, 공화정 수립 1651 크롬웰, 항해 조례 발표 1653 인도, 아우랑제브 즉위 　　　청, 일조편법 실시 1673 청, 삼번의 난

주요국 역사 변천				한국사	연표	세계사
서양	중국	일본	한국			
근	청	에 도 바 쿠 후	조 선	1689 기사환국 1690 희빈 장씨, 왕비 책봉 1694 갑술환국 1696 안용복, 독도에서 일본인 쫓아냄 1701 숙종, 희빈 장씨 사사 1708 전국적으로 대동법 시행 1712 백두산정계비 건립 1725 영조, 탕평책 실시 1728 이인좌의 난 1740 영조, 도량형 통일 1742 영조, 탕평비 세움 1750 균역법 실시 1757 영조, 난장형 금지 1762 사도 세자, 뒤주 속에서 죽음 1763 통신사 조엄, 일본에서 고구마 들어옴 1764 장예원 혁파 1776 정조 즉위. 규장각 설치 1784 이승훈, 천주교 전도 1785 『대전통편』 완성 1786 서학을 금함 1790 정약용, 해미읍으로 유배	1700	1688 영국 명예혁명 1689 영국, 권리장전 발표 　　　 청·러·네르친스크 조약 맺음 1699 청, 영국의 광둥 무역 허가 1701 에스파냐, 왕위 계승 전쟁 1723 청, 크리스트교 포교 금지 1727 청·러, 캬흐타조약 맺음 1729 청, 아편 판매 금지 1736 프랑스, 몽테스키외·볼테르 등 계몽 사 　　　 상가 활약 1740 오스트리아, 왕위 계승 전쟁 1742 영국·프랑스, 식민지 쟁탈전 시작 1747 청, 외국 선교사 거주 금지 1756 프랑스·오스트리아, 베르사유 조약 맺음 　　　 7년 전쟁 1757 인도, 플라시 전투 1762 루소, 『사회계약론』 발표 1763 파리 조약, 7년 전쟁이 영국 승리로 끝남 1765 와트, 증기 기관 완성, 아메리카 식민지대 　　　 표회의 뉴욕에서 열림 1773 미국, 보스턴 차당 사건. 청, 『사고전서』 　　　 펴냄 1776 미국, 독립 선언 1789 프랑스 혁명, 인권선언

| 주요국 역사 변천 | | | | 한국사 | 연표 | 세계사 |
서양	중국	일본	한국			
근 대	청 淸	에 도 바 쿠 후	조 선	1791 신해사옥 　　　금난전권 없앰(신해통공) 　　　천주교 관계 서적 수입을 금함 1794 수원성 축조 시작 1796 수원성 완성 1800 순조 즉위, 정순왕후 김씨 수렴청정 1801 신유박해 　　　황사영 백서 사건 　　　정약용, 강진으로 귀양 1805 안동 김씨, 세도 정치 시작 1811 홍경래의 난 1818 정약용, 정배에서 풀려남. 『목민심서』 지 　　　음 1831 천주교 조선 교구 설치 1834 헌종 즉위, 순원왕후 김씨 수렴청정 1839 기해박해 1840 풍양 조씨, 세도 정치 시작 1846 김대건 신부 처형 1851 안동 김씨, 세도 정치 재개	1800	1796 청, 백련교도 봉기 1804 나폴레옹, 황제 즉위 1806 나폴레옹, 대륙 봉쇄령 1814 프랑스, 연합군에 패배 　　　유럽 빈회의 개최 1823 미국, 먼로주의 선언 1824 멕시코, 공화국 수립 1829 청, 외국과 통상 금지 1830 프랑스, 7월혁명 1832 영국, 선거법 개정 1833 독일, 관세동맹 맺음 1838 영국, 차티스트 운동 1839 오스만 제국, 탄지마트(은혜개혁) 1840 청, 아편전쟁 1842 청, 영국에 의해 상하이·난징 무너짐. 난 　　　징 조약 맺음 1844 네덜란드, 일본에 개국 권고 1847 영국, 과잉 생산으로 공황 발생 1848 프랑스, 2월혁명 　　　마르크스·엥겔스, 「공산당선언」 발표 1850 청, 태평천국운동 1851 영국, 제1회 만국박람회 개최 1852 프랑스, 나폴레옹 3세 즉위 1857 인도, 세포이 항쟁

주요국 역사 변천				한국사	연표	세계사
서양	중국	일본	한국			
근	청	에도 바쿠후	조	1860 최제우, 동학 창시	1800	1858 인도, 무굴제국 멸망
						1860 청, 베이징 조약
						이탈리아 가리발디, 시칠리아 정복
				1861 김정호, 「대동여지도」 제작		1861 미국, 남북전쟁
				1862 임술민란		
				1863 고종 즉위, 흥선대원군 집권		1863 링컨, 노예 해방 선언
				1864 동학 교조 최제우 처형		
				1865 경복궁 중건		
				1866 병인박해		
				제너럴 셔먼 호 사건, 병인양요		
				1868 오페르트 도굴 사건		1868 일본, 메이지 유신
						1869 수에즈 운하 개통
						1870 이탈리아, 통일 완성
		메		1871 흥선대원군, 서원 정리		1871 독일 통일
				1873 최익현, 흥선대원군을 탄핵		
				고종 친정 선포		
				1875 운요 호 사건		1875 영국, 수에즈 운하 매수
				1876 강화도 조약 맺음		1876 발칸전쟁 일어남
						1877 영국, 인도 제국 성립 선언
						1878 베를린회의
		이		1879 지석영, 종두법 실시		1879 청·러, 이리 조약 맺음
				1880 김홍집, 고종에게 『조선책략』 바침		
				리훙장, 조선에 서구 열강과 통상 권고		
대	清	지	선	1881 신사유람단·영선사 파견		
				1882 미·영·독 등과 통상 조약 맺음		1882 독일·이탈리아·오스트리아, 삼국동맹
				임오군란		맺음
				일본과 제물포 조약 맺음		
				1883 태극기 사용		1883 이집트, 영국 속령됨
				전환국 설치		
				원산학사 설립, 혜상공국 설치		
				「한성순보」 발간		
				1884 우정국 설치, 갑신정변		1884 청·프랑스 전쟁
				1885 영국, 거문도 점령		1885 청·일, 톈진 조약 맺음
				광혜원 설립, 배재학당 설립		프랑스, 대청전쟁 승리
				서울-인천 간 전신 개통		일본, 내각제 확립
				1886 노비 세습제 폐지		인도, 국민회의 조직
				이화학당·육영공원 설립		

주요국 역사 변천				한국사	연표	세계사
서양	중국	일본	한국			
근대	청 淸	메이지	조선	1887 아펜젤러, 정동교회 설립		1887 프랑스령 인도차이나 성립
						포르투갈, 마카오 할양
						1888 청, 북양 해군 창설
				1889 함경도, 방곡령 선포		
				1894 동학란, 갑오개혁		1894 쑨원, 홍중회 결성
						청일전쟁 일어남
				1895 삼국간섭		1895 청, 일본에 패배
				을미사변, 을미개혁		일본, 랴오둥 반도 할양 포기
				1896 아관파천, 독립협회 창립		1896 아테네, 제1회 올림픽 대회 개최
				1897 대한제국 수립		
				1898 독립협회, 만민공동회 개최		1898 청, 변법자강운동 실시, 무술정변으로
				보부상, 황국협회 결성		실패
				만민공동회 해산		미국, 필리핀 획득
						파쇼다 사건
						퀴리 부부, 라듐 발견
						제1회 만국평화회의
		이		1899 대한제국 국제 반포		1899 청, 의화단 운동
				경인선 개통		보어전쟁 개시
				1900 만국우편연합 가입	1900	1900 청, 서구 열강이 베이징 점령, 의화단의
						난 진압
				1901 제주 민란		1901 청, 리훙장 사망
			대			뢴트겐, 제1회 노벨상 수상
				1902 서울 인천 간 시외 전화 개통		1902 영일동맹 맺음
				1903 YMCA 발족		쿠바 공화국 성립
			한	1904 한일의정서 맺음		1904 러일전쟁 일어남
현대				1905 경부선 개통		1905 러시아, 피의 일요일 사건
				을사늑약 맺음		미·일, 가쓰라·태프트 밀약 맺음
		지		동학, 천도교로 개칭		쑨원, 중국혁명동맹회 조직
			제	통감부 설치		일본, 러일전쟁 승리, 포츠머스 강화조약
						맺음
						아인슈타인, 특수상대성이론 발표
				1906 경의선 개통		1906 인도, 스와라지 운동
			국	최익현, 대마도에서 순절		
대				1907 국채보상운동		1907 제2회 헤이그 평화회의 개최
				신민회 조직		영국·프랑스·러시아, 삼국협상 맺음
				헤이그 특사 파견, 고종 퇴위		
				군대 해산		

주요국 역사 변천				한국사	연표	세계사
서양	중국	일본	한국			
현 대	청 淸 중 화 민 국	메 이 지 다 이 쇼 쇼 와	대한제국 일 제 강 점 기	1908 의병, 서울 진공 작전 1909 나철, 대종교 창시 　　　일본, 남한대토벌작전 　　　안중근, 이토 히로부미 사살 1910 한일합방조약 체결, 국권 피탈, 조선총독 　　　부 설치 　　　회사령 공포, 시행 1911 105인사건 일어남 　　　조선교육령 공포 1912 토지조사사업 시작 1913 안창호, 흥사단 조직 1914 대한광복단 조직 1916 박중빈, 원불교 창시 1919 3·1운동 　　　상해 대한민국 임시정부 수립 　　　대한애국부인회 조직 1920 김좌진, 청산리대첩 　　　「조선일보」, 「동아일보」 창간 1922 어린이날 제정 1926 6·10만세운동 1927 신간회 조직 1929 광주학생항일운동 1932 이봉창·윤봉길 의거 1933 미곡 통제령 공포 　　　조선어학회, 한글 맞춤법 통일안 제정	1910 1920 1930	1908 오스만 제국, 청년투르크당의 혁명 운동 1909 일본, 청과 간도협약 체결, 간도와 안봉 　　　선 교환 1910 포르투갈, 공화제 선언 1911 중국, 신해혁명 　　　노르웨이 아문센, 남극 도착 1912 청 멸망, 중화민국 성립 1914 제1차 세계 대전 일어남 　　　파나마 운하 개통 1917 러시아혁명 1918 미국 윌슨 대통령, 14개조 평화 원칙 발 　　　표 1919 파리강화회의 개최 　　　베르사유 조약 　　　중국, 5·4운동 　　　인도, 간디의 비폭력·무저항 운동 1920 국제연맹 성립 1921 중국공산당 결성 　　　워싱턴회의 1922 소비에트사회주의공화국 성립 　　　터키, 술탄제 폐지 1923 일본, 간토 대지진 일어남, 조선인 무차별 　　　살해 　　　터키, 케말 파샤, 공화국 수립 1924 중국, 제1차 국공 합작 1925 쑨원 죽음 1926 장제스, 북벌 시작 1927 장제스, 난징에 국민정부 수립 1929 세계 경제 공황 1931 일본, 만주사변 1933 미국, 뉴딜 정책 시행 　　　히틀러, 나치스 정권 수립

주요국 역사 변천				한국사	연표	세계사
서양	중국	일본	한국			
현대	중화민국	쇼와	일제강점기	1934 진단학회 조직 1935 총독부, 각 학교에 신사 참배 강요 1936 손기정, 베를린 올림픽 마라톤 우승 　　　안익태, 애국가 작곡 1938 일제, 한글 교육 금지 1940 창씨개명 등, 민족 말살 정책 강화 　　　「조선일보」, 「동아일보」 강제 폐간 　　　임시정부, 한국광복군 결성 1941 농산물 공출 제도 시행 　　　임시정부, 대일 선전 포고 1942 조선어학회 사건 일어남 1943 광복군, 미얀마 파견 1944 이육사·한용운 죽음 1945 8·15광복 　　　포츠담 선언, 한민족 독립 약속 　　　조선건국준비위원회 발족 　　　이승만, 미국에서 귀국 　　　김구, 충칭에서 귀국 1946 제1차 미소공동위원회 개최 　　　대구, 10·1폭동사건 1947 유엔 한국위원단 구성 　　　제2차 미소공동위원회 개최 1948 5·10총선거, 대한민국 정부 수립 　　　북한, 공산 정권 수립 　　　여수·순천, 10·19사건 　　　국가보안법 제정 1949 김구, 안두희에게 피살 　　　농지개혁법 공포 　　　빨치산 섬멸 작전 펼침 　　　북한, 조선노동당 창당 1950 한국전쟁 일어남 　　　9월 유엔군 참전 　　　10월 중국군 개입	1930 1940 1950	1934 마오쩌둥, 중국공산당 대장정 개시 1935 그리스, 왕정 부활 1936 일본, 런던군축회의 탈퇴 　　　스페인, 내란 일어남 1937 중일전쟁 일어남, 제2차 국공 합작 1938 일본, 중국 광둥 점령 1939 제2차 세계 대전 일어남 1940 독일, 프랑스 파리 함락 　　　독일·이탈리아·일본, 3국 군사 동맹 맺음 1941 대서양헌장 발표 　　　태평양전쟁 일어남 　　　드골, 런던에 망명 정부 조직 1943 이탈리아 항복, 카이로 선언 1944 노르망디상륙작전 1945 얄타회담 개최 　　　독일, 연합군에 항복 　　　국제연합UN 창설 　　　포츠담회담(미국·영국·소련) 　　　일본, 연합군에 항복, 2차대전 종결 　　　중국 국공 내전 시작 1946 파리평화회의 개최 1947 미국, 마셜플랜 발표 　　　코민포름 결성 1948 세계인권선언 　　　베를린 봉쇄 　　　제1차 중동전쟁 　　　인도, 간디 피살 1949 중화인민공화국 수립 　　　나토(NATO) 성립 1950 유엔, 한국 파병 　　　중국군, 한국전쟁 개입

주요국 역사 변천				한국사	연표	세계사
서양	중국	일본	한국			
현대	중화인민공화국	쇼와	대한민국	1951 **1월 4일** 서울 다시 빼앗기고 부산으로 후퇴(1·4후퇴) **2월** 거창 양민 학살 사건 **3월** 국회에서 국민 방위군 사건 폭로 **7월** 개성에서 휴전 회담 개최 **10월 25일** 판문점에서 정전 회담 다시 시작 **12월** 부산·대구 제외한 남한 전 지역 계엄령 선포 1952 **1월** 이승만 대통령, 평화선 선언 **5월** 거제도 공산 포로 폭동 일어남 **5월** 부산 정치 파동 **7월 4일** 발췌 개헌안 통과 **8월** 정·부통령 선거 실시(대통령 이승만, 부통령 함태영) 1953 **4월** 이승만 휴전 반대, 단독 북진 주장 **6월** 포로교환협정 조인 **7월 27일** 휴전협정 조인(북한—미국—중국) **8월 8일** 한미상호방위조약 가조인 **9월** 김일성, 소련 방문 **10월** 한일회담 3차 회의 1954 **1월** 독도에 영토 표지 설치 **5월** 독도에 민간 수비대 파견 **5월 20일** 3대 민의원 총선거, 자유당, 금권·폭력 선거로 승리 **5월 28일** 서울에서 보신탕 판매 금지 **11월 29일** 사사오입 개헌 공포 1955 민주당 창당 북한, 박헌영 사형 1956 대통령 후보 신익희, 뇌일혈로 급사 1960 4·19혁명, 장면 내각 수립 1961 5·16군사 쿠데타	1950 1960	1951 **1월** 미국, 미군 5만 명 한국 증파 결의 **4월** 맥아더 사령관 해임 **6월** 유엔 주재 소련 대표 휴전 제의 유엔군 총사령관, 북한에 정전 회담 제의 1952 **11월** 미국, 수소 폭탄 실험 성공 발표 1953 **3월** 소련 스탈린 죽음 **9월** 소련 공산당 서기장에 흐루시초프 취임 **10월** 일본 대표 구보타, 일제 통치 유리했다는 망언 1954 **4월 26일** 제네바 극동평화회의 개최 **6월 5일** 남한·북한·일본 대표, 제네바 회담에서 6개항 통일 방안 제시 **9월 10일** 북한, 중국군 철수 환송 대회 개최 인도차이나, 휴전 협정 1955 반둥회의 개최(반둥 평화 10원칙 발표) 바르샤바조약기구 성립 1956 헝가리·폴란드 반공 의거 이집트, 수에즈 운하 국유화 선언 1957 제2차 중동전쟁 1960 파리군축회의 소련, 인공위성 스푸트니크 호 발사 아프리카의 해(16개국 유엔 가입) 1961 비동맹 국가 수뇌, 베오그라드에서 공동 선언 발표

주요국 역사 변천				한국사	연표	세계사
서양	중국	일본	한국			
현 대	중 화 인 민 공 화 국	쇼 와	대 한 민 국	1962 제1차 경제개발계획 1963 박정희 정부 성립 1964 국군, 베트남 파병 1967 제2차 경제개발계획 1968 1·21사태, 향토 예비군 창설 　　　국민교육헌장 선포 1970 새마을운동 시작 1971 무령왕릉 발굴 1972 제3차 남북공동성명(7월 4일), 남북적십자 　　　회담 　　　10월 유신, 제4공화국 수립 1973 6·23평화통일선언 　　　KBS 창립 　　　포항종합제철 준공 　　　경주 천마총, 금관·천마도 출토 1974 남북한불가침협정 제의, 평화통일 3대 기 　　　본원칙 천명 　　　북한 땅굴 발견 1977 수출 100억 달러 달성, 제4차 경제개발계 　　　획 1978 자연보호헌장 선포 　　　원자력 발전 시작 1979 10·26사태 1980 5·18광주민주화운동 1981 전두환 정부 수립 1982 제5차 경제개발계획 시작 1983 KAL기 격추 사건 　　　미얀마, 아웅산 테러 사건	1970 1980	1962 케네디, 쿠바 봉쇄 　　　공용 연호 서기로 바꿈 　　　알제리 독립 　　　중국·인도, 국경 분쟁 1966 중국, 문화대혁명 시작 1967 제3차 중동전쟁 1968 체코슬로바키아, 민주화 선언 1969 미국, 아폴로 11호 달 착륙 1971 중국, 유엔 가입 　　　인도·파키스탄 전쟁 1972 미국 닉슨 대통령, 중국 방문 　　　중국 창사, 전한묘 발굴 1973 제4차 중동전쟁 　　　동·서독, 유엔 동시 가입 　　　베트남 정전 협상 맺음 　　　전 세계, 석유 파동 1974 중국, 진시황제 능에서 병마용 발견 1975 베트남전쟁 끝남, 인도차이나 3국 공산 　　　화 　　　아르헨티나, 페론 정권 붕괴. 헬싱키선언 1976 남아프리카공화국, 인종 차별 반대하는 　　　흑인 폭동 　　　중동평화조약 맺음 1979 소련, 아프가니스탄 쳐들어감 　　　중국·베트남 국경 분쟁 　　　이란, 회교 혁명 1980 이란·이라크 전쟁 일어남 　　　폴란드, 자유 노조 결성 　　　미국, 보이저 1호 토성 접근 탐사 성공 1981 미국, 우주 왕복선 콜롬비아호 비행 성공 　　　반핵 운동 1982 이스라엘, 레바논 쳐들어감 1984 이란·이라크기, 연일 페르시아 만에서 　　　유조선 공격

주요국 역사 변천				한국사	연표	세계사
서양	중국	일본	한국			
현대	중화인민공화국	쇼와	대한민국	1985 이산가족 고향 방문단·예술 공연단 교환 방문 1986 제10회 아시안 게임, 서울 개최 1987 대통령 직선제 헌법 개정(6·29선언) 　　독립기념관 건설 1988 노태우 정권 출범 　　제24회 하계 올림픽 서울 개최 1989 헝가리·폴란드 등, 동구권 국가와 국교 수교 1990 한소 수교 1991 남북한 동시 유엔 가입 1992 한중 수교 　　우리별 1호 발사 성공 1993 김영삼 정부 수립 　　대전 세계박람회EXPO 개최 　　민족공동체 3단계 통일 방안 제의 　　금융실명제 실시 　　백제금동대향로 발굴 1994 북한, 김일성 죽음 　　정부의 신외교 5대 기조 발표 　　서울 정도 600년 기념 사업 1995 지방자치제 전면 실시 　　한국, 유엔 안보리 비상임 이사국에 선출 　　옛 조선 총독부 건물 해체 　　무궁화 위성 발사 1996 12·12와 5·18사건 재판 시작 　　2002 월드컵 한·일 공동 개최 확정	1980 1990	1985 소련, 고르바초프 서기장 취임 　　미소 수뇌회담 개최 1986 필리핀, 아키노 정권 수립 　　소련, 체르노빌 원전 사고 1987 사우디아라비아, 메카 참사 　　미·소, 중거리미사일폐기협정 맺음 1988 이란·이라크 전쟁 끝남 　　소련, 아프가니스탄 주둔군 철수 1989 베를린 장벽 무너짐 1990 독일 통일 1991 발트 3국 독립 　　걸프전쟁 일어남 　　소련 붕괴, 독립국가연합CIS 탄생 1992 마스트리히트조약 　　리우 세계환경회담 개최 1993 이스라엘·PLO, 평화협정 맺음 1994 APEC 정상회담 개최 　　우루과이라운드 타결 　　유럽연합EU 출범 　　남아프리카공화국, 만델라 대통령 당선 1995 GATT 해체. 세계무역기구(WTO) 발족 　　우루과이라운드 발효 1996 미·베트남 수교 　　이스라엘, 라빈 총리 암살 　　복제양 돌리를 성공시켜 유전학 새장 마련 　　미국, 제42대 대통령에 빌 클린턴 재선

주요국 역사 변천				한국사	연표	세계사
서양	중국	일본	한국			
현대	중화인민공화국	헤이세이 이	대한민국	1997 황장엽, 한국으로 망명 　　　KAL 여객기 괌에서 추락 　　　외환위기 발생, IMF 관리 체제 시작 　　　제15대 김대중 대통령 당선 1998 정주영 판문점 통해 방북 　　　북한, 김정일이 공식 집권 　　　일본 문화 상품에 대한 개방 선언 　　　금강산 관광 시작 1999 인공위성 아리랑 호 발사	1990	1997 중국, 덩샤오핑 죽음 　　　홍콩, 중국에 반환 1998 인도네시아, 수하르토 물러남 　　　영국, 북아일랜드 분쟁 끝남 1999 유로화 출범 　　　포르투갈, 마카오 반환 　　　미국, 파나마 운하 반환 　　　코소보 사태. 동티모르 독립 투쟁
				2000 분단 이후 첫 남북 정상 만남 　　　한·미, SOFA 개정 합의 　　　김대중 대통령, 노벨 평화상 수상 2001 여성부 공식 출범 　　　인천국제공항 개항 　　　일본 역사교과서 왜곡 파동 　　　국가인권위원회 출범 2002 한·일 월드컵 대회 개최 　　　미군 장갑차 여중생 치사 사건 2003 노무현 정부 출범 　　　대구지하철 참사 2004 노무현 대통령 탄핵 사건 　　　경부·호남 고속 철도 동시 개통 2005 호주제 폐지 　　　청계천 복원 2006 황우석 교수, 논문 조작 2007 샘물교회 교인 탈레반에게 집단 피랍 　　　태안 기름유출사고 　　　한미 FTA 타결 　　　대운하 논란	2000	2000 러시아, 푸틴 대통령 당선. 올브라이트 　　　장관 북한 방문 2001 9·11테러 2002 유로화 공식 통용 2003 미국, 이라크 침공 　　　브라질, 룰라 대통령 취임 　　　중국, 후진타오 국가 주석 취임(~2013) 2004 세계적으로 조류 인플루엔자 발생 　　　마크 주커버그, 페이스북 창립 2005 미국, 허리케인 카트리나 뉴올리언스 강 　　　타 2006 북한, 핵실험 강행 　　　사담 후세인 사형 집행 2007 미국, 서브 프라임 모기지 사태 　　　애플 사, 아이폰 출시

주요국 역사 변천				한국사	연표	세계사
서양	중국	일본	한국			
현대	중화인민공화국	헤이세이	대한민국	2008 국보 1호 숭례문 화재로 전소 　　　이명박 정부 출범 　　　소고기 광우병 파동으로 촛불 집회 2009 노무현 대통령 사망 　　　한국 최초의 위성 나로호 발사	2000	2008 미국, 버락 오바마 대통령 당선
				2010 해군 초계함 천안함 침몰 　　　김연아, 밴쿠버 동계 올림픽 피겨 스케이트 여자 싱글 금메달 수상 　　　한-EU, FTA 조인, 한-미 FTA 협정 체결 2011 구제역 파동 　　　5·18 기록물 유네스코 세계 기록유산 등재 2012 한-미 FTA 발효 　　　여수 엑스포 개최 　　　제주해군기지 건설 반대 여론 격화 　　　가수 싸이, 〈강남 스타일〉 세계적 흥행 2013 박근혜 정부 출범 　　　숭례문 재개장 　　　국정원 불법 대선개입 논란	2010	2010 튀니지 재스민 혁명, 아랍 국가 민주화 촉발 　　　칠레, 광부 33명 매몰 66일 만에 생환 구조 2011 일본, 동북부 대지진으로 후쿠시마 원전 참사 　　　북한, 김정일 사망 　　　이집트 무바라크 대통령 축출 시민혁명 성공. 오사마 빈 라덴 사망 2012 북한, 김정은 국방위원장 취임 　　　러시아, 푸틴 대통령 재선 2013 중국, 시진핑 국가 주석 취임 　　　베네수엘라, 우고 차베스 대통령 사망

찾아보기

각 장별 아이콘 설명

뿌리 깊은 한국사
샘이 깊은 이야기 ❻근대

초판 1쇄 펴낸 날   2013.10.25
초판 3쇄 펴낸 날   2019.9.20

지은이   김태웅
발행인   홍정우
책임편집   이슬기
편집진행   양은지
디자인   이유정
마케팅   이수정
발행처   도서출판 가람기획
등 록   1999년 10월 22일(제1999-000148호)
주 소   (04035) 서울시 마포구 서교동 381-36 1층
전 화   (02)3275-2915~7
팩 스   (02)3275-2918
이메일   garam815@chol.com

© 김태웅, 2013
ISBN 978-89-8435-331-2 (04900)
     978-89-8435-325-1 (세트)

이 도서의 국립중앙도서관 출판시도서목록(CIP)은 서지정보유통지원시스템 홈페이지(http://seoji.nl.go.
kr)와 국가자료공동목록시스템(http://www.nl.go.kr/kolisnet)에서 이용하실 수 있습니다.(CIP제어번호:
CIP2013019837)